南京大学中华民国史研究中心
宋美龄与近代中国研究系列
主编 张宪文等

家国春秋

宋美龄与宋孔家族

潘敏
姜良芹 著

人民东方出版传媒
東方出版社

图书在版编目（CIP）数据

宋美龄与宋孔家族 / 潘敏，姜良芹著．— 北京：九州出版社，2019.11
ISBN 978-7-5108-2223-0

Ⅰ．①宋… Ⅱ．①潘… ②姜… Ⅲ．①宋美龄（1897 ~ 2003）—人物研究 ②宋耀如（1863 ~ 1918）—家族—研究 ③孔祥熙（1880 ~ 1967）—家族—研究 Ⅳ．① K827=7 ② K820.9

中国版本图书馆 CIP 数据核字（2013）第 211847 号

宋美龄与宋孔家族
（SONGMEILING YU SONG KONG JIAZU）

作　　者：潘　敏　姜良芹
主　　编：张宪文
责任编辑：辛岐波
出　　版：东方出版社 九州出版社
发　　行：人民东方出版传媒有限公司
地　　址：北京市朝阳区西坝河北里 51 号
邮　　编：100028
印　　刷：北京汇林印务有限公司
版　　次：2019 年 11 月第 1 版
印　　次：2019 年 11 月北京第 1 次印刷
开　　本：640 毫米 ×950 毫米　1/16
印　　张：21.75
字　　数：382 千字
书　　号：ISBN 978-7-5108-2223-0
定　　价：68.00 元
发行电话：（010）85924663　85924644　85924641

总　序

20 世纪末至 21 世纪初，随着历史档案的不断开放，史学界对民国历史人物的研究，开始较多地关注蒋介石与宋耀如家族，对宋子文、宋庆龄发表和出版了较为丰富的研究成果。然而，学界对另一位宋氏家族的重要成员宋美龄却问津甚少。坊间虽然出版了关于她的一些著作、画册等，但是如何审视过去对她的一些误判并给予恰当的历史定位，无疑是历史学界应尽的责任。

2009 年 1 月，我与南京大学三位教授飞赴台北，在邱进益博士的引荐下，与“妇联会”辜严倬云女士相会，商讨合作研究宋美龄事宜。双方相谈甚为融洽，确认了积极开展宋美龄研究的学术计划。时间已经过去多年，《宋美龄与近代中国》研究丛书九卷、《宋美龄文集》五卷，均已顺利完成撰著和编纂工作。其中《宋美龄、严倬云与中华妇女》于 2012 年由台北黎明文化事业股份有限公司出版，《宋美龄文集》（五卷、繁体版）于 2015 年由台北苍璧出版有限公司出版。这是海峡两岸学术合作和宋美龄学术研究的大事，值得祝贺。

宋美龄是近现代中国历史上杰出的女性、著名的女政治家、中国妇女运动的推动者和指导者。2003 年 10 月 24 日（北京时间）逝世于美国纽约。时任全国政协主席的贾庆林于当日发去唁电，表示哀悼，并对这位成功跨越三个世纪的政治家给予了高度评价。

宋美龄祖籍海南文昌，出生于上海。幼时跟随家人赴美国读书，后转入卫斯理学院深造。受家族影响，笃信基督教，是一位虔诚的基督教信徒。

1917 年，宋美龄学成归国。作为一名深受西方文化熏陶的中国女青年，她进一步融合了中国的传统观念和伦理道德，成为中西文化交融的典范，彰显了中国现代女性的特质和风度。

1927 年，宋美龄与蒋介石成婚。之后走上政治舞台，与蒋介石东奔西走，逐步展现其政治才华。作为一名重要的民国政治人物，凭借第一夫人的特殊身份，宋美龄亲历了中国近现代各个时期的重大历史事件，并作出了她的历史贡献。

宋美龄较早地献身于中国的妇女运动，领导创办国民革命军遗族学校，安抚遗孤，培养教育为国捐躯壮士的后代。即使蒋介石在解放战争中兵败退台后，宋美龄仍对引导妇女服务军界、筹建军眷住宅、推动社会福利事业、扶助难童和残障人士等事业表现了特别的关切。

早在 19 世纪后期，中国开始了现代化的历程。辛亥革命的成功，标志着中国由传统社会走向现代国家的道路。然而革命后的社会改造却是更为复杂和长期的过程。20 世纪 30 年代，蒋介石掀起了新生活运动，尝试改良社会风气、移风易俗、改变不良习惯、规范国民生活，虽然这一运动并未取得明显效果，但宋美龄奔走呼号，成为此项运动的重要推动者。

1936 年发生的西安事变，是中国国共两党走上团结抗日的重要转折点。宋美龄亲赴西安，力劝蒋介石转变态度，为事变的和平解决发挥了特殊的作用。

宋美龄一生最光辉的政治亮点是在抗日战争时期。她不仅亲赴前线、引导妇女投入战地救护工作、着力建设中国空军、陪同蒋介石出访印度、拓展中国在南亚的影响，而且还远赴美国，争取美援。其在美国国会的演说，震动了美国政坛，展现了她的外交风范和智慧。抗日战争后期陪同蒋介石出席具有重要历史意义的开罗会议，更加显示了中国女政治家的才能。

晚年，宋美龄逐步脱离台湾政坛，赴美久居，放手让蒋经国治理台湾。终宋美龄一生，其政治生涯既辉煌，又曲折。她为推动中华民族的复兴事业，奉献了智慧和力量，是一位值得浓笔重写的杰出女性。

南京大学中华民国史研究中心组织多位历史学教授，依据大量原始史料，撰著的这套宋美龄研究丛书，有《我将再起：宋美龄的后半生》《家国春秋：宋美龄与宋孔家族》《历史关口：宋美龄与西安事变》《东方魅力：宋美龄与战时中国外交》《新民新风：宋美龄与近代中国社会改造》《陪都岁月：重庆时期的宋美龄研究》《美丽哀愁：宋美龄年谱》《吾心吾力：政治视阈中宋美龄的思想历程》。这些著作的撰写，作者虽然努力做到尊重历史事实，给宋美龄以客观的、实事求是的评述，但毕竟受学术水平和掌握史料所限，因此，著作中疏漏及不当之处，尚请各方人士给予指正。

南京大学荣誉资深教授　张宪文

目　　录

导　言

历史人物研究被法国年鉴学派冲击后，一段时间内曾处于史学研究领域的边缘地位，但到年鉴学派第三代时，又重新引起了人们的兴趣，尤其是有影响的历史人物更是如此。宋美龄女士是中国近现代史上一位重要的女政治家和社会活动家，是对这段历史产生过重要影响的历史人物。她成长在清末民初这段动荡的岁月里，自幼赴美留学，归国后不久即投身于社会活动，之后嫁于蒋介石，成为民国“第一夫人”，借夫君搭就的政治舞台纵横捭阖大展身手，成为民国政坛能量巨大的女性，其独特的身份和地位使其在中国的政治舞台上发挥着特殊的作用和影响。然而，与宋美龄在中国近代史上大放光芒相比，关于她的研究却相形见绌，尤其是在中国大陆。

早在 1938 年，国民政府就结集出版了宋美龄的言论汇编，《战争与和平通讯》（1938）一书收集了宋美龄撰写的有关上海战场的新闻稿；1939 年，国民政府又将宋美龄的言论选编成册，即《蒋夫人言论集》。国民党退据台湾后，曾多次有宋美龄言论集出版，如《蒋夫人言论汇编四卷》（台北：中正书局，1956）、《蒋夫人抵美演讲集》（1959）、《蒋“总统”手著〈苏俄在中国〉中外评介暨蒋夫人在美国重要演说汇编》（台北：银河出版社，1959）、《蒋夫人演讲选集》（台北：“行政院新闻局”，1961）、《蒋夫人演讲选集》（台北：“行政院新闻局”，1963）、《蒋夫人访美为“国”宣勤纪实》（台北：国光画刊社，1966）、《蒋夫人访美言行集》

（台北：战斗周刊社，1967）、《蒋夫人旅美演讲集》（台北："中国出版公司"，1968）、《指导长蒋夫人对妇女的训词》（台北：中国国民党中央委员会妇女工作会，1979）、《蒋夫人言论集》（台北：光华出版社，1982）、《蒋夫人发表公开信：劝告邓颖超信服三民主义统一中国》（台北：文中出版社，1984）、《蒋夫人与战时妇女（录像数据）》（台北：公共电视节目制播组台视文化事业公司，1991），这些公开出版的资料集是研究宋美龄的必备材料。

与史料的集结相比，学界关于宋美龄的研究则起步较晚。台湾地区较早出现的论文是1977年王亚权撰写的《蒋夫人与中国妇女运动》（《中央月刊》1978年第5期），之后陆陆续续有一些研究论文问世，主要代表作有：石之瑜的《美国媒体如何报导蒋夫人访美行：一九四三年二月二十日》（《近代中国》1996年第116期）、《从蒋夫人宋美龄女士对美外交论中国的地位》（《近代中国》1996年第113期）、《蒋夫人与中国的国家性质——后殖民父权文化的建构》（《近代中国妇女史研究》1996年第4期）、《蒋宋美龄女士的战略思路——西方对1943年蒋夫人赴美演说的回响》（《中华战略学刊》1997年春季刊），吕芳上的《蒋夫人的思想与信仰》（《近代中国》1999年总第130期）、《广播演说的魅力——从抗战时期蒋夫人宋美龄女士在美的演说讲起》（《近代中国》2002年总第151期），李国祁的《蒋夫人与民族复兴》（《近代中国》1999年总第130期），陈立文的《为台湾发声——从蒋夫人几次访美谈起》（《近代中国》2004年总第159期），刘维开的《从〈蒋中正"总统"档案〉看蒋夫人1948年访美之行》（《近代中国》2004年总第159期），等等。

在台湾学者的著述中，传记体裁举足轻重，主要有：丁蕙原编著的《蒋夫人与中国》（台北：历史文化，1981）、陈晓林等编著的《蒋夫人写真》（台北：联丰书报社，1985）、刘巨才著的《政治女强人：一代风流宋美龄》（台北：风云时代，1994）、石之瑜著的《宋美龄与中国》（台北：商智文化，1998）等。其中石之瑜的《宋美龄与中国》是一部研究宋美龄的力作，这本书以宋美龄 1943 年访美为中心题材展开论述，以国家主权问题为切入点，以美国媒体报道的资料为研究对象，评述了宋美龄的外交活动。

由于受意识形态等因素的影响，大陆学者关于宋美龄的研究大概始于 20 世纪 80 年代后期，研究小高潮则出现在 2003 年宋美龄去世之后。在中国期刊数据库以标题里含有“宋美龄”一词、时间从 1979 年到 2012 年，检索出来的有 458 条，其中硕博论文共 6 篇，但真正学术性的论文占比不到 10%，而有关“蒋介石”一词多达 3431 条，其中硕博论文共 44 篇。关于宋美龄的文章大多是刊登在《钟山风雨》《文史月刊》《报刊荟萃》《文史博览》《海内与海外》《现代妇女》等通俗读物上，八卦性的文章较多，比如宋美龄婚前失踪内幕、宋美龄迫使张学良离婚内幕、蒋介石与宋美龄两次婚姻危机等等。而研究性论著主要集中在抗战时期，如 6 篇硕博论文的题目是：《战争、国家与女性：抗战时期宋美龄的妇女动员》（浙江大学 2011 年博士学位论文）、《1942—1943 年宋美龄出访美国争取对华援助的过程及意义述评》（上海师范大学 2008 年硕士学位论文）、《宋美龄 1942—1943 年访美述评》（外交学院 2007 年硕士学位论文）、《宋美龄战时妇女工作研究》（华中师范大学 2008 年硕士学位论文）、《论宋美龄的中西文化观》（东北师范大学 2005 年硕士学位论文）、《民族主义视野中的宋美龄》（山东师范大学 2005 年硕士学位论文）。

除部分论著外，宋美龄传记也是大陆地区学者重头之笔，主要有：刘毅政的《宋美龄评传》①，胡兆才的《民国第一夫人》②，何虎生、于泽俊编写的《宋美龄大传》③，师永刚、林博文编著的

---

① 刘毅政编：《宋美龄评传》，华文出版社 2000 年版。该著作以中国现代史上重大历史事件为线索，较为系统地记述了宋美龄的一生。

② 胡兆才编：《民国第一夫人》，上海人民出版社 2001 年版。

③ 何虎生、于泽俊编：《宋美龄大传》，华文出版社 2002 年版。该书文学色彩较为浓厚，运用了大量的图片、报刊资料以及其他论述宋美龄的相关资料，介绍了宋美龄的一生。

《宋美龄画传》[1]，杨树标、杨菁的《宋美龄传》[2]，佟静的《宋美龄大传》[3]，袁伟、王丽平选编的《宋美龄自述》[4]。除传记作品之外，一些与蒋氏夫妇关系较为密切人士的回忆录也为研究宋美龄提供了较多的资料，主要有黄仁霖的回忆录《我做蒋介石"特勤总管"四十年》[5]，还有宓熙等著的《在蒋介石宋美龄身边的日子——侍卫官回忆录》[6]、王丰的《美丽与哀愁——一个真实的宋美龄》[7] 等。

此外，国外学术界也出版了几本有分量的著作，如埃米莉·哈恩（Emily hahn，中文名为"项美丽"）[8]的《宋氏家族——父

---

① 师永刚、林博文编著：《宋美龄画传》，作家出版社 2003 年版。该书主要收集了大量有关宋美龄的照片以及宋美龄亲自手绘的国画，很多照片是首次公开，评述言简意赅，客观公正，具有很高的史料价值。

② 杨树标、杨菁：《宋美龄传》，浙江大学出版社 2010 年版。该书记述了中华民国政治舞台上集美貌、财富、权力、荣誉于一身的关键人物——宋美龄的一生，为读者还原了一个真实可信的宋美龄。

③ 佟静：《宋美龄大传》，团结出版社 2002 年版。该书记述了宋美龄的一生，涉及范围较广，内容丰富生动，有理有据。

④ 袁伟、王丽平选编：《宋美龄自述》，团结出版社 2007 年版。这本书收集了宋美龄在抗日战争期间的文章、演说稿、函电等内容，从中可以看出宋美龄强烈的爱国之心，具有较高的史料价值。

⑤ 黄仁霖：《我做蒋介石"特勤总管"四十年》，团结出版社 2006 年版。黄仁霖深受蒋介石夫妇信任，担任过黄埔同学会励志社总干事、"新生活运动总会"总干事、战地服务团负责人、"联勤总司令"等职，亲历过许多重大历史事件。该书史料价值很高。

⑥ 宓熙等著：《在蒋介石宋美龄身边的日子》，团结出版社 2005 年版。

⑦ 王丰：《美丽与哀愁——一个真实的宋美龄》，团结出版社 2005 年版。该书主要以宋美龄昔日随从的口述内容为资料，可信度高。该书的最大特点诚如作者所说："希望借着揭露宋美龄日常生活和毕生主要经历，让所有的读者朋友，增加一种对宋美龄做客观认识的资料。所以，这本书的重点不在为宋美龄表功，更不在为她显过，褒贬完全在于读者看了本书之后个人的感受。"（王丰：《美丽与哀愁——一个真实的宋美龄》"跋"，第 415 页。）

⑧ Emily Hahn（1905—1997），中文名项美丽，又译作哈恩，著名美国记者、作家。一生著有 52 部著作、180 余篇文章，《纽约客》杂志称她是"被遗忘的美国文学宝库"。1935—1945 年她曾辗转于上海、香港、重庆等地。项氏于 1941 年在纽约出版的 *The Soong Sister* 一书被认为是历史上第一部有关宋氏姐妹的著作。1940 年某日，宋氏三姐妹与宋子安夫妇、澳籍顾问端纳一起出现在香港的一家酒店里。突然宋庆龄指着舞池里的一位白人女士说："那是米奇·哈恩！就是那只米老鼠，跟她在一起的是谁？"从宋庆龄偶遇项美丽时的反应可以看出项氏与宋氏三姐妹的熟稔程度。（Emily Hahn，New York：Doubleday，Doran & Company，Inc.，New York，1944，p. 154.）

女·婚姻·家庭》（新华出版社，1985）、斯特林·西格雷夫（Steling Seaglave）的《宋家王朝》（内蒙古文化出版社，1998）、罗比·尤恩森（Roby Eunson）撰写的《宋氏三姐妹——宋霭龄、宋庆龄、宋美龄》（世界知识出版社，1984）、汉娜·帕库拉（Hannah Pakula）的巨著《宋美龄新传》（台北：远流出版事业股份有限公司，2011）等。

值得一提的是，关于宋美龄的研究主要体现在由中国香港珠海书院与美国斯坦福大学、加拿大多伦多大学、中国台湾政治大学、辅仁大学、浙江大学、南京大学共同举办“宋美龄及其时代”国际学术会议（2008年10月15日至16日），探讨宋美龄对近代中国的影响与贡献。研讨会共收到学术论文59篇，分为八个大类：（一）宋美龄的宗教信仰；（二）宋美龄的外交才华；（三）抗战时期的宋美龄；（四）宋美龄与西安事变；（五）宋美龄的领导艺术；（六）宋美龄的形象魅力；（七）宋美龄的家庭生活；（八）宋美龄的评价及其历史地位。这本论文集收录的文章，受新史学研究方法的影响，从政治、外交、重大历史事件以及家庭生活等不同方面展开研究，且一些观点也摆脱了意识形态的束缚。这次研讨会既是对以前研究成果的总结，也为以后宋美龄研究指明了新的方向。

学术性论著研究方向主要集中在宋美龄对中国近代社会发展所作出的贡献。包括以下几个方面：

第一，妇女运动和儿童福利方面的贡献。宋美龄曾经多次担任妇女团体和儿童福利机构的领导职务。在北伐战争期间，她在南京创办遗族学校，解决战争中的遗孤问题。抗日战争期间，她建立中国妇女慰劳自卫抗战将士总会，并担任主任委员，不久又担任战时儿童保育会主席，在抗日战争史上留下了光彩的一页。

第二，宋美龄在“新生活运动”中的贡献。蒋介石发动“新生活运动”的目的是改造社会，移风易俗，改变中国人的精神面貌。宋美龄是这项运动的坚定拥护者和积极参与者。尤其是作为妇女“新生活运动”的主要组织者和领导人，其个人的作用与贡献不可低估。

第三，宋美龄在和平解决西安事变中的贡献。西安事变是中国近代史上一起事关中华民族生死存亡的重大事件，事变的和平解决结束了国共两党长达十年的对峙局面。国共两党在抗日民族统一战线的旗帜下，实现了第二次合作，为中华民族的解放事业作出了不可磨灭的贡献。宋美龄在稳定南京政局、沟通宁陕对话以及在具体的谈判过程中，发挥了积极的作用，功不可没。她依靠自己的智慧与胆识，缓和了国民党内因西安事变而激化的不同派别之间的矛盾，她的所作所为对西安事变的和平解决发挥了积极作用。

第四，宋美龄在抗日战争中的贡献。抗战期间的表现是宋美龄政治生涯的闪光点，这期间的宋美龄也吸引了史学界较多的关注目光，相关研究主要集中在宋美龄的抗日外交上，尤其是关于这几个方面：（一）陪同蒋介石访问印度，谋求中印合作。（二）访美之行，在美国历时七个月的访问是宋美龄外交生涯的亮点所在，她在美国参众两院发表的演说在美国政界产生了较大影响，对于争取美国人民对中国抗战的同情与支持，起到了积极作用。（三）陪同蒋介石出席开罗会议，在会议期间，她一方面担任蒋介石的英文翻译，另一方面也多次与罗斯福、丘吉尔会晤，商谈相关重要话题，对会议的圆满成功起到了较大的促进作用。

在中国社会封建观念传衍下，家族政治几乎成为政治文化的一部分。任何权势之家，都会以其宗亲和血缘关系，垄断权力或私相授予。因此，家族干政、家族领政，甚或少数家族控制政府的事情，在中国几千年来的历史中层出不穷。

司马迁在《史记》之《外戚世家》中，开宗明义地指出：

> 自古受命帝王及继体守文之君，非独内德茂也，盖亦有外戚之助焉。夏之兴也涂山，而桀之放也以末喜。殷之兴也以有娀，纣之杀也嬖妲己。周之兴也以姜原及大任，而幽王之禽也淫于褒姒。故易基乾坤，诗始关雎，

> 书美釐降，春秋讥不亲迎。夫妇之际，人道之大伦也。礼之用，唯婚姻为兢兢。夫乐调而四时和，阴阳之变，万物之统也。可不慎与？人能弘道，无如命何。甚哉，妃匹之爱，君不能得之于臣，父不能得之于子，况卑下乎！既欢合矣，或不能成子姓；能成子姓矣，或不能要其终：岂非命也哉？孔子罕称命，盖难言之也。非通幽明之变，恶能识乎性命哉？①

在中国现代史上，对中国政治发展影响最大的政治家族，无疑是宋孔两家。学术界在对宋美龄进行研究的同时，还有一些研究成果集中在与宋美龄关系比较密切的宋孔家族的研究上。

抗战胜利后，中国共产党与国民党政权之间的关系颇为复杂，对其认识也在不断变化。1946 年 10 月，全面内战爆发后不久，毛泽东的政治秘书陈伯达完成了《中国四大家族》一书。该书以革命史观为主要标准和参照系，将国民党政权定性为蒋宋孔陈四大家族对中国的统治，其基本观点为：以蒋介石为首的蒋宋孔陈四大家族，通过封建的、买办的、军事的金融独占、商业独占、工业独占以及农业独占等手段，以“国家”“政府”等名义，“无情地掠夺人民的所有（假公济私），成为中国有史以来，并为历代帝王所望尘莫及的、以吸血为生活的最大富翁”，“十九年来四大家族用‘官’‘商’形式，在金融、商业、工业、农业、地产、新闻、出版事业等等各方面所独占的财产，以及他们在外国的存款和产业，根据粗略计算，至少当在两百万万美元左右”。其总的结论是：“四大家族十九年的统治给了中国最大的耻辱和灾难。”②

《中国四大家族》一书自 1946 年 10 月出版问世后，多次重印。至 1963 年 6 月，该书共印刷了八次，发行总量达 176000 册。另外，从著述体例上讲，该书也较符合学术规范，尽管作者的写作动机与目标决定了其在史料的选择上具有强烈的倾向性，但正

---

① （汉）司马迁：《史记》，中华书局 2012 年版，第 337 页。

② 陈伯达：《中国四大家族》，人民出版社 1963 年版，第 131 页。

如陈伯达所说："凡是我们能够接触到的重要材料，已尽可能包括在本书里面，全书所分析的各问题，都可说没有一句话没有来历。"[①] 由于《中国四大家族》一书的出版和广泛传播，此后，蒋宋孔陈四大家族甚至成为一个符号，成为近代中国官僚政治、官僚资本的代名词，对海内外学界相关研究产生深远的影响。如美国作家斯特林·西格雷夫[②]耗时15年，挖掘了大量珍贵档案资料，采访较多的相关人士，于1985年完成《宋家王朝》（*The Soong Dynasty*）一书，该书以宋氏家族成员的变迁为主线，展示宋氏家族成员在重大历史事件中的所作所为，反映这一时代的历史变革。尽管该书披露了较多鲜为人知的事实真相，为研究中华民国历史，尤其是中美关系史提供了一些有价值的参考资料，但就其立论而言，处处显现着《中国四大家族》一书的影响。

近年宋美龄研究比较有影响的著作当属美国传记作家汉娜·帕库拉的巨著《宋美龄新传》，该书记述了宋美龄传奇的一生。它的问世引起巨大轰动，《华尔街日报》称之为"盖棺论定的宋美龄传记，取材范围之广，令人印象深刻，对于想要了解民国史的读者，此书是绝佳的指引"[③]。但该书关于宋美龄与宋孔家族之间关系的讨论，依然逃不脱对中国传统家族政治的定位与批评。如作者曾记述了这样的事例：

> 端纳跑到蒋家公馆，拉着宋美龄的手走到花园，告诉她，她"必须下令制止这种招摇、粗鄙炫耀财富的行为，全国都在吃苦、饥寒"！他还举她大姊霭龄为例。不料，宋美龄反过来气愤地说："端纳，你或许可以批评政府或中国任何事情，但有些人是连你也不可以批评的！"[④]

---

① 陈伯达：《中国四大家族》，第1页。

② 斯特林·西格雷夫（1937— ），生于缅甸，美国自由作家。

③ 〔美〕汉娜·帕库拉：《宋美龄新传》，林添贵译，台北：远流出版事业股份有限公司2011年版，封底。

④ 〔美〕汉娜·帕库拉：《宋美龄新传》，第329页。

纵观学界对宋美龄及其宋孔家族的研究，我们可以看出，目前的研究成果大体上可以分为两类：一类主要是带有传记文学的色彩，以时间为顺序记述宋美龄传奇的一生，重点记录其在重大历史事件中的表现。另一类主要是专题性质的研究，主要研究其在妇女工作方面的贡献以及在不同历史时期的所作所为。同时，我们可以看出目前对宋美龄的研究已相当丰富，在不同领域都有拓荒性的论著问世，且研究队伍亦逐渐扩大，这为以后的进一步深入研究打下了良好的基础。但是，目前的研究也存在着明显的不足，大体表现在三个方面。

第一，目前的有关研究还主要集中在表象上，资料的挖掘和分析均不够深入。传记文学占半壁江山就是明证，而且这些传记文学中重复现象严重，资料来源单一；在一些学术论著中，缺少资料出处，很少运用档案资料、报刊资料，这些给本书的研究带来了巨大的困扰，也加大了研究难度；与此同时，宋美龄研究还有大量的领域有待进一步探讨，比如对其思想、情感、信仰方面的研究显得比较薄弱，但这也为宋美龄研究提供了更多拓展的空间。

第二，在台湾学者的成果中，有拔高宋美龄政治形象之倾向。如李恒的《宋美龄传》（台北：天元图书有限公司，1989），书中对宋美龄在抗战期间，尤其是访美活动的功绩以及迁台之后领导妇女的作用大加赞扬，给宋美龄表功的倾向异常明显。类似的情况在许汉著的《宋美龄：中国第一夫人传》（台北：开今文化事业出版公司，1994）也同样存在。

第三，在中国大陆学者的研究中大多带有既定预设，即将宋美龄描绘成宋孔家族的代言人或维护者的形象。如刘毅政的《宋美龄评传》（华文出版社，2000），该书把宋美龄、蒋介石以及蒋宋孔陈四大家族的关系网络放置在近代中国的大背景下，系统地记述了宋美龄的一生。

有鉴于此，本书在实证研究的基础上，试图结合社会心理学和社会学的方法，通过系统考察宋美龄处理她与宋孔家族的关系，具体分析作为“第一夫人”的宋美龄，在中国面临由传统国家向现代国家转型的过程中，如何平衡国家与家族的关系，她是否是宋孔家族的代表，她的这种处置体现了怎样的家国观，以及这样的家国观念对宋孔家族的影响，对现代民族国家和政治的影响。

本书将把研究的内容放在宋美龄与宋孔家族的关系上，探讨蒋宋（美龄）宋（子文）孔四角复杂的关系，挖掘宋氏三姐妹关系演变的深层原因，澄清学界对宋美龄与宋孔关系的误读，深化对宋美龄家国观念及其影响的认识。

本书正文分为五章，加上导言共六个部分。正文安排如下：

第一章介绍宋美龄近代国家观念的形成。将从两个时间段——宋美龄儿时启蒙教育、赴美求学经历，围绕现代国家观念的两个基本方面——自由平等和民族主义思想来展现宋美龄及宋家姐妹青少年时期的生活及其近代国家观的形成。

第二章以三姐妹为研究中心，介绍宋氏三姐妹的民主、民族革命实践。以辛亥革命时期、国民革命时期和抗日战争时期三个阶段为主线，分别阐述宋氏三姐妹投身民主、民族革命的实践活动。在此过程中，三姐妹之间的关系也是一波三折，经历了国民大革命时期的合作到大革命之后的分道扬镳，再到抗日战争期间的再度联手。尽管她们之间政治分歧严重，但是三姐妹之间有一股强大的内在聚合力，正是因为这种力量的存在，三姐妹之间才并没有因为政治分歧而影响姐妹之情。

第三章以宋子文为研究中心，探讨宋美龄与宋氏家族的关系。本章将重点探讨宋美龄与宋子文联手应对政治危局以及在蒋宋矛盾中宋美龄的应对措施。在联手应对政治危局中，选取两个重大历史事件——西安事变和史迪威事件。在西安事变的和平解决过程中，宋子文和宋美龄所发挥的作用不可低估，宋子文以“私人”身份两赴西安，为和平解决事变而积极奔走。宋美龄也是“深入虎穴”，为精神高度紧张、沮丧的蒋介石带来了心理上的安慰，促使蒋介石最终接受了谈判条件。西安事变是兄妹联手应对政治危局的经典范例。

史迪威事件是抗日战争中后期中美外交史上的一次重大历史事件，该事件反映了当时中美两国在外交上的矛盾与冲突，也体现了美国对华政策逐渐调整的过程。蒋介石与史迪威之间历时两年半的冲突最终以史迪威被召回国而得以解决。宋氏兄妹，尤其是宋子文，介入了事件的整个过程。史迪威能够来到中国，宋子文功不可没；然而，当蒋介石与史迪威之间矛盾激化时，宋子文又是立场鲜明地帮助蒋介石驱逐史迪威。宋子文这种既唱红脸又唱白脸的双重面相，凸显了其在蒋史冲突中与蒋介石立场的高度一致。然而，宋美龄在这一过程中的所作所为却又直接导致了蒋宋（子文）之间的又一次冲突。

第四章以孔祥熙为研究中心，探讨宋美龄与孔氏家族的关系。自孔祥熙于 1914 年迎娶宋霭龄后，孔氏家族便与宋氏家族结下了不解之缘。特别是宋美龄与孔氏家族之间的关系，一直以来众说纷纭。本章重点围绕孔祥熙、宋霭龄在蒋宋联姻中的作用，孔祥熙与宋美龄在近代中国发展过程中事业相辅相成，孔祥熙成为众矢之的后宋美龄的爱莫能助等问题，在深入分析孔祥熙、宋美龄与蒋介石三方关系的同时，对宋美龄与孔祥熙之间的关系进行重新定位。

第五章以孔氏子女为研究对象，探讨宋美龄与孔氏家族的关系。在孔氏子女中选取最有代表性的孔令侃作为研究中心，以蒋经国上海“打虎”和宋美龄为孔令侃争官两个典型事例，来探讨宋美龄在家族利益与国家利益激烈碰撞时的所作所为以及此种做法的内在原因与影响。

本书研究重点在于通过史料的分析与研究，揭示宋美龄与宋孔家族之间的关系，探讨宋美龄的家国观念。难点首先表现在部分史料匮乏上，尤其是有关宋耀如早期赴美的相关资料严重不足。关于宋氏三姐妹、宋子文留学生涯的相关资料以及宋美龄早期社会活动的有关资料，也只能从散见的相关文献中汲取，因此必须做好验证工作，力争使资料准确可靠。其次是有关资料的取舍问题。关于宋美龄婚后的活动状况以及西安事变，史料较为丰富和翔实，如何取舍至为重要。本书在写作过程中注意引用当事人的相关回忆资料，如《西安事变回忆录》《蒋介石日记》《西安事变反省录》《宋子文西安事变日记》《周恩来选集》以及相关的历史文献等。当然，在引用这些资料的过程中也注意甄别与取舍，对于一些夸大其词的内容使用时也予以了注意。

第一章　宋美龄近代国家观念的形成

16—17 世纪兴起的近代国家观的核心理念是主权在民和对民族共同体的认同，前者的意思是国家是国民之公产，国民为国家之主人。主张国民男女平等，无上下贵贱等级之分；国民享有言论、思想、出版等自由和参政的权利；政府一旦侵犯人民权利，人民即可用革命手段推倒旧政府。对民族共同体的认同，包括对民族精神和文化的弘扬、语言的学习，在本民族受到外族侵略时，表现出强烈的爱国主义情绪，捍卫国家主权。在晚清时期，真正具有近代国家观念的中国人，便是那些最早接触西方文化和与外国人打交道的极少数精英分子。宋美龄姊妹们很有幸，成为中国最早在这种观念熏陶下成长起来的几位女性，她们几乎毫无困难地接受了主权在民、男女平等、民族主义等思想；求学经历和归国后的国内革命形势，又为她们实践这种思想创造了良好的机遇。

宋家子女的茁壮成长，离不开宋耀如夫妇的精心培养。宋耀如，是一位较早开眼看世界并在西方社会里跌打滚爬的传教士兼革命者；倪桂珍，是一位名门后裔，造就了他们子女们的辉煌。本章将从两个时间段——儿时启蒙教育和赴美求学经历，围绕着现代国家观念的两个基本方面——自由平等和民族主义思想，来展现宋美龄及宋家姐妹青少年时期的生活及其近代国家观的形成。

第一节 宋嘉树：传教士兼革命者

宋嘉树，字耀如（1861—1918），原姓韩，名教准，教名查理·琼斯·宋。出生在现在海南省文昌市昌洒镇古路园村一个商人之家。其先祖“原居河南相州之安阳。早在南宋年间，族人韩显卿南迁，先到浙江会稽县任县尉，后入粤任廉州太守。南宋庆元三年（1197）抱族谱南渡琼州，定居文昌县锦山三江地焉”①。此后，韩姓家族这一支派就在海南岛繁衍下来。传到清代二十世祖韩儒循（宋美龄的高祖父），于嘉庆年间从罗豆乌坡村迁居昌洒镇古路园村。

图 1-1 宋耀如

> 韩儒循有一子锦彝。韩锦彝妻伍氏生二男：鸿翼和鹏翼。……夫人王氏，端庄文静，能诗善书，常向子女们讲述历史故事，使他们从中得到教益。鸿翼夫妇生有三男一女：长男政准，次男教准（即宋嘉树），女妚三，三男致准。宋嘉树的叔父韩鹏翼，娶同县宋氏为妻。韩教准12岁时过继给堂舅父——宋夫人之弟，遂改姓“宋”，取名“嘉树”，又名“高升”。②

宋耀如是一位在中国近代史上颇富传奇色彩的人物。父亲韩鸿翼是一位崇尚儒家思想的商人，他为人宽厚，热心公益事业，

① 《韩氏族谱》，转引自尚明轩主编：《宋庆龄年谱长编》（上），社会科学文献出版社2009年版，第3页。

② 尚明轩主编：《宋庆龄年谱长编》（上），第3页。

乐善好施，对个人财富并不过于计较。[①] 韩鸿翼后因经办赈灾事宜，耗尽了自己多年的积蓄，导致家境渐趋贫寒。宋耀如出生时，韩家已濒临破产，只有四亩薄沙地。韩鸿翼为了维持一家人的生计，不得不通过做些副业的方式来增加家庭的收入。[②] 也许正是韩家的这段潦倒生涯，才使韩教准因为不满现状而焕发出为家族拓荒寻求新发展的冒险精神，也正是他的拓荒精神，才使得他能够造就出 20 世纪中国历史中声名显赫的一代儿女。

1872 年夏天，韩教准和哥哥韩政准离开了家乡，远渡重洋，投靠生活在印度尼西亚爪哇岛上的一个远房亲戚。兄弟二人在亲戚的店里当学徒，度过了一段平淡无奇的学徒生涯。[③] 现实生活难以满足韩教准那颗闯荡天下的勃勃雄心，他在寻找能使他进入更加远大的世界的机会。

韩教准的命运被一个偶然的机会改变了。1875 年，韩教准一个姓宋的堂舅在结束中国探亲返回美国波士顿的途中，转道来爪哇作短暂停留。这位堂舅早年赴美修筑铁路，靠着自己顽强的毅力和做生意的天赋，在美国马萨诸塞州逐渐积攒起资本，开办起了丝茶商店，买卖兴隆。聪明伶俐的韩教准给这位堂舅留下了深刻印象。由于其膝下无子，这位堂舅要按照中国人的传统家族观念，从旁系近亲的男孩子中，选择一个合适的继承人。于是，在征求过韩教准及其父母的意见后，韩教准便正式改姓“宋”，取名“嘉树”，字“耀如”，从此成为宋姓堂舅的养子。于是这年夏天，宋耀如便随同其养父前往波士顿。[④]

宋耀如到波士顿后，养父对他关怀备至，努力将其培养为自己事业的接班人，并为他聘请一位有经验的英语教师。这位教师不但教宋耀如英语，而且给他讲述美国的历史和文化，如解放黑

---

① 《韩氏族谱》，转引自尚明轩主编：《宋庆龄年谱长编》（上），第 3 页。

② 廖怀明：《根系海南：解惑宋氏家族》，海南出版社 2011 年版，第 7—8 页。

③ 何虎生、于泽俊编著：《宋美龄大传》（上册），华文出版社 2002 年版，第 7 页。

④ 〔美〕罗比・尤恩森：《宋氏三姐妹——宋霭龄、宋庆龄、宋美龄》，赵云侠译，世界知识出版社 1984 年版，第 2 页。

奴运动、美国内战、林肯的“民有、民治、民享”的三民主义等。他对宋耀如说：“要不是林肯，不是他那一颗纯洁、高尚的心，美利坚合众国将会被全世界唾骂!”① 在学习之余，老师带领宋耀如参观波士顿的历史古迹和革命纪念地。这些语言、知识、文化的学习和实地的参观访问，在宋耀如的心里都刻下了深深的烙印，他深切感受到美国民主革命的脉搏，体会到独立和自由的意义，同时也对西方的民主、自由等思想有了更进一步的了解，并在内心逐渐萌生了祖国独立、民族革命的蒙眬意识，而这一切也潜移默化地影响了他的未来之路。

三年学徒期间，宋耀如结识了两个来自上海的中国留学生牛尚周和温秉忠。当时如何用西方模式去改造中国成为留学生们常常争论的话题，宋耀如也经常被他们渊博的知识所感染。在他们的支持和鼓励下，宋耀如下定决心，要和其他留学生一样，接受正规的美国学校教育，待学有所成后，回到故土报效祖国。但养父拒绝了他的要求。经过一番思想斗争后，1879 年冬天，宋耀如离家出走，以逃跑的方式来实现自己的理想。②

宋耀如偷偷乘上一艘名叫“斯凯勒·考尔法克斯”的小汽艇，躲藏在甲板后侧，但他很快就被发现了，被带到查理·琼斯船长面前。这位船长在听完宋耀如的故事之后决定收留这个孩子，并用查理·琼斯·宋的名字登记入册，于是宋耀如便在船上服役。在那艘缉私艇上一年多的时间里，宋耀如得到了船长父亲般的关爱，同时也赢得了全体船员的友谊。更为重要的是，宋耀如在此期间接触到了对他以后生涯影响较深的基督教。船长是个基督教徒，他决定让宋耀如也加入基督教。1880 年 11 月 7 日，威尔明顿《明星报》记录了宋耀如洗礼之事：“今天早晨本教堂将举行受洗仪式，受洗者之中有一名皈依宗教的中国人，他可能是北卡罗来纳州接受基督教洗礼仪式的第一个中国人。仪式由 T. P. 里考德牧

---

① 何虎生、于泽俊编著：《宋美龄大传》（上册），第 8 页。

② 〔美〕罗比·尤恩森：《宋氏三姐妹——宋霭龄、宋庆龄、宋美龄》，第 3 页。

师主持。”[①] 不久，机遇再一次降临到受洗后的查理的身上。1880年12月，里考德牧师向圣三一学院（后改名为杜克大学）校长建议，招收一名中国孩子入北卡罗来纳州圣三一学院，以便教育他胜任崇高的使命——去中国传教。1881年4月，宋耀如进入圣三一学院学习，迈出了跨入大学校门的第一步，一年后转到万德毕尔特大学（Vanderbilt University）神学院学习。[②]

在万德毕尔特大学度过的几年里，宋耀如有了显著进步，除了代理院长乔治·温顿博士外，他赢得了绝大多数人的友谊，同学们也向他保证要像兄弟一样爱护他。虽然宋耀如通常是愉快和满意的，但偶尔也患思乡病，思念祖国山山水水。他的同学约翰·奥尔牧师回忆道：

> 每当星期天早餐前，热心的小伙子们，为了获得宗教上的灵感，总要在威斯莱大厅的小教堂聚会，这已成为一种习惯。一天早上，宋（像我们称呼他的那样）起了床，在小教堂前默默无言地站了片刻。然后，他嘴唇哆哆嗦嗦地说：“我是多么可怜！多么寂寞！远离亲人！久在异乡！我觉得我真像密西西比河中顺水漂浮的小木屑。”眼泪从他的面颊上流下来……宋打断了那天上午的聚会。[③]

1882—1885年，宋耀如完成了万德毕尔特大学神学院学业，“毕业时，在神学方面是班上的优等生”[④]。宋耀如大学毕业后，被授予监理会见习牧师称号。教会决定派他回中国传教。宋耀如的

---

① 〔美〕斯特林·西格雷夫：《宋家王朝》，内蒙古文化出版社1998年版，第38页。

② 尚明轩等编著：《宋庆龄年谱》，中国社会科学出版社1986年版，第22页。

③ 〔美〕罗比·尤恩森：《宋氏三姐妹——宋霭龄、宋庆龄、宋美龄》，第7页。

④ 〔美〕约翰·奥尔牧：《回忆查理宋》，美国《世界言论》1938年4月号。转引自尚明轩主编：《宋庆龄年谱长编》（上），第4页。

二女儿宋庆龄回忆说："大学毕业后，我父亲不愿意继承叔父[①]的杂货店生意，他想回国。最后，他找学校当局帮忙，正好学校所在地的教会很希望有人去中国传教，因此父亲在二十岁[②]的时候回到了上海。"[③]

1886年1月，在浪迹美国十年之后，宋耀如回到了自己的祖国。回国后被安排在上海林乐知牧师手下工作。让他难以相信的是，林乐知牧师竟然以每月15美元的月薪把他安排到上海近郊吴淞的乡村里传道，后来又被安排到昆山当一名巡回教士。[④] 这些民主国家出身的正宗传教士无视宋耀如的传教计划，而且所表现出来的不公正和蔑视让宋耀如闷闷不乐。在昆山，他遇见了在美国结识的朋友牛尚周，向他发泄了心中的不满。牛尚周对此深表同情，并建议他先成家然后再立业，且主动为他做媒，把自己19岁的妻妹——倪桂珍介绍给他，1887年仲夏，这对年轻人走进了婚姻的殿堂。宋耀如在最彷徨、最郁闷的时候竟然遇到了倪桂珍这样的贤妻，由此造就了中国近代史上最有名的家族之一和赫赫有名的宋氏三姐妹。历史就这么偶然！

一个成功的人，就是在关键时刻能把握自己命运的人。婚后，宋耀如辞去教会职务，改行做实业和经商，入股经营美华印书馆，并改进扩大书馆业务，出版中文圣经书——《苏州方言圣约》，同时他又在上海创办福丰面粉厂并任经理，投资兴办香烟厂和棉纺厂。[⑤] 他为这些厂进口了先进的机器设备，生意日渐兴隆，企业蒸蒸日上。事业上的成功为他以后支持孙中山先生的革命打下了良好的经济基础。

1892年，宋耀如与伟大的民主革命先行者孙中山先生相识，并加入兴中会，随后成为中国民主革命先行者孙中山的挚友和重

---

① 指堂舅。

② 应是"二十四岁"。

③ 宋庆龄：《我家和孙中山先生的关系》，《党的文献》1994年第5期。

④ 〔美〕罗比·尤恩森：《宋氏三姐妹——宋霭龄、宋庆龄、宋美龄》，第9页。

⑤ 尚明轩主编：《宋庆龄年谱长编》（上），第5页。

要的经济支持者。① 其对孙中山的非凡勇气和信奉革命的精神深表钦佩，并为他的革命思想所倾倒，成为孙中山革命的热情支持者和孙中山的忠诚挚友，曾被孙中山誉为传播民主革命思想的“隐君子”。② 他以宗教和实业为掩护，积极支持孙中山的革命活动，从此就全身心地追随孙先生成为坚强的反清革命志士。他积极协助孙中山筹建“兴中会”和“中国同盟会”，倾全部精力为革命筹集巨额经费，被中国同盟会任命为司库，并兼任孙中山在上海党部执行秘书，为国民革命贡献了毕生的精力。③ 20 年后，孙中山在《致李晓生函》中提及与宋嘉树的结识与友谊称：“宋君嘉树者，二十年前曾与陆烈士皓东及弟初谈革命者，二十年来始终不变，然不求知于世，而上海之革命得如此好结果，此公不无力。然彼从事于教会与实业，而隐于传革命之道，是亦世之隐君子也。弟今解职来上海，得再见故人，不禁慨当年与陆浩东三人屡作终夕谈之事。”④

图 1-2 1913 年 3 月，孙中山与宋耀如（前排左四）等与日本朝野人士合影⑤

① 尚明轩：《宋庆龄与孙中山的结合》，见尚明轩：《孙中山与国民党左派研究》，人民出版社 1986 年版，第97 页。

② 孙中山：《孙中山全集》第 2 卷，中华书局 1982 年版，第 342 页。

③ 关于宋耀如这一节，笔者还参考了连若雪：《宋耀如简评》，《复旦学报（社会科学版）》1989 年第 2 期；段炼：《宋耀如与林乐知》，《史林》2009 年第 5 期。

④ 孙中山：《致李晓生函》，见孙中山：《孙中山全集》第 2 卷，第 342 页。

⑤ 上海市孙中山宋庆龄文物管理委员会编著：《宋庆龄》，上海教育出版社 2009 年版，第 5 页。

宋美龄的母亲倪桂珍（1869—1931），浙江省余姚县人，出生于上海，是我国明朝著名科学家、最早皈依基督教的教徒徐光启的后裔。其父亲倪蕴山是徐光启的“第十六代子孙”。[①]倪蕴山是一位学者，对法律学的造诣很深，他也是新教圣公会的教徒，后来与上海徐家汇的一个姑娘结婚。由于历史、宗教和政治的关系，倪蕴山家庭受西方文化影响较深，思想开明，对自己的子女一视同仁，都给予新式的教育。聪明伶俐、活泼可爱的倪桂珍三四岁就开始在私塾念书，8 岁进小学，14 岁考入美国基督教圣公会办的培文女子高级学堂，17 岁毕业。倪桂珍学习成绩优异，尤擅长数学，喜爱弹钢琴，毕业后留校任教员。她热心社会慈善事业和上海艾伦纪念教堂的活动，并同西方教会的许多教徒结为朋友。“她经常出门帮助穷困的人们做各种事”，只要在宗教信仰范围内所能做到的事都不遗余力去做，因此外面世界对倪桂珍都“认为是世界上最好的女人”[②]。

1887 年夏，宋耀如与倪桂珍结为连理。共同的宗教信仰和优越的教育背景以及相投的志趣，使他们婚后的夫妻生活十分美满。倪桂珍的家世给宋嘉树的未来事业发展带来了有益的社会资源。[③]倪桂珍嫁给宋耀如后，先后生有六个孩子。按照中国的传统习惯，男人往往是家庭的核心，大事小事皆由父亲做主，但事实上母亲往往是整个家庭日常生活的主宰，她要孝敬老人，教育子女。倪桂珍是早期新式中国家庭主妇的榜样。由于她个人曾受到良好的社会教育以及家庭环境的熏陶，她具有管理大家庭、处理复杂事务的能力，办事循规蹈矩，认真负责。她是一个热衷于传道的虔诚的基督教徒，以慈善为怀，乐善好施，热心社会福利事业。这些品德、精神和行为，深深影响了宋家子女们。宋氏姐妹中的宋庆龄和宋美龄终其一生都热衷于慈善事业，可能就是在耳濡目染间受到母亲的言传身教。

---

① 李桓：《宋美龄传》，台北：天元图书有限公司 1985 年版，第 23 页。

② 李桓：《宋美龄传》，第 22—23 页。

③〔美〕汉娜·帕库拉：《宋美龄新传》，第 10 页。

宋美龄 1899 年 3 月 23 日（农历二月十二日）出生于上海。① 关于幼年时期留下文字不多，从其仅有的回忆录中可见她孩童时期聪明、活泼、可爱：

> 我小时候很胖，一位挖空心思的叔叔便帮我取了一个“小灯笼”的诨号。冬日时候母亲让我穿上一件厚棉袍，我就在六人中间转圈圈。我记得当我三四岁的时候，因为衣服厚而笨，往往走两三步就摔跤。但因为衣服厚人又胖，所以我记不得跌痛没有。我头上扎了两根小辫子，先由红绒线扎好后再用圆环套紧。这种叫蟹洞的发式是当时很流行的女童头。母亲总是帮我反穿一件小花袄和长袜子。不过我的鞋子很特别，那是猫头鞋。后来我稍长些，母亲便让我穿男孩装。大概是因为我很顽皮，她想我的动作象（像）男孩，所以就自然的让我穿哥哥的旧衣而不是姐姐的旧衣。实际呢，我的哥哥子文，总是两三个月便穿不得旧衣，而要作新衣了，我就只好穿旧的。直到九岁那年赴美以前，多半日子我都穿男孩衣服。②

她后来撰文《我的宗教观》回忆称：

> 我在幼年时，对于母亲强迫我的宗教训练，多少有些不肯受命，但我相信这种训练，给我的影响很大。那时的家庭祈祷，往往使我厌倦，我就借着口渴为推托，偷偷地溜到外面去，这常常使母亲烦恼。那时我也像我的兄弟姐妹一样，必须常常上教堂去，而冗长的说教，使我觉得非常憎厌。可是今天想起来，这种常上教堂的

① 尚明轩主编：《宋庆龄年谱长编》（上），第 18 页。

② 辛慕轩等：《宋美龄写真》，档案出版社 1988 年版，第 19 页。

习惯，养成了我作事的恒心，这真是深可感谢的训练。①

宋耀如早期的传奇经历，使他有机会能够接受西方民主氛围的熏陶。这期间，他对西方的民主制度有了初步的理解，林肯的“民有、民享、民治”思想、男女平等思想等对其影响颇深，这也为他后来积极投身于孙中山的民主革命铺平了道路；同时他这种经历也成为宋家宝贵的财富，他那崇高的爱国主义情感与西方民主主义思想成为哺育子女茁壮成长的重要精神食粮，使他能够冲破传统中国社会中“女子无才便是德”的观念，毅然决然送三个女儿赴美求学。善良、严厉的母亲倪桂珍以自己的言行为孩子们树立了良好的榜样。宋家子女们后来的出色表现，就是受到父母和家庭因素的影响。正因为如此，宋耀如也被外国人称为“模范公民，教堂的台柱，出色的丈夫和最优秀的家长”②。

第二节　自由民主和民族主义思想的启蒙

宋美龄及其兄弟姐妹能够在近代中国的历史舞台上大放异彩，这与她们自小所受到的良好的家庭教育不无关系。宋耀如与倪桂珍，这两个虔诚的基督教徒，同时也可以说是中国历史上伟大的教育家，在教育和培养子女上，他们不仅言传身教，而且在教育内容的选择、教育方法的运用上都有其独到之处，正是他们的精心培育才铸就了子女们的辉煌。

在教育内容的选择上，宋耀如首先重视子女语言能力的培养，尤其重视英语的学习，因为这是了解西方文化的基础。自孩子们牙牙学语起，宋耀如夫妇便注重对他们进行中、英文的双语训练。为了训练孩子的英语能力，宋耀如从美国购来了大量幼儿读物，

---

① 宋美龄：《我的宗教观》，见王亚权编纂：《蒋夫人言论集》上集，台北：“中华妇女反共联合会”1977 年版，第 1 页。

② 〔美〕埃米莉·哈恩：《宋氏家族——父女·婚姻·家庭》，李豫生等译，新华出版社 1985 年版，第 76 页。

夫妇俩轮流教孩子们读写。宋耀如还常用中、英文两种语言给他们讲故事①，在讲故事的过程中适时并深入浅出地向他们传输科学道理与民主、革命的思想，这样既提高了孩子们的英语水平，又对他们进行了相应的民主思想的启蒙。

在教授孩子学习英文的同时，夫妇二人更注重提高孩子们的中文水平，这是了解中国文化的关键所在。② 宋耀如认为，学英文是为了睁开眼睛看世界，留学海外长知识学本领，再来报效祖国，所以中文一定要更好。他坚信未来中国的领袖一定要学贯中西。在父母的教导下，孩子们在入学前便学习过古文，进行过中文写作技能训练，还认真练习了毛笔字。③ 所有这些都为孩子们打下了扎实的中文功底，同时也使他们对祖国灿烂的文化有了初步的了解，这也是民族主义情感的基本来源。

培养孩子的意志力和勇于开拓、勇于创新的精神，是宋耀如夫妇家庭教育的重要内容。宋耀如坚信，坚强的意志力是走向成功的重要条件。他从小事入手，以各种方式，诸如野外徒步、忍饥挨饿等来训练他年幼的儿女，并身体力行，以自己的行动来教育、影响子女；在寒冷的天气里，在滂沱大雨中，宋耀如总是在这种恶劣的环境下让孩子去同大自然抗争。宋蔼龄稍大点的时候，宋耀如就开始实行“沐于大麓，烈风雷雨而不迷”的教育。④ 他往往选个风狂雨骤的日子，带着宋蔼龄在雨中受淋。⑤

为了培养孩子们独立自主的创新能力，笃信“知识就是力量”的宋耀如就和不到 10 岁的宋蔼龄一起编了一份《上海儿童报》，文章主要由孩子们自己写。孩子们在这块自由的天地里随心所欲地描绘着自己的生活，父亲则是她们忠实的朋友和热心的读者。为了鼓励孩子们写作的热情，他把这份报纸拿到自己的工厂里印

① 杨树标、杨菁：《宋美龄传》，第 16 页。

② 何虎生、于泽俊编著：《宋美龄大传》，第 24 页。

③ 寇维勇、詹长皓、蔡诗萍：《宋美龄传》，风云论坛杂志社 1987 年版，第 35 页。

④ 洪亮、姚岚：《宋美龄在美国》，团结出版社 2008 年版，第 62 页。

⑤ 杨树标、杨菁：《宋美龄传》，第 17 页。

出来给很多人看。[①] 孩子们在这种创造性的自立活动中，迅速增长了各种才干，这也为他们以后的学习打下了扎实的基础。

宋耀如在美国成长，回国后又担任一段时间的牧师，深深体会到祖国强盛的重要性，因此，宋耀如抓住一切机会对子女们进行民族主义情感的教育。他曾告诉孩子们，美国有发达的工业、农业、科学、技术，这是事实，可是美国的繁荣也有中国人的一份功劳。十几年前，在美国的华工就有三四十万。他们为开发美国西部付出的血汗，连美国历史学家也不得不承认。在民族危机日益加重，国内维新运动、革命运动先后蓬勃开展之际，宋耀如更是常常以孙中山所宣扬的民主与革命思想来教导孩子们："一旦我们革新中国的伟大目标得以完成，不但在我们美丽的国家将会出现新纪元的曙光，整个人类也将得以共享更为光明的前景。普遍和平必将随中国的新生接踵而至，一个从来也梦想不到的宏伟场面，将要向文明世界的社会经济活动而敞开。"[②]

宋耀如对孩子们进行的爱国主义教育不仅仅停留在理论上，他还有意识地带领他们参加各种有意义的政治集会，希望孩子们在实践中受到更深切的爱国主义的熏陶。1904 年 4 月 30 日，上海市民在张园举行拒俄大会，抗议沙俄霸占中国东北，声援留日学生的拒俄运动。这一天，宋耀如带着宋霭龄、宋庆龄、宋子文、宋美龄四个孩子一起去参加了大会。孩子们平生第一次见到如此宏大的场面。[③] 目睹国人如火如荼的爱国热情，他们那幼小的心灵被深深地震撼了。特别是蔡元培在会场上宣读了东京留日学生要求组织义勇军奔赴战场的电报后，会场上热烈、激动的情绪更极大地感染了孩子们。这一次活动，无疑给宋家姐弟上了一堂生动的爱国主义教育课。

① 杨树标、杨菁：《宋美龄传》，第 17 页。
② 杨树标、杨菁：《宋美龄传》，第 18 页。
③ 杨树标、杨菁：《宋美龄传》，第 19 页。

1905年，美国政府迫害华工，由此引发了全国性的反美爱国运动。① 宋耀如虽然成长在美国，深受美国文化的影响，也一向把美国看成民主国家的楷模，但是这丝毫不影响他对祖国忠诚的爱，他对美国政府野蛮残酷的种族歧视政策极为痛恨。当美国政府拒绝中国人民的正当要求，在美华人深受迫害与侮辱时，他便毫不犹豫地参加了这次全国性的反美运动，宋家姐弟也积极地参与其中。当时宋霭龄已出国，宋庆龄、宋子文、宋美龄跟着父亲一起上街散发传单，搞宣传，并以实际行动抵制美货。虽然抵制美货使宋耀如的经济利益受到一定的损失，但为了反对美国的暴行，为了在美侨胞的利益和尊严，宋耀如坚决地参与了抵制美货行动。在父亲的影响下，宋子文和他的姐妹不仅毫不吝惜地把心爱的美国玩具、文具等丢进了废物箱，而且还在他们的住地虹口挨家挨户地劝大家抵制美货，他们甚至还发起组织了一个“中国童子抵制美约会”。②

此外，为了增加孩子们的社会知识，宋耀如还经常带领他们去参观印刷所、面粉厂、香烟厂和纺织厂。③ 他不放过任何一个教育孩子的机会，在和孩子们坐在私人黄包车里从大街上经过时，他经常向他们揭示城市的内幕和弱肉强食的真相，孩子们从中获益匪浅。

宋耀如夫妇在孩子的启蒙教育过程中，通过自己对教育内容与方法的探讨与选择，找出了一条适合子女发展要求的教育之路。他们完全摒弃“三从四德”之类传统，采用民主的方式，对男孩女孩一视同仁，给予同样的关怀和新式的良好的庭训，并培养他们同样的社会责任心。他们经常教导女儿们说：“身为女人不应妨

---

① 1904年12月，美国胁迫清政府签订的《中美会订限制来美华工保护寓美华人条款》期满，旅美华侨10余万人联名上书清政府，要求废约。美国政府悍然拒绝这一正义要求，并再度提出续订新约，激起中国各界人民的强烈愤慨，并迅速形成了一个控诉美国排华罪行、反对美国经济侵略的爱国运动。

② 杨树标、杨菁：《宋美龄传》，第19页。

③ 杨树标、杨菁：《宋美龄传》，第19页。

碍自己成为祖国有成就、有作为的公民。”[①] 在此过程中，崇高的爱国主义情感贯穿整个启蒙教育的过程。尽管以后她们走上了不同的人生之路，但在国难当头之际，她们能够尽弃前嫌，共赴国难，爱国主义情感成了联系姐妹们关系的重要纽带。这一切很大程度上得益于她们自幼所受到的良好的家庭启蒙教育。

宋美龄三姐妹的启蒙学校都是上海马克谛耶教会女子学校（Mctyeire School for Girls）。[②] 该学校主要创办人就是当年宋耀如在上海卫理公会的上司林乐知博士。这是上海最时髦的外国学堂，是以曾经使查理宋过上清苦的传教士生活的主教的名字命名的。[③] 林乐知看到上海有那么多的“高级中国人”，却没有一所学校供他们的女儿就读，于是建议美国卫理公会，由南方女布道会负责筹备，在上海成立一所专供中国富豪们的女儿就读的学校。中西女塾首任校长为佐治亚州教育家海淑德女士，她和宋耀如有很好的交情。当然，宋耀如之所以选择这所学校，还是出于这样一种考虑：他有自己的独到眼光和长远计划，为了让女儿们将来能够到美国念书。

关于这所学校的创立背景，我们可以从当时担任中西女塾的校长海淑德女士的回忆中略知一二：

> 1. 上海的情况和25年前大不相同了。中国人不再敌视和怀疑外国人了。过去家长们不愿意送子女进外国人办的学校，学校甚至贴钱给学生，学生才勉强来上学，而现在很多家长愿意自出学费让子女来上学。
>
> 2. 富有的家长们不愿意送自己的女儿进教会开办的慈善性质的义务学校，因为这些学校的学生都是穷人家的女儿。富有的家长们不愿自己的女儿和她们生活在一起。

---

① 〔美〕罗比·尤恩森：《宋氏三姐妹——宋霭龄、宋庆龄、宋美龄》，第24页。
② 王松：《宋子文传》，湖北人民出版社2006年版，第8页。
③ 〔美〕斯特林·西格雷夫：《宋家王朝》，第141页。

3. 有许多富有的家长，很希望现在就有一所合适的学校，让他们的女儿马上可以入学。从各方面的迹象来看，我们的学生一定会不断增加，每个在国外留学过的中国男子，都希望他的姊妹、他的妻子和他的女儿受到新教育。现在中国还没有一所他们认为理想的、外国人办的正规的学校。因此，只好请家庭教师或者由兄长和父亲在家里充当教师。

4. 中国地大人多，我们不可能单靠自己派遣传教士来开展工作，一定要培养很多中国精英，让他们自己去做工作。

5. 要办好这所学校和搞好工作，你们一定要不断选派传教士来华。为了使新来的传教士能很好地适应环境，必须使他们在开始工作前，有充分的准备。因此，在建筑校舍的同时，还应考虑到建筑一所教师之家，让她们住上一二年，学习华语，接受必要的师资的培训。新来的传教士，可从这里积蓄力量和胆量，在很短的几年中，就可以很快地在他们出色的工作中偿还你们的投资。①

这是一所完全美国化的学校，一切都按照美国的标准，教学内容充分体现了西方文化特色。主要表现在以下几个方面：

1. 重视英文教学轻视中文教学。所有的课本，除语文外，一律都是英文的，连中国的历史、地理课本也是美国人编写、在美国出版、由美国老师教授。

2. 重视美国家事训练。学校教授学生如何美化家庭和环境，教学生如何选择对象和如何组织家庭，让学生学会如何在家中和公共场所招待宾客，如何开茶会、宴会和舞会以及怎样做西点、西菜等。通过这种系统的教

① 佟静：《宋美龄大传》（上册），团结出版社 2002 年版，第 39—40 页。

育就是要使中国女青年了解并接受美国的生活方式。

3. 宗教课占有很重要的地位。

4. 三门课外选修课是以钢琴为主的西洋音乐课、表演课、舞蹈课。[①]

宋耀如先后将三个女儿送入这所学校，无疑是为她们将来赴美留学选中了最合适的预备学校，这为她们以后留学美国打下了坚实的基础。

宋霭龄五岁就被父亲送入这所学校，而且是住宿求学。宋霭龄是三姐妹中学习生涯的开拓者和成功者，她在学校很快就成了引人注目的人物。她参加唱诗班，表演节目，出人头地的事都有她一份，因此受到老师的好评和不少同学的尊敬。[②]

紧随宋霭龄之后，宋庆龄也进入了马克谛耶女子学校。这位宋家的二小姐，郁郁寡欢，冷漠地注视着尘世间的生活。[③] 宋庆龄性格沉稳，这使她显出一种与她的年龄不相称的成熟。她非常聪明好学，具有极强的理解力，各门功课的成绩总是名列前茅，她的自我约束力使她能够轻松地适应学校的集体生活。

宋美龄五岁时也吵嚷着要与姐姐们一起上学，但是她在校的表现却与姐姐们大相径庭，功课与姐姐们不相上下，但是与同学相处却遇到了麻烦，原因就是她在家养成的霸道劲作怪。即使班里比她大的同学，她也要他们听从她的摆布，但别人对她的颐指气使往往不屑一顾。每当遇到这种情况，她就会气得浑身发抖，甚至会突然出现麻疹，身上立即长出许多红肿块来。宋美龄晚上睡眠不好，时常做恶梦，吓得她大喊大叫，搅得整个宿舍不得安宁。[④] 这种情况下宋耀如不得不把她接回家。请人在家教她念书，直到宋美龄赴美留学之前，她都是在家接受启蒙教育。[⑤] 同时，为

---

① 佟静：《宋美龄大传》（上册），第 40—41 页。
② 〔美〕埃米莉·哈恩：《宋氏家族——父女·婚姻·家庭》，第 34—35 页。
③ 〔美〕斯特林·西格雷夫：《宋家王朝》，第 142 页。
④ 〔美〕斯特林·西格雷夫：《宋家王朝》，第 143 页。
⑤ 林家有、李吉奎：《宋美龄传》，河南人民出版社 1995 年版，第 38 页。

她进行“才艺”上的早期训练。

在某种意义上，宋氏姐妹就是在这样的环境接受了早期的启蒙教育，这为她们留学美国做了充分的准备。几年的学校生活使她们系统地接受了西方现代科学知识和价值观念，同时也培养了她们独立面对生活挑战的能力，这种能力帮助她们在未来的学习生活中从容面对所遇到的困难，这是她们成长道路中重要的里程碑。

第三节　民主、民族思想的内化：赴美留学

宋耀如是西方文化的受益者，早年的经历使其对西方的民主主义思想顶礼膜拜，林肯的“民有、民治、民享”思想对其影响尤为深刻。宋耀如计划让自己的子女系统接受西方教育和文化的熏陶，这也反映出他们夫妇二人超前的眼光。本节主要简述宋氏姐妹三人在美留学的生涯，揭示她们的学习经历以及宋氏三姐妹的行为表现，探讨留美生活对宋氏姐妹三人以后的人生之路所产生的影响。

1904 年 5 月 28 日，年仅 15 岁的宋霭龄被父亲宋耀如送上“高丽号”轮船，前往美国佐治亚州梅肯城的威斯里安女子学院（Wesleyan Female College）留学，她是中国近代第一个出国留学的女性。[①] 为她这次异国求学之行，在宋家和他们的邻居朋友之间，发生过一场不大不小的争论。大多数人对于宋耀如的举措基本持否定意见，在这些人的眼里，若是男孩子出国留学尚无不可，一个女孩出国实在没有这个必要，真正为孩子着想的父母就应该为她攒一笔钱作嫁妆。他们认为宋耀如一定是疯了，他应该把女儿留在家中，省下那些在饯别晚宴和出国旅程所浪费的钱，因为这样的蠢行只会宠坏他的女儿。[②] 宋耀如一如既往，坚持自己的看法，以自己的经历证明，当时之世，必须学习西方的文明才能成

---

① 陈蓉：《宋霭龄——中国第一位女留学生》，《世纪桥》2009 年第 5 期。

② 寇维勇、詹长皓、蔡诗萍：《宋美龄传》，第 40 页。

就大事。宋霭龄也不为这些闲言碎语所动摇。父女俩勇敢地冲决传统思想的罗网，为当时的女性留洋闯出了一条道路。

宋霭龄就读的威斯里安女子学院是世界上第一所专为女子设立的学院，位于佐治亚州梅肯城内奥克穆尔吉河西岸，市内林木葱葱，幽雅恬静。威斯里安女子学院房舍坐落在山丘上，可以俯瞰全城。学校规模不大，学生多数是来自南美富裕人家的小姐。清静、舒适的环境，为这些女生提供了良好的学习条件，在国际上享有很高声誉。①

当初到美国的宋霭龄怀着兴奋的心情规划自己的留学生活时，她忽然发现这一切与她想象中的相去甚远。在同学的心目中，她显然属于劣等民族之列，从没有受过歧视的宋霭龄很难忍受这样的对待。这一切悄悄地改变了她的性格，她变得郁郁寡欢，不主动去接近同学。② 在宋家所有的孩子当中，宋耀如对宋霭龄倾注了最多的心血，总是抓住一切机会向宋霭龄灌输一些知识经验和社会生活常识，这让宋霭龄显得早熟和富有社会经验。后来当宋霭龄独处异国的时候，这些知识和经验帮了她的大忙，她最终通过自己的努力获得了同学们的认可。

1907 年，宋庆龄与宋美龄在姨父温秉忠的护送下，也来到美国留学，姐妹三人相聚在异国他乡。宋霭龄热情开朗，宋庆龄稳重娴雅，宋美龄好胜泼辣。更可贵的是，她们个个学习努力，成绩优良。三姐妹在美国学习的几年，一举一动都分外引人注目，一直是学校老师同学们谈论的重要话题。

后来，宋庆龄和宋美龄被安排在美国新泽西州萨密特镇的一所私立学校——波特温学校补习法语和拉丁语，准备报考大学。在她们到来之前，波特温学校已经就她们的到来众说纷纭。多年以后，当年的学友埃米莉·唐纳回忆见到宋庆龄和宋美龄的最初印象时这样描述：

---

① 《宋霭龄——铿锵玫瑰初闯美国》，《青年与社会》2007 年第 22 期。

② 《宋霭龄——铿锵玫瑰初闯美国》，《青年与社会》2007 年第 22 期。

> 大的那位非常庄重文静，年龄约莫 15 岁，看来比我们都大得多，我们当时是 9 岁左右，她的中国名字叫庆龄，但是不知为什么，我们总是称呼她为“罗莎蒙德”，我们不常见到她，由于年龄和性格上的差异她自然不会来参加我们那些小孩子的玩耍和嬉闹，她是个严肃的姑娘。她更多的是躲在一个角落里，贪婪地阅读成年人看的小说和其他书籍，这些书远远超出她那个年龄的普通姑娘的口味。但是，同时还来了一个可爱的小女孩叫美龄。她的年龄同我们差不多，非常活泼和欢跃，而且相当淘气。一进学校后，她就显露出其淘气的天性，爬树登高，与小伙伴追打嬉闹，一刻也不闲着。她长得像个滚圆的小黄油球娃娃，她对周围的一切都兴趣盎然。不论是新奇的花草树木，还是房屋和人，她都要盘根问底，打听清楚。①

就这样，经过一年的补习，1909 年秋，宋庆龄正式考入宋霭龄当时正在就读的威斯里安女子学院。离开萨密特镇之前，按照宋霭龄的主意，她把妹妹安排在了德莫雷斯特的皮德蒙特学校，在那儿上学的宋美龄可以住在宋霭龄一个同学的母亲莫斯夫人家中。②

在威斯里安女子学院，宋庆龄自小培养出来的勤奋精神再度表现出来，她喜欢念哲学而且非常用功，她花很多时间写信给家乡的朋友，非常有思想，也充满了理想。她很容易与人交朋友，而且能保持很久。③ 她的文学及写作水平较高，比较热心于社会活动，曾担任了校刊《威斯里安》的文学编辑和哈里斯文学社的通信干事。班上讨论问题时，宋庆龄态度温文，声音柔和，但却滔滔雄辩，颇有见解，深得同学们的钦佩。

---

① ［美］斯特林・西格雷夫：《宋家王朝》，第 163 页。

② ［美］斯特林・西格雷夫：《宋家王朝》，第 163 页。

③ 寇维勇、詹长皓、蔡诗萍：《宋美龄传》，第 44 页。

礼拜天是姐妹们团聚的日子，两位姐姐总要带些水果之类的东西来看望宋美龄，以解小妹的思乡之情。虽然没有姐姐们的陪伴，可是宋美龄的生活仍然被快乐占据着，与小伙伴们一起无忧无虑生活是她长久以来美好的回忆。快乐的生活使宋美龄完全没有身在异乡的感觉，没有离开二姐后的孤单感。许多年后，宋美龄对那段生活仍然心存眷念：

> 在皮德蒙特我读八年级。我在皮德蒙特住了九个月，过得非常愉快。使我十分感兴趣的是，我发现和我同读八年级的许多学生实际上是小伙子和大姑娘。他们从遥远的山区来到这里，其中许多人，为了弄到来皮德蒙特求学的钱而教了好几年小学。所有这些人对我都表示很大兴趣。而我呢，则开始更深入地了解了那些为了生存，甚至为了要筹措受初等教育费用而奋斗的人们的生活。我认为，我小时与这些人的接触，影响了我对那些出身贫寒的人们命运的关心。若不是在皮德蒙特读书，我就永远不会接触到他们。这使我认识了他们的真正价值，因为，说到底，他们和他们那样的人，正是任何民族的主体。①

在皮德蒙特九个月的学习和生活给宋美龄留下了深刻的印象，成绩也不错，正如她后来所说："我记得，奥利夫·范·海斯小姐教我哲学和自然科学。一天她宣布我的哲学平均分数为 98 分，由于我这学期获得了高分，便成了唯一免受期末考试的学生。这时，我感到了一生从未有过的自豪；② 正是在皮德蒙特，我初步懂得了分析句子结构的奥秘。当时我到美国刚两年，我的英语知识充其量只能说略知皮毛，我在词语的表达方面有许多可笑的小毛病，使我的语法老师大伤脑筋。为了纠正这些毛病，她要我试着从语

---

① 〔美〕斯特林·西格雷夫：《宋家王朝》，第 163—164 页。

② 袁伟、王丽平选编：《宋美龄自述》，团结出版社 2007 年版，第 1 页。

法上分析句子。她的努力一定收到一些效果，因为人们现在说我的英语写得很好。”①

1910 年，13 岁的宋美龄结束了她在皮德蒙特的生活，进入威斯里安女子学院，来到了宋庆龄的身边。由于宋美龄年龄太小，还不够当一名正式学生，学校在政策上给予了她很大的照顾，指派专门的老师对其进行辅导。

由于老师的特别关照，宋美龄进步神速。她学习进度之快令人惊讶，甚至到 1916 年已学完她的整个大学课程。对于其在学习上一些与众不同的习惯，老师们都尽量给予照顾，她甚至得到法文老师的允许可以随时中止听课而去校园活动一番。

1912 年，宋美龄终于成为大学一年级新生。宋美龄在威斯里安女子学院的许多逸事都有记载，从记载中可以看出她是个早熟、有创造性、脾气不好的小女孩。早年，她已显示出领导才能。她发现两个同她年纪相当的女孩——艾罗斯·安斯渥夫和喀拉瑞贝尔·马歇尔——是她的追随者。使她恼火的是，人们不让她和这两个朋友参加大一点的女孩可以参加的姐妹会。宋美龄同她的两个追随者成立了一个特别组织，自有章程，自行召集会议，甚至迫使一些教师也参加进来。她们这三个女孩还创办了一份报纸，编辑当然是宋美龄。每天出五份，内容都不相同。每份五美分，销售一空。②

宋美龄的语言课成绩相当优异，她的语言能力在不同的场合得到了充分展示，老师和同学们对她娴熟的英语表达能力极为惊讶。③ 后来宋美龄能够成为蒋介石外交上的大帮手，被称为最标准的外交家，除了她的智慧和渊博的学问、高雅的气质，最重要的是她具有令大家钦佩的语言能力，这种能力正是她在留学生涯中培养出来的。这是一个具有外交才能的人必须具备的条件，这也正是宋美龄日后能够从事外交工作的重要原因。

---

① 洪亮、姚岚：《宋美龄在美国》，第 107 页。

② 〔美〕罗比·尤恩森：《宋氏三姐妹——宋霭龄、宋庆龄、宋美龄》，第 23 页。

③ 〔美〕罗比·尤恩森：《宋氏三姐妹——宋霭龄、宋庆龄、宋美龄》，第 49 页。

1913 年，宋庆龄学成回国，威斯里安女子学院只剩下宋美龄孑然一身。为了和在哈佛大学读书的哥哥宋子文离得近些，这年秋天宋美龄转学到马萨诸塞州的卫斯理学院（Wellesley College），成为该校一年级的学生。这样宋子文可以比较便利地照顾和帮助妹妹，虽然他只比宋美龄大两岁，但宋耀如夫妇认为，子文应该成为宋美龄留美期间的保护人。

图 1-3　1913 年宋美龄在卫斯理学院与同学合影①

如果从教育内容和学术水平上看，卫斯理比威斯里安更胜一筹。前者是美国东北部的名校，才女辈出，有很多知名的校友。威斯里安则是典型的南方小学校，以强调教师和学生之间的融洽感情为主，注重言传身教，而且它的学生大多来自中上家庭，并不很注重学科成绩。宋美龄一开始对新学校表现出浓厚的兴趣，喜欢学校的许多师生。然而，她并不是一来就能同人们打成一片的。开学的第一天，她就用带有浓厚南方口音的英语对校长宣称："唔，我估计，在这儿我不会呆［待］很久。"②

但是宋美龄最终改变了主意，很快调整了心态，把主要精力用在学习上。她主修英国文学，尤其喜欢亚瑟王的传奇故事；次要学科中有哲学，选修课包括演说课。③ 在英国文学和哲学这两门课上，她的才华得到了充分的显示。宋美龄特别喜欢英国的古典文学，对亚瑟王骑士传奇故事中的激烈战斗场面更是津津乐道。留学期间也是宋美龄性格的成型时期，由于她孤身在外，不像在

---

① 师永刚、林文博：《宋美龄画传》，作家出版社 2003 年版，第 21 页。

② 〔美〕罗比・尤恩森：《宋氏三姐妹——宋霭龄、宋庆龄、宋美龄》，第 46 页。

③ 〔美〕斯特林・西格雷夫：《宋家王朝》，第 201 页。

家那样能依赖父母，因此慢慢地学会独立思考，凡事都有自己的见解，绝不随波逐流，这对她后来产生很大影响。一位同宋美龄住在伍德村，对她非常了解的教授写道：

> 她对每件事情都有了不起的见解。她常常提问，问各种思想的性质，今天跑来问文学的定义，明天跑来问宗教的定义。她思考伦理道德，并为自己探索某些准则，而人们对于准则往往是不问究竟地承袭相因，按现成的和盘接过来。她是一个坚持真理的人；一旦发现向她灌输传统的谬误，她就忿忿不满。①

宋美龄在业余时间里喜爱阅读时政类杂志《大西洋月刊》，习惯于将此刊放在身边，以便有一点空闲时，总有一本伸手可及。对体育，她虽不特别热爱，但乐于参加打球和游泳。她还参加了一个姐妹会社团组织，并踊跃参加该会组织的音乐和艺术研究的活动，成为忠诚的社团成员。③

图 1-4　1943 年宋美龄赴美演讲时受到母校欢迎②

1937 年 11 月，卫斯理学院校友部编写了一份关于宋美龄的学习科目和一些课外活动的概要，其中一段是这样写

① 〔美〕罗比·尤恩森：《宋氏三姐妹——宋霭龄、宋庆龄、宋美龄》，第 47 页。
② 《田家半月报》1943 年第 10 卷第 7 期，第 3 页。
③ 李又宁：《蒋夫人在美国卫斯理女子学院》，见秦孝仪主编：《蒋夫人宋美龄女士与近代中国学术讨论集》，台北：中正文教基金会 2003 年版，第 93 页。

的：“她是一个有才华的学生，主修英国文学和兼修哲学。据说，她特别喜欢中古时代亚瑟王骑士传奇故事中的激烈战斗场面……在整个四年中，她学了法语和音乐理论、小提琴和钢琴，还修天文学、历史学、植物学、英文写作、圣经史和讲演。此外，她还在佛蒙特大学选修过教育学，也获得学分。”①

1937 年，卫斯理学院有关宋美龄的一份备忘录记载，一位教授曾说：“我们大家都喜欢她，把她看作我们的当然成员，完全忘了她是一个外国人。当然，她受到人们那么多的称赞，不是因为那时她像两位姐姐一样漂亮，而是因为她热情、真诚，常常有一种内在的力量……”“她虽然喜欢交际，而且相当出风头，但是总保持那么一点距离观望着我们，时而怀疑挑剔，时而乐意赞同，觉得自己多少有点外国人的味道。”在其他朋友的记忆中，“虽然她通常是心情舒畅的，但她的脾气难于捉摸，变化无常”，他们“记得她有时快活，有时忧郁”。② 对于那位老师的看法，宋美龄并不完全赞同，她认为自己并不像这位老师所说的完全是个美国人，虽然她成长在美国，但是对祖国深沉的爱始终萦绕在她的心头，这在她以后的政治生活中得到充分的验证。

如果说威斯里安给宋美龄带来了温馨和快乐的少女时代以及知识上的启蒙，那么卫斯理则扩大了她的视野，在教育的殿堂上更上一层楼，她从一个讨人喜欢的活泼少女变成了令人倾慕的优雅淑女。这两个美国学府的校园生活塑造了宋美龄的人生观和生活哲学。她后来回忆说：“在这里，我度过了我学生时代连续四年的快乐时光，我接受到的熏陶，是宁静的高尚气质，是体谅他人，是正直为人，是知识上的钻研，是交换那些发展丰富人生所必要的观念与理想，等等。我很感激我的教师与友人，他们经常不断地给我指导、鼓励、训示，造成今天的我，追怀旧日，这种快乐时光，只有在纯净的校园内，迷人的林野，及宽阔的场地内，才能享受到，等到离开卫斯理学院，便已置身人海茫茫艰辛而陌生

① 辛慕轩等：《宋美龄写真》，第 59 页。

② 刘毅政编著：《宋美龄评传》，华文出版社 2000 年版，第 31 页。

的社会了。”①

图 1-5　1917 年，宋美龄与卫斯理学院“T-Z-E 姐妹会”会友的合影，后排右二为宋美龄②

1917 年，宋美龄以优等成绩从卫斯理学院毕业。在大学四年级时，她获得“杜兰学者”的荣誉，这是该校授予学生的最高学术荣誉奖。③ 在美国素有盛名的卫斯理学院，每年两百多名应届毕业生中只有为数不多的几个人能获得这种奖励。正是宋美龄四年来在学业上出色的成绩使得学校毅然把“杜兰学者”这一桂冠授予一个来自东方弱国的女留学生。

由于长期生活在异域他乡，三姐妹的生活方式不可避免地受到了美国的影响，她们剪掉了辫子，梳起了美国流行的高发式，脚蹬结实的美国鞋，身穿和美国同学一样的裙子。

---

① 宋美龄：《中华民国史实的鸟瞰》，1965 年 12 月 7 日在美国威斯里安学院演讲词，见王亚权编纂：《蒋夫人言论集》下集，第 1332 页。

② 王东方、聂茂等：《图说宋氏家族》，团结出版社 2005 年版，第 162 页。

③〔美〕罗比·尤恩森：《宋氏三姐妹——宋霭龄、宋庆龄、宋美龄》，第 46 页。

尽管她们的外表发生了重大的变化，却没有办法改变出生于贫弱国家的事实，由此而产生的民族主义和爱国主义情感尤为强烈。爱国主义是一种对自己的祖国无比热爱的深厚情感，也是民族主义思想中重要组成部分，一旦身处异国他乡，这种情感更容易被激发出来，但如果长时间与祖国脱离，这种情感也会日渐暗淡。青少年时期是一个人思想成熟的重要时段，也是最容易受到外界环境影响的关键期。远在国内的宋耀如已想到了这一切，他不断地给孩子们寄来中国的书籍，要求她们仔细阅读，并以自己的切身经历和体会特别提醒她们，在美国只是求学，最终还得回到中国。父亲的教诲如警钟在孩子们耳边常鸣。

图 1-6　1917 年，宋家全家福。前排：宋子安，二排：宋霭龄、宋子文、宋庆龄，三排：宋嘉树、倪桂珍，四排：宋子良、宋美龄①

在一次历史课上，马克涅教授表扬了宋霭龄一次出色的答题后，很高兴地说："我认为，现在可以说，宋霭龄小姐已经是一位优秀的美国公民了。"但宋霭龄却果断地站起来说："马克涅教授，

① 师永刚、林博文编著：《宋美龄画传》，作家出版社 2003 年版，第 11 页。

我想我应该提醒一句。我不是美国公民，更谈不上优秀的美国公民。我是中国人，我家祖祖辈辈都是中国人，而且永远是中国人，我为我是中国人感到自豪！”①

1905 年冬天，宋霭龄陪同清朝外交使节，也是她的姨父温秉忠，前去美国白宫拜访罗斯福总统，她向总统抗议刚抵达美国时在海关被扣的遭遇。她说美国是一个自由开放的民主国家，可是对一个来自中国的 14 岁的小女孩却拒她于大门之外，这样的做法绝对不是待客之道，在中国也绝对不会发生。她这样的一番话令罗斯福非常尴尬。第二天，报纸头条赫然写着：“中国女留学生向总统抗议美国的排华政策。”宋霭龄一时间成为全美国的焦点人物。②

在美国读书期间，宋庆龄最关心的是当时中国国内局势和革命的发展。宋耀如也深知女儿的想法，经常告诉她国内的革命形势，身在大洋彼岸的宋庆龄对中国革命的曲折发展十分了解，并常常为此担心、忧虑。同学们对她的这种行为很不理解，她说：“我不能忘记中国，也不能忘记孙中山先生说过的话。如果忘记了，人生就失去其意义。”③ 中国必须变革。但到底怎样变革？当时宋庆龄开始了自己的思索和探寻。她在威斯里安学院的院刊上发表了几篇文章，即《四小点》《阿妈》《现代中国妇女》《受外国教育的留学生对中国之影响》，这些文章宣扬了资产阶级民主主义及自由、平等和博爱的思想。

就在宋庆龄苦苦探索革命真理的时候，中国国内爆发了辛亥革命，腐败不堪的清王朝轰然倒塌，封建的废墟上建立起了中华民国，孙中山就任临时大总统。宋耀如把这一振奋人心的喜讯迅速告诉了女儿宋庆龄，并寄给她一面第一批制作的共和国五色旗。宋庆龄和宋美龄接到信和旗子，激动不已，她们跑到校园里，一

---

① 陈蓉：《宋霭龄——中国第一位女留学生》，《世纪桥》2009 年第 5 期。

② 陈蓉：《宋霭龄——中国第一位女留学生》，《世纪桥》2009 年第 5 期。

③ 〔美〕斯宾塞：《三姐妹——中国宋氏家族的故事》，纽约，1939 年英文版，第 116 页。转引自尚明轩主编：《宋庆龄年谱长编》（上），第 37 页。

起扯下清朝的黄龙旗，挂上新的国旗，并振臂高呼："打倒专制！高举共和旗帜！"接下来，宋庆龄写了热情洋溢的政论性文章《二十世纪最伟大的事件》，高度评价中国辛亥革命的伟大意义。这场革命取得了辉煌的成就，它意味着4亿人已从君主专制政体的奴役下解放了出来。在这种制度下，"生存、自由和对幸福的追求"是被剥夺的。腐朽的清王朝被推翻，意味着新生的中国将迎来一个崭新的明天。① 然而，非常遗憾的是，还没等到宋庆龄当时的热情冷却下去，辛亥革命的胜利果实就都到了袁世凯的手中。1913年8月，孙中山被迫流亡日本。宋耀如全家随后也移居横滨，继续协

图 1-7　宋家合影（后排左起：孙中山、宋庆龄、倪桂珍，后排右起：孔祥熙、宋霭龄、宋美龄，前排右一：宋子文②

助孙中山进行革命活动。也就在这一年的春天，宋庆龄以优异成绩毕业于威斯里安女子学院，获文学学士学位。

三姐妹当中，宋美龄在美国的求学时间最长。虽然她在卫斯

① 〔美〕埃米莉·哈恩：《宋氏家族——父女·婚姻·家庭》，第82页。

② 《国家人文历史》2016年5月8日。

理学院的一句口头禅是“只有我的脸孔像个东方人”①，但是美国的教育没有把她变为美国人或“全盘西化”。她对东方文化及其遗产的思想感情，随着年龄的增长，愈来愈深厚。据项美丽说：

> 教了美龄两年音乐的赫蒂·惠勒小姐说，她这位学生对东方文化及其遗产的思想感情，使她极为感动。美龄的这种思想感情似乎随着年龄的增长而越来越强烈。惠勒小姐说，像她通常表现的那样，她最初似乎完全西方化了，但逐渐地她却越来越为中国的文学和艺术感到自豪。英语系的伊丽莎白·梅因沃林小姐也有这种看法。她没有教过美龄，但曾同她作过一次交谈。在那次谈话中，美龄口若悬河地谈到中国对世界文明的贡献，并为西方世界对此竟然漠视而表示遗憾。②

长期的美国留学经历，使三姐妹学习到许多系统的西方科学知识和价值观念，加上自幼所受到的传统文化的熏陶，造就了三位学贯中西的新女性。这段时间也是三姐妹感情最为真挚的时光，身在异国他乡，相同的人生经历奠定了她们情感的基础。无论以后的政治气候多么恶劣，这种浓浓的姐妹情谊始终得以保持与发展。留学生活虽然改变了她们的生活方式，但是赤诚的爱国主义情感始终在她们的心中激荡，而这也培养了三姐妹对美国的深厚情感，除宋庆龄外，宋霭龄和宋美龄都把美国作为她们人生道路的最终归宿。

---

① 岳渭仁、冬卉、向华东等：《外国人眼中的蒋介石和宋美龄》（下），三秦出版社1994年版，第78页。

② 刘毅政编著：《宋美龄评传》，第32页。

第二章　宋美龄及其姐妹的民主、民族革命实践

宋氏三姐妹回国之后，立即开始了她们的革命历程。在辛亥革命期间、国民革命阶段以及抗日战争时期，她们都积极投身于民主、民族革命实践活动中，各自在不同的岗位上为国家和民族的利益尽心尽力，尽职尽责。民族利益为重、国家利益至上的思想观念在她们的革命实践中得到具体的体现。同时，三姐妹之间还存在着一股强大的内在聚合力，正是这种聚合力的牵引，才使得她们尽管政治分歧严重，但并没有因此而影响姐妹之情。

第一节　宋氏三姐妹与辛亥革命

一、如火如荼的民主革命

20 世纪初，宋氏姐妹相继结束了在美国的留学生活，回到中国。此时的中国正经历着一场巨大的变革。在历经无数次的失败之后，革命党人终于在 1911 年 10 月 10 日，取得武昌起义的胜利。随后，革命浪潮迅速向全国蔓延，到 11 月上旬，全国已有 13 个省市宣布独立。清政府的统治迅速土崩瓦解，革命朝着有利的形势发展。

1911 年 12 月 25 日，孙中山自海外回国。由于其崇高的革命威望，孙中山的回国暂时缓解了革命党人与立宪派之间的矛盾。12 月 29 日，深孚众望的孙中山顺利当选为临时大总统。1912 年 1 月 1 日，孙中山在南京宣誓就职，宣告中华民国临时政府成立。经

过长期的艰苦奋斗，孙中山建立民国的梦想终于得以实现。此时南京政府面临的最大问题是如何推翻清王朝，实现国家的统一。

辛亥革命爆发之后，垂死的清政府也在进行最后的挣扎，任命袁世凯为湖广总督，负责进攻起义的革命军。此时的袁世凯一方面对于1908年被罢官耿耿于怀①，同时也不满足于湖广总督这一权力有限的职务，遂拒绝清政府的召唤，以“足疾”未愈为借口，不肯出山。由于革命形势的迅猛发展，前线军队的倒戈与失败，清政府不得不作出更大程度的让步，同意袁世凯提出的六项要求。② 1911年10月27日，清政府任命袁世凯为钦差大臣，全权负责陆海军，并于11月1日进一步任命其为总理大臣。在这种情况下，袁世凯正式复出并统率其北洋军队向武汉三镇发起进攻。

面对北洋军队的进攻，革命党人在进行抵抗的同时，也开始接受英国驻汉口领事戈飞（Sir H. Goffe）的调停，与袁世凯接洽商讨和谈事宜，12月初双方达成停战协议。不久袁世凯的和谈代表唐绍仪又赶赴上海与革命军代表伍廷芳继续谈判。谈判的结果令袁世凯极为兴奋。黄兴承诺，如果袁世凯支持共和并迫使清帝退位，令袁世凯垂涎已久的未来共和国总统的职位将由他担任。令人奇怪的是，绝大多数革命党人都觉得袁世凯在未来的中国政治舞台上的作用不可低估，认为避免内战和逼清帝退位的重任只有袁世凯才能完成。孙中山是坚决反对向袁世凯妥协的，但是从他个人的立场来说，谁出任总统并不是一件很重要的事情，只要能够推翻清王朝统治，坚守共和原则。孙中山的立场在革命党人内部属于少数派，被攻击为理想主义者，孙中山对其部下放弃“三民主义”中的民主、民生而仅仅强调民族革命颇为不满，但也无可奈何，同时也考虑到袁世凯强大的军事实力。在这种状况下，孙中山遂同意将临时大总统的职位让予袁世凯。

---

① 1908年11月，载沣摄政之后，为了给光绪皇帝“雪恨”，以袁世凯患“足疾”为名，要他回彰德“养病”。

② 袁世凯提出的六项要求是：（一）一年内召开国会；（二）组织责任内阁；（三）大赦革命党人；（四）废除党禁；（五）袁有指挥陆海军之全权；（六）保证军费充足。前四项要求旨在安抚民众与革命党人，后两项则使袁成为国内最强势的人物。

在得到了孙中山等人的保证之后，袁世凯立即着手对清帝实行逼宫。1912 年 2 月 12 日，清帝宣布接受《优待条例》，正式退位。① 2 月 13 日，袁世凯声明赞成“共和”，孙中山随即向临时参议院辞职。2 月 15 日，临时参议院选举袁世凯为临时大总统。随后，袁世凯又迫使孙中山提出的关于限制袁世凯独裁的相关规定化为泡影。② 袁氏成功地获得了中华民国临时大总统的职位。

袁世凯能够获得总统的职位是各种原因的综合，主要体现在以下几个方面。

第一，袁世凯当选是资产阶级的选择。在辛亥革命中，资产阶级可以说是时代的中心，他们拥有相当规模的经济力量，具有广泛的社会基础，并且成立了一些组织，具有一定的政治斗争经验，同时他们还控制着许多重要的舆论工具。资产阶级在辛亥革命时期本身的内部结构发生了重大的变化，资产阶级立宪派逐渐抛弃了对清政府的幻想，幡然易辙，毅然同清政府决裂，先后投入革命阵营；同时，以同盟会为代表的革命派迅速与原立宪派融合在一起。这样中国资产阶级两派之间的政治壁垒消除了，他们开始为着同一个目标战斗，这一目标就是维护自身的利益。

辛亥革命之前，中国各地的资产阶级结成联盟向清政府争取政治权力。革命后，随着清政府的垮台，重建政治中心的任务使得各地资产阶级的利益分歧开始凸显。为在未来的全国政权中占有一席之地，各地的资产阶级开始明争暗斗，其中以首义之地湖北的资产阶级和实力雄厚的江浙资产阶级之间的争夺最为引人注目。在这场争斗中，江浙资产阶级凭借其强大的经济、政治实力很快获得了领袖的地位，他们对未来中国领导人的人选问题有重要的话语权。

---

① 《优待条例》是袁世凯主张给清帝的特殊“优待”，规定：清帝称号不变；每年由民国政府给予 400 万元；清帝仍暂居皇宫，以后移居颐和园；原有私产由民国保护；等等。在妥协势力的坚持下，南京临时政府于 1912 年 2 月 6 日正式通过了《优待条例》。

② 孙中山为了防止袁世凯专制独裁，把中国纳入资产阶级民主政治轨道，提出奠都南京、新总统到南京就职和遵守《中华民国临时约法》等三项条件。

武昌起义后不久，江浙资产阶级的政治代表开始着手制订拥戴袁世凯收拾大局的计划，即“惜阴堂策划”。在江浙资产阶级的活动下，1911 年 11 月底，“各省督府代表会”决定，“如袁世凯反正，当公举为临时大总统”。1912 年 1 月，张謇电告袁世凯：“甲日满退，乙日拥公，东南诸方，一切通过。”[①] 由此可见，袁世凯正是在资产阶级的拥戴下才登上临时大总统的宝座的。

第二，袁世凯雄厚的政治资本使其赢得了资产阶级的信赖。袁世凯是晚清政坛上比较活跃的人物之一。他在清末新政期间负责编练北洋新军，并凭借这支现代化的武装树立起令中外人士刮目相看的强人形象。在担任直隶总督兼北洋大臣时，袁世凯忠实地推行了清政府“振兴实业”“奖励工商”等政策，建立了一批现代企业，并在地方自治、司法、警察、教育、财政等方面进行了一系列改革，客观上促进了直隶民族资本主义的发展。在立宪运动中，袁世凯充当了统治集团中倡导立宪的头面人物，努力敦促清政府实行宪政改革。袁世凯的所作所为赢得了资产阶级的喝彩，使其在资产阶级心目中树立了良好的形象，就连孙中山也给予其较高的评价：“他是个能干的人。而且自他做了山东巡抚和直隶总督以来，我认为他是为国家的最高利益行事的。他的确一直献身于他对革新的信念。”[②] 这也反映出袁在资产阶级心目中的分量。武昌起义爆发之后，资产阶级一方面对革命表现出了前所未有的热情，但同时又对当时混乱的社会现实感到不安，担心自己的利益受到损害，他们迫切需要一个强有力的政治人物来结束这种局面。在资产阶级的心目中，袁世凯雄厚的政治资本、强大的武装力量以及与西方列强良好的关系使其成为首要人选。

第三，资产阶级对孙中山领导的南京临时政府的失望也是袁世凯能够获得总统职位的重要原因。1912 年 1 月 1 日，孙中山就

---

① 张謇：《劝告袁内阁速决大计电》，见张怡祖编：《张季子九录・政闻录》，转引自沈云龙主编：《近代中国史料丛刊续编》第九十七辑，台北：文海出版社 1982 年版，第 149 页。

② 孙中山：《孙中山全集》第 2 卷，第 142 页。

任中华民国临时大总统。此时的南京临时政府虽然得到了资产阶级的支持，但是这并不能掩盖孙中山与资产阶级在思想政治纲领上的分歧，分歧的焦点就是民生主义问题。

民生主义是孙中山“三民主义”思想体系中最具特色的一部分，这种思想超越了狭隘的资产阶级立场，表现出了对劳动人民的深深同情。但是资产阶级是以最大限度榨取工人剩余价值作为致富的根本措施，孙中山试图让被剥削者“得其劳力所获之全部”，“不受经济阶级压迫之痛苦”①，希望通过限制资本主义的发展来缓和社会矛盾，这与资产阶级的愿望背道而驰。虽然孙中山一再解释民生主义“非反对资本，反对资本家耳，反对少数人占经济之实力，垄断社会之富源耳”②，但终未能得到资本家的理解。当时同盟会内部反对民生主义的意见也很强烈，而资产阶级更觉得难以接受。然而最令资产阶级不满的是南京临时政府的一些行为损害了他们的切身利益。为了解决严重的财政困难，临时政府采取募捐、发行公债和军用票等方法筹集资金，并主张以强制手段执行，导致资产阶级怨声载道。双方之间的矛盾随着时间的推移与日俱增，并最终因汉冶萍公司借款风潮而全面迸发出来。临时政府这一失误极大地影响了政府以及孙中山的威信，也坚定了资产阶级弃孙拥袁的决心。

第四，袁世凯得到了西方列强的支持。南京临时政府成立之后曾致电各国请求承认中华民国，但是遭到了各国的冷遇；相反，他们却与袁世凯保持着密切的联系，并以孙中山让位于袁世凯为承认中华民国的条件相要挟。当时担任英国驻华公使的朱尔典与袁世凯有着三十多年的交往，“朱尔典在华任公使时期，极力帮助袁世凯，鼓吹袁世凯，为袁世凯谋取最高权力做了许多工作，袁世凯对朱尔典也极其信任，视朱尔典为知己……”③ 在西方列强的眼里，袁世凯是最理想的人选，袁应该得以重用，甚至可以支撑

① 孙中山：《孙中山全集》第2卷，第318—324页。

② 孙中山：《孙中山全集》第2卷，第338、340页。

③ 汤伏翔：《外国人眼中的袁世凯》，广东人民出版社2008年版，第94页。

起整个中国。西方列强的支持可以说是袁世凯获得总统职位一个有力的外部条件。

综上所述，可以得出结论，袁世凯获得临时大总统的职位是时代的需要，也是历史的选择。

袁世凯当选临时大总统之后，便采取一系列措施，逐渐背离了共和制度。

第一，逐步破坏责任内阁制。在内阁部长的人选中，重要职务的部长人选，包括外交、内政、陆军、海军四个部长均由其亲信担任，革命党人仅获得教育、司法、农业、林业四个权力较弱的部长职位，这引起了革命党人的不满。同时，袁世凯采用非法手段，破坏“唐宋内阁”，逼迫对他来说不太驯服的内阁总理唐绍仪辞职。被指驯顺如羊、碌碌无为的陆徵祥称病住院后，内阁总理一职便由袁世凯的亲信赵秉钧代理。袁世凯如愿以偿地完成了对内阁的控制。

第二，采用恐怖手段，清除政治对手。中华民国成立后，于1912年12月至1913年3月举行了第一届国会选举，新组建的国民党在宋教仁的领导下①，在选举中取得了压倒性的胜利。踌躇满志的宋教仁幻想着在未来的政府中由他负责组阁，建立一个能够对总统权力进行制约的责任内阁政府，以实现他心中的民主政治。这极大地激怒了袁世凯。在采用贿赂的手段争取宋教仁失败后，袁世凯决定用暗杀的手段除掉自己的政敌，赵秉钧也参与了这个阴谋。1913年3月20日，宋教仁在上海火车站遭暴徒枪击，伤重去世。

第三，在经济上做好扑灭革命势力的准备。为了增强对抗国民党的力量，袁世凯与1913年4月同五国银行团签署了一笔2500万英镑的“善后大借款”。尽管此项借款折扣大、利息高，但袁世凯为了筹措镇压革命势力的军费，不交国会审议，悍然签订了“大借款合同”。

---

① 1912年8月，在征得孙中山与黄兴的同意后，宋教仁以同盟会为基础，联合统一共和党等几个小党派，组成国民党。

在做好充分准备之后，袁世凯以迅雷不及掩耳之势罢免了江西、广东与安徽的国民党都督，其军队也集结待命，准备南下。面对袁世凯咄咄逼人的态势，革命党人被迫应战，“二次革命”开始。1913 年 7 月 22 日，孙中山发表《告全体国民促令袁氏辞职宣言》，指出：“大势如此，国家安危，人民生死，胥系于袁氏一人之去留。愿全体国民一致主张，令袁氏辞职，以息战祸，庶可以挽国危而慰民望。”① 但是袁世凯的军队势如破竹，轻松击溃了早已涣散的南方军队，不到两个月，战争便宣告结束，孙中山与黄兴被迫再次逃亡海外。

“二次革命”失败之后，中国历史进入了袁世凯北洋军阀统治时期，辛亥革命以失败告终。革命由成功迅速地转向了失败，这不能不引起避难日本的孙中山的认真思考：是什么导致这一切的发生？锲而不舍的孙中山又开始了深层次的探索。关于孙中山这一阶段的探索历程，从其所著《建国方略》中可略知一二，在这本著作中孙中山分析了革命失败的原因。

孙中山认为革命失败是革命者的思想问题所致，意即是中国几千年来的传统思想——“知之非艰，行之惟艰”作祟。在革命过程中，革命党人对于革命宗旨与方略执行不力，意志不坚，遇到挫折就灰心丧气，喜欢追求一种廉价的胜利，这是导致革命失败的一个主要原因，而这种思想的根源就是“知之非艰，行之惟艰”。所以孙中山主张要破除“知易行难”思想，树立一种全新的“行易知难”观念。在这一观念的具体论述中，孙中山通过一系列的事例论证科学知识的重要性。他认为，科学是一门系统性、条理性较强的学科，一切的知识必须从科学中来。孙中山的这种观点就是针对中国几千年来轻视科学知识、只凭经验办事的情况而言的。在提倡向西方学习的过程中，孙中山不仅指出要学习西方先进的科学技术，而且认为真正学习西方，要学习西方的科学精神。孙中山对科学精神做了这样的解释，从中也可以看出孙中山

① 孙中山：《孙中山全集》第 2 卷，第 66 页。

的科学启蒙思想。

> 当今科学昌明之世，凡造作事物者，必先求知而后乃敢从事于行。所以然者，盖欲免错误而防费时失事，以冀收事半功倍之效也。是故凡能从知识而构成意像（象），从意像（象）而生出条理，本条理而筹备计划，按计划而用工夫，则无论其事物如何精妙，工程如何浩大，无不指日可以乐成者也。①

孙中山正是从科学的角度出发，认真地分析了中国的国情，意识到在一个缺乏民主传统的国家中实现民主政治的艰难。没有理性知识作为指导的民主政治，它的基础必然不会稳固。这一切也由辛亥革命之后的中国政治形势加以验证。孙中山认真比较了中西社会政治状况，指出：

> 我中国缺憾之点悉与法同，而吾人民之知识、政治之能力更远不如法国，而予犹欲由革命一跃而几于共和宪法之治者，其道何由？此予所以创一过渡时期为之补救也。在此时期，行约法之治，以训导人民，实行地方自治。②

从这句话中我们可以看出孙中山对在中国实行民主共和的坚强信念，这种信念在革命之前即已产生，辛亥革命之后，保守势力抬头，他们认为中国民智低下，根本就达不到实行民主政治的要求。孙中山在这里再次强调了民主共和的观念。同时，孙中山也指出了如何在中国的国情上去实行民主政治，那就是要经过“训政”这一过渡时期。中国国民素质低下，这的确是实行民主政治的障碍，但是这个障碍并不是无法消除的。训政时期的主要任

---

① 孙中山：《建国方略》，辽宁人民出版社 1994 年版，第 60 页。
② 孙中山：《建国方略》，第 65 页。

务就是教育国民，提高国民的文化素质，使其具备参与民主政治的条件，清除这个横在中国民主道路上的绊脚石。如何清除这绊脚石，孙中山给予了明确的答案：

> 故中国今日之当共和，犹幼童之当入塾读书也。然入塾必要有良师益友以教之，而中国人民今日初进共和之治，亦当有先知先觉之革命政府以教之。此训政之时期，所以为专制入共和之过渡所必要也，非此则必流于乱也。①

通过以上分析，我们可以看出，在辛亥革命经历了由初期的胜利到最后失败的转化过程后，孙中山理性地分析了失败的原因，即“知易行难”思想作祟所致。要破除这种思想的影响而代之以“知难行易”，首要的任务就是要培养人民的科学素养，提高人们的思想觉悟，进行相关的科学启蒙与思想启蒙运动，这是中国实行民主政治所必须经历的阶段。而要完成这一阶段必须加强对国民的教育，通过兴办教育的方式，以达到启蒙思想、提高国民参政素质的目的。正是在这一思想的指引下，宋氏姐妹们在回国之后便积极地投身于革命的洪流中。

二、宋霭龄参与民主革命实践

1910年宋霭龄回国。此时革命党人加紧开展活动，社会上各种反清势力极其活跃，同盟会一方面要组织好一系列的革命活动，同时也必须协调好与各种势力的关系。早已投身革命的宋耀如此时已是同盟会的骨干，承担了相当一部分秘密的工作：管理革命工作中的经济账目、处理来往信件、对密信的解读等。这些工作耗费了宋耀如大量的时间，他迫切需要一位可靠的助手，于是宋霭龄在父亲的指导下开始处理这些事务。父亲的信任给了宋霭龄

① 孙中山：《建国方略》，第67页。

巨大的勇气，也使她颇感兴奋，她以极大的热情投入到革命运动中。①

1911 年 4 月，广州起义前夕，孙中山指示宋耀如在上海为革命筹款，宋耀如父女获悉任务后到处求援。10 月，辛亥革命爆发，孙中山当时尚在海外，不能及时回国，宋霭龄与父亲负责上海革命党人之间与孙中山及外省、外国的联络工作。11 月 4 日，上海光复，这一消息给了宋耀如父女及宋家所有人极大的鼓舞，也令他们激动不已。

根据国内形势发展的需要，1911 年 12 月，孙中山从美国取道欧洲回到上海。面对内政外交纷繁复杂的局面，孙中山要宋耀如帮忙物色一位精通英文的秘书，以便帮助他处理日常工作事务和往来的信件、电稿等。宋耀如看到宋霭龄一年多的出色表现，觉得她能担此重任。于是，1912 年 4 月宋霭龄开始担任孙中山秘书一职。

图 2-1　1912 年孙中山与宋霭龄（二排右）、哈同等在哈同花园合影②

① 〔美〕罗比·尤恩森：《宋氏三姐妹——宋霭龄、宋庆龄、宋美龄》，第 31 页。

② 上海市孙中山宋庆龄文物管理委员会编著：《宋庆龄》，第 24 页。

担任秘书工作之后，宋霭龄做记录、整理电报文件等，把一切都打理得井然有序，而且有出奇的效率。孙中山非常满意，赞赏宋霭龄是美国式的高效率。

1911 年 12 月 29 日，宣布独立的 17 省代表在南京选举孙中山为中华民国临时大总统。1912 年元旦，宋霭龄陪同孙中山赶赴南京参加就职典礼。在隆重的就职仪式上，宋家父女被安排在显著的位置上就座。"倾覆满洲专制政府，巩固中华民国，图谋民生幸福，此国民之公意，文实遵之，以忠于国，为众服务。"① 孙中山的就职誓词令宋氏父女兴奋异常。

辞去大总统职务后，孙中山专心从事实业，后被袁世凯任命为月薪 3 万元的铁路总监，负责全国铁路建设相关事宜。他深知铁路对于中国经济发展的重要性，正如其所说："今日我国，如欲立足于世界，惟有速修铁路，以立富强之基。不然，外人之势力日益伸张，而铁路政策，实足以亡人家国。"② 孙中山全心全意地投入到自己的工作中，在他的推荐和坚持下，宋耀如被任命为国家铁道部的财务局长。从此，孙中山带着秘书宋霭龄及随员，乘上专列到全国各地考察铁路现状，拟订未来计划。宋霭龄将大量有关铁路方面的资料分门别类地交给孙中山参考，并陪同孙中山拜访著名铁路专家詹天佑以及其他学者，每次谈话，宋霭龄都认真地做了记录。1913 年 2 月，宋霭龄还陪同孙中山到日本考察铁路和其他实业。

袁世凯登上总统宝座之后，便开始把他自己的亲信一一安插在重要职位上，其中最有实力的则充当内阁成员，这种做法使留在内阁里为数不多的南方革命党势力的代表势单力薄。袁世凯剥夺了他们的一切权力，实行独裁统治只是一个时间问题。但是，尽管问题已经十分清楚，许多革命党人却并没有立即认清这种危险性，清朝崩溃使他们欢欣鼓舞。③ 如前文所述，由于袁世凯事先

---

① 孙中山：《孙中山全集》第 2 卷，第 1 页。

② 孙中山：《孙中山全集》第 2 卷，第 436 页。

③ 〔美〕斯特林·西格雷夫：《宋家王朝》，第 181 页。

做了周密部署，“二次革命”以南方军队失败而告终。孙中山逃亡日本，宋耀如亦已公开自己革命党人的身份，也不得不逃到日本。也正是宋家避难日本期间，宋霭龄与孔祥熙有缘相识。

孔祥熙和宋霭龄两个人相遇后，由于在宗教信仰、价值观念、生活习惯等方面的相似，双方春心萌动，开始交往。两人的恋爱也得到了宋耀如的赞许。1914 年 4 月，孔祥熙和宋霭龄按基督教礼仪在横滨一所小教堂里举行了婚礼，正式结为伉俪。

婚后，宋霭龄向孙中山辞去秘书一职，并推荐二妹宋庆龄担此重任，自己决定和丈夫孔祥熙回山西老家办学。回家乡办学，既是孙中山的主意，也是孔祥熙的意愿。孔祥熙说：“不能指望革命在一个早晨就取得胜利，军事占领并不困难，可以立即实现。但是，以后我们到哪里去寻找能够管理这个国家的人才呢？只能靠培养。所以教育是革命中的首要任务。”① 孙中山之所以让孔祥熙夫妇返回故乡办学，也是出于对革命的通盘考虑。辛亥革命失败之后，孙中山经过认真反思，总结失败教训，认为当前的主要任务一方面要继续高举反袁大旗，推翻袁世凯的独裁统治；另一方面要大力兴办教育，提高国民的参政素质，这是走向民主政治必不可少的环节。正是基于这样的考虑，孙中山指示孔祥熙回太谷后将其先前兴办的铭贤学校办好，扩大学校规模，办好大学预科，为山西乃至全国培养更多的建设人才，同时利用已经建立起来的威望，搞好自己的实业，壮大经济实力，为实业救国作出自己的贡献。同时嘱咐孔祥熙做好北方军人诸如阎锡山、冯玉祥、张作霖等人的工作，争取更多的力量，为推翻袁世凯的统治做好必要的准备。

山西太谷是个偏僻的山区，对于出生于大城市、成长于美国的宋霭龄来说，无论怎么想象也勾画不出它的轮廓。在经过充分的准备之后，宋霭龄决定和丈夫回老家，建设家乡。在宋霭龄的支持与鼓励下，孔祥熙凭借他原有的实力，放手开展活动，他们

---

① 〔美〕埃米莉·哈恩：《宋氏家族——父女·婚姻·家庭》，第 101 页。

的首要活动就是整顿和扩建孔祥熙原先创办的铭贤学校，整个学校被整修一新，楼台亭阁，雕梁画栋，犹如世外桃源。

此时的孔祥熙夫妇正忙于实现在中国创办一所欧柏林大学的设想。他们在东京为学校采购了一大批教学器材与图书资料等，为将学校升格为大学预科做了种种准备。他们把教学方针和教学内容做了大幅度的改革，提出造就德、智、体三育兼全人才，先后设置了数学、矿物、生物、国文、史地、音乐、体育、经史、英语等课程。开办这所学校的所有计划均已告成，但一位预定来铭贤学校工作的欧柏林大学教授却中途变卦，他所授的科目面临取消的可能。夫妇二人最后决定，由宋霭龄代替那位教授。这在当时的中国，无疑是一个极为大胆的行为。宋霭龄讲授英语，同时指导环境卫生课。①

长期的留学生涯使宋霭龄深受西方文化的影响，在办学过程中，她经常主动与学生保持接触，倾听他们的意见，了解他们各方面的状况。她的这一做法一改传统师道尊严的模式，使孔氏夫妇很快赢得了学生们的爱戴，该校的许多学生日后成为孔祥熙发迹后的重要班底。在夫妻二人的共同努力下，铭贤学校的规模逐渐扩大，影响也随之增加，及至后来发展成为一所知名的学府。在孔祥熙涉足政界之后，宋霭龄曾几度任铭贤学校的代理校长。1916 年 12 月，长子孔令侃出生，宋霭龄结束了自己的从教生涯。

三、宋庆龄：为民主革命而工作

1913 年，宋庆龄结束了威斯里安求学生涯回国。1914 年 9 月，她接替姐姐宋霭龄，开始担任孙中山的英文秘书，积极协助孙中山处理各种事务，整理文件、处理函件、提供资料、经管革命经费以及许多繁重的日常工作，她都担负起来，成为孙中山事业上离不开的助手。孙中山对她也非常信赖，甚至将一切对外联络工作都让她负责。1914 年 11 月，她写信给还在美国的宋美龄，信中

① 〔美〕罗比·尤恩森：《宋氏三姐妹——宋霭龄、宋庆龄、宋美龄》，第 50 页。

谈及在孙中山身边担任秘书工作的心情称："我从来没有这样快活过。我想，这类事就是我从小姑娘的时候起就想做的。我真的接近了革命运动的中心……我能帮助中国，我也能帮助孙博士。他需要我。"[②] 在工作过程中，出于双方人格魅力彼此的吸引，两人相爱了。这在宋家和国民党内掀起了轩然大波。大多数国民党党员不赞成孙中山与宋庆龄结婚，但他们却毅然决然地走到一起。[③]

图 2-2 孙中山与宋庆龄在日本结婚[①]

婚后，宋庆龄跟随丈夫继续投入革命事业。1915 年 5 月，袁世凯政府决议接受日本"二十一条"要求。袁世凯大肆出卖国家主权的行径，激起了全国人民的无比愤慨，人们怒不可遏，纷纷召开大会，誓死反对"二十一条"，要求严惩卖国贼，并掀起了大规模的反日爱国运动，但袁世凯很不知趣，于 1915 年年底公然称帝。革命党人蔡锷率先于云南起兵讨袁，孙中山等人大为振奋，迅速同起义军取得联系。在其指挥下，中国各处纷起讨袁；在东京，孙中山和其他领导人在 1916 年 4 月发表了新的讨袁宣言，宋庆龄把它译成英文，向全世界散发。[④] 在举国声讨下，袁世凯被迫

① 《良友画报》，1926 年孙中山先生纪念特刊，第 16 页。

② 尚明轩主编：《宋庆龄年谱长编》（上），第 67 页。

③ 〔美〕罗比·尤恩森：《宋氏三姐妹——宋霭龄、宋庆龄、宋美龄》，第 44 页。

④ 伊斯雷尔·爱泼斯坦：《宋庆龄传——从孙中山到毛泽东的革命之路》（上卷），沈苏儒译，人民出版社 1983 年版，第 66 页。

取消帝制，6月初，袁病逝。

在组织讨袁期间，孙中山为了总结经验、准备革命理论，以启发国民，唤醒社会，在宋庆龄的大力协助下，完成了专著《孙文学说》《民权初步》《实业计划》。宋庆龄为查阅资料，采购有关书籍，几乎跑遍了上海各家书店；有时为澄清一个史学问题，宋庆龄想方设法，克服重重困难，拜访名人大师，与他们共同探讨，这为孙中山的写作解决了很多棘手的问题；此外，宋庆龄还精心照料孙中山的生活，很多事情都亲自动手。可以说孙中山的三部理论专著浸透了宋庆龄的心血，有她一半的功劳。

三部巨著完成后，夫妇二人再次全身心地投入到“倒段护法”运动的洪流中去。孙中山向段祺瑞政府发出了最后通牒：如果不遵守《临时约法》，他将建立一个护法政府与之相对抗。

从1918年下半年起，宋庆龄开始参与孙中山与苏联的联络工作。1917年，俄国十月社会主义革命取得了胜利，1918年夏，孙中山给列宁发去一封热情洋溢的英文电报：“中国革命党对于贵国革命党员之艰苦卓绝的奋斗，表示十分钦佩，并愿中俄两党团结共同斗争。”① 之后，孙中山加强了与苏联政府的联系，宋庆龄积极参与孙中山与苏联政府来往函电的起草工作。在这些函电中，孙中山希望中俄两党联合起来共同斗争，并与列宁共同讨论世界革命与中国革命问题。此后，孙中山重整旗鼓挥师北伐。然而陈炯明叛变使孙中山遭受了一生中最大的打击，这也标志着他用一派军阀打倒另一派军阀的策略彻底失败。他开始注意听取关于苏联援助的建议，和宋庆龄一起阅读和研究马克思列宁的著作，希望从俄国的革命中得到启发以解决中国的实际问题；宋庆龄还参与了孙中山与李大钊、苏俄代表越飞的会晤，在国民党改组过程中做了许多卓有成效的工作。

可以看出，从1917年开始，宋庆龄开始走上了以俄为师的道

---

① 孙中山：《孙中山全集》第4卷，第500页。

路，迈出了由革命民主主义者向共产主义者转变的第一步。[①] 这时，尽管宋霭龄和宋庆龄都在为实现孙中山的理想而奋斗，但姐妹俩的观念和思想已经发生了重大的变化，这为以后二人的分歧埋下了种子。

四、宋美龄的社会活动

宋美龄回国时革命形势的变化，决定了她的革命实践没有两位姐姐那样轰轰烈烈，但她作为一个启蒙者教师和一个基督教徒的慈善行为，使其早期的社会活动也同样精彩。

回国后，宋美龄在父亲的安排下，在家中聘请中文教师重新补习汉语，提高读写能力。据她自己说，“每天都要背诵大段大段的文章……每天要写一篇作文”[②]。除此之外，宋美龄还投入到她所喜爱的社会活动。她告诉美国好友艾玛·密尔斯：“基督教女青年会上花不少时间。我是好几个委员会的委员，又在开办一个女子英语会话俱乐部。社交委员会的任务相当艰巨，在上海的全体会员每月有一次聚会，我们得为这一活动安排节目。不过我很喜欢这项工作，它让我对各式各样的人产生更大的兴趣，也在一定程度上迫使我改变对别人一般不够关心的秉性。我花了很大的力气去激发大家的兴趣，这也多少感染了我自己。此外当然还有审查委员会的工作，给主日学校上课，还有我母亲那边的各种社会工作。”[③] 由于其有留洋经历，再加上宋家在上海的显赫地位，刚踏进社会门槛的宋美龄很快赢得了人们的青睐。

宋美龄参与社会活动的第一件事就是加入上海基督教女青年会。宋美龄从小在浓厚的基督教氛围里成长，父亲宋耀如、母亲倪桂珍都是基督教徒。家庭的宗教背景对宋美龄产生了很大的影

---

① 彭承福、山水：《论宋庆龄政治思想的转变》，《西南师范大学学报（哲学社会科学版）》1993 年第 1 期。

② 宋美龄致艾玛（艾玛为宋美龄在卫斯理学院读书时最要好的同学，宋美龄回国后常与其保持书信联系，宋美龄晚年定居美国蝗虫谷时，艾玛是她的座上客）的信，1918 年 3 月 21 日。

③ 宋美龄致艾玛的信，1918 年 3 月 6 日。

响，这一点在宋美龄的《我的宗教观》中得以验证："我知道我母亲的生活，与上帝非常接近。我认识我母亲的伟大。我在幼年时，对于母亲强迫我的宗教训练，多少有些不肯受命，但我相信这种训练，给我的影响很大。"① 基督教中所宣扬的博爱精神，在宋美龄以后所从事的一系列社会活动中得以体现（包括加入上海基督教女青年会、创建国民革命军遗族学校、抗战时成立战时儿童保育院等）。

基督教女青年会于1855年创立于英国伦敦，由金耐德夫人和罗拔女士创办，早期以为远离家庭到工厂谋生或到战场服务的青年女子提供栖身之所和集合妇女祷告与研读《圣经》的服务为主。上海基督教女青年会是中华基督教女青年会所属的第一个城市女青年会，于1908年成立，该会宗旨为：本基督之精神，促进妇女德、智、体、群四育之发达，俾有高尚健全之人格，团契之精神，服务社会，造福人群。坚持"尔识真理，真理释尔"的会训，以实际的行动，服务社会上有需要的群体。

宋美龄在上海基督教女青年会的职务是英语教师，当年她在卫斯理学院读书时，就经常当众朗读英文课文，所以她当教员并不怯场。当时前来青年会听课的都是上海妇女界有名的大家闺秀，还有一些高官的女儿或夫人。除此之外，她也经常参加由基督教女青年会组织的一些社会活动。宋美龄在基督教女青年会的工作任务主要就是教导中国青年，特别是女青年，养成具有现代性的生活习惯，告别落后的陈规陋习。在辛亥革命和五四运动的影响下，上海基督教女青年会组织家庭妇女和职业妇女参加反对缠足、禁烟、禁毒等宣传，推广女子体育运动。这些活动对于启蒙人们思想、追求男女平等、维护女性权利、消除社会上不良习俗发挥了一定的作用，宋美龄积极投身于这些活动中，以实际行动为社会的进步与发展作出了自己应有的贡献。

1919年3月，宋美龄在一名高官夫人的推荐下，进入电影审

---

① 宋美龄：《我的宗教观》，见王亚权编纂：《蒋夫人言论汇编》（论著卷一），台北：中正书局1956年版，第1—2页。

理委员会任职，主要任务是为委员会审查外国电影的英文翻译，专门协助电影审查专员对所有英语进口片的观看和审查。宋美龄对此评价道："总的说来，这些影片非常好，其中的绝大部分我们都予以通过了。百代和维多利亚（Victoria）两家公司的最佳。这些影片中大部分包含有过多的纯粹是作爱和浪费目光的内容。"[①]就在宋美龄供职电影审查委员会一段时间后，上海市参议会内的一批同盟会友人，开始注意和了解她的情况，极力主张聘请她来上海市参议会任职。在他们看来，聘用宋美龄至少有两个益处：一是她的到来可以密切与已经前往广州的孙中山的联系；二是当时上海像宋美龄这样优秀的英语翻译人才确实罕见。上海参议会中有许多美国人担任要职，当时要下设一个儿童劳工工作委员会，主要工作职责是救助中国社会底层贫困儿童。因为这个工作委员会经常要会见外国人，英语译员显得格外重要。宋美龄对儿童和劳工的工作十分关心，她在美国读大学的时候，就喜欢研究世界儿童和妇女的现状。宋美龄当年在美国卫斯理学院的毕业论文，就是以妇女儿童社会地位得到改善为主题的。1919 年秋，宋美龄辞去电影审查委员会专职译员的工作。1921 年受聘为上海市参议会女工童工委员会委员，正式出任上海儿童劳工工作委员会的执行秘书。

担任上海儿童劳工工作委员会执行秘书的工作对于宋美龄来说是一个全新的挑战。当时劳动人民惨淡的生活状况使很多家庭不得不将年幼的子女送进工厂务工，工厂使用童工是一个非常普遍的现象。资本家受暴利的驱动，大力招收童工从事繁重的工作，这对儿童的身心健康造成了极大的损害。这一切对于始终生活在社会上层并有着天真烂漫的童年生活的宋美龄来说是不可思议的。她后来与鲍罗廷谈到此段经历时说："我对工厂工人的生活状况极感兴趣。我曾经用很多时间，考察了上海的许多工厂，对于在所谓公共'租界'（但主要是由英人管理）各工厂里女工和童工工作

---

① 宋美龄致艾玛的信，1919 年 12 月 18 日。

时间之长（每班 12 小时），以及工作环境之坏，感到非常不满。工厂的卫生状况之劣是骇人听闻的。”① 参加此项工作使宋美龄对当时的中国社会有了更深层次的了解。繁重的工作、恶劣的工作环境、吃不饱、穿不暖，这一切导致孩子们骨瘦如柴，营养不良。童工们的悲惨境遇给宋美龄极大的心灵震撼，这对她无疑又是一次思想上的启蒙。从小深受基督教博爱思想影响的宋美龄对孩子们充满了深深的同情。这种情景对她以后人生道路的选择产生了很大的影响。之后成为中华民国第一夫人的宋美龄积极参与各种慈善活动，救助社会上的弱势群体，这与她早期的工作经历不无关系。

宋美龄还参与公共租界公益活动。她在给艾玛的信中谈及当义工被派到募款委员会工作说：“我亲自拜访银行经理，盯着他们眼睛看，钱就滚滚而来！”又说：“我对不同的人，说词都不一样；我先打量他们，判断用哪种说法最可能打动他们，然后打铁趁热。他们大多是外国人。我想，他们印象最深的是，中国人关心中国事！……我一向带一位年长的女秘书作伴，但都由我出面讲话，因为诚如我说的，一个中国女子出口吁求，要比洋人开口来得有用……我到办公室，一向穿上最漂亮的衣服。我认为戴上漂亮的帽子，扑上厚厚的粉遮住鼻子油光，再穿上昂贵的裘皮大衣，再没有比它们更能让人有自信的感觉。盛装出现，保证可以得到更大的捐款。因为男人如果捐的钱还不够买我脚下穿的鞋子，会觉得丢脸！我从不说要钱做善事，我总是说要给他们特殊难得的机会，捐钱给日后他们可能会受惠的事，因为中国社会若有进步，他们在中国经商获利机会就更大。我很喜欢这份工作，也有汽车供我使用，不必浪费力气，可以保留精力多拜访一些人。”②

1919 年五四运动爆发，她致函艾玛：

---

① 宋美龄：《与鲍罗廷谈话的回忆》，见王亚权编纂：《蒋夫人言论集》上集，第 430 页。

② 〔美〕汉娜·帕库拉：《宋美龄新传》，第 61、102、103 页。

本市好几家报纸邀我对此一抵制问题发表意见，但我拒绝接受访问，因为不论我怎么说，都会受到扭曲。老实告诉你，我觉得这个杯葛（boycott）运动只有在带来建设性方案后才会看到效果。你可以肯定的是，日本人会把这个运动统统怪罪到中国人身上，一旦时机到了，他们会要我们付出代价。如果我们还没有准备好对付他们……那我们就惨了。因此，我固然赞成此一杯葛运动，因为它向全世界展现……我们全国十八省团结一致，我觉得杯葛到底还是太消极。我建议在每一所学校都要教学生当代历史……说起来也很泄气，学生在学校学那么多历史，却一点也没有学到革命以来的中国。我们东方人的头脑似乎埋在过去的丰功伟绩里，这一点如果不改，我们将会步朝鲜的后尘。

如果我有办法，我要开设一家工业学校收容街上的孩童。他们应该学习编织席子的手艺。日本人今天做足了我们制席业所有的生意，如果孩童学会手艺，他们做出来的产品不会逊于日本进口货，这些国家肯定可以卖得更便宜。孩童也应该花两三小时学习中文和算术，将来才能够读懂白话文的报纸，才能通晓国家大事……然而，日本人已经牢牢控制住我们的市场，任何人胆敢资助这个运动，都会被他们轻易打垮……

妈妈刚从城里回来……她说，许多学生到处躲奉命抓他们的警察。一般认为日本人收买了北京政府若干官员……（他们）答应要驱散杯葛运动……我的心为可怜的学生淌血，我希望那些贪婪、腐败、没有人性，竟敢卖国的人统统下地狱。仇恨别的国家人民已经够糟了，但是拿那些于情、于理、于法都该爱国的人毫无办法，就更惨了……日本人并不怕我们的政府，因为他们知道我们的政府软弱，充斥着自私自利的小人；但是他们惧怕中国人民，因为尽管他们批评我们缺乏爱国心，他们

> 心里很明白，我们若是被激怒了，就很难对付。几天前，几家日本产业被火烧毁，他们应该已经尝到我们被逼急了会做出什么动作。①

6月15日，致函艾玛，继续表达对学生爱国运动的立场。函称：

> 上海（公共租界）在工部局管理之下，组成这个单位的人士全是外国人，当然其中也有一个日本人。他一定会反对对社区有益的事情。因此，工部局禁止学生游行或张贴海报……学生很理智，他们把总部移到华界……他们撰发传单，让外国人了解运动的目标而不是排外……他们遗憾总是罢市会给外国人带来不便，但也唯有如此才能有效对北京政府施加压力，我们中国人迫不得已……在运动之前，日本人趾高气昂，不可一世，你应该看看他们现在陷入困境的模样，让人想到丧家之犬夹着尾巴到处乱窜……日本政府吓坏了，派出四艘炮艇到上海。②

在信中，宋美龄不仅表现出了强烈的爱国主义精神，同情五四运动，痛斥北京政府官员“贪婪、腐败、没有人性”“卖国”，而且她还有自己的主张，认为五四运动这种运动模式“太消极”，抵制日本人、抵制日货应该从“实业”开始；更难得的是，年仅20岁的宋美龄，就开始试想开“工业学校”，既救助流浪孩童，亦能实业救国。

有时，宋美龄也帮助二姐宋庆龄处理一些革命事宜，直接感受革命的氛围。1920年冬，孙中山和宋庆龄为组建革命政府忙得不可开交，宋庆龄央求宋美龄到广州帮忙。宋美龄在广州住了一

---

① 宋美龄致艾玛的信，1919年6月5日。

② 宋美龄致艾玛的信，1919年6月5日。

个月。看到宋庆龄全心全意投身于丈夫的革命行动，宋美龄对自己回国后的无所事事甚是不满。她写信告诉艾玛，说她在过去四年中一事无成。① “想想我这几年做了些什么呢？我有过梦想，有过对未来的憧憬，可这些都变成了毫无希望的现实。一年又一年就这么悄悄地，不知不觉地过去了，不堪回首……”②

此外，宋美龄还经常参加一些社交活动。“上海对于宋家及其朋友这样富有的中国家庭来说，是一个令人愉快的地方。他们为上海西方式的奢华侈靡增添了中国式的舒适自得。欧洲战争结束后，上海的商业出现了一派繁荣景象。宋家的亲朋好友都像宋家一样拥有私人汽车。在挥霍无度的社交聚会上他们纵情欢乐。当他们为某位家庭成员庆祝生日时，总是要举行为期几天的盛大宴会，同时还聘请剧团的名角到家里来为他们的亲戚朋友唱堂会。”③凡有这种场合，宋美龄必出席，并担任重要角色。宋家与外国人的友好关系也是引人注目的。从海外回来的中国人往往不再与外国人接触，但是宋美龄回国后仍然与美国人保持往来。这也为抗日战争期间宋美龄能够担任中美交流的使者打下了基础。

五、姐妹亲情的融合

宋氏三姐妹回国之后，都投身于孙中山领导的民主革命，在各自的岗位上为革命事业尽心尽力。姐妹之间的亲情并没有被繁重的工作影响，反而显得愈发真挚。

“二次革命”失败之后，担任孙中山秘书的宋霭龄也不得不随父亲一起避难日本。1913 年 8 月 29 日，宋庆龄学成回国，抵达日本横滨与家人团聚。关于这段历史，宋庆龄曾对她的秘书张钰回忆道：“1913 年，我毕业于美国佐治亚州梅肯的威斯里安女子学院，原想继续读书。但父亲由于宋霭龄与孔祥熙结婚，不再担任孙中山英文秘书；父亲自己有肝病（肾病），不能长时间坐在日本

① 〔美〕汉娜·帕库拉：《宋美龄新传》，第 108 页。

② 宋美龄致艾玛的信，1921 年 4 月 28 日。

③ 〔美〕埃米莉·哈恩：《宋氏家族——父女·婚姻·家庭》，第 117—118 页。

矮桌边从事写作，因而急电召我前往接替。我应召去横滨。每天，由父亲陪往东京赤坂区灵南坂二十六号孙中山处工作，尽快熟悉秘书工作。”[①] 可见，宋庆龄是因父亲电召而放弃继续学习的打算回日本，从开始帮父亲承担秘书工作到最后接替宋霭龄担任孙中山英文秘书的。

为了让宋庆龄尽快熟悉相关业务，宋霭龄经常带着宋庆龄去孙中山寓所访问[②]，指导宋庆龄熟悉秘书业务，如处理函电、进行联络、起草文件、提供资料等。在姐姐的悉心指导下，再加上她本人对革命工作的热情，宋庆龄进步迅速，很快就掌握了工作要领和注意事项。于是在 1914 年宋霭龄因与孔祥熙结婚辞去秘书工作之后，她被姐姐很有信心地推荐接任工作，孙中山也对此表示认可。宋庆龄取得的进步离不开宋霭龄的帮助和指导。

宋庆龄与宋美龄姐妹情深，长期相依为命的留学生涯使两人之间的情感更为真挚，宋美龄也是宋庆龄情感倾诉的主要对象。担任孙中山秘书之后，宋庆龄逐步成为孙中山革命事业上少不了的助手。她热情支持孙中山革命事业，积极协助工作，并经常同孙中山讨论中国革命问题。宋庆龄把这份愉悦的心情通过书信向尚在美国的宋美龄表达出来。[③] 1915 年 6 月中旬，当宋庆龄向父母征求关于自己同孙中山结合的意见时，遭到父母和大姐的强烈反对，宋庆龄向宋美龄诉说了心中的苦闷，寻求妹妹的支持。“自己仅有的欢乐，只有和孙博士在一起工作时才能获得。我情愿为他做一切需要我去做的事情，付出一切代价和牺牲！”[④] 宋庆龄甚至把自己准备偷偷去日本的事也告诉了宋美龄：“你接到这一封信的时候，我恐怕已经到了日本，而和孙先生在一起，我走时是那样

---

① 张钰：《宋庆龄生前谈孙中山》，《党的文献》1994 年第 5 期。

② 宋庆龄于 1913 年 8 月 30 日抵东京第一次看望孙中山后，从 9 月 16—25 日的 10 天中，曾八次访问孙中山，每次都是与姐姐一起前去拜访。

③ 尚明轩主编：《宋庆龄年谱长编》（上），第 67 页。

④〔美〕斯宾塞：《三姐妹——中国宋氏家族的故事》，美国纽约，1939 年英文版，第 179 页。转引自尚明轩主编：《宋庆龄年谱长编》（上），第 74 页。

的迅速、秘密而又不会通知任何人。”① 宋美龄得知这一消息之后，极为兴奋，十分欣赏姐姐这种浪漫的婚姻，表示全力支持。这样，宋美龄成了全家唯一支持宋庆龄婚姻的人，姐妹情谊因此更上一层楼。

1917 年 6 月，孙中山离沪赴粤，宋庆龄则留在上海等待宋美龄与宋子文回国。对于妹妹归来，宋庆龄非常高兴，在她给友人的一封信中也透露出这样的心情：“小美龄今年（1917 年）6 月就要毕业，7 月就要回国了，她是个非常可爱的姑娘!”② 兴奋之情溢于言表。

宋氏三姐妹之间的亲情，不仅仅表现在平日的嘘寒问暖上，更体现在当宋庆龄处在困境之中时，姐妹们所给予的关怀和安慰，尤其是在孙中山逝世前后。这是宋庆龄一生最难熬、最黑暗的时光，情感支柱的坍塌对宋庆龄的打击是巨大的。在她最需要帮忙与安慰的时候，姐妹们再一次出现在她的身边，成了她精神上的支柱。在孙中山病危之际，宋美龄和宋霭龄从上海搭乘火车抵达北京，宋美龄在多年之后写给国民党一位元老之子的信中提到：“火车上不提供食物、饮水，也没有暖气。连水也冻成冰，我们又饥又渴又冷。我们离开上海之前就知道此行充满危险，也很难估计我们何时可以抵达北京。可是基于对总理的爱，我们毅然成行，这也是对我们姊姊表达实质与精神的支持。”③

姐妹们的到来给予宋庆龄心理安慰，同时也给了她生活的动力。这是一种神奇的力量，它能够帮助宋庆龄勇敢地站立起来，继续完成孙中山未竟的事业。

宋氏三姐妹回国之后，在如火如荼的革命形势以及西方民主主义思想的影响下，立即投入到轰轰烈烈的革命洪流中。宋霭龄早年跟随孙中山，为革命事业尽心尽力；婚后，遵照孙中山启发

---

① 付启学：《国父孙中山先生传》，台北：“中央文物供应社”1983 年版，第 346 页。

② 尚明轩主编：《宋庆龄年谱长编》（上），第 94 页。

③ 〔美〕汉娜·帕库拉：《宋美龄新传》，第 122 页。

民智的指示，与丈夫一起回山西办学，为近代中国教育事业的发展作出了一定的贡献。宋庆龄在协助孙中山革命的同时，也完成了自己思想的转变。宋美龄则在早年的社会活动中对生活在中国底层的人们有了进一步的了解，为其以后所从事的事业奠定了一定的思想基础。不管三姐妹在个性上有何差异，但此时的她们都团结在孙中山的周围进行民主革命，把主要的精力都投入到民众思想的启蒙上，各自在不同的工作岗位上为革命的成功进行思想上的准备。

第二节　分歧的出现和国民革命后的分道扬镳

自从宋耀如去世后，宋霭龄以大姐身份执掌门户，此时宋家内部关系基本上还是融洽、和谐和亲密的，政治上也能基本形成共识，一致赞成并参与孙中山领导的国民革命。但是，自从孙中山逝世之后，情况开始发生变化，原先那种融洽亲密的家庭关系开始出现裂痕，宋美龄和蒋介石的婚姻使分歧进一步加剧，蒋介石南京政府成立后，宋庆龄和宋家其他成员分道扬镳。是什么原因导致分歧的出现？面对这种情况宋美龄的态度又如何？它的出现对宋氏姐妹乃至对中国都产生了什么样的影响？

一、分歧的出现与加剧

1925 年 3 月 12 日，孙中山在北京逝世。孙中山的去世是宋氏家族成员关系发生变化的分水岭。在此之前，宋氏家族成员基本上团结在孙中山的周围参加民主革命运动，姐妹们在这面旗帜下关系基本上融洽，没有太大的分歧。然而这种氛围在孙中山逝世之后慢慢地消失了。

国民党改组后吸收了社会各阶层人士参加革命，他们团结在孙中山这位克里斯玛型人物①的周围，革命实力大增，但这种广泛

---

① 克里斯玛原指古代的宗教先知、战争英雄，马克斯·韦伯将其引入政治领域。现主要指受到人们尊敬的特殊类型的人，这种人具有超凡的品质、个人魅力和启示力。

吸收参与人的动员模式同时也为以后的分裂埋下了祸根，一旦这位克里斯玛型人物失去威信和去世，这个组织将面临着分裂。其实孙中山还在世时，国民党各派系就在北伐、共产党和三大政策等方面出现了争论和分歧，孙中山去世后，派系之间的斗争日益白热化。1925 年 8 月发生廖仲恺被刺事件，1926 年春，蒋介石制造了“中山舰事件”和整理党务案，右派势力逐渐占优势，但这时国民党内各派系还没有全面摊牌，各派系在三大政策的大旗下继续北伐。

在宋家，家庭成员之间的关系随着国民党内各派系间的斗争和孙中山的去世也出现了分歧。宋庆龄是国民党内著名的左派，受到孙中山革命思想的熏陶。孙中山的去世，使宋庆龄在精神上和身体上受到严重的打击，但她坚持孙中山的三大政策，多次表示并始终“志先生之志，行先生之行”。随着革命形势的恶化，大批的国民党左派人物在蒋介石的高压政策下纷纷投降缴械，但宋庆龄仍然不改初衷，成为当时左派的旗帜与中坚。

而宋霭龄和丈夫孔祥熙站在国民党右派一边，认为国民党左派所支持的工农革命如继续发展下去，会不利于中国的经济发展和社会稳定，明确表示支持蒋介石，统一中国，消除内乱。[①] 宋霭龄早年虽然也曾经投身革命，一度是追求进步的青年革命党人，并在担任孙中山秘书时做了大量的革命工作，但是当孙中山在晚年推行激进的革命路线与政策后，宋霭龄并不认同。那个时期的宋氏家庭与孔氏家庭成员纷纷在政坛和商界崛起，亦官亦商，从家族利益上来说，已与官僚买办资产阶级的利益融为一体，不满国民党左派奉行孙中山的新三民主义的路线及政策。

宋美龄此时对国民党左派的活动亦有了反感之意，从其对苏联顾问鲍罗廷的态度中可见一斑。1926 年 12 月下旬，宋美龄与母亲、宋霭龄从上海抵武汉看望宋庆龄、宋子文。在武汉的三个月中，与苏联顾问鲍罗廷有过几次“很长而又坦诚无隐”的谈话。

---

① 〔美〕汉娜・帕库拉：《宋美龄新传》，第 108 页。

宋美龄后来回忆说："我们和鲍罗廷夫妇早就认识，不论是在国父最后卧病的北平（当时称为北京），或是国民革命运动和政府所在地广州，抑或稍后在武汉，与鲍氏夫妇均接触频繁。"谈话主要内容围绕两个方面：（一）共产主义的本质及殖民主义消失后，中国在世界上的未来地位；（二）苏俄在扶助弱小国家使之挣脱帝国主义压迫时所采取利他行动的真正动机等。她认为："我们谈话过程中，我能看出鲍罗廷的谈话具有一个目的，其外表固有耐人寻味处，但其内涵更具有重大意义……我对他对我说的话，感到不安。因为他所告诉我的一切，如果在任何地方施行，都会被谴责为不人道、残酷和暴虐。"她一方面认为鲍罗廷是一个"才气纵横、深思而受过优秀自修教育的人"，另一方面对鲍罗廷"谈话中所谈到第三国际最初为中国而订，并提供其他国家遵循的行动计划""感到不安"。她承认："我的本性和直觉，事实上，就是我这个人以及我的信念与鲍罗廷所说的一切，正好是背道而驰。""我由于曾经受过开朗的教育，并具有渴求知问之好，使得我能够相当容忍地听取偏锋邪道骗人之说。"① 她对鲍罗廷的"直率感到忿怒及惊讶"。逗留武汉期间，她对共产党和国民党左派组织推动下的工会和工人纠察队的反帝反封建运动产生了恐惧和排斥心理。②

可能是政治立场的不同导致了宋家成员之间在对待蒋介石问题上的分歧。1927 年 3 月，当蒋介石与武汉国民党之间出现对立时，宋子文站在武汉一边，扣蒋介石军需不发。但宋太夫人和宋霭龄却暗中帮助蒋介石筹措军饷。《蒋中正"总统"档案事略稿本》中记载："行军之事，饷需先也。日前宋太夫人与孔宋夫人来游浔庐，闻总司令部军饷拮据，武汉财部为共产党阻挠，不敢发给。宋太夫人与孔宋夫人乃由浔回汉，力催宋部长筹发二百万元，秘密运浔。因此军饷无虑。公乃乘舰东下，亲自督战京沪，得以

---

① 宋美龄：《与鲍罗廷谈话的回忆》，见王亚权编纂：《蒋夫人言论集》上集，第 421 页。

② 宋美龄：《与鲍罗廷谈话的回忆》，见王亚权编纂：《蒋夫人言论集》上集，第 428、432 页。

如期克服，厥功为不尠焉。"[①] 而此时的宋庆龄是武汉国民党的旗帜和中坚，自然强烈反对蒋介石的分裂活动。此时的宋家成员中，宋子文和宋庆龄态度一致，坚决反对蒋介石，而宋母和宋霭龄已站在蒋介石一边了。

而在宋美龄与蒋介石的婚姻问题上，宋霭龄、宋庆龄、宋子文之间出现了尖锐的对立，这进一步加剧了家庭内部的矛盾。

关于蒋介石与宋美龄两人之间的情感问题，历来众说纷纭，其中认为双方持投机动机的颇多。蒋介石的原侍从秘书汪日章在回忆录中指出：蒋介石体会到单单依靠日本人是不够的，非另觅英美强国支持不可，而宋氏家族在美国教会中影响颇大，正是他所需要联系的。[②]《大公报》创始人之一胡霖也有这样一个分析："蒋介石再婚是一个深谋远虑的政治行动。他希望做他们的妹夫，以便争取孙中山夫人宋庆龄和宋子文。当时蒋介石也开始感到有必要得到西方的支持。以宋美龄做他的夫人，他便有了同西方人打交道的捷径。另外，他很看重宋子文这个金融专家。不过，说蒋介石不爱宋美龄那是不公正的。蒋介石显然认为自己是英雄。在中国历史上，英雄难过美人关。出于政治考虑，蒋介石无所不为。对蒋介石来说，在这种情况下娶一位新夫人似乎是理所当然之举。"[③]

而宋美龄本人在她的《我的宗教观》一文中透露出这种信息："我极度的热心与爱国，也就是渴望替国家做些事情。我的机会很好，我与丈夫合作，就不难对国家有所贡献了。我虽有这样的抱负，但只赖自我，我实在还缺乏一种精神上的定力。"[④] 宋美龄迟迟不婚，正是在积极物色能给她以"精神上的定力"的那种男人。宋美龄希望出现一个铁腕人物来统一四分五裂的中国，当然也希

---

① 王正华编：《蒋中正"总统"档案事略稿本》（1），台北"国史馆"2010 年版，第 130—131 页。

② 宓熙等著：《在蒋介石宋美龄身边的日子》，团结出版社 2005 年版，第 51 页。

③ 〔美〕斯特林・西格雷夫：《宋家王朝》，第 365 页。

④ 宋美龄：《我的宗教观》，见王亚权编纂：《蒋夫人言论汇编》（论著卷一），第 3 页。

望借助这个铁腕人物的权势和力量来施展她自己的才干，实现她自己的抱负，“好风凭借力，送我上青云”，这位铁腕人物终于出现在她的面前。这人就是蒋介石。

1922 年 8 月，蒋介石陪孙中山“避难”来到上海，在孙中山家中，蒋见到了宋美龄。才貌俱佳且出身豪门的宋美龄给蒋介石留下了美好的印象。埃米莉·哈恩是这样记述的：

> 蒋介石第一次见到美龄是在上海孙博士的家里。他当即认定，美龄正是他理想中的姑娘。一天，他向孙博士提起了这门婚事。“老师，我现在还没娶上老婆，”他说，“您能劝宋小姐嫁给我吗？”
>
> 孙博士没有去对美龄说，而是把蒋介石的意思转告了妻子。庆龄悻悻地回答说，她宁可看到妹妹死，也不愿意让她嫁给一个在广州城内至少有一两个情妇的男人，虽然他名义上还没有结婚。的确，当时有关蒋介石的传闻很多。
>
> 但是孙中山并没有把妻子拒绝的话转达给蒋介石，因为他喜欢这个年轻人。他劝蒋介石说：“等一等吧。”蒋介石明白孙中山的意思，于是等了起来。
>
> 在孙中山逝世以前，蒋介石又曾两次提起这门亲事，但每次得到的答复都是“再等一等吧”。[①]

1926 年上半年，宋美龄去广东陪伴宋庆龄，其间多次与蒋介石见面。1926 年 1 月 17 日，和宋庆龄一起参加广州黄埔军校举行的第三期学生毕业典礼，宋美龄以“孙宋夫人，与其妹”第一次出现在蒋介石的日记中。[②] 7 月 2 日，宋美龄准备启程返沪，蒋介石在日记中写下了对她的不舍之情，日记中称：“美龄将回沪，心

---

① 〔美〕埃米莉·哈恩：《宋氏家族——父女·婚姻·家庭》，第 131 页。

② 中国第二历史档案馆编：《蒋介石年谱初稿》，档案出版社 1992 年版，第 527 页。

甚依依。”[①] 之后，蒋介石对宋美龄的思念之情与日俱增，“今日思念美妹（宋美龄）不已”[②]，“终日想念美妹不置也”[③]。

宋霭龄是促成宋美龄和蒋介石婚姻的关键性人物：

> 她一贯是牵线的媒人、策划者和家庭财富的积累者。把自己的小妹妹嫁给国民革命军的强有力的总司令不是一个绝招吗？“我们可以利用这个人。”她说道。于是公众即着手说服固执的美龄，要她相信这一婚姻符合大家的利益，尤其符合宋氏家族的利益。[④]

与宋霭龄的想法相反，宋庆龄极力反对蒋宋联姻，她也认为宋美龄同蒋的婚姻是“有安排的”。斯诺报道：“在我第一次见到宋庆龄时，她说对这个婚姻，双方都是出自机会主义，没有爱情。”[⑤] 宋庆龄反对这桩婚姻，原因很多，但最主要的是讨厌这种政治婚姻以及对蒋介石人品的怀疑。

而宋子文的态度这时发生了逆转。1927 年 5 月，宋子文为武汉国民政府在上海筹款期间，因拒绝与蒋介石为首的南京政府合作而受到了武力恫吓和政治压力，在宋霭龄的劝导下，宋子文从宋氏家族利益出发，同意与蒋介石的南京政府合作。[⑥] 对于小妹和蒋介石的婚姻，他最终还是同意了。随后，宋子文便充当蒋介石的说客，7 月中旬，宋子文携带蒋介石的亲笔信到武汉游说宋庆龄返沪，但遭到后者的严厉拒绝，宋母也写信劝说宋庆龄，也未得到肯定的答复。

1927 年 8 月 13 日，由于党内纷争，蒋介石不得不宣布下野，

---

① 《蒋介石日记》，1926 年 7 月 2 日，美国斯坦福大学胡佛研究所藏。

② 《蒋介石日记》，1927 年 3 月 21 日。

③ 《蒋介石日记》，1927 年 5 月 28 日。

④ 〔美〕斯特林·西格雷夫：《宋家王朝》，第 367 页。

⑤ 〔美〕斯特林·西格雷夫：《宋氏家族秘闻》，考夫译，四川省社会科学院出版社 1988 年版，第 307 页。

⑥ 寿韶峰：《宋美龄全纪录》（上），华文出版社 2009 年版，第 192 页。

迎来了事业上的低谷期。但是这段空隙期正好给蒋介石提供了来处理与宋美龄之间的恋情的时间。蒋介石自从第一次见到宋美龄顿生爱慕之情起，已过五年之久，但宋家成员中除宋霭龄积极撮合之外，其余人的态度仍让蒋介石焦心。加之当时舆论传陈洁如为蒋夫人，让蒋介石非常被动而且懊恼。[①] 这一切的不顺反而加深了蒋介石对宋美龄的思念之情，1927 年 8 月他在溪口老家写信给宋美龄：

> 余今无意政治活动，惟念生平倾慕之人，厥惟女士。前在粤时，曾使人向令兄姊处示意，均未得要领，当时或因政治关系。顾余今退而为山野之人矣，举世所弃，万念灰绝。曩日百对战疆，叱咤自喜，迄今思之，所谓功业宛如幻梦。独如女士才华荣德，恋恋终不能忘，但不知此举世所弃下野武人，女士视之，谓如何耳！[②]

蒋介石锲而不舍的追求终于换来了回报。9 月 23 日，蒋介石一到上海便赶到宋家见宋美龄。[③] 26 日，蒋宋正式订婚。兴奋不已的蒋介石在日记中写道："人生之乐以订婚之时为最也。"[④] 28 日，蒋介石为了向宋美龄求婚，在上海《民国日报》刊登《蒋中正家事启事》："元配毛氏与中正正式离婚。其他两氏，本无婚约，现已与中正脱离关系。"[⑤] 28 日与宋美龄话别东渡日本，宋美龄情意绵绵，依依不舍，让蒋介石大为感动。也是从这一天起，蒋介石每天或隔一天便给宋美龄致电。[⑥] 10 月 1 日，《申报》报道蒋宋订婚的消息："蒋下野前，宋美龄确曾劝告，以促成宁汉合作，避免

---

① 曾景忠编著：《蒋介石家书日记文墨选录》，团结出版社 2010 年版，第 18—19 页。

② 曾景忠编著：《蒋介石家书日记文墨选录》，第 18 页。

③ 周美华编：《蒋中正"总统"档案事略稿本》(2)，台北"国史馆"2010 年版，第 67 页。

④ 《蒋介石日记》，1927 年 9 月 26 日。

⑤ 曾景忠编著：《蒋介石家书日记文墨选录》，第 18 页。

⑥ 周美华编：《蒋中正"总统"档案事略稿本》(2)，第 70—71 页。

党的分裂，宋亦确赞成蒋出洋游历，以广学识，然宋皆认为友谊上应有之举，并非以为结婚之条件，至掌握财权，尤为庸俗女子不信任其夫者之要求，宋决不屑为此，宋确信蒋勇与迁善，既已信任，决不再有怀疑，故绝未提出任何条件也，再宋从未到过南京，与蒋同乘专车之说，自更无稽，宋每与蒋会晤，皆有家属在旁。婚约亦至最近方决定。”① 在确定宋美龄的情意之后，剩下的工作就是说服宋太夫人。蒋介石这次东渡日本，一半是想“视察及研究十三年以来几步足以惊人之日本，以定将来之计划”，一半是为说服宋太夫人而来。是时宋太夫人正在日本养病，蒋介石隔三岔五便来看望她，甚至有一天竟然来了三次。功夫不负有心人，宋太夫人果然“龙颜大悦”，终于同意了这桩蒋介石盼望已久的婚事。② 在此期间，蒋亦频繁与宋子文见面交谈③，消除了以前两人之间的芥蒂，取得了这位未来大舅哥的允诺。

在蒋介石锲而不舍的追求和宋霭龄的推波助澜下，宋家最权威的人物倪桂珍最终认可了宋美龄和蒋介石的婚姻，宋庆龄尽管不同意此事，但也无力回天。11 月 30 日，蒋介石撰拟结婚感想文稿《我们的今日》：“余今日得与最敬最爱之宋美龄女士结婚，实为余有生以来最光荣之一日自亦为有生以来最愉快之一日。……余确信余自今日与宋女士结婚以后，余革命工作必有进步。余能安心尽革命之责任，即自今日始也……余第一次遇见宋女士时，即发生此为余理想中之佳偶之感想。而宋女士亦曾矢言，非得蒋某为夫，宁终身不嫁。余二人神圣之结合，实非异常可比。今日之日，诚是使余二人欣喜莫名，认为毕生最有价值之纪念日。故亲友之祝贺亦敬爱而不敢辞也。”④ 12 月 1 日，宋美龄和蒋介石在上海举行了一场被称为“世纪婚礼”的豪华婚礼，场面之大令见过大世面的宋美龄也极为感慨：“这场婚礼场面之大，在上海是前

---

① 《蒋宋订婚之经过》，《申报》1927 年 10 月 1 日。
② 周美华编：《蒋中正“总统”档案事略稿本》（2），第 75 页。
③ 周美华编：《蒋中正“总统”档案事略稿本》（2），第 78—88 页。
④ 周美华编：《蒋中正“总统”档案事略稿本》（2），第 155—158 页。

所未有的……来宾一律凭请柬入场，所有的头面人物都到了，外交使团也悉数到场。”①

图 2-3　1927 年蒋宋婚礼上宋美龄盖章之姿势②

宋庆龄始终无法认同，其中最主要原因在于宋庆龄认为蒋介石背离了孙中山的三大政策，这一切是她所不能容忍的。这个原本和谐、快乐的基督教家庭，在蒋介石加入之后，明显分裂为互不相容的两极。这一切把宋美龄置于一个非常尴尬的境地，一方为手足情深的姐姐，而另一方又是朝夕相处的丈夫，这个家庭昔日的和谐与快乐不复存在。但是，也就在蒋宋联姻之后，宋氏家族才有了丰厚的根基，在政治上脱颖而出。

二、国民革命失败后的分道扬镳

孙中山去世后，国民党内左右派之间的争斗最终以右派的全面胜利和左派的彻底失败而告终，这也大大影响了宋氏家族内部的关系。1927 年 7 月 14 日，宋庆龄发表七一四声明，这标志着宋氏姐妹选择了不同的政治道路。之后，宋氏家族中的宋霭龄、宋

① 宋美龄致艾玛的信，1928 年 1 月 24 日。

② 《上海画报》，1927 年第 299 期，第 2 页。

美龄和宋子文在政治上均飞黄腾达，而宋庆龄却远走他乡，孤苦伶仃。

蒋介石在积累了一定的军事资本和政治资本后，于 1927 年 4 月 12 日，在上海发动政变，18 日建立南京国民政府。蒋介石用封锁来对付武汉，切断武汉同上海及长江下游的交通，导致武汉市场物资短缺现象日趋严重。工商业者开始抱怨经济萧条；工人农民则变得越来越激进，不断加强他们的组织；在军队中，有一部分小地主和城市中产阶级家庭出身的军官，希望仿效蒋介石。4 月，汪精卫从欧洲回到武汉，一度被认为是孙中山的天然继承者的汪精卫，本可以为武汉左派增添威信，但此时的他已不是左派，他之所以站在武汉国民政府一边，只不过是他的对手蒋介石站在右边的缘故。①

此时的武汉国民政府已经处在分崩离析之中，政见不一的领导核心、严重的政治经济危机、恶劣的生存环境决定了武汉政府的最终命运。面对严峻的形势，武汉政府始终找不出一个解决问题的最佳方案，在冯玉祥等人的穿针引线下，它迅速右转，宁汉合流已是必然趋势。

在这样的形势下，宋庆龄成为一个越来越重要的政治象征，她坚持孙中山的原则，坚定地维护孙中山的革命遗教，站在武汉政府一边，反对蒋介石。4 月 22 日，她向全国各地通电，尖锐谴责蒋介石在上海的叛变，对汪精卫等人的背叛义愤填膺，痛斥汪精卫违背孙中山遗教的背叛行径。当时在武汉参与这场斗争的苏联顾问鲍罗廷回忆当时形势时，不禁称赞说，宋庆龄是“国民党整个左派中唯一的大丈夫”②。

宁汉合流带来了宋氏家族的分化，宋庆龄与自己的兄弟姐妹分道扬镳。1927 年 7 月 14 日，武汉国民政府讨论“分共”，宋庆龄拒绝参加，并发表《为抗议违反孙中山的革命原则和政策的声

---

① 伊斯雷尔·爱泼斯坦：《宋庆龄传——从孙中山到毛泽东的革命之路》（上卷），第 225 页。

② 邹英毅：《中华名人丛书——宋庆龄》，昆仑出版社 1999 年版，第 59 页。

明》，正式宣布与以蒋介石、汪精卫为代表的国民党中央决裂："本党若干执行委员对孙中山的原则和政策所作的解释，在我看来，是违背了孙中山的意思和理想的。因此，对于本党新政策的执行，我将不再参加。"① 由于其特殊的身份以及在国民党内的影响力，她成了国民党当权者威胁利诱的目标。为了表明自己的立场，在7月30日合众社记者古尔德访问她时，她否认了在南京蒋介石新政府任职的谣传。她表示："在国民党现行政策不改变之前，余决不参加任何活动；于革命事业不纳入中山主义轨道内时，余决不担任任何党务。余非叛徒，亦非骑墙，且与南京政府毫无关系也。"②

由于从政治到家庭宋庆龄与家人矛盾重重，难免心情烦乱，正逢苏联政府的邀请，因此宋庆龄于1927年8月21日夜里在苏联驻上海领事馆的帮助下，登上货轮启程前往苏联访问。赴莫斯科之前，宋庆龄起草了一份《赴莫斯科前的声明》，于22日在报上发表，声明中阐明了孙中山三大政策的正确与作用，高度赞扬三大政策的伟大业绩，表达始终忠于孙中山的坚定信念。③ 1927年9月6日，宋庆龄到达莫斯科，随即于当天发表了三份书面声明：《在莫斯科发表的声明》《对塔斯社发表的声明》《对列宁格勒〈真理报〉发表的声明》。在声明中再次阐明访问莫斯科的目的，表达对苏联无产阶级的敬意，并表示：我深信我们将继续并肩作战，打垮我们的共同敌人——世界帝国主义和一切反动势力。④

宋庆龄在苏联访问一段时间之后，于1927年12月到比利时的布鲁塞尔出席国际反帝同盟大会，并被选为大会名誉主席。之后不久，她又到德国访问，直到1929年5月回国参加孙中山的国葬仪式。

宋氏家族中首先站在蒋介石一边的是宋霭龄和她的丈夫孔祥

① 尚明轩主编：《宋庆龄年谱长编》（上），第191—192页。

② 尚明轩主编：《宋庆龄年谱长编》（上），第194页。

③ 尚明轩等编著：《宋庆龄年谱》，第64页。

④ 《对列宁格勒〈真理报〉发表的声明》，见宋庆龄：《宋庆龄选集》，人民出版社1966年版，第34页。

图 2-4　1929 年，参加孙中山奉安大典的情形①

熙，他们清楚蒋介石的军事实力，看准了他以后在中国政坛上的地位，知道要维护既得利益，需要蒋介石这把保护伞。南京国民政府成立之后，孔祥熙担任工商部部长，并被推选为国民政府委员。

随着蒋介石权力的日益扩张和巩固，孔祥熙在政府中的地位也不断上升：1929 年 3 月，孔祥熙被选为国民党候补中央执行委员；1930 年 12 月，国民政府将工商、农矿两部合并为实业部，孔祥熙就任实业部部长；1931 年 11 月，孔祥熙被选为国民党中央执行委员，终于进入国民党中央决策层。

1931 年 12 月 15 日，蒋介石由于对日本侵占东北采取不抵抗政策而遭到全国人民的强烈指责，再加上国民党内一部分势力的反对，蒋介石被迫通电全国，辞去国民政府主席、行政院院长和陆海空军总司令职务，但仍在幕后掌握实权。孔祥熙为表示与蒋介石共进退，也于同月底辞去了实业部部长职务。次年 3 月 6 日，在和主要政敌汪精卫达成了权力分配协议后，蒋介石正式复出，担任了国民政府军事委员会委员长。

① 《革命前锋》，1929 年总理逝世四周年纪念特刊，第 8 页。

在与红军作战以及即将到来的抵抗日本人的战争中，蒋介石迫切希望能够得到欧美各国的支持，尤其是军事上的援助。为此他准备派一名特使赴欧美国家订购飞机、大炮、枪弹、器械，商讨国防建设的办法和途径。这是一项艰巨的任务，非一般人所能胜任。他必须熟悉欧美各国的情况且能获得其信任；必须非军人且要有一定的身份。蒋介石和汪精卫一致认为孔祥熙是一个比较合适的人选，当蒋介石将此计划告于孔祥熙时，孔祥熙顿感责任重大，欣然受命，于是孔祥熙即以“中华民国考察欧美各国实业特使”的身份出访欧美。

1932 年 3 月 13 日，孔祥熙偕妻子宋霭龄、长子孔令侃秘密启程赴欧美考察。此行第一站是美国，这是宋霭龄从美国大学毕业后第一次美国之行。但是未到美国之前，对宋霭龄不利的一些消息已经在美国不胫而走，这让她极为尴尬，不得不取消了原定的许多计划。威斯里安女子学院校友会会刊编辑尤尼思·汤普生在宋霭龄访美期间见过她。据她说：

> 我看见孔夫人落泪，是女人生气流下的真正的泪水。我亲自为她取来阿摩尼亚药水，使她镇静下来……她担心即使在最后一分钟，弄得臭名远扬，她也会受不住。我们答应她绝不大肆张扬；朋友们理解她需要点清静与安宁，有他们的合作，我们可以保证说到做到。她的同学接到通知，从四面八方来到威斯里安学院与她相会。整整两天，除了熟人之外，她谁也没见，只有几小时，把国家公务放在一边。①

由于美国舆论的压力，孔氏夫妇匆忙结束美国之行，乘船赶赴欧洲的意大利与德国访问。他们受到了意大利政府隆重的欢迎，这一切令宋霭龄惊诧不已。在此孔祥熙与意大利政府达成协议，

---

① 〔美〕斯特林·西格雷夫：《宋家王朝》，第 456 页。

从意大利购买了一批空军战斗机。随后孔宋一行又来到德国，又从那里订购了2500万美元的军火。

这次出访历时整整一年，孔祥熙的足迹踏遍了欧洲大部分国家，于1933年3月回国。回国之后的孔祥熙不久又迎来了他官场生涯的黄金时期，先后兼任了中央银行总裁、行政院副院长、财政部部长的职务。从此，孔祥熙一跃而为身兼三个要职的国民党显赫人物，由此更加受到蒋介石的宠信。

婚后的宋美龄对蒋介石的工作给予了较大的支持，并在人格方面对其进行一定程度的改造。1928年1月7日，宋美龄致函蒋介石，勉其“卖力国事，并劝以和蔼待人者”，蒋甚感愧，曰：“夫人爱我以德，望我立业成名，吾更当自爱其身，节其思虑，以仁存心以义存心可耳。”[①] 宋美龄的劝慰与温存令蒋介石极为感慨，写道：“三妹爱余之心，无微不至。其为余而牺牲幸福者，心诚不少。余苟不能以学术德业自勉，期有成就，是诚愧为丈夫矣。古谓妻者齐也。夫妻造诣必相齐一心，所以始终保全爱情之道也。吾必与我夫人共勉之。”[②] 1928年2月，国民党召开了二届四中全会，恢复了蒋介石国民革命军总司令的职务，蒋介石同时兼任国民党中央政治会议主席和军事委员会主席，继续完成北伐。宋美龄跟随蒋介石，担任蒋的秘书与翻译，尽心尽力帮助蒋介石。5月8日，宋美龄建议由军委会组织军医监理委员会，聘任专家组织各医院事宜，被采纳，并受聘为委员之一。又以私人资格，捐集款项，制成日常用品两万包，连同“蒋夫人致各受伤同志函”派专人慰劳北伐受伤武装同志。慰问函曰：“希望诸位身体早日复原，再替党国服务。将来青天白日遍布全国统一的伟业完全的告成，都是诸位的满腔热血所换来的，这不但是诸位的荣誉，实在也就是党国的无上光彩。”[③] 宋美龄不辞劳苦，令蒋介石颇为感慨：“吾

---

① 周美华编：《蒋中正“总统”档案事略稿本》(2)，第238、255页。

② 周美华编：《蒋中正“总统”档案事略稿本》(2)，第467页。

③ 《蒋夫人慰劳受伤武装同志》，《中央日报》1928年5月8日。

三妹能耐苦习劳，对于革命事业助我多矣。”①

宋美龄通过婚后之初的这些活动，在尽心尽力帮助蒋介石的同时，其才华也渐渐显露出来，为后来领导“新生活运动”、妇女运动等打下基础。

南京国民政府北伐成功之后，各地战乱蜂起，1929 年唐生智发动反蒋战争，俄国入侵东北边境，紧接着蒋介石又开始了针对共产党根据地的军事行动。这段时间宋美龄陪伴在蒋介石的身旁，多次亲赴江西前线。她发现前方官兵生活空虚，军纪败坏，乃成立了军官励志社，邀请中华基督教青年会干事黄仁霖担任总干事，协助军人改变生活。② 1933 年 5 月，军事委员会南昌行营成立，之后宋美龄随蒋介石常驻庐山。9 月，蒋介石组织百万军队对红军苏区进行第五次“围剿”，在战争中，为了贯彻“七分政治、三分军事”的方针，蒋介石发动了“新生活运动”，这一运动得到了宋美龄极大的支持。③

1934 年 3 月 26 日，蒋介石在南昌行营举行孙中山纪念周，发表了题为《复兴民族之根本要务》讲话。提出要“使江西成为复兴民族的一个坚固的基础”，说“要想救国，就只有三个字，就是教养术”，“只有礼义廉耻才是复兴的唯一工具”。倡导国民衣食住行“以整齐清洁简单朴素为原则”，过一种“合乎礼义廉耻的新生活”。④ 蒋介石发动的“新生活运动”得到了宋美龄极大支持。4 月 12 日，“新生活运动促进会妇女指导委员会”在南昌成立，宋美龄担任指导长，此后，宋美龄成为“新生活运动”的鼓吹者、推动者。在南昌“推行的程序是：由自己做起，再推及于民众；由简单的事情做起，再做其余的事情；由机关团体、公共场所，如学校、公署、车站、码头、戏馆、公园、会场、菜馆等做起，

---

① 王宇高编：《蒋中正“总统”档案事略稿本》(3)，第 381 页。

② 黄仁霖：《黄仁霖回忆录》，台北：传记文学出版社 1984 年版，第 37—38 页。

③ 关于宋美龄与“新生活运动”，详见本套丛书中郭红娟著《新民新风：宋美龄与近代中国社会改造》。因此本书只概括性论述宋美龄在“新生活运动”中的作用。

④ 袁惠常编：《蒋中正“总统”档案事略稿本》(24)，第 397、415 页。

要求普及于全体社会。而首先为由各自家庭做起”[①]。在“新生活运动”中，宋美龄身体力行，令蒋介石极为欣赏，他在日记中称赞道：“妻爱至久弥笃，其诚笃精神，实世无其匹，一生爱人惟母与妻耳。”[②] 5月15日，蒋介石发表《“新生活运动”纲要》及《新生活须知》文件，用以指导在全国推行“新生活运动”。

“新生活运动”采用中国传统文化的礼、义、廉、耻等四大品德对人们的日常行为、举止习惯、环境卫生等一系列问题给予明确的行动纲领。用宋美龄的话来说就是“新生活运动”的目的“在保全中国旧有之最好文化，而参以中国所需要之西方文化”[③]。社会上出现了大量的童子军、执勤队，对人们的一些不合规范的日常行为进行监督与修正，并对那些违反规定的人给予一定的处罚。蒋介石为了表达对运动的支持，在上海的一家外文报纸上发表了一篇经过宋美龄润色修改的文章：

> 现在，绝大多数中国人的精神状态是浑浑噩噩，毫无生气。在行动中表现为好歹不识、是非不辨、公私不分。由此，我们的官员虚假伪善，贪婪腐败；我们的人民斗志涣散，对国家福利漠不关心；我们的青年颓废堕落，不负责任，我们的成年人则淫邪险恶而又愚昧无知；有钱人纵欲放荡，花天酒地；而穷人则体弱污秽，潦倒于黑暗之中。所有这些导致政府的权威和纪律扫地以尽，荡然无存，终于引起社会动乱，使我们在天灾和外敌入侵面前束手无策，无能为力。[④]

宋美龄在“新生活运动”中发挥着举足轻重的作用。她主要

---

① “新生活运动促进总会”编：《“新生活运动”汇编》第一集，“新生活运动促进总会”印行1934年版，第65页。

② 《蒋介石日记》，1934年5月6日。

③ 宋美龄：《以新运复兴中国》，《中央日报》1934年11月3日。

④ 〔美〕斯特林·西格雷夫：《宋家王朝》，第418页。

从事三个方面的工作：致力“新生活运动”的宣传活动，频繁演讲、著书立说、促进各级政府与教会的合作。20世纪20年代中后期，由于非基督教运动的影响，各地教会的活动大多停滞，宋美龄号召教会来配合“新生活运动”，无疑是个创新；将妇女运动纳入到“新生活运动”中，这对“新生活运动”本身以及中国妇女运动意义都非常重大①，中国历史上第一次由政府发起的妇女运动从此产生。抗战时期妇女在慰劳前方将士的运动中的出色表现与这一时期的妇女动员息息相关，妇女在运动中意识到自身存在的意义，国家兴亡，匹“妇”亦有责。宋美龄也因此奠定了那一时期妇女运动最高领导者的角色。

蒋介石在“围剿”红军取得胜利之后，为了进一步推行“新生活运动”，巩固“围剿”战果，缓解人们对其政策的不满，他接受了澳大利亚人端纳的建议，偕夫人宋美龄开启了为期一个多月的西北之行。这次旅行也使蒋介石意识到发展经济对民生的重要性。

在这次旅行中，宋美龄充分发挥了自己身份的优势，积极参与各种社会活动。每到一个城市她都把妇女们召集起来，敦促她们为全国的改革尽力。在演讲中，她反对中国之旧习，反对大家闺秀之深居简出，以及鸦片、肮脏和贫穷的威胁。她呼吁妇女要有责任感。她任命各地高级官员的夫人为“新生活运动”的领导。② 多年后宋美龄对于此次西北之行的业绩仍念念不忘：

> “新生活运动”另一个更重大的成就，就是为了公共福利而和教会保持密切关系，这也可说是“新运会”最显著的成就之一。1934年当我同委员长旅行中国西北之初，我们即第一次在西安聚集了所有外国的各宗教团体，向他们说明“新生活运动”，并商讨改善人民生活的合作

① 周琇环：《蒋夫人与“新生活运动”的展开（1934—1937）》，见秦孝仪：《蒋夫人宋美龄女士与近代中国学术讨论集》，第394—420页。

② 〔美〕埃米莉·哈恩：《宋氏家族——父女·婚姻·家庭》，第210页。

办法。那些教士们都很高兴，因此，一个合作努力的计划立即就安排好了，他们这种真忱的反映无论是对于他们自己的团体或对于新生活运动都是很有益处的，而一般人民两面受惠。自后，由于兰州、绥远、开封、太原及其他城市教会的合作，各地的合作委员会立即相继成立了。①

这次西北之行，对宋美龄、蒋介石以及南京政府来说收获颇丰。宋美龄认识到了自己在丈夫身边所能做到的事情，长期的飞行也锻炼了她的胆魄；蒋介石也博得了西北地方将领的好感，使他们更坚定地站在南京国民政府一边。

从婚后到抗战前，宋美龄随蒋介石南征北战，抛头露面，感觉到处于权力顶峰所带来的乐趣。《闽边巡礼》中有以下记载：

我陪同丈夫到福建去。圣诞节那天，我们走了一千多里路，一半乘飞机，一半沿着闽变发生以后临时兴筑的军用公路坐汽车而行，我们从杭州动身，坐了两小时的飞机与八小时的汽车，就到闽边的浦城。我们经过浙赣闽三省边境，那里是我们东部最崎岖的地区，路又粗率不平，所以我给颠簸震荡得头都抬不起来，异常疲乏……

除夕那天，我和丈夫在周围的山中散步，我们发现了一株花蕊怒放的白梅，那真是吉兆！在中国文学里，梅花五瓣，预示着福、禄、寿、考以及（我们大家最希冀的）康宁。委员长很细心地折了几支回来。那晚点起红烛的时候，他把梅花放在一个小竹筐里送给我，作为新年礼物。梅花在树上的时候，固然清丽多姿，而堆在篮里，映着烛光越发美不可言。枝条的疏影，在墙上映

① 宋美龄：《我将再起——“新生活运动”》（1940 年 6 月），见王亚权编纂：《蒋夫人言论集》上集，第 204 页。

出清静的笔势，饶有明八大山人的画意。你们或许明白我何以愿意和丈夫在前线共尝艰苦。他具有军人的胆略，又有词客的温柔呢。①

长期的鞍马劳顿，使宋美龄的身体非常虚弱。蒋介石所著《爱记》中屡屡提到夫人有病、精神不快。

总之，大革命失败之后，由于思想认识、利益冲突以及个性上的差异，宋氏三姐妹走上了不同的道路，信奉孙中山三大政策的宋庆龄逐渐走到了家庭其他成员的对立面，而宋霭龄从孔宋家族的利益出发，站在了蒋介石的一边。宋美龄很清楚二姐对蒋介石的敌对立场，也知道二姐坚决反对她与蒋介石的婚姻，可是她仍然义无反顾地选择了集党、政、军大权于一身的蒋介石，并且举办了隆重豪华的婚礼，表示出坚决支持蒋介石的政治立场，这对宋庆龄来说不能不是一个沉重的打击。然而这一切使宋美龄境况颇为尴尬，一边是朝夕相处的丈夫，一边是手足情深的姐姐，双方水火不相容。在亲情与理念的碰撞中，宋美龄将如何抉择，这是摆在她面前一个棘手的问题。

三、宋美龄的协调：理想与亲情的碰撞

在宋氏三姐妹中，宋美龄与宋庆龄之间的姐妹情谊早在少儿时期就已奠定了坚实的基础，她们的童年生活都是在浓厚的基督教氛围与西方生活方式的环境中度过的。当时不论在家塾接受启蒙教育或入读上海马克谛耶女子学校，她们几乎都住在同一寝舍里，一块学习或玩耍，相互体贴照顾，姐妹情谊至深。② 尽管性格上宋庆龄沉静谦和、温文尔雅、沉默寡言，而宋美龄则活泼任性，颇有男孩子气，但姐妹之间关心友爱，和谐亲密。尤其是1915年，当宋庆龄不顾父母反对，决心同孙中山结合的时候，她曾给尚在

① 宋美龄：《闽边巡礼》，见王亚权编纂：《蒋夫人言论汇编》（论著卷一），第8—10页。

② 尚明轩、魏秀堂：《宋庆龄的后半生》，人民文学出版社2009年版，第525页。

美国留学的小妹投致密信，表达了自己即将采取的重大而绝密的行动计划，期盼得到小妹的同情与理解。宋美龄得知这一浪漫的消息，欢呼雀跃地对姐姐勇敢的决心表示赞同。于是宋美龄成了这个家庭里唯一赞成这桩婚事的成员。她们之间的姐妹情谊也愈发深挚。孙中山在北京弥留之际，宋美龄和宋霭龄都陪伴在宋庆龄身边，给予其精神上的支持。姐妹之间的情谊不言自明。①

但是，宋美龄自从嫁给蒋介石后，就不得不面对二姐和丈夫之间势不两立的关系。宋美龄婚后首先充当的是贤内助的角色，在一切大是大非的问题上，坚决站在蒋介石的一边，维护蒋的形象。在宋美龄的帮助下，蒋介石逐渐克服个性上的缺陷，她对蒋介石的人格魅力的形成起到了至关重要的作用；宋美龄出色地处理人际关系的能力，也帮助蒋介石化解了一次又一次的危机；② 此外，宋美龄还成为蒋介石了解西方的桥梁。在充当贤内助的过程中，宋美龄本人也慢慢完成了角色的转变，由贤内助逐渐脱颖为政治人物。她跟随蒋介石南征北战，东奔西走，为南京国民政府尽心尽力，尽自己所能帮助蒋介石推行“新生活运动”，视察大江南北；在西安事变中，宋美龄出色的表现，避免了国民党内部的分裂，并为西安事变的和平解决作出了巨大贡献。所有这些都已说明她已经牢牢地与蒋介石联系在一起，她需要借助蒋介石的权势来施展自己的才干，实现自己的政治抱负，她也必须维护蒋介石的尊严和权威。

对宋庆龄的一系列反蒋言论和毫不妥协的态度，宋美龄大伤脑筋，姐妹亲情，丈夫权威，两者她都想维护，她多么希望宋庆龄能站到蒋介石的一边，利用自己国母的身份，支持蒋介石的伟大事业。为此，宋美龄首先联合宋家其他成员，一起劝说宋庆龄，希望她支持蒋介石南京国民政府，能任职于国民党中央。1929 年 5 月，南京紫金山的中山陵竣工，南京国民政府邀请远赴欧洲的宋庆龄回国参加孙中山的国葬仪式，宋家也派宋子良赴欧劝说宋庆龄；孙中山葬礼后，宋庆龄回上海看望母亲，宋美龄专程到上海

① 〔美〕汉娜·帕库拉：《宋美龄新传》，第 108 页。

② 黄仁霖：《黄仁霖回忆录》，第 99 页。

请她去南京参加国民党三届二中全会；但宋庆龄仍然坚持在国民党的政策完全符合已故孙逸仙博士的基本原则之前，将不直接或间接地参与该党的任何工作①，她也拒绝出席国民党的三届二中全会。面对宋庆龄的这种态度，宋美龄只能退而求其次，希望她不要过问政事，或者出国访问，只要不去苏联，愿意为宋庆龄提供一切开支。1929 年 9 月，宋庆龄去了法国，没有去苏联，总算给了宋美龄一点面子。②

图 2-5 宋母殡仪：在墓前静默场景。自左至右：孔祥熙、王正廷、宋霭龄、宋子文、宋庆龄、蒋介石、宋子安、宋美龄③

1931 年 7 月，宋母倪桂珍病逝，宋庆龄回国，与宋家兄弟姐妹及孔祥熙、蒋介石等一起参加母亲的葬礼，之后她一直留在上海直至抗战爆发。在此期间宋庆龄仍然一以贯之地反对蒋介石对江西红军的“围剿”，还出面营救了被捕的共产党人陈赓、廖承志等。在邓演达被蒋介石杀害之后，宋庆龄极为愤慨，于12 月 19 日发表《宋庆龄之宣言》，指出：当作一个政治力量来说，国民党已经不复存在了。无情地揭露蒋介石国民党个人独裁、争权夺利、剥削群众、残害革命者的种种反动行径。④

对宋庆龄这种毫不妥协地反对蒋介石及其南京政府的政治态度，宋美龄越来越失望，姐妹之间的关系也日趋冷淡和疏远，在

① 尚明轩等编著：《宋庆龄年谱》，第 69 页。
② 尚明轩主编：《宋庆龄年谱长编》（上），第 231 页。
③ 《中国摄影学会画报》，1931 年第 7 卷第 302 期，第 1 页。
④ 尚明轩主编：《宋庆龄年谱长编》（上），第 248 页。

抗日战争爆发前，她们基本上断绝了往来，偶尔书信致候，有时甚至是秘书代笔，而且是只谈私事，不谈政治。[①]

宋美龄与蒋介石结婚后，以极大的热情参与政治，为支持蒋介石的统治而不懈工作。随着时间的推移，她协助蒋介石，进而以第一夫人的角色活跃在国民党政治、外交舞台上。从忠于各自丈夫的角度看，走在不同政治道路上的姐妹俩非常相似。毫无疑问，宋美龄站在蒋介石一边，她几次受命于蒋介石，邀请宋庆龄回到国民政府来，都被宋庆龄拒绝。对宋庆龄，宋美龄又不能无视姐妹亲情，毕竟血浓于水。面对此种状况，宋美龄陷入了如何面对亲情与个人理念相冲突的两难境地。为此，宋美龄采取了一种折中的处理方式：她坚持自己的政治立场，与宋庆龄进行了不妥协的斗争，二人也常常为此争执得不可开交；宋美龄坚决支持丈夫的事业，甚至不惜牺牲与宋庆龄的姐妹亲情。然而，她又在极力维护与宋庆龄的亲情，当宋庆龄的人身安全受到威胁时，她又毫不犹豫地挺身而出，坚决制止特务任何暗杀宋庆龄的企图，下面是发生在抗战期间，蒋介石原侍从室电话监听员、总统府军务局上校电话监察官王正元的一段回忆：

> 有一次，宋美龄给宋子文打电话说：“你关照他们（指戴笠）一下，不准在阿姐那里胡来！如果我听到有什么的，我是决不答应的！”她的声音很高，语气非常坚决，似乎很气愤。宋子文回答：“好的，我马上就通知他们。”戴笠对于孔祥熙、宋子文一向很巴结，而且也很听话，因为他常向孔、宋伸手要钱。
>
> 确实，特务头子们曾遵照蒋介石旨意，对宋庆龄是有所防范和动作的，而宋美龄对此则坚决反对。一次，我和一个中级特务、重庆航空检查所主任姚某闲谈，姚说：“戴老板对此非常为难，很伤脑筋，照委员长意旨办

① 陈翰笙：《谈谈孙夫人的高尚品格》，见《宋庆龄纪念集》，人民出版社 1982 年版，第 117—118 页。

> 吧，夫人不答应，闹出乱子来，委员长还是拗不过夫人，所以大家都有所顾忌。”接着姚某又说：“底下人都知道，闹出乱子来吃罪不起。而且戴老板也深知夫人不好惹的。”所以特务们一直有所畏惧，不敢胡来。①

从这段回忆中我们可以看出宋庆龄、宋美龄之间的姐妹亲情溢于言表。正是由于宋美龄的存在，蒋介石对公开反对自己的宋庆龄有些无可奈何。

第三节　国家利益高于一切：抗战时期的再度联手

1931 年，九一八事变爆发，从此开始了中国人民长达 14 年的艰苦抗战历程。与近代中国经历的任何一场战争不同，抗战是中国和日本两个民族国家之间的全面战争，其“总体战”的性质即意味着战争的广度与深度以前所未有的方式剧烈地改变着中国社会。国难当头，国家利益与民族危难激发了宋家姐妹强烈的爱国情操，她们抛开政治上的分歧，再度携手，全力以赴地投身于抗战的洪流中。

一、深入抗战第一线

抗战爆发后，宋美龄经常深入抗战前线慰问伤兵；她热衷于妇女儿童的救亡工作，积极领导全国妇女抗日；在南京主持创立了“中国妇女慰劳自卫抗战将士总会”，号召妇女担负起慰劳战士的责任；建立了妇女儿童保育会，担当起保育儿童的重任，改组成立了“妇指会”，对动员国统区妇女投入抗日救亡工作起了很大的作用。

战争开始后，宋美龄就经常到医院探望伤兵，甚至冒着生命危险亲自率队到炮火纷飞的前线慰问官兵。淞沪会战期间，宋美

---

① 宓熙等著：《在蒋介石宋美龄身边的日子》，第 225 页。

龄在端纳陪同下乘汽车离京（南京）赴沪视察并慰劳将士，途中在沪附近发生车祸，不幸被摔出车外，不省人事，醒后不顾伤痛，仍坚持赴前线视察。翌日延医诊断，有一肋骨折断。① 武汉会战时期，敌机不断在武汉上空侦察轰炸，宋美龄毫无畏惧且兴奋更倍于平时，蒋介石感喟："夫妻相爱之切，诚能消愁去忧，在苦痛患难中，惟此足以自慰。"② 其间宋美龄曾数度冒着生命危险去前线视察，之后每逢有人提起这些事，她总是平静自如地说："抗日战争是整个中华民族的生死搏斗，八年中在火线上与日本侵略者浴血奋战的国军将士多达一千余万，我偶然上前线走一趟，何足挂齿？八年抗战，死伤官兵达三百余万，我虚惊几次，算个什么？有什么值得津津乐道的呢？"③

图 2-6 1937 年全国"妇慰会"成立，执行委员会全体合影，正中间为宋美龄④

① 《蒋夫人劳军前线摔车受伤后仍毅然前往》，《中央日报》1937 年 10 月 30 日。

② 萧少居编：《蒋中正"总统"档案事略稿本》(42)，第 449、462 页。

③ 张紫葛：《尘封的记忆：在宋美龄身边的日子》，团结出版社 2003 年版，第 130 页。

④ 《礼拜六》1937 年第 702 卷封面。

1937年8月1日，宋美龄在南京主持创立了“中国妇女慰劳自卫抗战将士总会”。700余名各妇女团体的代表参加了成立大会①。宋美龄亲自担任“慰劳总会”的主任委员，她在会上发表演说，慷慨陈词，号召妇女们担负起慰劳抗战将士的责任。她指出：“我们妇女也是国民一份子，虽然我们的地位能力和各人所能贡献的事项各有不同，但是各人要尽量的贡献她的力量来救国。什么地方有适合我们的工作，我们就得争先恐后地来担任。打仗的时候男子都要上前线去杀敌，后方工作是我们的责任。我们须要鼓励男子，使他们知道我们有我们的方法来辅助他们，使他们无后顾之忧，并且我们也准备牺牲一切，就是我们的生命也能牺牲，来拥护我们前线的忠勇将士。”建议妇女要齐心协力，帮助赢得战争。她指出：“妇女的工作不只局限于生产军火和办医院，而且还应教育大众，这将是一场消耗持久战。大多数人对迫在眉睫的战争规模和意义还不甚清楚，国家领导人在指挥作战的时候，在座的妇女应该教育他们的姐妹们什么是爱国主义的原则以及卫生和耕田的重要性。”为了更好地支持抗战，她要求“大家能联合在一个组织之下，使我们的力量更加雄厚，因为真的团结便是力量”，认为“总有一天，我们能扫清重重叠叠堆在我们日历上的国耻，和湔涤数年来低首下心的耻辱”②。宋美龄号召全国各省主席夫人分别在各省设立分会。各地已成立的妇女救亡团体，如上海妇女后援会等组织，也更名为各地“慰劳分会”，在“慰劳总会”的统一领导下，共同开展慰劳工作，积极展开各种战时服务，一时海内外妇女纷纷响应。③ 许多妇女走上前线，在难童保育院、野战医院和难民营为抗战事业尽心尽力。她们的工作主要包括为抗战将士缝制军衣、救济流亡同胞、募款支援抗战、慰劳前方将士和服务伤患官兵等。宋美龄的所作所为对动员全民族投入这场伟大的

① 《妇女慰劳战士会昨成立》，《中央日报》1937年8月2日。

② 《蒋夫人开会词》，《中央日报》1937年8月2日。

③ 美国各报纸广泛报道了宋美龄领导的劳军事迹，并引发了华人的募捐活动，见《美各报深切注意蒋夫人慰劳运动》，《中央日报》1937年8月4日。

抵抗外敌入侵的民族解放战争起到了积极的作用。美国各报以封面登载蒋夫人宋美龄发起中国妇女慰劳自卫抗战将士运动的消息，《纽约公论报》并刊载蒋夫人照片。纽约及美国各华埠报纸，均登载此项消息，在美华人盛赞蒋夫人之勇敢，实为中国准备团结抗敌之模范。①

日本帝国主义的野蛮行径造成了中国大批家庭、学校毁于炮火，幸存下来的儿童大都无家可归，流离失所，被迫流浪。为了拯救这些民族的后代，培养其成为抗日力量和有用人才，共产党人邓颖超以及各民主党派人士联名发起筹备战时儿童保育会，这一行为得到了宋美龄的大力支持。1938 年 1 月 24 日，战时儿童保育会筹备会在汉口成立，经过一个多月的筹备，3 月 10 日，儿童保育会正式成立，推举冯玉祥夫人李德全为主席。在成立大会上，宋美龄致开幕词，她说："今天大家所要讨论的儿童保育问题，就是我们妇女界战时最重要工作之一。换一句话说，也是我们义不容辞的责任。"她在发言中揭露了日本帝国主义残害中国沦陷区儿童的罪行，重点强调培育难童的重要性，最后她号召全国妇女要

MADAME CHIANG KAI-SHEK PRESIDES AT A CONVENTION OF CHINA'S WAR ORPHANAGES

蔣夫人召開兒童保育院院長會議

MADAME CHIANG KAI-SHEK PRESIDE L'ASSEMBLEE DES ORPHELINATS DE GUERRE

Madame Chiang declares the opening of the Convention.

Directors of orphanages discuss their problems informally with the President of the Association.

图 2-7　1939 年，宋美龄召开儿童保育院院长会议，召集各保育院院长个别谈话②

① 《美各报深切注意蒋夫人慰劳运动》，《中央日报》1937 年 8 月 4 日。

② 《今日中国》1939 年第 1 卷第 5 期，第 6 页。

热心从事儿童保育工作：“我愿全国的女同胞们，各尽所能，各出其力，贡献于这一份伟大的工作，我更愿妇女慰劳会和儿童保育会的同仁们，以及全国热心妇女运动的先进分子，一致来扶植这一件伟大的工作。”①

战时儿童保育会成立后，宋美龄充分发挥其第一夫人的影响，号召各省区积极筹备创设分会和保育院。之后不久，江西、广东、香港等 14 个省区的分会也宣告成立。武汉沦陷前夕，保育总会迁到重庆，继续领导各分会抢救儿童，设立保育院。至 1939 年 5 月，全国一共成立 45 个保育院、6 个寄养所和 3 个连接站。收容人数也逐渐增加。从各分会情形来看，一般由当地行政首长的夫人出面主持，由妇女界、教育界、宗教界等知名人士组成理事会，负责具体工作。这一切与宋美龄亲自担任总会理事长不无关系。正如史良所说：“最近战时儿童保育会在蒋夫人领导下成立起来了，她们包含着全国各方面的妇女，容纳了各方面妇女的力量。”③

图 2-8　战时儿童保育会成立大会②

保育会成立之后，面临的最大难题就是筹集经费，维持难童的基本生活。在抗战的艰苦岁月里，这无疑是一笔巨大的开支。

① 宋美龄：《蒋夫人亲临致辞》，载《新华日报》1938 年 3 月 11 日。
② 邓文仪主编：《伟大的蒋“主席”》，正气出版社 1946 年版，第 182 页。
③ 史良：《儿童保育会的成立与妇女界大团结》，《妇女生活》1938 年第 11 期。

为了解决保育会的经费问题，宋美龄利用她独特的身份与地位，在请求政府辅助的同时，还身先士卒，带头募捐。4 月 11 日，宋美龄在妇女生活杂志发表《谨为难童请命》一文，号召全民一致起来，“有力的出力，有钱的出钱”，来帮助那些无家可归的被难同胞。尤其是援助“成千成万的儿童”，他们都是“未来中国的壮丁”，为完成我们保全国家实力的任务起见，“不能坐视这些儿童被难而不救”①。当时担任保育会经济委员会副主任的郭秀仪回忆说：“蒋夫人认捐 26000 多元和负担 2549 名儿童的常年生活费，冯夫人李德全女士捐款 2500 元，负担 511 名儿童的常年生活费，我捐了两万多元，负担 442 名儿童的常年生活费……真正做到了有钱出钱，有力出力，为救济战争难童尽了自己的最大努力。”②

保育会的募捐行动不仅得到了国内同胞的支援，广大华侨、国际友人也纷纷伸出了援助之手。为此，1940 年 11 月 21 日，宋美龄对美发表广播讲话，感谢美国妇女界对中国的援助，并向美国各界介绍了中国战时儿童保育会的工作。她说：“我们战时儿童保育院目前的经验与成就，在儿童教育史中可说是没有先例，因为生活程度的高涨，这个快乐的小集团，在政府救济以外，如今更迫切地需要外界的援助，这些难童表示着未来中国的希望，他们从自身艰苦的经验里，正像整个中国的国民那样，认识了合作团结的重要。”③ 正是宋美龄在筹措经费方面所发挥的举足轻重的作用，使得保育会筹集到了急需的经费，渡过了难关，捐款也成为保育会经费来源的主要渠道。

在指导战时儿童保育会工作的同时，1938 年 7 月，宋美龄联合邓颖超等各界妇女，把 1936 年 2 月成立的“新生活运动妇女指导委员会”改组为动员领导妇女参加抗战建国工作的全国性总机

① 宋美龄：《谨为难童请命》，见王亚权编纂：《蒋夫人言论集》上集，第 122、123 页。

② 郭秀仪：《我与抗战时期的儿童保育会》，见《流金岁月——郭秀仪传》，中国文史出版社 1999 年版，第 131 页。

③ 宋美龄：《感谢美国妇女踊跃援华》，见王亚权编纂：《蒋夫人言论汇编》（演讲卷三），第 29 页。

构，宋美龄仍然担任指导长，宋庆龄也被选为36名委员之一。“妇指会”作为全国各妇女团体的统一战线组织，主要负责对战时孤儿和受伤的民众进行援助、慰劳前线官兵、训练妇女干部等工作，在抗战中发挥了重要作用，同时也使社会人士认识并且了解了妇女的力量，国际社会亦通过宋美龄的宣传增进了对中国妇女的了解。宋美龄曾自豪地说：“现在每个政府机构中，都已有妇女在工作，她们在公务上表现出惊人的才干。……在二十一个省份中有三百十七个妇女团体，在参加战时工作。……远在后方的，勤劳耕织，组织合作社，开垦荒地。接近前线的歌唱、演剧和讲述古今英雄事迹，来娱乐、慰劳并鼓励士兵。许多不识字的妇女都自动组织起来，为士兵浆洗缝补，参加前线医院工作，并组织担架队救护战地伤兵。”①

在宋美龄为抗日战争不遗余力的时候，宋庆龄也迅速地抛弃了与妹妹的政治分歧，姐妹们共同站在了民族解放战争的战场上。宋庆龄虽然没有直接参加“妇指会”的活动，但是她对这一组织也给予了高度评价：“这个委员会发展得很迅速，因为它在一开始就是一个真正的统一战线组织。国民党、共产党和无党无派的妇女站在平等的地位，参加会议的讨论。”②

1937年8月1日，中国妇女慰劳自卫抗战将士总会成立的时候，宋庆龄立即响应宋美龄的倡议，三天后把7月22日在上海成立的中国妇女抗敌后援会改称为中国妇女慰劳自卫抗战将士总会上海分会，从属于南京总会。1937年9月23日，蒋介石在庐山发表谈话，承认中国共产党的合法地位，自此抗日民族统一战线正式建立。闻此消息，宋庆龄异常兴奋，于9月24日发表《国共统一运动感言》一文，对国共两党重新携手，为中华民族的独立解放而斗争感到极为兴奋，为此感动得几乎要落泪。她表示：“唯有这样，才能使中华民国走上独立解放的胜利途径。孙中山先生死

---

① 袁伟、王丽平选编：《宋美龄自述》，第158页。

② 《中国妇女争取自由的斗争》，见宋庆龄：《宋庆龄选集》，第160页。

而有知，也应该含笑九泉！”① 1937 年 11 月，宋庆龄发表《关于国共合作的声明》，支持国共第二次合作。她指出：“孙中山一生主张共同奋斗救中国，这就是他主张国共合作的原因。共产党是一个代表工农劳动阶级利益的政党。孙中山知道没有这些劳动阶级的热烈支持与合作，就不可能顺利地实现完成国民革命的使命。倘使他所主张的国共合作一直不间断地继续到现在，中国目前已经是一个自由、独立的强国了。前事不忘，后事之师。国难当头，应该尽弃前嫌。必须举国上下团结一致，抵抗日本，争取最后胜利。”②

上海失陷之后，宋庆龄接受了中共中央的意见，于 1937 年 12 月 23 日从上海秘密启程赴香港继续从事革命工作。到达香港后不久，1938 年 6 月 14 日，她邀请国内外著名人士组建“保卫中国同盟”。宋庆龄亲自担任该组织的中央委员会主席，宋子文任会长。“保盟”是宋庆龄进行战时救济工作的载体，也是国际国内的统一战线组织。它的主要任务是广泛动员和争取世界各国各地人民，向中国战地提供救济和援助，特别是中共在敌后不断开辟的游击区；“保盟”还出版《两周通讯》，向国际上报道中国共产党领导中国人民对日作战的英勇战绩。在国内，她加强和推进抗日民族统一战线的建立，促进国共两党的重新合作；在国际上，她帮助建立和加强反法西斯阵线。

在中华民族面临生死存亡的关键时刻，作为宋家领头雁的宋霭龄也投身于抗日的洪流中。她主要是用自己的精力和资金来帮助伤员，早在 1932 年“一·二八”事变爆发的时候，她就已开始这项社会服务活动。当时，红十字会一位工作人员告诉她没有足够的医院床位收容伤员。于是宋霭龄出资提供了拥有 400 个床位的医院及工作人员。她还经常个人出钱为军人提供额外津贴。她保证每个士兵出院退伍时，都可得到一套新军服、一包食品和一些

---

① 尚明轩主编：《宋庆龄年谱长编》（上），第 345 页。
② 宋庆龄：《关于国共合作的声明》（1937 年 11 月），见宋庆龄：《宋庆龄选集》，第 126 页。

零用钱。她自费为中国第一批飞行员订购了500件皮夹克。①

大规模的现代战争带来的灾难，决不是个人所能负担得起的。于是，宋霭龄积极组织上海和南京等地的妇女们推销战时公债。她们把各个区域分配包干，形成一种竞争气氛。宋霭龄所负责的区域限额为100万元公债。在她和推销员的共同努力下，很快超额50万元完成任务。尽管宋霭龄厌恶出头露面，但她参与这些活动的消息却不胫而走。

宋霭龄不但投身于抗战中，而且还积极动员组织妇女投入战斗。她说："在各种保证我们取得胜利的力量里，最重要最值得注意的表现，就是妇女界的活动。"② 为了把全国妇女组织起来，更加广泛地开展慰劳救护伤员、战时孤儿保育以及宣传组织民众为抗战出力等活动，1938年5月在江西庐山举行了全国各界各党派妇女座谈会。出席会议的代表40余人。宋霭龄作为国民党方面的代表，与共产党方面的代表邓颖超、救国会代表史良等妇运领袖人物一道出席了座谈会。1938年3月10日，宋霭龄出席战时儿童保育会成立大会并当即以全国儿童福利会的名义捐了100名战时难童的生活费用。每到儿童节，宋霭龄往往出资购买礼物，亲自到战时儿童保育院和难童们欢度节日。

抗战初期，虽然宋氏三姐妹天各一方，但是为了国家利益和民族的解放，她们纷纷投入到了抗日战争的历史洪流中，在各自不同的岗位上为国家而战，为民族而战。她们抛开政治上的分歧，以民族利益为重，携起手来，相互支持，相互鼓励，谱写了一曲三姐妹携手抗战的动人篇章。宋美龄利用其特殊的身份与地位，成立妇女抗战组织，发动和领导广大的妇女同胞，为抗战尽心尽力。她不辞劳苦，奔波于伤兵医院，慰问士兵，甚至冒着枪林弹雨，深入前线看望战士，为争取抗战胜利，作出了重要贡献。宋庆龄则充分发挥她在国际上的影响力，努力争取国际友人对中国

---

① 〔美〕罗比·尤恩森：《宋氏三姐妹——宋霭龄、宋庆龄、宋美龄》，第92页。
② 《新华日报》1940年4月19日。

抗战的支持与同情。宋霭龄也利用其财力上的优势，以实际行动投身于这一伟大的民族解放运动。宋氏三姐妹的所作所为，展现了中华民族在国难当头团结战斗的一面，彰显了民族利益高于一切的崇高精神。

二、领导组织“工合运动”

中国工业合作运动是抗日战争时期中国在经济领域的一项重要举措，该运动由国际友人倡导，得到了宋氏三姐妹的大力支持，利用了工业合作的组织形式，在各界人士广泛支援下，在国共双方的共同推进下，把离散难民、失业工人、军人家属、伤残士兵，以及贫困地区手工业者发动起来，自力更生，生产自救，发展经济，稳定战时后方人心，恢复与发展经济，支援抗战。用宋美龄的话来说工业合作社是“把分散了的手工业者和机器又收拢起来，建立起小的工业，用当地的原料制造成日用品，来供给民众迫切的需要”，“为难民寻找工作，使他们加入生产，而不依赖慈善性质的施舍来过活”[①]。在此过程中，宋氏三姐妹摒弃政治分歧，为了推进这项运动走到了一起，在中国的抗战史上留下了动人的一笔。

抗战爆发之前，我国的工业布局以东南沿海为中心，西部地区工业基础极其薄弱，据统计：当时西北、西南地区，符合登记条件的工厂只有237个，仅占全国总数的6%，其中西部各省中经济最发达的四川省也只有工厂115家，占全国的2.9%，而拥有的工业资本和工人数量，也只占全国的0.58%和2.58%。[②] 抗战爆发之后，中国东部工业相对发达地区迅速沦陷，虽然东部一些企业内迁，但是大部分工厂已残破不堪，加上内迁途中颠簸损坏严重，不仅事实上很难为难民提供就业机会，也根本无法满足庞大的民

---

① 宋美龄：《中国工业合作运动》，见王亚权编纂：《蒋夫人言论汇编》（论著卷一），第106页。

② 陈真等编：《中国近代工业史资料》第四辑，生活·读书·新知三联书店1961年版，第92、97页。

用需求，更谈不上对前方军需物资的保障和补给。[①] 诸种因素导致中国经济形势急剧恶化，战争所需的物资异常缺乏。为了解决这一困境，国民政府作出种种努力和尝试，创建工业合作社也是其中之一。

创建工业合作社这一思想的产生，与当时在上海公共租界任工业督察长的路易·艾黎和美国著名记者埃德加·斯诺及佩格·斯诺等外国朋友有关。斯诺在《为亚洲而战》一书中写道："有一天，我们的思想突然奇葩开放，想出了工业合作，可能在战争进行中，产生一种新社会。它们可以把迅速的建设和生产、难民的救济、劳工的训练与军事动员、民主政治的经济基础、保卫游击区的反抗封锁，与反抗日货的经济侵略的方法，放在一起。"[②] 路易·艾黎也表示了类似的观点并提出了相应的方案。此后，路易·艾黎和埃德加·斯诺夫妇又对艾黎草拟的方案做了修改并印成小册子在上海各界爱国人士中散发，这一行为得到了热烈响应。他们对在中国搞工业合作社的计划取得了一致意见，于是便成立了带有筹备性质的工合设计委员会，推举徐新六为主席，亚历山大为秘书，梁士纯为召集协调人。

1938 年 5 月，工合运动计划草案正式出炉。在讨论这一草案的过程中，运动的领导人清楚地认识到，要想完成这一壮举，必须得到国民政府及其核心领导人的大力支持，他们不约而同地想到了宋氏姐妹——中国最知名而又最出色的三位女性。

当路易·艾黎和斯诺把"工合计划"通报给宋庆龄的，她立即觉察到工业合作的推行可以实现孙中山的经济思想和建国理想，当即表示要百分之百地支持，并高兴地当起"工合运动"的保证人；在宋庆龄的影响下，宋子文表示全力支持"工合运动"，并以

① 据有关资料统计，到 1940 年 6 月底迁到内地的民营厂总共才 452 家，内迁设备只有 12 万吨。上海有 5500 多家工厂，"迁到内地的工厂不过 152 家"。因长途跋涉受到严重损失以致无法复工者，又占内迁总数的三分之一左右。见林继庸：《民营厂内迁纪略》，《工商经济史料丛刊》第二辑，文史资料出版社 1983 年版，第 12 页。

② 〔美〕埃德加·斯诺：《为亚洲而战》，新华出版社 1984 年版，第 64 页。

个人身份答应给实施这一计划提供必要的财政援助；宋美龄对这一计划也极为赞赏，并保证说服政府支援这一计划。[①]

在多方的努力下，1938 年 8 月 5 日中国工业协会在武汉正式成立，国民政府行政院院长孔祥熙亲自兼任总会理事长，宋美龄被推举为“工合”的名誉理事长，宋庆龄为名誉理事，宋霭龄为顾问，一大批国民党要员担任了“工合”理事。总会总干事由热心于“工合”的艾黎代理，他同时被任命为行政院的技术顾问，被授权可以到敌后区的任何地方履行职务，以组织“工合运动”。与“工合组织”平行的还有宋庆龄于 1939 年 1 月在香港成立的中国工合国际促进委员会，其主要职责是向海内外宣传“工合”，争取国际援助，由于担心海外捐款为政府官员侵吞和挪用，该组织与国民政府没有隶属关系，也不受“工合总会”的影响与制约，它往往不通过“工合总会”而直接面对各大区办事处或事务所，然后向“工合组织”分配受援所得，并监督其使用。

“工合组织”成立之后不久，第一个由十几个铁匠组织的打铁合作社正式建立起来，在不到两星个期内，包括织布、铁器、烛皂、药棉、印刷、织袜等不同门类的十几个合作社也建立起来。[②]到 1938 年年底，全国已建立了 80 个小工厂，先后成立了酒精、纺纱、编织、毛纺、采矿、运输等方面的合作社 65 个，拥有社员 1090 人。[③]

宋美龄虽然只担任“工合组织”的名誉会长，但是她对“工合”提供了不少切实的帮助，如督促行政院批准“工合计划”，在“工合组织”最困难的时候让“工合总会”在其领导下的妇女生活指导委员会挂牌办公等。1939 年 5 月 25 日，宋美龄发表《中国工业合作社运动》一文，介绍了“工合运动”的发生、意义和前途。她认为中国工业合作社运动，正如新生活运动俱乐部内生产部所

---

① 路易·艾黎研究室：《艾黎自传》，甘肃人民出版社 1987 年版，第 95 页。

② 卢广绵、齐福霖等编：《回忆中国工合运动》，中国文史出版社 1997 年版，第 84 页。

③ 彭泽益：《中国近代手工业史资料 1840—1949》第四卷，中华书局 1962 年版，第 374 页。

设的工业合作社一样，同是日本侵略中国的产物，这些工业社并非想用来代替其他工业企业，它们只是供给目前需要的。她指出，“日本军阀残暴地，有计划、有组织地破坏中国工业和工厂，以为中国民众就会贫困下来，失望下来，使抗战精神颓萎，但他们失望了。中国‘工合’产生了，它是来解决这个问题的”。工业合作社“不仅它是一种谋生的好方法，同时也是谋利、造福社会的一个媒介”。宋美龄呼吁外界的支持：“中国是为正义而抗战，凡是慷慨的人士，或是为人道正义而愿意帮助中国的人们，则中国工合社和新生活运动内的生产部，是接受这种帮助的一个最实际的地方。这是一个最好的机会来帮助中国的难民，来发展他们自己的力量。”①

“工合”成立后，宋庆龄利用其崇高的国际威望，在国际上对“工合运动”进行广泛宣传，以期得到国际社会的支持。1938 年 8 月 15 日，宋庆龄对在美国纽约召开的世界青年大会作广播演说，向世界人民介绍中国的“工合运动”，详细阐述了“工合”产生的背景、性质和作用。她说：“日本侵略军毁灭和攫取了我们百分之七十五的机器工业，使我们百多万的产业工人失了业。但是，我们的人民、我们的政府都已决心即使在战争中，也要将毁灭的生产力量重建起来。而建立工业合作社能够维持经济稳定，能够维持内地市场，避免乡村的紊乱和匪患，即使日本占领了我们一切的大城市，工业合作社能够利用一切的失业工人，使我们的士兵获得衣食，并且免除饥荒……工业合作社能够支援长期抗战，使日本占领中国的城市无利可图。同时要求美国青年呼吁美国政府和美国的救济机关，不要再将钱送给日本所占领的中国区域，而将这些钱送给中国的工业合作社，将机器与原料赊卖给我们的工业合作社，使我们能够帮助我们的人民实行经常生产救济的各种办法，我们的政府将欢迎这一切你们能给予这个进步运动的支

① 宋美龄：《中国工业合作运动》，见王亚权编纂：《蒋夫人言论汇编》（论著卷一），第 106 页。

持。”[①] 正是由于宋庆龄的大力宣传和呼吁，“工合”很快成为举世瞩目的新生事物，引起国内外人民广泛的同情和支持，大家纷纷解囊赞助，为“工合运动”的开展提供了必需的资金。

除此以外，宋庆龄还通过她亲自领导的工合国际促进委员会，在香港为援助“工合”而开展了一系列重大活动。1939 年，美国医药援华会等团体首倡“一碗饭运动”，它通过在美国人民和旅美华侨中倡议节省一碗饭，捐款购买药品和医疗设备，支援中国抗战。运动引起了当时担任“保卫中国同盟”主席的宋庆龄的关注，于是 1941 年成立了由宋庆龄担任名誉主席的“一碗饭运动委员会”，委员会决定发售餐券 1 万张，每张港元 2 元，餐券的价值本可享受几道菜肴，但认购者只能持券到提供赞助的餐馆吃炒饭一碗，差额盈余将交给中国工业合作社，作为救济西北难民的基金。1941 年 7 月 1 日晚，在香港著名的英京酒家，宋庆龄主持了规模盛大的“一碗饭运动”开幕典礼并发表演讲，她说：“‘一碗饭运动’不但是为了捐助救济遭难的人们，并且是要节饮节食，来表示牺牲的意思，这是我们做人的美德，无论中外，无论古今，都是值得赞扬的。‘一碗饭运动’是同情于我们抗战建国，而发扬民主精神的表示。还有一种深远的意义，因为这次捐款是要帮助工业合作社去组织救济难民、伤兵，这是巩固生产阵线，是生产救国，是帮助人们也是帮助自己，是最妥当的一种救济事业，是值得提倡的。”[②] 该活动得到了港澳同胞的大力支持，到运动结束时，共募得港币 25000 元，所得收入全部捐赠给中国工业合作社，有力地支援了中国的抗战。

在宋庆龄的领导下，工合国际促进委员会在海外华侨中大力宣传，海外华侨纷纷响应，为“工合组织”募集到大量捐款。据海伦·斯诺所述，在菲律宾，捐款给“工合”的献金中，有三分

---

① 尚明轩等编著：《宋庆龄年谱》，第 113—114 页。

② 夏雨：《抗战时期宋庆龄在香港倡导的“一碗饭运动”》，《湖北档案》2010 年第 4 期。

之二是由华侨捐赠的。① 香港促进会从菲律宾华侨处得到捐款在1939年一年中就有21.5万元，其中大部分是由李颜敕（李清泉夫人）领导的华侨妇女救济协会所赠。② 艾黎在菲律宾滞留两个星期，受到华侨的热烈欢迎，接受了华侨给“工合”的捐款15万元。作家林语堂也被菲律宾促进会邀请来马尼拉演讲，林语堂对众多的听众发表了主题为日本的国力已经枯竭、中国已经占优势的演说，其入场券全部为“工合”的捐款。③ 在美国，华侨也为祖国的抗战事业解囊相助。1941年4月，全美的援华力量组织起来，成立“美国对中国救济事业联合委员会”（名誉主席为总统夫人埃莉诺·罗斯福）。从1941年4月到7月征集到援华救济费用500万美元（其中100万美元分配给“工合”）。还特别把5月的一周定为“中国宣传周”，各大城市都在这一周进行募金活动。其目的：（1）援助医药品；（3）援助设立“工合”海外分社；（3）援助撤退到后方的各大学；（4）救济难民。④

在宋氏三姐妹的影响下，“工合运动”轰轰烈烈地开展起来。“工合总会”理事长孔祥熙也多次发表讲话，肯定“工合组织”的成就。1941年11月15日，孔祥熙在重庆发表题为《中国“工合运动”之现在与未来》的演讲，他指出：“工业合作，以合作方式，组织当地人力，利用现有物资，就地取材，在全国各地普遍发展小型生产，实为解决战时物资问题之理想办法。”他还分别颂扬了“工合”的三道经济防线，认为“站在第一道国防经济线上之工合，实为我对敌经济工作之前哨。举凡仇货倾销之抵制，法币外流之遏制，国战资源之争夺，及军需民用之供应等，关系至为重要，揆诸理论与实际，工业合作运动乃最适合于抗战区客观环境之新型组织。……处于第二道第三道防线上之工合，其任务

---

① 〔日〕菊池一隆：《抗日战争时期的华侨和中国工业合作运动》，《抗日战争研究》2003年第2期。

② 中国工业合作协会推进委员会：《工合之友》第1卷第7期，第245—246页。

③ 《西南工合》第2卷第5期，1940年6月，第10页。

④ 《工业合作月刊》第1卷第1期，第91—93页。

不独在供应战时军需民用，增强作战能力，尤其在巩固后方经济，改善民生，为战后国家经济建设，树立坚强之基础”。对于“工合”的未来前途，他强调：“工业合作不独在战时有其需要，即在战后亦有继续存在之价值。吾国为工业落后之国家，如欲迎头赶上近代工业之水准，在抗战胜利后之建设过程中，我国政府必须以全力建设大规模之基本工业，而将发展轻工业之责任，由政府和人民协力负担，因此工业合作运动，又将于战后负起此一重大任务，即在政府未暇统筹轻工业之时，以工业合作方式，尽量举办轻工业，协助政府进行整个工业化政策。”① 据统计：1938 年 12 月，国统区只有“工合社”65 个，社员 1000 人；1939 年年底，增至 1321 社，社员 16029 人；1940 年年底达到 1754 社，社员 25517 人；1941 年 6 月已达到 1858 社，社员 29326 人。② 到 1942 年 6 月，全国 16 个省份区内，“工合组织”达 3000 个，社员 3 万人。生产种类及产品有纺织、服装、鞋帽、日用百货、食品加工、文具、印刷、医药、化工、五金、机器、采矿、交通等 50 余种。大约安置了失业工人、荣誉军人、难民共 15 万人，每月生产总值为 2500 万元国币。东南、西北两区发展成绩最大。仅军毯一项，从 1939 年至 1945 年，“工合”共承制近 100 万条，其中 80% 是西北“工合”制造的。③ 工业合作社“使士兵的家庭能够获取生活的资料，同时把多余的生产品卖出来，没有其他的东西能像这样地提高民众对于抗战最后胜利的信念了，自尊和自给自足的国民，因所（应为‘因此’）创造出来了，好的工人和必需的物品也因此被制造出来了”④。“工合组织”生产了大量军需品和民用品，发挥了安定后方秩序、支援前线抗战的作用。

多方的支持，使“工合组织”在抗战期间获得了较大的发展，

① 刘振东编：《孔庸之先生讲演集》下册，台北：文海出版社 1972 年版，第 509—511 页。

② 彭泽益：《中国近代手工业史资料 1840—1949》第四卷，第 374 页。

③ 佟静：《宋美龄大传》（上册），第 346 页。

④ 宋美龄：《中国工业合作运动》，见王亚权编纂：《蒋夫人言论汇编》（论著卷一），第 106 页。

然而其发展也并不是一帆风顺的，曾经也面临着夭折的危险。“工合运动”的蓬勃发展引起了国民党内部各派系的注意，进而出现争夺“工合运动”掌控权的现象。

首先插手“工合”事务进而想掌握“工合”控制权的是国民党中的 CC 派势力。CC 派主要人物陈立夫很早就在国民党各种会议上鼓吹开办合作社，并且于 1936 年在他控制下的中央政治学校专门设立一个合作学院，尝试推行过信用合作运动，抗战后他也在一些地方农村创办过“农民合作社”，因此陈立夫认为他是国民政府合作运动的先驱，其领导的信用合作运动也应被视为国民党的正宗。“工合运动”的蓬勃发展引起了陈立夫的不快，陈意欲吞并“工合组织”。他以“工合”支持陕甘宁边区和八路军、新四军为借口，在蒋介石面前渲染“工合总会”和各区负责人有的被“共党赤化”，有的本身就是共产党，如不对“工合”加以控制或改组，对国民党极为不利。蒋介石清楚“工合组织”里虽然有共产党和国民党左派成员参加，但是起关键作用的是宋氏三姐妹和一些有影响力的外国人，如果没有特别的理由，是不好轻易采取行动的，最好的办法是加强对“工合”工作指导，进而掌握控制权。于是陈立夫便在国民党内新设立一个“合作社管制局”，以此来加强对“工合”的控制。正如斯诺所说：“他们设立合作社管制局，企图管制合作社，慢慢地窒息它。”①

面对此种状况，宋庆龄亲自出面，争取宋美龄、宋子文和孔祥熙的支持，以抵制陈立夫的企图，保护“工合”事业。1940 年 4 月，三姐妹一起访问四川时，重点参观、视察重庆和成都的工业合作社，以显示三姐妹对“工合运动”的支持。宋庆龄在成都工人欢迎会上发表讲话，她说：“工业合作社事业，正是总理民生主义之实行，一面求改善人民生活，一面求充实国家经济力量，希望各位对民生主义加以研究，俾总理遗旨能普遍实行。”② 会后，三姐妹还参观了“工合”产品展览会。三姐妹联手支持“工合”

---

① 〔美〕埃德加·斯诺：《复始之旅》，新华出版社 1984 年版，第 272 页。

② 尚明轩等编著：《宋庆龄年谱》，第 126 页。

的表态，显示了“工合”有强大的后盾，这对阻止陈立夫控制“工合”起到了一定的作用。在三姐妹的影响下，孔祥熙也采取了一定的措施抵制陈立夫控制“工合”的企图。为了进一步击败CC派，宋庆龄与宋霭龄不约而同地想到了当时正在美国的宋子文。她们向宋子文说明一旦“工合组织”的掌控权落入陈立夫之手，就会失去美国舆论的同情与支持，也会失去美国的大量援助。宋子文对此事十分关注，立即给蒋介石和宋美龄打电报，就相关的情况向蒋介石做了说明。蒋介石深知此事的利害程度，于是在蒋介石的支持下，“工合组织”终于顶住了合作社管制局的压力，粉碎了陈立夫控制“工合”的企图。

到了抗战后期，由于“工合运动”与国民党当局关系渐趋疏远，加上战时日寇的经济封锁、大后方工业管制、市场需求变化、资金拮据与原料不足等原因，“工合运动”出现了迅速下滑的趋势。虽然如此，但对宋氏三姐妹来说，抗战时期的“工合运动”是她们在政治上分道扬镳之后的一次真诚合作。她们抛弃了彼此政治上的分歧，以民族大义为重走到了一起，为“工合”的发展共同出谋划策，并联手抵制了CC派等势力控制“工合”的企图，为支援抗战起到了巨大的作用。三姐妹同心协力推进“工合运动”的壮举，在抗战史上留下了动人的一笔。

三、聚首重庆

抗战初期，由于过度操劳以及重庆天气的影响，宋美龄深受疾病的折磨。1940年2月，宋美龄秘密赴香港，一方面治病，另一方面是看望两个姐姐，这是自1927年以来三姐妹第一次团聚。空前的民族危机冲淡了她们彼此之间的政治分歧，亲情又从心底升起，为了拯救中华民族于水火之中，她们再度携手，共同为抗战而尽心尽力。在香港期间，为了显示团结御侮的决心，她们共同出席了“保卫中国同盟”和其他爱国团体的救亡活动。长期分道扬镳后的姐妹们再度携手，自然引起了人们的广泛关注，这对巩固和发展抗日民族统一战线、鼓舞全国人民的抗战士气起了重要作用。

为了更好地宣传抗日，宋美龄带两位姐姐于1940年3月31日一起赴重庆。4月3日，重庆《新华日报》发表短评《欢迎孙夫人来渝》，称赞其在孙中山逝世后，“始终积极的坚决的为实现中山先生的遗教而奋斗，始终和广大人民站在一起，领导妇女界，不倦的为中华民族的解放而努力”，“在促进团结抗战，力求实施民权方面，尤多显著成效”。并表示相信：“重庆的，以至于全国的妇女界，在孙夫人和蒋夫人的领导之下，一定能够获得更进一步的团结，能够使妇运有更迅速的、广泛的和深入的发展。”① 在重庆的一个多月里，三姐妹一同视察学校、孤儿院，参观“工合”

图2-9 1940年宋氏三姐妹经过重庆废墟②

下属的各工厂，到医院慰问伤兵，出席各种救亡团体活动和各种社交活动等，显示国难当头三姐妹共同奋斗、团结一致的精神，重庆的各大报纸也对三姐妹的行为做了重点报道。

1940年4月7日，宋美龄主持召开重庆各界妇女欢迎宋庆龄、宋霭龄来渝大会，宋美龄在致辞中表扬了宋庆龄抗战以来所做的工作：“孙夫人和孔夫人不仅是我的姐妹，而且也是全国姐妹的同志……抗战以后，孙夫人在国外努力做宣传工作，孔夫人在上海

① 尚明轩主编：《宋庆龄年谱长编》（上），第405页。

② 《良友画报》1940年第154期，第3页。

为伤兵和难民也做了不少工作，最近她们在香港推动伤兵之友运动……今天，我在这里要求两位姐妹长住重庆，领导妇女工作。”宋庆龄也发表讲话，她说：“这次回来，和孔夫人看到了不少地方遭到敌机轰炸的残迹，看到了不少同胞的受难，但也看到了姐妹们的努力工作，这是值得我们警惕和兴奋的，希望全国姐妹们更加努力，要多注重妇女的教育工作，不要做表面文章，要做实际工作。”①

宋美龄对宋庆龄通过“保卫中国同盟”和“工合”救助中国的灾难同胞，给予充分肯定和赞扬。宋庆龄也一改过去对“新生活运动”的批判，对其救伤济难工作给予充分肯定，并两次视察“新生活运动妇女指导委员会”。

为了向美国人民宣传中国的抗日战争，揭露日本侵略中国的阴谋，让美国人民更加真实地了解中国的抗战，进而争取更多的国际援助，宋氏三姐妹于1940年4月18日一道发表广播演说，由NBC广播网向全美转播。

宋庆龄在广播中揭露了日本帝国主义在中国犯下的滔天罪行，表达了中国人民抗战到底的坚定信念，指出中国抗日战争的伟大历史意义，呼吁美国政府抛弃“中立”的立场，尽快行动起来，以实际行动支持中国的抗战事业。“必须制裁日本帝国主义！必须阻止他们犯下更多的滔天罪行！必须惩罚他们屠杀中国妇女、儿童和无辜人民的罪恶行为！否则，中国人民就不会相信，在这个病态的世界里，还有怜悯和良心可言；不会相信，在这个病态的世界里，还有公正和道义可言了。”②

宋霭龄则主要向美国人民介绍了中国抗战的具体情况，表达了中国人民齐心协力、同仇敌忾的决心，强调中国妇女在抗战中所发挥的作用，以此博得美国人民尤其是妇女人士的同情与支持。“必胜的意志也体现在妇女身上，妇女们已从与世隔绝的生活中解放出来，参加各种工作。在前线，她们同士兵和伤员一

① 《新华日报》1940年4月8日。

② 《孙孔蒋三夫人对美广播》，《中央日报》1940年4月19日。

起；在后方，她们同受到战争灾难的同胞在一起；在农村，在医院，在战时孤儿院，在工业和公共事业里，都有妇女们作出的贡献。”①

宋美龄谴责美国在“中立”的幌子下，向日本出售战争物资和武器的可耻行为，然后从反面论证中国战场对西方世界的重要性。指出：如果中国战败，日本将从中国战场腾出手来，势必会对西方国家造成巨大的威胁。西方国家要想避免这种状况的发生，就必须意识到中国的抗战对它们的重要性，必须加大对中国的援助。中国人民也在热切地期盼着这样的援助与支持。②

图 2-10 1940 年，宋美龄向姐妹介绍重庆防空洞情况③

宋氏三姐妹的讲话，在美国引起了强烈的反响。第二天，美国纽约州立大学就有上千名学生上街游行，声援中国的抗战事业。他们高呼反日口号，谴责政府对日的绥靖政策，支持中国抗战。美国国会的有关知名人士当天也以个人名义向国会递交了制裁日本的意见书。各种舆论开始向有利于中国的一方倾斜；宋氏三姐妹同时登台向美演讲，显示了中国人民团结抗战，誓死捍卫国家领土完整和国家主权，并为此而随时准备牺牲的决心，引起了国际社会的广泛同情和支持。

三姐妹在重庆的一个多月时间里，不知疲倦地参加各种活动，向各团体讲话，出席各种会议，访问学校、工厂、农场和医院。她们一起露面象征着中华民族空前的团结，同仇敌忾，所产生的

① 《孙孔蒋三夫人对美广播》，《中央日报》1940 年 4 月 19 日。
② 《孙孔蒋三夫人对美广播》，《中央日报》1940 年 4 月 19 日。
③ 《良友画报》1940 年第 154 期，第 3 页。

影响是显而易见的。人们跟在她们身后，尽可能地靠近她们，向她们挥手，同她们说几句话，或者只是报以微笑。①

1940 年 5 月 9 日，宋庆龄结束了为期一个多月的视察，在大姐宋霭龄的陪同下返回香港。对于这次内地之行，宋庆龄非常满意。她对中外记者发表感言：人民对抗战积极坚定，内地生产建设与日俱增，散漫人员业已团结；政治意见改善；各方均深明大义，情绪团结，敌伪造谣徒见其心劳日拙。②

图 2-11　1940 年，宋氏三姐妹前往儿童保育院参观③

返回香港之后的宋庆龄，继续投入到“保卫中国同盟”的工作中。1941 年 1 月 6 日，爆发了震惊中外的皖南事变，18 日，宋庆龄和何香凝、陈友仁为皖南事变联名通电蒋介石，痛斥其破坏抗战、实行反共政策的倒行逆施行为。指出弹压共产党则中国有发生内战之危险，要求今后必须绝对停止以武力攻击共产党，必

① 〔美〕罗比·尤恩森：《宋氏三姐妹——宋霭龄、宋庆龄、宋美龄》，第 101 页。
② 宋庆龄：《渝行观感》，《中央日报》1940 年 5 月 21 日。
③ 《良友画报》1940 年第 154 期，第 3 页。

须停止弹压共产党的行动。[①] 5月30日，宋子文发表声明，宣布辞去“保卫中国同盟”会长一职。“当我接受保卫中国同盟会长一职时，是基于这样一种认识，即同盟将致力于向国外朋友募捐物资，以援助中国的抵抗力量和帮助受日本侵略蹂躏的平民。我认为同盟不应变为国内政治党派性的工具。既然同盟未征得我的同意，就在它的正式的《通讯》上刊登这类性质的文章，我很遗憾我必须退出同盟，并请你们发表这个电报的全文。”[②] 宋子文的辞职表明，虽然宋氏姐弟在坚持抗日、反对投降等问题上能取得高度一致，并携手合作，但在涉及中共的问题上，双方的立场仍有较大的差异。

宋子文退出“保盟”的举动，给当时的“保盟”工作带来了一定困难，也使宋庆龄感到相当尴尬与遗憾。6月15日出版的一期“保盟”《新闻通讯》上，发表了宋庆龄对宋子文辞职电报的公开答复：

> 我作为“保卫中国同盟”的主席，对于宋博士采取了这样一个步骤，只有表示遗憾。由于宋博士一向支持中国的团结、民主和抗战，这些也正是同盟的主要宗旨，我认为我们之间没有什么原则的分歧。现在，任何有关党派的说法，都是混淆视听的。目前在中国只有两种真正的政策：一是集中一切力量抵抗日本帝国主义；二是妥协、投降、屈服。保卫中国同盟全力拥护第一种政策。如果这样做，便是“有党派”的话，所以我肯定宋博士也是有党派的。我们在《新闻通讯》中发表了一些我们认为必须让海外朋友知道的事实和观点。我们信仰民主和言论自由。我们为能让外国朋友从这些事实和观点中作出自己的判断而感到高兴。我们对支持中国的团结从

① 尚明轩等编著：《宋庆龄年谱》，第128页。
② 《保卫中国同盟新闻通讯》第33期，1941年6月15日。

不动摇，对任何危及中国团结的事情坚决反对。[1]

从以上声明中可以看出，出于维护团结抗战、一致对外的大局，宋庆龄对宋子文辞职一事采取了相应的冷处理措施，没有作出过激的反应。

1941年12月7日，日本军国主义者经过精心策划，对美国太平洋舰队所在地珍珠港发动了突然袭击，太平洋战争爆发。八个小时后，日本军队发动了对香港的闪电进攻，香港危在旦夕。日军的突然来袭，令宋庆龄陷于危险境地。但是，在许多友好人士和大姐宋霭龄的共同帮助下，宋庆龄最终还是于12月10日有惊无险地撤出了香港，来到战时首都重庆。再次相聚的三姐妹，有了更多的话家常的机会。皖南事变导致第二次国共合作出现了裂痕，这种变化也影响了宋氏姐妹们的关系。姐妹们抗战前期的亲密合作的局面慢慢发生了变化，但表面的政治团结依旧维持着。而此时宋美龄与宋庆龄的工作重点也悄悄地发生了改变：宋美龄主要投身于战时外交，宋庆龄则专事于“保盟”的抗战救济工作。

宋庆龄脱险转移到重庆之后，暂时寄居在姐姐宋霭龄的寓所，后在宋子文的帮助下，住到了重庆两路口新村三号，为了躲避重庆的酷热，在宋美龄的帮助下有时也到黄山别墅避暑。姐妹们的关怀让经历香港脱险的宋庆龄获得了精神上的极大安慰。

1942年8月，经过大半年的准备，“保卫中国同盟”的工作得到了正式恢复，宗旨和工作内容一如既往。宋庆龄继续担任中央委员会主席。周恩来指派廖梦醒由澳门前来继续协助宋庆龄的工作[2]。此时“保盟”面临的首要任务是与国际援华团体恢复联系，

---

① 《保卫中国同盟新闻通讯》第33期，1941年6月15日。

② 1942年7月、8月间，周恩来得知宋庆龄决定在重庆重建“保盟”时，立即电嘱在澳门待命的廖梦醒速来重庆，继续到宋庆龄身边工作。当廖抵重庆到曾家岩50号见到周恩来时，被告知这次调她来是要她协助宋庆龄恢复“保盟”工作。见中国福利会编：《宋庆龄与中国福利会》，中国福利会出版社2003年版，第78页。

争取友好国家继续援助中国。当时“保盟”在重庆和延安都派了自己的代表。宋庆龄在重庆可以直接接触周恩来，因此她可以通过周恩来办公室得知抗日根据地的医疗状况和需求。由于周恩来等高级谈判代表在国统区免受检查，“保盟”就利用他们把医疗物资送进抗日根据地。[①]

图 2-12　1943 年宋美龄在美国众议院演说[②]

在重庆的五年里，宋庆龄经常秘密地与以周恩来为首的中国共产党驻重庆办事处来往，互相鼓励，互相支持，并肩战斗。她继续领导“保卫中国同盟”的工作，争取国际友人和海外华侨的援助，并且克服重重困难和阻力，以财力、物力支援抗日根据地人民的对敌斗争，对抗日战争的最后胜利作出了重大的贡献。正如邓颖超说：“这五年里，任何阻力，任何威胁，都没有，也不能截断你和党的联系。愈在危难艰险的时候，愈显出你同我们党的一致，愈显出你对人民事业的忠诚，愈显出你不畏强暴，不畏威胁的大智大勇，愈显出你是我们党的亲密同志，是完全可以信赖的战友。”[③] 这是对宋庆龄在重庆五年斗争生活的崇高评价。

抗战中后期，宋美龄工作重心投向战时外交。她的外交活动主要体现在支援中美空军合作、访问印度、出使美国、出席开罗

① 伊斯雷尔·爱泼斯坦：《宋庆龄传——从孙中山到毛泽东的革命之路》（上卷），第 496—498 页。

② 《大战画集》1943 年第 1 期，第 10 页。

③ 邓颖超：《向宋庆龄同志致崇高的敬礼》，见《宋庆龄纪念集》，第 59 页。

会议、拒绝访问英国等。特别是出访美国和参加开罗会议，成为她外交生涯的巅峰之作。

1942 年 11 月 18 日至 1943 年 7 月 4 日，宋美龄出访美国，历时七个半月，足迹遍及美国的华盛顿、纽约、芝加哥等地，受到热烈欢迎，在美国掀起了一阵“宋美龄旋风”。1943 年 2 月 18 日，宋美龄应美国国会的邀请，分别向参、众两院发表演讲。她是美国国会史上第二位发表演讲的女性，也是第一位获此殊荣的中国女性。

为准备此次演讲，蒋介石于 13 日连发四封电报指导宋美龄演讲要点，内容如下：

（一）希望宋美龄酌情讨论：“美国会对于中美平等新约及其撤销在华特权之议案于十一月一致通过，此为中美两国友爱之基础，表示无任感喟之意，此点应否提及请再酌之；深信华盛顿总统今日如尚在世，则其必主张美国须与东方被压迫民族共同奋斗，又如林肯总统如果生于今生，亦如今日罗斯福总统以解放被压迫人类为己任，此乃美国立国平等自由之精神，亦即耶稣基督博爱和平之教义，而与我中国孔夫子大同世界及国父孙博士三民主义立国之基本原理相同也。”

（二）强调中国的世界地位：“对国会讲演，语意切不可使听者有训示之感，亦不宜有请求之意，只以友邦地位陈述意见以备其检讨与采择之态度出之，其次应使听众能移其目光，留心于太平洋问题之重要，再次认定日本为中美两国共同之敌人，非根本打倒不可。再次可论战后亚洲经济地位之重要，应准备大量开发亚洲尤其是中国之资源。若能以中国之物质人力与美国机器资本配合，则中美两国百年内经济皆无虑其缺乏，而世界全人类生活亦必能长足进步，增进其无穷之幸福矣。”

（三）指出演讲应回顾中国近代历史以凸显中美友谊之源流：“自一八四二年鸦片战争以来，在此百年间中国之领土与主权被世界上每一个国家所剥夺。唯有美国对中国不但无侵略我领土之行动，而且时时领导各国表现其恢复中国主权之事实，即此一点凡我军民皆知。美国民主主义之纯洁无瑕及其对中国高尚友谊之贵，殊非任何各国之关系所可比拟也。”

（四）希望宋美龄通过演讲警告各国应重视日本的军事力量：“演讲中对于日本海陆空军实力不可轻视一点亦须注意。根据中国六年来与日本作战之经验，深知日本武力之精强。比之德国，在技术与科学方面虽有逊色，但其作战精神与其民族野心及其侵略教育则有过之而无不及。世人多视日本军力为容易对付，或以先打败德国之后日本即不成问题，此种心理实为错误。民主联合各国如不改变此种心理，甚恐将来因此而受不测之打击，此应请各盟邦特别注意而切勿轻易视之。”①

宋美龄于18日身穿深色中国旗袍，由罗斯福夫人陪伴到国会，先到参议院演讲。② 车抵参议院后，由秘书长霍尔席（E. A. Halsey）和多位议员代表迎往会场，宋美龄于12时13分步入国会大厅。“总统夫人径赴总统旁听席就座，其他旁听席中有劳工部长波金斯（F. Perkins）、商业部长琼斯（J. Jones）等，最高法院院长史东（Stone）及全体大法官亦破例出席，此外各国外交使节均联袂而至，其时全场空气骤肃，静寂无声”③，出席人士凝神企盼宋美龄的演说，待其步上讲台就位后，参议员们报以热烈的鼓掌，以示欢迎与敬意，主席华莱士副总统亦随即介绍宋美龄，全场听众复一致起立鼓掌，在华莱士介绍完后，即请宋美龄临场向大家致辞。

宋美龄在演说中以美飞行员于轰炸东京任务后，在中国内地跳伞降落受民众欢迎为例，表彰中美两国传统友谊。同时表明，以本身自青少年即在美长育，“不但操诸君内心之语言，且操诸君

---

① 《蒋中正“总统”文物》，台北“国史馆”藏，典藏号：002000000653A。

② 《美洲国民日报》编：《蒋夫人游美纪念册》，美洲国民日报社1943年版，第24页。

③ 参议院指派秘书长霍尔席（E. A. Halsey）、总务长达克西（Wall Daxey）、议员白克莱（Barkley）、康纳利（Connally）、麦纳莱（Mc. Nary）、克拉威（Caraway）及克泼（Capper）等代表在院前迎接。孔令伟指出：“国会原邀请夫人在众院举行之两院联合会致辞，旋当事者为避免听众拥挤及易于警备起见，临时决定两院分别开会。”见孔令伟编述：《蒋夫人美加行纪》，1944年版，第4页。

口头之语言”，有如见家人之感。宋美龄强调中美为同一目的而作战，具有相同理想，并向参议员保证，“我国人民切愿与诸君合作”。同时以磨镜台的典故，呼吁应以行动实现理想。[①]

宋美龄在参议院的演讲因是临时安排，篇幅较短，但辞简意赅，表达希望美国参议院给予中国更积极的支持。宋美龄于参议院简短致辞后，即由众议院议长雷伯恩陪同转赴众议院会场，演讲时罗斯福总统夫人爱莲娜坐于环廊上陪伴。[②] 宋美龄在众议院的演讲，显系经过精心拟撰，其首先认为美国民众得以“分布全球各地之美国作战壮士自豪”并表示敬意，其次肯定美国“不仅为民主制度之烘炉，而且为民主主义之胚胎”，接着以孙子“知彼知己，胜乃不殆”和“看人挑担不吃力”来提醒美国“先欧后亚”的战略，可能让日军攫取更多利益而更难以对抗。[③] 其特别指出：

> 吾人慎勿忘日本今日在其占领区内所掌握之资源，较诸德国所掌握者更为丰富。吾人慎勿忘如果听任日本占有此种资源而不争抗，则为时愈久，其力量亦必愈大。多迁延一日，即多牺牲若干美国人与中国人之生命。[④]

宋美龄主张“日本之武力，必须予以彻底摧毁，使其不复能作战，始可解除日本对于文明之威胁”。其肯定众议院通过对日、德、意的宣战，并强调国际互赖、中美传统友谊，期待众议院能“尽力于创立战后新世界”[⑤]。宋美龄在优雅、不卑不亢地表达中国

---

① 《蒋中正“总统”文物》，台北“国史馆”藏，典藏号：002-020300-00037-053。

② 《美洲国民日报》编：《蒋夫人游美纪念册》，第24页。

③ 《蒋中正“总统”文物》，台北“国史馆”藏，典藏号：002-020300-00037-054。

④ 《蒋中正“总统”文物》，台北“国史馆”藏，典藏号：002-020300-00037-054。

⑤ 《蒋中正“总统”文物》，台北“国史馆”藏，典藏号：002-020300-00037-054。

的立场和诉求后，不但得到了美国国会议员热烈的掌声，更引发媒体的争相报道。

宋美龄还赴美国各地发表演讲，如纽约市政厅、麦迪逊广场、芝加哥运动场、旧金山市政厅、好莱坞等，所到之处，广受欢迎。在好莱坞，她在露天广场向三万名听众发表演讲，会见了二百多位支援中国抗战的影剧界人士，不少为中国人所熟知的大牌明星都与宋美龄寒暄，并踊跃捐款支援中国抗战。宋美龄以其非凡的个人魅力，面带微笑的开朗性格，流利的英语，征服了许多美国人的心，在美国刮起了“宋美龄旋风”。宋美龄访美有助于增进美国人民对中国抗战的了解和支持，对于推动美国政府加强援华、加速促成美国排华法案的撤销也产生了一定的作用。蒋介石曾对记者称赞宋美龄说：她的价值相当于二十个师。

图 2-13　1943 年正在美国进行演讲的宋美龄

1943 年 7 月至 8 月间，世界反法西斯战争的形势发展很快，苏联红军在苏德战场开始掌握了战场主动权并转入了战略总进攻。8 月，在亚洲战场，美军在瓜达卡纳耳岛消灭了日本全部守军，也转入了战略反攻。在这种形势下，1943 年 11 月 22 日至 26 日，同盟国在开罗召开中、美、英三国首脑会议，这是第二次世界大战期间同盟国召开的十几次最高级会议中唯一有中国参加的一次会议，这标志着中国国际地位的提高。宋美龄不仅作为第一夫人出席这次峰会，同时她又是蒋介石的秘书、翻译和顾问。23 日上午，宋美龄陪同蒋介石赴罗斯福寓邸出席中、美、英三国领袖第一次会议。晚间又陪同蒋介石与罗斯福单方面会谈，内容涉及战后日本政体、共产主义、中国领土、新疆开发、苏联对日作战、朝鲜独立、中美联合参谋会议、越南独立及战后旅顺港归属等方面的问题。[①] 25 日上午，丘吉尔、蒙巴顿、艾登等人拜访蒋介石，讨论反攻缅甸问题，宋美龄参加会见，下午随蒋介石再至罗斯福寓邸，讨论中美合作及进攻缅甸相关事项。讨论结束回到驻地后，蒋介石与宋美龄议定第二日早宋美龄单独见罗斯福讨论借款与经济协助问题。[②] 26 日上午，宋美龄单独前往罗斯福寓邸与其举行会谈，下午又陪同蒋介石与罗斯福会谈，内容涉及借款与中国经济、蒙古领土、西藏问题、海军在缅登陆时间等方面。这次会谈时间长达 10 小时之久，对宋美龄的表现蒋介石感慨道："十小时内无一息之暇，疲乏不堪，非常人所能胜任。"[③]

宋美龄在开罗会议上不卑不亢的表现，显示了她出色的外交才华与风范。开罗会议也是宋美龄政治生活的顶点。宋美龄精通英语，三国首脑会议实际上变成了包括宋美龄在内的四巨头会议。与会三国从各自的利益出发，各有打算。丘吉尔的帝国主义立场异常鲜明，一心想保持英国在整个亚洲的殖民利益，在缅甸战场上不尊重中国的作用。丘吉尔的态度让蒋介石极为恼火，他在会上着重强调加强援助中国的重要性，要求盟国开通"驼峰航线"，保证军用物资畅通无阻，以支援中国战场上的军事行动。美国从整个亚洲的战局和美国在太平洋战争的需要出发，尽力调解中英之间的矛盾。会议后期，蒋介石由宋美龄翻译，单独与丘吉尔举行了三次洽商，最后就许多问题达成协议。在这过程中，宋美龄发挥了一定的作用，丘吉尔承认宋美龄是他在世界上最欣赏的少数女性之一。

① 《蒋中正"总统"文物》，台北"国史馆"藏，典藏号：002000000662A。
② 《蒋中正"总统"文物》，台北"国史馆"藏，典藏号：002000000662A。
③ 《蒋中正"总统"文物》，台北"国史馆"藏，典藏号：002000000662A。

图 2-14 开罗会议时宋美龄与中、英、美三巨头，自左向右分别为蒋介石、罗斯福、丘吉尔、宋美龄①

在开罗会议期间，宋美龄以女主人的身份在蒋介石寓所举行茶会，招待社会名流，以流畅的英语与各位来宾亲切交谈，她出色的外交能力，给人们留下了深刻的印象。正如罗斯福后来对记者所说，在开罗会议上，他所知道的都是蒋夫人向他讲的。所以人们后来评议，开罗会议时，宋美龄的作用超过了蒋介石。在开罗会议期间，她以外交家的机智，力争中国的大国地位，收复了被日本所夺取的中国领土（东北四省、台湾及澎湖列岛），洗去了近百年的国耻。中国进入四强，为抗日最后胜利奠定了基础。② 1944 年 1 月 13 日，国民政府为表彰宋美龄在开罗会议上的贡献，授予其一等卿云勋章。③

在重庆期间，宋美龄在繁忙的政治活动中并没忘记对二姐的关照。刚到重庆之时，由于时间仓促，宋庆龄暂时寄居在姐姐宋霭龄的公馆里。这样一来，宋庆龄与外界的联系尤其是与中共的联系就受到很大的限制，不利于其自由活动，宋庆龄深感不便。

---

① 《永安月刊》，1945 年第 76 期，第 21 页。

② 刘建业主编：《中国抗日战争大辞典》，燕山出版社 1997 年版，第 778 页。

③ 《蒋中正“总统”文物》，台北“国史馆”藏，典藏号：001000003618A。

后来在弟弟宋子文的帮助下，终于从孔公馆搬到了两路口新村三号（就是重庆的宋庆龄故居）居住。天气炎热的时候，宋美龄也会邀请宋庆龄去黄山别墅避暑。为了与二姐联系方便，宋美龄交代侍从室侍卫长俞济时给宋庆龄安装了一部对外不公开的电话，以便于姐妹间的通话。据当时担任国民党军事委员会委员长侍从室电话监听员的王正元回忆说：

> 她们（宋美龄与宋庆龄——本书作者注）之间的通话，多数是由宋美龄先叫唤："接宋委员电话。"当时宋庆龄是国民党的中央委员。
>
> 宋美龄打电话，对吴国桢、董显光、黄仁霖等人，一般都用英语交谈，但她与二姐谈话，则用地道的上海话。两姐妹的上海话极为清脆流利，语气之间始终保持着亲切和热情。每次通话时，都是妹妹先开口："阿姐吗?"姐姐就回答说："美龄吗?"
>
> 二人通话内容，大都是妹妹对姐姐饮食起居的关心，问寒问暖无微不至。其次就是拉家常，互道宋家兄弟姐妹间的行踪和消息。
>
> 宋美龄和宋庆龄每次见面，事先都由宋美龄打电话与二姐联系，得到同意后，由妹妹驱车去看望姐姐。有时则约在学田路范庄孔祥熙家里会晤，因为大姐宋霭龄也可以一起见面。①

1942 年中秋节，对宋氏家族的兄弟姐妹们来说，是个难忘的日子。在宋美龄的精心准备下，宋氏姐妹实现了大团圆。按照中国的传统，中秋节是团圆的日子。这一天，在黄山官邸，灯火辉煌，宋家兄弟姐妹在大姐宋霭龄"莫谈国事"的禁令下，开怀谈笑，一起赏月。多年来政治上的分歧被抛在了脑后，在轻松快乐

---

① 黄仁霖：《蒋介石特勤总管回忆录》，团结出版社 2009 年版，第 263 页。

的氛围中，手足亲情被召唤出来。他们开怀畅饮，倾心交谈，尽情享受着团圆的快乐。在宋美龄的努力下，宋家兄弟姐妹终于走到了一起，围在一个餐桌上吃饭，这是大革命失败后的第一次，也是最后一次。

在重庆时期，宋氏三姐妹一如既往地投身于民族解放运动。在这个过程中，由于皖南事变等历史事件的影响，姐妹们的精诚合作多少受到了一些冲击，但合作的氛围依然保持着，三姐妹在各自的领域中继续为中华民族的解放而战斗。宋美龄在外交领域显示出了她出众的才能和人格魅力，为争取外国的经济援助与支持、提高中国的国际地位作出了巨大贡献。宋庆龄也利用其国际影响与地位，为抗战事业尤其是解放区的发展壮大立下了汗马功劳。在重庆期间，宋氏三姐妹在抗战的立场上同仇敌忾，但是这不能掩盖她们在政治上的分歧。尽管如此，她们都十分珍惜姐妹亲情。

在抗日战争期间，宋氏三姐妹一起度过了她们成年之后时间最长的一次相聚。她们一起为中华民族的解放而呐喊，为救助陷入苦难的中国人民尽心尽力。在国家利益高于一切的前提下，她们抛弃了政治上的分歧走到了一起，共同的经历也加深了她们的姐妹亲情。宋氏姐妹在抗战时期的大联合，在抗日战争的历史上留下了动人的一笔，写下了她们人生道路上的华美篇章。

第三章　宋美龄与宋氏家族：以宋子文为中心

第一节　宋子文的成长历程

宋子文，1894 年 12 月 4 日出生于上海。在家排行老三，也是宋家的长子。宋子文与宋氏三姐妹一起，共同构筑了中华民国史上辉煌的“宋家王朝”。[①]

一、留美学习生涯

在宋氏兄弟姐妹中，宋子文是唯一受过宋耀如“特殊培养”的孩子，不仅吃苦耐劳，志性专一，富有进取精神，而且性格活泼，思维开放，幽默诙谐。[②] 这些品质在宋子文以后所从事的政治、经济、外交等领域中都有所体现。1902 年，年仅 8 岁的宋子文进入上海圣约翰大学[③]预备班，之后转入大学班继续学习。在该校宋子文度过了十年的学习生涯。1912 年，宋子文从圣约翰大学毕业，前往美国留学。也许是受父亲经商的影响，又或是自己的

---

① 美国传记作家斯特林·西格雷夫指出：“宋家王朝”，有“宋氏的三姐妹”，还有宋子文。

② 新华通讯社参考材料编译部编译：《宋家王朝和对它的评价》，新华出版社 1985 年版，第85 页。

③ 1879 年，美国圣公会施若瑟主教将培雅书院、度恩书院合并为圣约翰大学，校址设在上海，1890 年开始设大学课程。1905 年正式改为圣约翰大学，并在美国哥伦比亚区注册立案。民国时期不少知名人士均出于该校，如颜惠庆、顾维钧、王正廷、施肇基、俞鸿钧、严家淦、陈光甫、刘鸿生等。

兴趣使然，他选择了哈佛大学的经济学专业，攻读硕士学位。在这期间，第一次世界大战爆发，宋子文与其他中国留学生一样，对战争十分关心。他曾经在《留美学生月刊》上发表《欧洲战争和中国的对外关系》一文，阐述了战争对中国外交事务的影响。[①]

1915 年，宋子文以优良的成绩从哈佛大学毕业并获得经济学硕士学位。毕业之后，宋子文并未立即回国，而是一边在纽约的花旗银行工作，一边继续在哥伦比亚大学深造，进一步了解了国际金融的相关业务，并结识了一些美国财政金融领域内的朋友，为其以后所从事的经济工作奠定了一定的基础。1917 年宋子文学成回国。

五年的美国留学生活，对宋子文来说收获颇丰，无论是在学识上、人脉上还是自身的修养上都取得了较大的成绩，具体表现如下：

第一，造就了扎实的英语功底。虽然宋子文自小就在英语的环境中接受熏陶，但是他那流利、地道的英语还是得益于长期的留学生涯。这对他以后的工作经历产生了较大影响：熟练地用英文处理公文，得心应手地周游在美国商界、政界等领域。这也是他能够在 20 世纪 40 年代担任蒋介石驻美私人代表以及外交部部长，执掌中国外交大权达五年之久的一个重要条件。

第二，在哈佛大学和哥伦比亚大学求学期间，他对西方的经济理论进行了系统的学习，养成了严格按章办事的习惯。同时，西方教育也使宋子文的言谈举止、生活习惯以及思维方式等都深深地打上了西方的烙印，这使他在与西方人特别是美国人的交往过程中能够驾轻就熟，如鱼得水，为他日后所从事的外交工作奠定了基础。

但是宋子文严谨的工作作风也为他以后与蒋介石的冲突埋下了伏笔。将西方的经济学理论运用于中国，改造中国传统的经济模式，这是宋子文在走上政坛之后孜孜追求的目标，也是

---

① 吴景平：《宋子文评传》，福建人民出版社 1992 年版，第 3 页。

他能够在民国政坛青云直上的重要筹码。然而西方文化的熏陶也养成了宋子文率直、独立、开明、务实的个性特征，这些个性特征，再加上他那严格照章办事的风格，构成了他与蒋介石矛盾冲突的重要原因，这也是导致他以后政治生涯跌宕起伏的一个不利因素。

第三，留学生涯为宋子文建立了丰厚的人脉资源，构筑了使他个人乃至中华民族受益匪浅的关系网络。这五年期间，宋子文结识了不少美国朋友，他那活泼的性格和幽默感使他很容易与别人相处。宋子文所在的哈佛大学和哥伦比亚大学在美国历史悠久，影响极大，美国的许多知名人士、政界要人皆出自这两所大学。通过朋友的关系或以校友的名义，宋子文建立了广泛的人际网络。他通过这种网络广泛结交美国政府要人，了解了许多重要的内幕消息。宋子文曾对美国国务院的一位官员夸口说："事实上，你们政府里发生的任何事情，我在三天以内没有不知道的。"① 这个网络在抗日战争期间宋子文担任蒋介石驻美私人代表和外交部部长的时候发挥了重要的作用。宋子文通过它成功游说美国政要加大对中国的援助力度，对于确保抗日战争的胜利功不可没。②

第四，加深了对西方文明的理解，认识到中西方之间的差距。宋子文步入政坛之后，试图将其留学所学所见付诸实践，强烈要求改变中国的落后面貌，改革中国旧有的政治、经济体制，废除列强在华特权，谋求中国在国际社会中的平等地位。这也是其政治生涯的亮点所在。

留学美国是宋子文人生历程中的一个重要阶段。五年的留学生涯中，宋子文接受了系统的西方教育，他以后的数十年风

---

① 〔美〕罗伊·凯恩：《美国政治中的院外援华集团》，张晓贝等译，商务印书馆1984年版，第42页。

② 在美期间，宋子文首先以争取美国经济援助为突破口，成功地与美方达成了四笔经济借款，总计6.25亿美元，不仅数额巨大，而且条件优惠，这在国民政府争取外援史上是空前的。在争取美国军事援助方面，宋子文也获得了重大成果，包括促成了美国开辟"驼峰"空运线，派遣驻华军事使团和派遣史迪威将军来华担任中国战区统帅蒋介石的参谋长，加强了战时中美两国的军事合作。

雨人生，无论是政坛上的沉浮起落，还是金融界的管账理财，抑或外交舞台上的纵横捭阖，都与这段留美生涯有着不可割舍的渊源。①

宋子文留学哈佛大学期间，宋庆龄与宋美龄在梅肯市的威斯里安女子学院留学。1913 年，宋庆龄学成回国，留下宋美龄一人在梅肯继续学习。此时的宋子文担当起了妹妹的保护神和监护人的角色。为了让妹妹得到自己更好的照顾，1913 年，宋美龄转入卫斯理学院攻读英国文学和哲学。这里到哈佛大学所在地波士顿只有两个小时的车程。这段时间也是兄妹俩关系最为密切的阶段，宋子文经常利用业余时间看望妹妹，美龄也是哈佛大学的常客。兄妹俩在闲暇之余一起逛公园，暑假时期还一起外出旅游，还曾经一起到柏林顿参加佛蒙特大学的夏日学校，兄妹情谊尽在不言中。兄妹俩来自遥远的中国，男尊女卑的思想对他们多少产生影响。作为兄长的宋子文，他总是希望妹妹对自己唯命是从。宋美龄则对身边这位唯一的亲人言听计从，“子文”两字也时常挂在嘴边。③ 据汉娜·帕库拉在《宋美龄新传》中记载：有一次，学校戏剧社演出，宋

图 3-1 在美国读书时的宋子文（中）、宋庆龄（右）、宋美龄（左）②

① 陈永祥：《宋子文与美援外交》，世界知识出版社 2004 年版，第 24 页。

② 师永刚、林博文编著：《宋美龄画传》，第 23 页。

③ 据卫斯理学院一位与宋美龄较熟的老师说：美龄是个家族观念相当重的人，总是为家族感到骄傲。只要无关大局，她总能顺从家族的意志。

美龄被派了一个小角色，哥哥子文从哈佛过来与经办的老师讨论过后，才让她上台表演。[①] 兄妹两人虽然不在同一所学校求学，但是在学业上兄妹俩互相鼓励，共同进步。宋子文以优良的成绩获得哈佛大学的经济学硕士学位，宋美龄毫不逊色，毕业时也戴上了卫斯理学院“杜兰学者”的桂冠。1917 年，宋子文携美龄一起学成回国。

二、走向政治舞台

宋子文回国后，1918 年进入汉冶萍煤矿公司任职，担任“代理经理处西文秘书”一职。[②] 不久，转入商务所，担任“随同所长学习办理员”，兼代经理处西文秘书。以后，任经理处调查课长、西文总秘书。[③]

1923 年 3 月 1 日，孙中山在广州建立中华民国军政府陆海军大元帅大本营。为了适应当时革命斗争的需要，孙中山广揽各方人才。宋庆龄出于对弟弟能力的充分信任，向孙中山举荐宋子文解决财政相关问题。1923 年 4 月 24 日，宋子文被孙中山以陆海军大元帅令派为中央银行筹备员，这也是宋子文步入政坛的开始。上任之后，为建立、健全广东革命政权的财政金融机构、增加财政收入，宋子文作出了重要贡献，为革命事业的发展提供了财政上的必要保证。

首先，宋子文参与筹建中央银行并且确立其在广东金融领域的核心地位。

1923 年 5 月 29 日，宋子文被孙中山任命为中央银行副行长。10 月 27 日，又被任命为两广盐务稽核所经理。[④] 宋子文雷厉风行，

---

① 〔美〕汉娜·帕库拉：《宋美龄新传》，第 23 页。

② 关于这段历史，历来众说纷纭：《简明中国近代史词典》（中国青年出版社 1985 年版）记载：“宋子文回国后，在汉冶萍公司任职员。”《中国革命史手册》（华中师范大学出版社 1986 年版）记载：“任汉冶萍煤矿公司秘书。”《中国近现代人名大词典》（中国国际广播出版社 1989 年版）记载：“任汉冶萍公司总办处秘书。”《中国革命史辞典》（档案出版社 1988 年版）记载：“任汉口汉冶萍钢铁公司秘书。”

③ 刘文彦：《宋子文在汉冶萍公司任职辨实》，《湖北档案》2001 年第 12 期。

④ 吴景平：《宋子文政治生涯编年》，福建人民出版社 1998 年版，第 1 页。

上任伊始即与中国银行交涉追回相关欠款。《广州民国日报》做了如下报道：“中国银行于龙济光督粤时代，借盐务稽核分所款十余万元，日久未觉。乃宋子文自督办两广盐务后，检查案卷，发觉此数，乃呈报大元帅。大元帅即令宋子文前往交涉，提回该款。乃该行行长凌某，以事久不觉，将全数挪移埋没，乃闻稽核分所有提回消息，乃匿避香港，致宋氏无从接洽。大元帅乃再令陈友仁带同卫队将该行副行长扣留，责令缴款。闻凌某在港，已允将该项归还，以便释放该副行长云。”①

宋子文的出色表现赢得了孙中山的信任，1924 年 8 月 2 日，他被孙中山任命为中央银行行长，负责筹办中央银行事宜。宋子文遂于 3 日编订《中央银行条例》16 条，孙中山审核后，于 8 月 7 日“准予公布”。在宋子文的努力和孙中山的支持下，1924 年 8 月 15 日，在广州南堤中国银行旧址举行中央银行开幕典礼，宋子文发表开幕宣言，指出：“本行系国家银行，其资本由政府借款拨充，并奉政府颁布条例，俾资遵守，此后自当遵照条例办理。惟银行虽代政府司其出纳，究系营业性质，子文承乏行长，就任之初，当奉帅谕谆谆以调剂社会金融、维持政府信用是命。”② 20 日，孙中山颁布大元帅令，规定：“嗣后所有各财政机关收入，应解由该银行存储，随时提用。”③ 为了加强中央银行在金融领域中的地位，提高和巩固中央银行所发行的纸币的信用，宋子文采取了多种措施，尤其是借助行政手段确保纸币的信誉和流通。宋子文建议孙中山：“所有公私款项出纳，自应一律通用。在公家征收机关，尤应专收职行货币，以示提倡。事关提倡职行货币信用，应请钧座明令各征收机关，所有征收田赋、厘捐、租税及其他公款，均一律收受职行货币。其抱解公款者，非职行货币，概不收受，至商民交易，应准其照额通用，视与现金相等。”④ 孙中山采

① 《广州民国日报》1923 年 12 月 25 日。
② 《广州民国日报》1924 年 8 月 16 日。
③ 吴景平：《宋子文政治生涯编年》，第 5 页。
④ 孙中山：《孙中山全集》第 10 卷，第 532 页。

纳了宋子文这一建议，并迅速发出相应的训令，“规定：凡中央银行发行之货币，……公私出纳，一律收受。至缴解公款，应由解款人向中央银行换取货币，再行照解各收款机关。对于解款，非该行货币，不得收受，以利推行”①。在行政力量的强力保障下，中央银行的纸币得以流通起来。

经过宋子文的努力，在广东革命政府的支持下，中央银行终于在广东站稳了脚跟，完成了对广东金融的控制和调控，确立了其在广东金融领域的核心地位，这也为统一广东财政、整顿税务和增加政府收入创造了必要的条件。

其次，采取果断措施，实现广东财政的统一。

广东是中国的富庶之地，这里是中国最早开放的地区，商业贸易发达。1924 年 2 月 1 日，国民党第一届中央执行委员会第一次全体会议曾经作出决定：设法统一广东的政治和财政，以巩固广东革命根据地。② 然而当时的广东处在四分五裂的状态，各路军阀把持了当地的财政大权，统一财政的决议成为一纸空文。③

1925 年 2 月，广东革命政府举行第一次东征，打垮了陈炯明部；6 月，平定了杨希闵、刘震寰的叛乱；10 月举行第二次东征，彻底解除了陈炯明的威胁；12 月举行南征，打败了邓本殷部，基本实现了广东的统一。军政统一为财政统一提供了良好的契机，也更加凸显出财政统一的重要性。正如当时担任国民党中央党部组织部部长的谭平山所说：“军政统一财政统一民政统一三大政纲中，最重要的就是财政统一，而最不容易实行的，亦是财政统一……故国民政府成立第一个重要工作，就是财政统一问题，如果这个问题不能解决，所有一切计划，都是纸上空谈。”④ 在平定

① 《广州民国日报》1924 年 8 月 29 日。

② 《中国国民党第一、二次全国代表大会会议史料》（上），江苏古籍出版社 1986 年版，第105 页。

③ 当时杨希闵、刘震寰占据广州、曲江、北江，陈炯明占据东江、潮州、梅州，邓本殷占据雷州半岛和海南岛。其状况正如宋子文后来所指出的：广东全省皆为军阀把持，几无一片净土。

④ 《谭平山文集》编辑组编：《谭平山文集》，人民出版社 1986 年版，第 291 页。

杨、刘判乱之后，1925 年 7 月，广州国民政府宣告成立。之后不久，宋子文被任命为国民政府委员、财政部部长兼广东省财政厅厅长。广东的统一也为宋子文提供了施展其理财能力的舞台。宋子文采取一系列措施，开始实施统一广东财政的计划：第一，将财政收支权收归财政部门统一行使。为了防止破坏财政统一现象的发生，10 月上旬，宋子文“以财政部部长的名义发表布告，宣布自 10 月份起各机关经费必须直接向财政部或财政厅请领支发，以符统一财政之旨；如有仍然截留抵拨，即是破坏财政统一，一经查出，定必呈政府严惩”[①]。随后，宋子文以广东省政府财政厅厅长的名义，咨文省政府各厅，拟定各机关领款手续，规定一律填写五联收据，以昭划一，而便呈缴。[②] 这样，除领款单位和金库外，财政部、厅及检察院亦须各存一联，有效制止了各机关截留税捐收入以抵支出的弊端，使财政支出大权得到严密控制。第二，将由部队把持的税捐征收机关全部由财政部接收。这是确保财政收入稳定的一条重要措施。出于各种原因，当时广东的税捐机关由当地驻军所把持，所收税款大部分用于军队的开支。宋子文在国民政府的支持下，进行不懈的努力，终于接管了由各军所把持的税捐机关。1926 年 1 月 6 日，为统一财政收支，宋子文通电各军军长，命令各部队不得妄行干涉各驻在地财政征收事宜，如有违抗，将从严治罪。[③] 1 月 19 日，国民党第二次全国代表大会通过了关于财政决议案，指出：“统一国家财政，实为发展国家之唯一基础，本党应以坚决之态度，将所有之各种收入集中于政府之财政部。其他一切国家及军事费用，均由国库支出。”[④] 在宋子文锲而不舍的努力和国民政府的大力支持下，国民党二大之后，国民政府基本完成了财政上的统一。

最后，整顿财政机构和税收，增加政府收入。

---

① 吴景平：《宋子文政治生涯编年》，第 19 页。

② 吴景平：《宋子文政治生涯编年》，第 20 页。

③ 吴景平：《宋子文政治生涯编年》，第 27 页。

④ 《中国国民党历次代表大会及中央全会资料》（上），光明日报出版社 1985 年版，第 120 页。

为加强对财政的统一管理，宋子文对财政机构进行整顿。他将各筹饷局改组为筹饷总处，隶属于财政部，同时撤裁广东禁烟督办署、印花总处，另在财政部下设禁烟总处、印花总处，选得力之人充任。[①]

为增加政府收入，宋子文推广使用印花税。1924 年 12 月上旬，宋子文以广东印花税分处处长的身份，呈文陆海军大元帅大本营财政部部长谷应芬将原税法"更定为每个每册每年贴用印花 1 角，以资推广而昭一律。如蒙采择施行，即祈钧部呈请公布，自民国 14 年 1 月 1 日起实行，俾资遵守"[②]。1925 年 8 月 20 日，宋子文以广东省商务厅厅长的身份呈文国民政府，称"为便利商民呈请发证运卸货物，商务厅改订领取特许证手续，照报关单程式报商务厅，并取消手续费，每张特许证贴印花税票 5 元"[③]。这两项措施的施行，加强了政府对财政部门的控制，同时也增加了政府的财政收入。

宋子文自 1925 年 9 月出任财政部部长到 1926 年 11 月离开广东，在整理财政方面取得了丰硕的成果。国民政府财政收入显著增长。1923 年政府收入为 1031.6 万余元，1924 年为 798.6 万余元，1926 年增至 2518.2 万余元。[④] 国民政府财政状况明显好转，为广东革命根据地的巩固和即将到来的北伐战争提供了经济上的保障。宋美龄在给艾玛的信中也对哥哥的表现大为赞赏："上任四个月来，他把政府的月财政收入从 1700000 美元一下子增加到 4200000 美元，而且月月如此，还不用提高对生活必需品的征税。四个月前，他宣布稳定财政的意图时，香港的一些报纸对他冷嘲热讽，现在就连这些报纸都说他完成了几乎不可能完成的事情。"[⑤]

---

① 吴景平：《宋子文评传》，第 21 页。

② 吴景平：《宋子文政治生涯编年》，第 7 页。

③ 中国第二历史档案馆编：《五卅运动和省港罢工》，江苏古籍出版社 1985 年版，第 291 页。

④ 中国第二历史档案馆编：《中华民国史档案资料汇编》第四辑（下），江苏古籍出版社 1986 年版，第 1400 页。

⑤ 宋美龄致艾玛的信，1926 年 1 月 23 日。

宋子文的出色表现，为其赚取了丰厚的政治资本，也为其以后在国民政府中的显赫地位奠定了基础。

三、宋子文与宋美龄分歧的出现

就在宋子文在政治舞台上大展其才华之际，与其一同回国的妹妹宋美龄也在上海开始了社会工作历程。兄妹两人虽然天各一方，联系不多，但是兄妹之情依然很好地保持着。当国民政府迁都武汉之后，1926 年 12 月 26 日，宋美龄与母亲、宋霭龄一起赴武汉看望宋庆龄与宋子文。在武汉的三个月里，宋美龄目睹了武汉国民政府收回汉口、九江英租界，接触了国民党中央的许多知名人士，对宋庆龄和宋子文的工作有了更多的了解，同时也对宋氏家族内的信仰分歧增添了一分忧虑。不过这并未影响宋美龄与兄姐之间的情谊。3 月下旬，宋美龄告别二姐和兄长返回上海。①

但是，兄妹之情在蒋介石走进宋家的生活之后出现了一些裂痕，宋美龄的婚姻成为双方分歧的焦点。

宋子文与蒋介石曾长期共事于广东国民政府，蒋介石任黄埔军校校长，主持相关军事工作，宋子文则分管财政上的相关事宜，双方交往不多，主要是工作上的往来。蒋介石对当时宋子文在广东的一些理财措施给予了较大的配合②，宋子文则在经济上为黄埔军校的发展提供支持③。

但随着北伐战争的不断推进，蒋介石与宋子文之间的分歧也出现了。随着北伐战争的顺利进行，革命势力由原来的珠江流域扩展到长江流域，革命中心也随之北移。为了适应革命形势发展

---

① 寿韶峰：《宋美龄全纪录》（上），第 185、189 页。

② 宋子文整理财政，实现广东财政统一，蒋介石给予了很大的支持。在实现广东财政统一的过程中，蒋介石的第一军起到了表率的作用。在国民政府颁布统一财政令之后，蒋介石便声明坚决“贯彻统一之旨”，要求宋子文向第一军驻扎的佛山、三水派出财政处长，以实现将由各军把持的税捐征收机关由财政部统一接收。

③ 黄埔军校创立初期，经费极为紧张，情形黯淡，军校党代表廖仲恺实际责任为募款，但无法筹办巨款解决问题。这种状况在大本营改组为国民政府，宋子文为财政部部长时，逐渐得到改善。见黄仁宇：《从大历史的角度读蒋介石日记》，九州出版社 2008 年版，第 24 页。

的要求，国民党中央政治会议决定把国民政府和中央党部迁至武汉。对于这一决定，蒋介石表示支持。1926 年 11 月 16 日，宋子文与宋庆龄、孙科、徐谦、陈友仁、顾孟余、鲍罗廷等 60 余人作为先遣人员离开广州赴武汉。1927 年 1 月 3 日，蒋介石利用国民党中央代主席张静江和国民政府代主席谭延闿抵南昌之机，突然召集中央政治会议第六次临时会议，径自决定改都南昌，把国民党中央和国民政府置于他的控制之下。① 会后通告声称：为军事与政治发展便利起见，决定中央党部和国民政府暂驻南昌，待 3 月 1 日在南昌召开二届三中全会，决定驻在地后，再行迁移。② 对于蒋介石的决定，武汉国民党临时党政联席会一致否决，但蒋介石仍坚持改都南昌。③ 为督促蒋介石改正错误，在武汉方面施加舆论压力的同时，宋子文将蒋介石所需军费 1300 万元暂扣不发，施以财政压力。④ 然而蒋介石并没有放弃自己的立场，反而于 1927 年 4 月 12 日发动了军事政变，并于 4 月 18 日在南京成立国民政府，与武汉国民政府分庭抗礼。

宋子文与蒋介石在政治上的分歧很自然地波及他对蒋介石与宋美龄的婚姻的态度。起先，宋子文对这桩婚事是强烈反对的，作为宋家长子，宋子文说话也相当有分量。由于宋美龄的坚持，兄妹几乎决裂。⑤ 然而这种状况随着宋子文加入蒋介石的阵营而发生戏剧性的变化。⑥ 宋子文一改初期对妹妹婚事的强硬立场，并于

---

① 蒋介石赞成迁都武汉，原打算去武汉执掌党政军大权，而武汉临时党政联席会却没有他的位置，且事前不曾与之商量，蒋心中不悦；武汉当时亦在唐生智部队控制之下，于蒋极为不利。因此蒋一改初衷，反对迁都武汉。

② 《广州民国日报》1927 年 1 月 8 日。

③ 宋子文对改都南昌强烈反对，且公开发表讲话，表示迁都是中央会议通过的，提议也是由蒋介石首先提出并赞成，如果更改，必将失信于民，有损政府威信。

④ 杨天石：《蒋氏密档与蒋介石真相》，社会科学文献出版社 2002 年版，第 193 页。

⑤ 王光远：《宋子文和蒋介石的恩恩怨怨》，《文史精华》1997 年第 11 期。

⑥ 宋子文在“四一二”政变前到上海为武汉国民政府筹款，蒋介石拉拢他担任南京政府财政部部长，宋子文有一定正义感，不愿为其效劳，对武汉政府还有所留恋。但是他对武汉地区的工农运动不满，对武汉政府的前途悲观。蒋介石在政治上和经济上对他施加很大的压力，他的人身安全也受到严重威胁，徘徊在两条路之间，最终还是加入了蒋介石阵营。见尚明轩主编：《宋庆龄年谱长编》（上），第 190 页。

1927年12月1日作为主婚人出现在蒋介石与宋美龄的婚礼上。在结婚仪式上，宋子文挽着宋美龄走到众宾客面前，把新娘交与蒋介石之手。① 当然，宋子文能够改变立场，国民党元老谭延闿的作用与影响不可低估。宋子文对谭延闿比较信服，谭的威望也较高，宋美龄等便想到通过谭说服宋子文。据谭延闿日记记载："应宋美龄电话到西摩路赴宋母之约，抵彼，美龄迎于梯口，称有事奉托。入室，宋母以美龄将嫁介石事见告，并称不料子文反对，托为劝解。继呼子文来，同至另室详询经过，当婉劝以儿女婚事尚不应多管，何况兄妹，徒伤感情，且贻口实，再四譬解，使得完成使命而归。"② 之后，宋子文担任南京国民政府财政部部长，可以说与"蒋宋联姻"有着一定程度的关系。这种婚姻关系的存在，使宋子文有了"当朝国舅"的身份，这种身份使他在蒋介石的眼里变得更为可靠。

虽然这次分歧以宋子文的妥协而告终，但是对兄妹之间的情谊还是产生了较大的影响。据熟悉宋家事的吴国桢口述称："他家中共有六个孩子，据说分为两派：孔夫人、蒋夫人和宋子良为一方，宋子文、孙中山夫人和宋子安为另一方。"③ "虽然中国人在感情上总认为亲戚要比非亲好，但蒋夫人从来不喜欢宋子文。他们两人有好几次对我谈了他们间的个人感情。蒋夫人有一次告诉我说，子文不管别人只为他自己。宋子文与蒋介石争吵之后，担心丧命，他从未请妹妹帮助与蒋实现和解。他一度和我商量该怎么办，我说：'为什么不同你妹妹谈谈呢？'他将头扭到一边，非常严肃地说：'不。'"④

正因如此，宋美龄比较感激大姐宋霭龄使其取得民国"第一

---

① 《申报》1927年12月2日。

② 谭光：《我所知道的孔祥熙》，见全国政协文史资料委员会编：《文史资料精华丛书——民国风云人物》（一），安徽人民出版社2000年版，第15页。

③ 〔美〕裴斐、韦慕庭访问整理：《从上海市长到"台湾省主席"（1946—1953年）——吴国桢口述回忆》，吴修垣译，上海人民出版社1999年版，第241页。

④ 〔美〕裴斐、韦慕庭访问整理：《从上海市长到"台湾省主席"（1946—1953年）——吴国桢口述回忆》，第249页。

夫人”资格，但对宋子文总是不无芥蒂，蒋介石也对宋子文长期持有一个不愉快的印象，这也是蒋介石后来与孔祥熙比较接近，与宋子文较为疏远的原因之一。尽管兄妹之间因此事而有所不快，但是一旦到了国家危急存亡的关键时刻，兄妹仍可尽弃前嫌，精诚合作，共同应对政治危局。西安事变为兄妹联手应对政治危局提供了政治舞台。

第二节　联手应对危局：西安事变中的宋美龄与宋子文

西安事变是中国近代史上一起事关中华民族生死存亡的重大事件。事变的和平解决结束了国共两党长达十年的对峙局面。国共两党在抗日民族统一战线的旗帜下，实现了第二次合作，为中华民族的解放事业作出了不可磨灭的贡献。在西安事变和平解决的过程中，宋子文和宋美龄所发挥的作用不可低估。宋子文以“私人”身份两赴西安，为和平解决事变而积极奔走。宋美龄也是“深入虎穴”，为精神高度紧张、沮丧的蒋介石带来了心理上的安慰，促使蒋介石最终接受了谈判条件。西安事变是兄妹联手应对政治危局的经典范例。

一、事变的爆发

1931 年 9 月 18 日，日本帝国主义发动了九一八事变，进攻中国东三省。几十万东北军在国民党当局不抵抗政策的指导下撤至关内。短短几个月的时间，东北大好河山沦为日本帝国主义的殖民地，三千万同胞在日寇的铁蹄下惨受亡国之痛。东北沦陷，华北危急，举国哗然。面对舆论的压力，张学良不得不充当“替罪羊”①，引咎辞职，出国考察，于 1934 年 1 月回国。

① 1933 年年初，热河沦陷，3 月 9 日，蒋介石在保定召见张学良，对张说：现在我们好像坐在惊涛骇浪中的一只小船上，我们两人坐着就要沉下去，应该有一个人先跳下去。张说他先跳下去。于是张辞去北平军分会代理委员长职务，于 4 月 10 日乘船离开上海赴欧洲考察。见李新、陈铁健总主编：《中国新民主革命通史》第 6 卷，上海人民出版社 2001 年版，第 512 页。

归国之后的张学良极力支持蒋介石实现法西斯独裁统治。1934年2月，张学良就任鄂豫皖“剿匪”副总司令，指挥对红四方面军、鄂豫皖苏区的“围剿”。此时的张学良是蒋介石“攘外必先安内”政策的忠实执行者。在“围剿”红军期间，他时常去前线督战，向部队训话，鼓励东北军要披甲还乡，但必须“首先安内，尽心竭力清除‘匪患’”①。

1935年10月，中央红军经过长征到达陕北。为了彻底消灭红军，蒋介石趁红军立足未稳，想给予一举歼灭，遂在西安成立“西北剿匪”总司令部，张学良被任命为西北“剿匪”副总司令，代行总司令职权，统辖西北四省军队，进攻陕甘红军。但是在与红军的战斗中，东北军接连失利，损兵折将。残酷的事实让张学良陷入反思，逐渐认识到进攻红军不是东北军的出路，要想实现打回老家去的愿望，必须寻找新的出路。在另觅新路的过程中，张学良开始寻求与共产党的联系。

中国共产党鉴于东北军的特殊情况和广大官兵的抗日要求，便采取一系列措施争取与东北军联合抗日。1936年1月25日，以毛泽东、周恩来、彭德怀等20名红军将领名义发表的《红军为愿意同东北军联合抗日致东北军全体将士书》指出：“中华苏维埃政府与工农红军是愿意与任何抗日的武装队伍联合起来，组织国防政府与抗日联军，去同日本帝国主义直接作战的。我们愿意首先同东北军来共同实现这一主张，为全中国人民抗日的先锋。”② 4月9日，中国共产党派周恩来为全权代表，与张学良在延安举行会谈。对于联合抗日的许多重大问题，双方达成了一致意见，并取得了停止内战、通商、互派常驻代表等具体成果。③ 对于会谈结果，周恩来相当满意，在其给张学良的信中可见一斑：“座谈竟

---

① 李新、陈铁健总主编：《中国新民主革命通史》第6卷，第513页。

② 中央档案馆编：《中共中央文件选集》第11册，中共中央党校出版社1991年版，第4—8页。

③ 会谈主要内容，根据周恩来在会谈结束后的4月10日、11日发给中共中央的电报，大致有以下几个方面：（一）停止内战，一致抗日；（二）抗日救国的道路问题；（三）联蒋抗日的问题；（四）联苏问题、停战、通商、合作等问题。

夜，快慰平生，归语诸同志并电告前方，咸服先生肝胆照人，诚抗日大幸。”① 这次会谈的成功，对于西北地区统一战线的形成意义重大。

共产党对西北另一个实力派人物杨虎城的统战工作开展得稍早。早在1935年12月，毛泽东就委派汪峰②前往西安与杨虎城接洽。1936年4月，中共中央驻共产国际代表团派遣王炳南到西安向杨虎城提出关于反蒋抗日西北大联合的建议，争取他联共抗日。

经过各方的努力，到1936年上半年，红军、东北军和十七路军之间完全停止了敌对状态，三方在抗日的基础上实现了联合。

然而，蒋介石并没有因为西北良好的抗日态势而放弃“攘外必先安内”的立场。在处理完两广事变之后，蒋介石就匆匆飞往西安，压迫张、杨继续“剿共”，并且不断向西北调兵遣将，准备投入内战战场。这与张、杨的抗日立场发生了严重分歧。广大人民“停止内战、一致对外”的正义要求与蒋介石“攘外必先安内”政策的对立和斗争导致了西安事变的爆发。正如周恩来1946年在延安纪念西安事变十周年大会上说：“‘九一八’事变以后，人民已日渐不满于国民党当局的对日不抵抗政策，尤其在中国共产党领导人民武装北上抗日与号召全国建立抗日民族统一战线之后，全国人民要求停止内战实行抗日的呼声，更因之日益广泛，并影响到当时的‘剿共’军队，首先影响到在内战前线的东北军与十七路军。……全国抗日高潮，必然要走向抗战，大势所趋，人心所向，这已无可阻止。唯独蒋介石先生别具心肠，硬要在日寇进攻绥东之际，拒绝东北军请缨抗日，强迫张学良、杨虎城两将军继续内战。但他这种倒行逆施，不仅未能达到目的，反而激起了

---

① 《周恩来书信选集》，中央文献出版社1988年版，第87页。

② 汪峰当时是中共陕西地下省委委员兼军委成员，兼红二十六军政委，曾领导十七路军中共地下党员，很熟悉杨虎城与十七路军的情况。汪峰在中央红军到达陕北前，曾与刘志丹等一起在“左”倾机会主义者发动的“肃反”运动中被扣押，直罗镇战役之后，中共中央派人将其解救。

西安事变……历史应该公断：西安事变是蒋介石自己逼成的。”①

1936 年 12 月 4 日，蒋介石亲临西安部署“剿共”相关事宜。张学良借此机会多次劝说蒋改变内战政策，7 日，张蒋之间发生争执，张学良痛哭陈词，但是蒋介石表示其“剿共”决心至死不变。杨虎城劝蒋也同样无功而返。

鉴于多次“苦谏”均已失败，张学良与杨虎城决定采取强硬措施，逼蒋抗日。据王菊人事后回忆：张学良当时说，我们为了国家，对蒋也仁至义尽了，现在只有干的一条路（指扣蒋）。② 至此，张学良、杨虎城与蒋介石的矛盾已不可调和，武力解决成了最后的选择。

1936 年 12 月 12 日，张学良、杨虎城按照商定计划，分路出击，发动兵谏。据蒋介石在《西安半月记》中记载：“凌晨五时半，床上运动毕，正在披衣，忽闻行辕大门前有枪声，立命侍卫往视。未归报，而第二枪又发，再遣第二人往探。此后枪声连续不止，乃知东北军叛变……”③ 蒋在侍卫的帮助下翻墙逃跑，隐藏在骊山一小洞穴内，天亮时被搜山的士兵发现。参与捉蒋的张学良部下孙铭九回忆：“蒋介石从洞里走出来，弯着腰扶着石头站在洞口，蒋上身穿一件古铜色绸袍，下身穿一条白色睡裤，赤着双脚，脸色苍白，冻得全身发抖。见到孙，赶紧说：你们打死我吧！孙答：不打死你，叫你抗日！蒋发怒道：叫你们副司令来！我腰痛不能走！孙劝道：此地不安全，请委员长还是赶快下山吧，你腰痛，我们背你下山。”④ 随后将蒋介石带到新城绥靖公署早已为其准备好的房间。

在张学良部临潼捉蒋的同时，十七路军也在西安展开行动，控制了西安全城，拘捕了陈诚、蒋鼎文、卫立煌等十多名军政

---

① 中国社会科学院现代史研究室编：《西安事变资料》（第一辑），人民出版社 1980 年版，第 265—266 页。

② 王菊人：《记西安事变前后的几件事》，见《西安事变亲历记》，中国文史出版社 1986 年版，第 140—141 页。

③ 蒋介石：《西安半月记》，正中书局 1937 年版，第 6 页。

④ 孙铭九：《临潼捉蒋》，见《西安事变亲历记》，第 218—222 页。

大员。

张学良、杨虎城扣押蒋介石之后，立即向全国发出通电，说明发动事变完全是出于抗日救国，绝对保障蒋介石的安全，提出八项主张：（一）改组南京政府，容纳各党各派，共同负责救国；（二）停止一切内战；（三）立即释放上海被捕之爱国领袖；（四）释放全国一切政治犯；（五）开放民众爱国运动；（六）保障人民集会结社一切政治自由；（七）确定遵行总理遗嘱；（八）立即召开救国会议。[①] 八项主张清晰地显示出张、杨二人发动事变的动因。此后，西安、南京和中共三方以此八项主张为基础，开始了艰难的谈判历程，并最终促成了事变的和平解决。

二、和平解决的酝酿

西安事变在全国引起了轩然大波，如何解决这一政治危局，国民党内部产生了不同的意见，出于对蒋介石安全问题的担忧，宋氏兄妹等人反对以何应钦为首的“讨伐派”的观点，他们在阻止武力讨伐的同时，也在找寻和平解决危机的途径。中国共产党对事变的态度也经历了由主张杀蒋到逼蒋抗日的转变，这就为双方寻求和平解决提供了可能。

12 月 12 日上午，“西安方面可能发生兵变”的消息传到南京，由于蒋介石在南京国民政府集党、政、军大权于一身，他的被扣立即使南京陷入群龙无首的局面。如何面对这种危局，南京内部形成两种截然不同的意见。一方是以何应钦、戴季陶为代表的“讨伐派”，他们以“维护国家纲纪”为名，不顾蒋介石死活，主张立即对西安进行武力讨伐；另一方以冯玉祥、张继、李烈钧等人为代表，认为为保证蒋介石安全，对西安不应使用武力，主张通过和平方式解决。[②] 此时，南京内部“讨伐派”势力处于上风，

---

① 中国第二历史档案馆等编：《西安事变档案史料选编》，档案出版社 1986 年版，第 3—4 页。

② 孔祥熙：《西安事变回忆录》，见秦孝仪主编：《革命文献》第 94 辑，中国国民党中央委员会党史委员会 1983 年版，第 117—118 页。

12 月 16 日，国民党中央政治委员会举行会议，正式任命何应钦为“讨逆总司令”，指挥部队，进攻西安，内战一触即发。

在“讨伐派”紧锣密鼓地准备对进行西安军事进攻的同时，南京政府中与蒋介石关系密切的宋氏家族和孔祥熙等人，坚决反对何应钦等“讨伐派”的主张。作为蒋介石的妻子和亲属，宋美龄、宋子文他们把蒋介石的生命安全作为政策的出发点自然是情理之中，同时，如果按照“讨伐派”的主张去处理，势必导致中国内战的扩大，那样日本必将乘虚而入，中国的民族危机将进一步加深，这显然不是他们愿意见到的。

事变爆发后的第二天，宋子文收到张学良来电，称：“日寇深入，凛念覆亡，此间所有举措，皆为增强抗战力量，决非从事内争……上海系全国金融枢纽，未容紊乱。诸公关切邦国，尤其金融界之众望，希力予维持，并转向金融界同人详切说明此间举动，决无肇启纠纷之意。务使安定照常，不稍恐慌，诚恐外间谣传，不明真相，特电奉达。”[①] 在了解了张学良发动西安事变的原因后，12 月 14 日，宋子文在上海中国银行接见新闻记者，就西安事变发表谈话，他说：“蒋委员长在西安绝对安全，本人以为西安事变，乃系国家最不幸之事，目前急需用有效方法，于最短期内解决，盖全世界之目光，刻正集中于中国也。本人与蒋院长公私之关系，及与张学良多年之友谊，均为人所共知，在特殊关系中，如有任何可能解决之办法，本人极愿在政府领导之下，尽最大之努力。至于采取何种方法，须待政府决定，本人是否有赴西安一行之必要，亦待命于政府。”[②] 宋子文的谈话表明其认识到了事件的严重性，同时也表达了其愿意为解决事变而奔走的愿望。与南京一片讨伐的呼声相比，宋子文并没有对张、杨的行为大加指责，其“赴西安一行”的表述已经透露出他想用战争以外的方式解决事变。

西安事变消息传来之时，宋美龄正在上海寓所主持召开关于

① 吴景平：《宋子文政治生涯编年》，第 317 页。
② 《中央日报》1936 年 12 月 15 日。

改组全国航空建设会会议。“西安发生兵变，委员长消息不明”的消息对宋美龄来说“不啻晴天霹雳，震骇莫名”，惶急中停止会议，随即与孔祥熙及稍后赶来的大姐宋霭龄商议应对[①]，并于第一时间决定由孔祥熙出面致电张学良要求确保蒋介石的人身安全，电文如下：“此次之事，弟意或兄痛心于失地之久未收复，及袍泽之环伺吁请，爱国之切，必有不得已之苦衷。尚须格外审慎。国家前途，实利赖之。”[②] 由此可见，西安事变后，宋氏家族一开始即以审慎的态度进行应对，对起事者张学良力求委婉协商，避免刺激中伤。宋美龄于 13 日匆匆返回南京。当得知日前国民党中央临时会议议决讨伐西安的军事计划时，宋美龄对这一决定表示强烈反对。她在回忆录中写道：

> 时政府中人深受事变的刺激，情态异常紧张。中央常务委员会及中央政治委员会已于星期六深夜开会，决定办法，立付执行，并将叛变首领张学良明令免去军事委员会委员及“西北剿匪副司令”职，交军事委员会严办。命令措词，异常严峻。京中已于是日晨接到西安发来之通电，署名者除张学良杨虎城及其重要部将外，复有在西安之中央官吏多人。电中列举非难中央之事状，皆是令人发指者，并称彼等曾“涕泣诤谏，屡遭重斥”，故不得不“对介公为最后之诤谏，保其安全，促其反省”。最后指出自命为“救国主张”之八项要求，希望南京当局“俯顺舆情，开诚秉纳，为国家将来开一线之生机”。至所列八项要求，则为：改组南京政府；停止内战（实际注重于“剿共”军事）；立即释放在上海被捕之救国联合会分子七人；释放一切政治犯；保障言论、出版、集会自由；开展民众爱国运动，实行总理遗嘱；立即召集全国救国会议。

---

① 宋美龄：《西安事变回忆录》，正中书局 1937 年版，第 2 页。

② 宋美龄：《西安事变回忆录》，第 2 页。

宋美龄认为：

> 中央诸要人，于真相未全明了之前，遽于数小时内决定给张学良之处罚，余殊觉其措置太骤；而军事方面复于此时，以立即动员军队讨伐西安，毫无考量余地，认为其不容诿卸之责任，余更不能不臆断其为非健全之行动。军事上或有取此步骤之必要，委员长或亦悬盼此步骤之实现，然余个人实未敢苟同。因此立下决心，愿竭我全力，以求不流血的和平与迅速之解决。①

在随后再次召开的国民党中央常务委员会和中央政治委员会联席会议上，宋美龄、宋子文以及孔祥熙坚决主张对事变采取和平解决之态度。国民党元老吴稚晖、戴季陶、居正等人则主张为维系政府权威信誉计，不能纵容张、杨“叛逆”行为，坚持立即对西安进行讨伐。何应钦宣称洛阳一带军队已经开始向潼关进发，应乘张、杨未做好准备前，向西安发动全面进攻，以此还有可能救出蒋介石。宋美龄据理力争：

> 余迭向京中诸要人剀切陈述：于未得确实消息之前，务镇定其态度，信任民众精神上之后援，勿采急遽之步骤。余主张，既未能确证西安将领别有企图，曷若姑信其言之由衷，一方面迅速搜寻其动机之真相，余曾作臆断曰：“或者彼等确有不平之情绪，而自谓其有相当的理由。一部分国人若对中央怀抱不平，中央应虚怀若谷，探索其不平之理由，而尽力纠正之，同为国人，苟有其他途径可寻，又何必求军事解决也。”②

① 宋美龄：《西安事变回忆录》，第2—5页。
② 宋美龄：《西安事变回忆录》，第6页。

但是，国民党中“讨伐派”坚持认为在军事的高压下，张、杨不会孤注一掷，蒋介石的安全可以得到保障，国民政府不能对“叛乱”行为示弱。面对会上讨伐派占上风的情势，宋美龄深感孤立无援，她在回忆录中写道：

> 当时局势虽黑暗危殆，然余深感必有可以解决之途径，故愿中央诸公共信之。因为反复申述，请各自检束与忍耐，勿使和平绝望；更请于推进讨伐之前，先尽力求委员长之出险。盖战事开始之后，委员长即不为亲自统率之陆空军轰炸所误中而丧生，亦将为怨恨暴戾之叛军所残害，不料此时余已陷入甲胄森严与战斗意识弥漫之重围中矣。①

尽管宋氏兄妹未能在会上阻止对西安的讨伐，但由于宋美龄的据理力争，执行军事指挥调遣全国军队职权的何应钦不得不同意空军只炸西安城外，不得在城内投弹，同时会议同意宋美龄派人前往西安了解具体情况。

为了解张学良发动事变的真正意图，在得到南京政府同意之后，宋美龄遂派遣端纳②在“励志社”总干事黄仁霖陪同下，前往西安与张学良沟通了解情况。12 月 14 日，端纳从西安传来消息称张学良邀请孔祥熙赴西安谈判，这使得事变有了和平解决的可能。由于南京方面的反对，再加上身体的不适，孔祥熙未能成行。于是宋美龄于 16 日表示愿与宋子文一起赴陕。张学良对此决定表示欢迎，并表示“在陕安全，弟可完全保证。请即早命驾，无任企盼”③。

宋子文的赴陕计划遭到了“讨伐派”的反对，何应钦曾对其

---

① 宋美龄：《西安事变回忆录》，第 9 页。

② 端纳，澳大利亚人，记者出身，辛亥革命前来到中国，先后担任过清朝两广总督岑春煊和孙中山的顾问，之后曾担任张学良的秘书，张学良游历欧洲时，端纳是随行者。1934 年担任蒋介石的顾问。

③ 中国第二历史档案馆等编：《西安事变档案史料选编》，第 73—74 页。

曰：不应冒险前往西安，阁下对中国财政贡献为世界所瞩目，如果阁下被西安叛乱者关进监狱，这对中国将是一个巨大损失。[2]但是，在宋子文和宋美龄的据理力争下，宋子文最终以私人身份成行。[3] 宋子文的西安之行为西安事变的和平解决提供了更大的可能性。

图 3-3 1936 年宋美龄与端纳[1]

西安事变的爆发举国震惊，如何解决这一政治危局对中共来说也是一个棘手的问题。在经历了一段短暂的曲折之路后，中共最终决定用和平方式解决危机。

张学良、杨虎城发动西安事变是在极端秘密的情况下进行的，中共中央得知这一消息之后，随即采取了相应的应对措施。12 月 13 日，中共中央召开政治局常委扩大会议，集中讨论西安事变问题。在这次会议上，毛泽东指出：西安事变具有革命意义，其行动和纲领都有积极意义；中国共产党对这一事件的态度，不是反对或中立，而应旗帜鲜明地拥护和支持。这一观点得到与会者的支持，但是在如何对待南京政府和处置蒋介石的问题上大家观点

---

① 《国闻周报》1937 年第 14 卷第 48 期，第 1 页。

② 〔美〕傅虹霖：《张学良的政治生涯》，王海景、胥波译，辽宁大学出版社 1988 年版，第 230 页。

③ 宋美龄在《西安事变回忆录》中记载："委员长被禁后一星期，12 月 19 日，余电告端纳，子文决入陕。后因阻止横生，余又去电取消前讯。一小时后，再电告其最后成行。盖子文力排群议，最后请以私人资格前往，我等主张，政府虽不能与叛变者直接谈判以自贬威信，亦应准许我等作劝导叛变者之工作。故子文行后，政府令各报登载，充分说明，子文此行，纯为私人资格之意义。"见宋美龄：《西安事变回忆录》，第 27 页。

不一。多数人“要求罢免蒋介石，交人民公审”，认为“把蒋除掉，无论在哪方面，都有好处”[①]。张闻天则不同意“审蒋”“除蒋”的口号，主张“军事上采取防御，政治上采取进攻”，“把局部的抗日统一战线，转到全国性的抗日统一战线”[②]。12 月 15 日，以毛泽东、朱德、周恩来等 15 名红军将领名义致电国民党和南京政府，批评了南京政府的对内对外政策，肯定了张、杨的行为，重申了中共“谋国共之合作，化敌为友，共赴国仇”的抗日民族统一战线政策，诫使南京诸公“自别于亲日派，谓宜立下决心，接受张、杨二氏主张，停止正在发动之内战，罢免蒋氏，交付国人审判，联合各党各派各界各军，组织统一战线政府……举内战之全军，立即开赴晋绥，抵御日寇”。并表示“愿率人民红军二十万众，与贵党军队联袂偕行，共赴民族革命之战场，为自由解放之祖国而血战”。[③] 中共这一主张事实上是与 1936 年 9 月 1 日中共中央关于逼蒋抗日问题的指示精神背道而驰的[④]，中共在对待蒋介石的策略上出现了反复和动摇。[⑤] 但是这种反复和动摇是短暂的，中共在对事变之后的国内外形势进行仔细研究之后，于 12 月 19 日正式决定和平解决西安事变。[⑥]

尽管出发点不同，但是宋氏兄妹和中共都希望能够通过和平

---

① 张培森等：《张闻天与西安事变》，《党的文献》1988 年第 3 期。

② 《张闻天西安事变前后发言和电报六篇》，《党的文献》1988 年第 3 期。

③ 《红军将领关于西安事变致国民党南京政府电》（1936 年 12 月 15 日），见中央档案馆编：《中共中央文件选集》第 11 册，第 124 页。

④ 《中共中央关于逼蒋抗日问题的指示》指出：目前中国的主要敌人，是日帝，所以把日帝与蒋介石同等看待是错误的，“抗日反蒋”的口号，也是不适当的。在日帝继续进攻，全国民族革命运动继续发展的条件之下，蒋军全部或其大部有参加抗日的可能。我们的总方针，应是逼蒋抗日。见中央档案馆编：《中共中央文件选集》第 11 册，第 89 页。

⑤ 中共中央出现此种反复，究其原因，主要有：（一）中共中央一些负责人在西安事变后对形势估计得过于乐观，对蒋介石在国民党内的影响力认识不足。（二）感情因素起作用，出于对蒋介石对中共的屠杀和“攘外必先安内”政策的愤慨。见李新、陈铁健总主编：《中国新民主革命通史》第 6 卷，第 687—689 页。

⑥ 促使中共转变的原因主要有以下几点：（一）西安事变爆发后，并没有出现有人预想的那种张、杨振臂一呼，全国群起响应的局面；（二）周恩来的西安之行，使中共中央有了正确的决策；（三）中共担心亲日派完全控制南京政权；（四）苏联态度的影响。见李新、陈铁健总主编：《中国新民主革命通史》第 6 卷，第 689—703 页。

的方式解决西安事变，这就为各方通过政治协商和平解决事变提供了可能。在与中共和张、杨的谈判中，宋氏兄妹表现出了在政治生活中少有的合作精神，联手应对政治危局，为西安事变的和平解决作出了特殊的、不可替代的贡献。

三、和平解决的实现

西安事变能否和平解决，取决于张、杨和中共以及蒋介石三方的态度。张、杨发动事变的动机就是要迫使蒋介石放弃“攘外必先安内”的政策，停止内战，一致抗日。在这种特殊的情况下，如果蒋介石放弃了这一政策，西安事变和平解决的大门就完全打开了。在张、杨和中共的态度业已明确的情况下，如何促使蒋介石转变态度就成为和平解决事变的关键。这一历史性的任务最终降临于与蒋关系密切的宋氏兄妹的肩上。兄妹两人也不负众望，紧密配合，加上中共和张、杨等人的共同努力，最终促使了西安事变的和平解决。

在征得南京政府同意之后，宋子文最终得以私人身份前往西安，并于12月20日上午成功抵达。原计划与宋子文一同前往的宋美龄，考虑到此时南京政府的特殊情况，未能成行。宋美龄在《西安事变回忆录》中记述：

> 余决偕子文同机入陕，神经兴奋，几不能持。行前最后一瞬间，政府中高级长官群集余所，坚持暂留，亦有谓余若留京，尚可于委员长未离西安以前劝止中央军之进攻者。余乃自动与彼等约，倘子文去后三日内不能返京，则不得再阻余飞西安。同时接张学良来电告余，倘不能阻止进攻，切勿往陕。①

蒋介石被扣之后，又气又恼，不吃不喝，拒绝与张、杨谈判。

① 宋美龄：《西安事变回忆录》，第27页。

在读了端纳捎来的宋美龄来信之后，蒋介石了解到南京的危险局势，同时也得知张、杨发动事变的真实原因，此后蒋介石的态度开始变化。[①] 蒋介石于17日向张学良表示同意如下四项条件，即：（一）改组国府，采纳抗日分子；（二）废除塘沽何梅察北协定；（三）发动抗日运动；（四）释放被捕七人。[②] 可是当宋子文于1936年12月20日到达西安向蒋介石介绍了南京的情况之后，蒋介石的态度却发生了变化，指示宋子文以武力解决事变[③]："告子文此时非迅速进兵不能救国家脱离危险，亲示子文以进兵之方略，俾其归告中央"，"此事之处置应从国家前途着想，切勿计虑个人之安危，吾人作事应完全为公而不可徇私，如能速将西安包围，则余虽危亦安，即牺牲亦瞑目矣"。[④] 宋子文则认为，武力对事变的解决无益，"指出形势之危险性，为军事上之成功并不能确保其性命之保全，即便西安被占，他们尚可退至接壤共区，惟国家将陷于分裂，内战四起。他的性命攸关整个国家之命运，并非其个人一己之事。他必须认识到，他的案件，不似一名将军遭一群有组织队伍捕获那么简单，只要捕捉者被迫作出退让，就可饶其性命"。宋并表示要"谋划一解决之道"[⑤]。在宋子文的劝说下，蒋介石进行了冷静思考，态度又开始趋于缓和。

宋子文这次西安之行，收获颇丰。首先，他确定了蒋介石的人身安全基本无恙；其次，在与张学良会见中他已感受到张、杨抗日热情以及希望和平解决事变的愿望；最后，更为重要的是宋子文已得知中共代表周恩来已到西安，并且中共也希望以和平的方式解决危机。这一切坚定了宋子文通过和平方式解决事变的信

① 宋美龄在《西安事变回忆录》中记载："委员长并未受苛刻待遇；端纳到达后，委员长已迁入较舒适之房屋；斯时委员长始初次与张学良谈话，惟怒气仍未息。"见宋美龄：《西安事变回忆录》，第17页。

② 宋子文：《西安事变日记》，张俊义译，《百年潮》2004年第7期。

③ 蒋介石态度上的反复表明他当时的确左右为难，如果与张、杨妥协，则可以保住其性命，但其回南京之后的政治生命可能因此受到影响，同时蒋介石对接受这些条件的后果也心存疑虑，因此出现了反复。

④ 蒋介石：《西安半月记》，第43—44页。

⑤ 宋子文：《西安事变日记》，《百年潮》2004年第7期。

心。正如其在日记中透露："在离开南京之前，我一直在军事解决与政治解决间摇摆，然经我实地细量，我坚信，拯救中国唯一之途只能借政治解决。"①

12月21日，宋子文飞返南京，向宋美龄、孔祥熙以及叶楚伧、顾祝同等军政大员汇报西安的情况。他指出："我等目标原为救委员长，故决不能采取军事解决。以我之见，即便落败，他们亦不会饶过委员长之性命。反之，政府军事上的成功只会愈加危及委员长之安全。"对于此时蒋介石的立场，宋子文没有向南京政要全盘托出，只是与宋美龄和孔祥熙做了交代。当被问及蒋介石是何立场时，宋子文只是模棱两可地告知其他要员："若能寻得和平解决之道，委员长不希望看到再发生内战。"②

宋子文西安之行的成果令宋美龄大受鼓舞，她决定不顾蒋介石的劝阻，亲自飞赴西安救夫。

1936年12月22日，宋美龄与宋子文、端纳、蒋鼎文、戴笠一起飞往西安，开始与西安和中共方面谈判，寻求和平解决事变的方法。

图3-4 漫画：《宋子文宋美龄飞陕》③

由于事前蒋介石对宋美龄的到来一无所知，当见到宋美龄时，蒋竟然"感动悲咽，不可言状"④。宋美龄向蒋介绍了南京的有关情况，并劝慰蒋介石："此后君不应轻言殉国矣。君之责任乃在完成革命以救国，君更应宝贵君之生命。"并告知蒋介石西安事变是可以和平解决的："余复告以感觉劫持彼者已萌悔祸之意，倘处理得宜，或

① 宋子文：《西安事变日记》，《百年潮》2004年第7期。

② 宋子文：《西安事变日记》，《百年潮》2004年第7期。

③ 《苏衡》1937年第21期，第31页。

④ 蒋介石：《西安半月记》，第47页。

可立即解决。我等目前应自制，应忍耐。”① 宋美龄的到来促进了蒋介石态度的转变。宋美龄一方面可以劝说蒋介石作出适当让步，同时她可以充当蒋的代表，和宋子文一起，与西安方面谈判，这样既避免了蒋直接出面的尴尬，又能取得对方的信任。从蒋介石的日记中可以看出，宋美龄的劝说的确收到了效果。

“妻见余，强作欢颜，而余则更增忧虑。盖旬日以来，对自身生死早已置之度外，而今后乃更须顾虑余妻之安危。”“妻告余以外间种种情况，并劝余应先设法脱离此间，再言其他。”② 蒋介石接受了宋美龄的建议，这就使事变的和平解决出现了转机。

宋子文到达西安之后当晚见蒋介石，征询与周恩来见面的意见，蒋介石要求宋子文与宋美龄一同去见周恩来，并要求周恩来必须同意：“（一）取消中华苏维埃政府；（二）取消红军名义；（三）放弃阶级斗争；（四）愿意服从委员长作为总司令的指挥。”蒋介石还要求宋子文告诉周恩来，“他一刻亦没忘记改组国民党之必要，他保证将于三个月内召集国民大会，在此之前，他须召开国民党大会，以还政于民。如有必要，他可请蒋夫人签具一份保证。重组国民党后，倘若共产党服从他如同他们之服从总理，他将同意：（一）国共联合；（二）抗日容共联俄；（三）他将给汉卿发布手令，收编红军，收编人数将视其拥有武器之精良度决定”③。

宋氏兄妹的劝说在一定程度上促成了蒋介石态度的转变，在此之前，周恩来曾托张学良提出见蒋介石，遭到蒋介石的拒绝。此时，宋子文探询，蒋介石决定由其出面了解周恩来的态度后，再定对付方针。就此而言，宋子文实为局面能顺利化解之关键因素。④ 蒋介石态度的转变，为西安事变的和平解决提供了前提条

---

① 宋美龄：《西安事变回忆录》，第 34 页。

② 蒋介石：《西安半月记》，第 47—48 页。

③ 宋子文：《西安事变日记》，《百年潮》2004 年第 7 期。

④ 吴景平主编：《宋子文与战时中国（1937—1945）》，复旦大学出版社 2008 年版，第 88 页。

件。在这一过程中，宋氏兄妹发挥了不可替代的关键作用。

1936年12月23日上午，以张学良、杨虎城、周恩来为代表的西安方面与蒋介石方面代表宋子文正式谈判。谈判分两部分：第一部分主要围绕周恩来提出的中共和红军六项主张展开；① 第二部分主要由宋子文谈六项主张的具体实施意见，并就如何改组南京政府以及成立过渡政府的相关事宜进行讨论。②

谈判进行得较为顺利，宋子文将谈判内容告于蒋介石，蒋介石作出如下答复：

> 一、将不再担任行政院长，拟命孔博士担任。新内阁绝不会再有亲日派。
>
> 二、返回南京后，将释放在上海被捕之七人。
>
> 三、1. 设立西北行营主任，由张负责。
>
> 2. 同意将中央军调离陕、甘。
>
> 3. 中共军队应当易帜，改编为正规军某师之番号。
>
> 4. 中日一旦爆发战争，所有军队一视同仁。

---

① “子、停战，撤兵至潼关外。丑、改组南京政府，排逐亲日派，加入抗日分子。寅、释放政治犯，保证民主权利。卯、停止剿共，联合红军抗日，共产党公开活动（红军保存独立组织领导。在召开民主国会前，苏区仍旧，名称可冠‘抗日’或‘救国’）。辰、召开各党各派各界各军救国会议。巳、与同情抗日国家合作。以上六项要蒋接受并保证实行。中共、红军赞助他统一中国，一致对日。宋个人同意，承认转达蒋。”见《周恩来选集》上卷，人民出版社1980年版，第70—71页。

② 具体方案如下：“子、宋提议先组织过渡政府，三个月后改造成抗日政府。目前先将何应钦、张群、张嘉璈、蒋鼎文、吴鼎昌、陈绍宽赶走。推荐孔祥熙为院长，宋子文为副院长兼长财政，徐新六或颜惠庆长外交，赵戴文或邵力子（张、杨推荐）长内政，严重或胡宗南长军政，陈季良或沈鸿烈长海军，孙科或曾养甫长铁路，朱家骅或俞鹏长交通，卢作孚长实业，张伯苓或王世杰长教育。我们推荐宋庆龄、杜重远、沈钧儒、章乃器等入行政院。宋力言此为过渡政府，三个月后抗日面幕揭开后，再彻底改组。我们原则同意，要宋负责；杜、沈、章等可为次长。丑、宋提议由蒋下令撤兵，蒋即回南京，到后再释爱国七领袖。我们坚持中央军先撤走，爱国领袖先释放。寅、我们提议在这过渡政府时期，西北联军先成立，以东北军、十七路军、红军成立联合委员会，受张领导，进行抗日准备，实行训练补充，由南京负责接济。宋答此事可转蒋。卯、在蒋同意上述办法下，我们与蒋直接讨论各项问题（即前述六项）。宋答可先见宋美龄（子文、学良言她力主和平与抗日）。”见《周恩来选集》上卷，第71—72页。

四、1. 派蒋鼎文将军去命令中央军停止进军。

2. 将与汉卿讨论双方共同撤军，在离开西安后，将发布手令。①

西安方面对于蒋介石的答复“似甚为满意”，虽然有些地方还有一点分歧，但是这些条款基本奠定了谈判的基础。12 月 24 日，谈判继续进行，宋美龄明确表示赞同停止内战，宋子文也在一些具体问题上向中共和张、杨明确承诺，最终双方达成一致，周恩来发给中共中央的电报详细记录了谈判结果：

子、孔、宋组行政院，宋负绝对责任保证组织满人意政府，肃清亲日派。

丑、撤兵及调胡宗南等中央军离西北，两宋负绝对责任。蒋鼎文已携蒋手令停战撤兵（现前线已退）。

寅、蒋允许归后释放爱国领袖，我们可先发表，宋负责释放。

卯、目前苏维埃、红军仍旧。两宋担保蒋确停止剿共，并可经张手接济（宋担保我与张商定多少即给多少）。三个月后抗战发动，红军再改番号，统一指挥，联合行动。

辰、宋表示不开国民代表大会，先开国民党会，开放政权，然后再召集各党各派救国会议。蒋表示三个月后改组国民党。

巳、宋答应一切政治犯分批释放，与孙夫人商办法。

午、发动抗战，共产党公开。

未、外交政策：联俄，与英、美、法联络。

申、蒋回后发表通电自责，辞行政院长。

要、宋表示要我们为他抗日反亲日派后盾，并派驻

① 宋子文：《西安事变日记》，《百年潮》2004 年第 7 期。

沪与他秘密接洽。[1]

经过两天的谈判，双方就和平解决西安事变基本达成共识，对西安事变后形势也做了极为乐观的估计，因此何时释放蒋介石就成了事变能否和平解决的最后一道关卡。

关于释放蒋介石的谈判进展并不顺利。蒋介石不愿在协议上签字，而只是以"领袖"的人格担保协议的执行，而西安方面则要求蒋介石必须有书面承诺，西安方面多数人坚称，在委员长离开西安之前，若非全部，至少应履行部分条款。双方各执一词，互不相让。中共此时的态度也基本如此，"认为在走之前还须有一政治文件表示"[2]。化解这一分歧又是摆在宋氏兄妹面前的一项艰巨任务。

为了早日释放蒋介石，宋氏兄妹不遗余力，首先劝说张、杨早日释放蒋介石。宋子文指出："在目前南京已知局势下，委员长返抵南京前，将不能有任何作为。"希望西安方面"必须对他（蒋介石）施以绝对信任，不能损害其威信"。并指出："无论如何，在其（蒋介石）返回之前，他宁愿去死，亦不会采取其中任何一项措施。"[3] 宋美龄也对张施以压力，指出："圣诞日为停战限期之最后一日，如今日不能释委员长回京，则中央军必开始进攻。我等固死，汝亦不能独免。"她还用孔祥熙的话劝慰张学良，如果于25日释蒋，不啻"赠国家以无价之圣诞礼物"也。宋美龄回忆道，"张闻言，状甚踌躇，唯允当勉力达我期望"，甚至表示不惜"与之（杨虎城）抗战"，也要达到释蒋的目的。[4]

张学良是西安事变的主要发动者，承受的压力较大。此时他担心夜长梦多，节外生枝，因此赞同早日释蒋，然而，其部下认为在蒋介石没有履行任何条件的情况下，释蒋是一种极端冒险的行为。

---

① 《周恩来选集》上卷，第72—73页。

② 《毛泽东致彭、任电》，《文献和研究》1986年第6期。

③ 宋子文：《西安事变日记》，《百年潮》2004年第7期。

④ 宋美龄：《西安事变回忆录》，第48—49页。

正如张学良写的："良在当时之处境十分困苦，一方面对蒋公安全须要竭力照顾，而蒋公又从不假以词色，总秉成仁之决心，责良无论任何堂皇之请求，在威胁情形之下决不应允，亦不同良等商讨。对公则如是，对部属及各方面又须竭力说服，以期勿再扩大。"①

针对这种状况，宋子文与张学良讨论之后，决定由张召集其中态度较为激烈的将领训话以解决分歧，这些将领最终接受了张学良的意见。

中共在释放蒋介石的问题上态度的变化可能也由于外来的压力。据汉娜·帕库拉在《宋美龄新传》中记载："蒋介石能够脱险的关键是斯大林突然拍发电报给宋庆龄，要她转达给毛泽东。电报要求中共必须运用其影响力，促成蒋介石获释。否则，'他们将被莫斯科谴责为土匪，遭到世界的摒弃'。"②

在说服张学良及其部下释放蒋介石之后，宋氏兄妹下一个工作重点就是说服杨虎城。此时在释放蒋介石问题上杨虎城与张学良观点迥然不同，杨虎城对蒋介石极不放心，认为在没有文件保证的情况下难保蒋介石不反悔。双方曾因这一问题发生激烈争吵。③ 况且杨虎城当时控制着西安，他完全可以用武力强行扣留蒋介石，形势极为危险。宋子文一方面与张学良商量相关对策，④ 同时督促周恩来出面说服杨虎城，极力说明蒋介石离开的必要性，

---

① 张学良：《西安事变回忆录》，转引自刘朋主编：《中共党史口述实录》第一卷，中国古籍出版社 2010 年版，第 451 页。

② 包括周恩来在内，许多中共党员同意毛泽东的看法，觉得若能再把蒋介石多留置西安几天，更能促进国共双方合作，但是，斯诺认为："没有疑问，斯大林有意救蒋介石，是因为深怕国民党没了蒋介石，其将领一怒可能靠向日本，成立反俄同盟。"见〔美〕汉娜·帕库拉：《宋美龄新传》，第 251 页。

③ 宋子文在日记中写道："晚上，张告诉我，他与杨发生激烈争吵。(杨指责称)你发动了政变，在未获任何保证下，而你竟允委员长离去，他定会让你我人头落地。张说他个人对政变负完全责任，如果他们接受他的领导，一切均会好转，若否，则尽可开枪打死他。对其行动方针，难道还有其他选择？难道你们不想结束此等局面？杨大为不满地离去。"见宋子文：《西安事变日记》，《百年潮》2004 年第 7 期。

④ 当时宋子文与张学良商定，倘局面未有改善，宋子文应动员宋美龄于次日晨以力促延长停战期为由，先行返回南京。待入夜，宋子文与张学良将携委员长先乘车先至张的营地，然后由陆路前往洛阳。见宋子文：《西安事变日记》，《百年潮》2004 年第 7 期。

指出："必须让委员长即速离开，再行耽搁只能令局势进一步复杂，战端一开，难以平息。""西安事变已近解决，再行停留将影响委员长之威信。"[①] 周恩来答应"尽其所能"，劝说杨虎城同意释放蒋介石，也正是周恩来最终说服了杨虎城，使蒋介石能够平安脱险，西安事变最终实现了和平解决。

图 3-5 西安事变和平解决后蒋介石、宋美龄回到南京[②]

宋氏兄妹联手处置西安事变可以说是其政治生涯中颇具光彩的一页。他们冒着生命危险，亲临西安，周旋于各方势力之间，宋子文利用解决事变之机迫使蒋介石答应改组南京国民政府，实现团结抗日的目的，最终促成了西安事变的和平解决。宋氏兄妹在西安事变中的作用正如宋美龄在事变之后所撰写的《西安事变回忆录》中的评价，宋美龄说："当时余对西安事变已具一种感想：譬之造屋，端纳既奠其基，子文已树柱壁，至上楼盖顶完成之作，实为余无可旁贷之责任矣。"[③] 宋美龄在回忆录中对宋子文的作用评价总体上还是比较准确的，对自己的作用有些夸大也是

① 宋子文：《西安事变日记》，《百年潮》2004 年第 7 期。

② 《青年月刊（南京）》1937 年第 3 卷第 4 期，第 1 页。

③ 宋美龄：《西安事变回忆录》，第 28 页。

在所难免的。

可以说，史学界对宋氏兄妹在西安事变中作用的认识基本上遵循宋美龄在回忆录中所确立的基调。那么，如果没有宋氏兄妹在西安的表现，事变最终能否得到和平解决呢？对这个问题，我们仍然可以给予肯定的回答，因为促使西安事变和平解决还有一个很重要的因素，那就是苏联的态度。

西安事变发生之后，苏联作出了国际上最早的反应。当时国内很多进步人士，包括中共都对苏联的态度寄予很高的期望，希望其采取支持西安的立场。然而，事实却令西安和中共大失所望。12 月 14 日，苏共机关报《真理报》发表社论，对张学良进行攻击，把西安事变说成是“叛变”，是“利用抗日进行投资”。[①] 社论真实反映了苏联政府的立场，那就是完全站在南京一边，为蒋介石说话，对张、杨的行为进行抨击。共产国际也持与苏联一致的立场。

苏联的立场令中共和西安方面大感意外，但是究其原因也并非偶然，这是由苏联当时面对的险恶的国际环境所决定的。1936 年年末，苏联处于被德、日两大法西斯国家东西夹击的状态。在东方，日本在占领中国东北后，积极推进其“北进”计划，对苏联虎视眈眈，西方国家也企图把日本的侵略祸水引向苏联；在欧洲，希特勒侵略气焰十分嚣张，正在疯狂地扩军备战，企图侵略苏联，称霸世界。对苏联来说，来自德国的威胁更大，为此苏联将精力主要集中在欧洲。在亚洲，苏联的策略是联蒋遏日。它认为蒋介石领导的南京国民政府是抗日的主导力量，所以苏联政府对中国的政策就是支持蒋介石统一中国，反对发生反蒋事件。苏联认为张、杨的行为与苏联的政策相抵触，因此对西安事变大肆攻击。苏联的态度使张学良大失所望，也使其倍感压力。所以他后来匆忙决定释放蒋介石，不能不说苏联的态度是其中的原因之一。同时，苏联反对扣押蒋介石，但是也不希望中国内战扩大，

---

① 《真理报》1936 年 12 月 14 日。见李新、陈铁健总主编：《中国新民主革命通史》第 6 卷，第 659 页。

认为中国的内战只能对日本有利，希望和平解决冲突。12 月 20 日，《真理报》发表文章《日本挑动中国内战》，指出“日本此举是直接公开挑起中国内战，此种政策之目的在于排除和平解决危机的可能性”①，“日本的计划在于，排除和平解决冲突的可能性，并通过派兵讨伐张学良挑动其对蒋介石下毒手。十分明显，日本试图挑起中国大规模内战，以便利用此机会肢解中国并夺占中国一系列省份”②。苏联希望和平解决事变的态度和中共和平解决西安事变的坚决主张势必会对事变的解决产生实质性的影响。因此，笔者认为，对宋氏兄妹在西安事变中的作用不应过分夸大，即使没有他们的努力，西安事变也会和平解决。

第三节　宋美龄、宋子文与史迪威事件

史迪威事件是抗日战争后期中美外交史上的一次重大历史事件，该事件反映了当时中美两国在外交上的矛盾与冲突，也体现了美国对华政策逐渐调整的过程。历时两年半的蒋介石与史迪威之间的冲突最终以史迪威被召回国而得以解决。宋氏兄妹，尤其是宋子文，介入了事件的整个过程。史迪威能够来到中国，宋子文功不可没；然而，当蒋介石与史迪威之间矛盾激化时，宋子文又立场鲜明地帮助蒋介石驱逐史迪威。宋子文这种既唱红脸又唱白脸的双重面相，凸显了其在蒋史冲突问题上与蒋介石立场的高度一致。然而，宋美龄在这一过程中的所作所为却又直接导致了蒋宋（子文）之间的又一次冲突。

一、史迪威来华

1941 年 12 月 7 日，日军偷袭珍珠港，太平洋战争爆发，孤军

① 《日本挑起中国内战》，《真理报》1936 年 12 月 20 日。见李新、陈铁健总主编：《中国新民主革命通史》第 6 卷，第 672 页。

② 《真理报》1936 年 12 月 24 日。见李新、陈铁健总主编：《中国新民主革命通史》第 6 卷，第 672 页。

抗击日本四年多的中国终于获得了与美英等国联合抗日的机会。在随后的几天内，蒋介石多次召见盟国驻华大使和武官，建议盟国从速制订联合作战计划、成立联合指挥机构、缔结军事同盟协定，以便在军事上协同作战。[①] 1941 年 12 月 31 日，美国总统罗斯福提议组织中国战区，次年 1 月 4 日，蒋介石被正式推举为中国战区最高统帅，负责指挥中国、泰国及越南地区联军部队作战。为了加强中方与美英之间的联系，1 月 4 日，蒋致电在美国的宋子文，命他提请美国总统罗斯福指定一位高级将领担任中国战区统帅部参谋长。蒋介石认为这名军官须具备的条件是"军阶应在准将以上；无须是远东问题专家"[②]，但美国政府有自己的考虑。美国方面经与宋子文多次磋商，最后决定任命史迪威担任这一职务。[③] 宋子文于 1 月 19 日致电蒋介石通报这一结果："所谓高级军官，即以之兼充中国战区联军参谋长，拟推荐史迪威中将，此人公认为美陆军中最优秀之将材，现充军团长，曾任马歇尔参谋长之作战局长，通华语。"[④] 1 月 22 日，蒋介石致电宋子文，表示"非常欢迎史迪威将军来华任职"[⑤]。但蒋介石同时强调："联军参谋长须受统帅之命令而行，此点应先决定，则其他问题皆可根本解决也。"[⑥] 1 月 29 日，史汀生[⑦]致函宋子文，通报史迪威一事，并指出史迪威所拥有的职权："指挥中缅印之美军；监督及管理一

① 秦孝仪主编：《中华民国重要史料初编——对日抗战时期》第三编《战时外交》（三），中国国民党中央委员会党史委员会 1981 年版，第 41、52—53 页。

② 吴景平、林孝庭主编：《宋子文与外国人士往来函电稿（1940—1942）》，复旦大学出版社 2009 年版，第 168 页。

③ 史迪威，被称为中国问题专家，曾在中国住过 12 个年头，足迹遍及大半个中国，精通汉语，被称为 20 世纪的马可·波罗，美国军方称之为"一位深谋远虑的将领"。见〔美〕巴巴拉·塔奇曼：《史迪威与美国在华经验》，陆增平译，商务印书馆 1985 年出版，第 465 页。

④ 吴景平、郭岱君编：《宋子文驻美时期电报选（1940—1943）》，复旦大学出版社 2008 年版，第 145—146 页。

⑤ 〔美〕巴巴拉·W. 塔奇曼：《逆风沙——史迪威与美国在华经验（1911—1945）》，汪溪等译，重庆出版社 1994 年版，第 319 页。

⑥ 秦孝仪主编：《中华民国重要史料初编——对日抗战时期》第三编《战时外交》（三），第 114 页。

⑦ 史汀生当时担任美国陆军部部长。

切美国对华援助；代表美国参加在华的一切国际军事会议；管理、维持并改进滇缅公路；指挥在华美国空军；担任中国战区参谋长。”① 3 月 4 日，史迪威来华，6 日，正式向蒋介石报到，并向蒋介石说明其来华主要任务与职责，蒋介石对此“颇感不悦”。②

史迪威能够成功来华，宋子文发挥了重要作用。史迪威奉命来华之前，宋子文对史迪威的个人经历有过详细的了解，并与其进行过多次会谈。史迪威留给宋子文的印象是干练、处事利索、迅速果断，宋子文对史迪威的评价较高。史迪威来华之后就住在宋子文在嘉陵江边的一幢西式别墅里，此事也反映出其对史迪威的良好印象。对于史迪威出任中国战区参谋长一职，宋子文也没有提出异议。1942 年 3 月 8 日，宋子文致电蒋介石，指出：“史迪威为其（指马歇尔）部下最得力之将材，本拟任为出征军总司令，惟中国事务紧要，故派其赴华，谅蒙委员长重用。”③ 由此可以看出，宋子文对史迪威是“十分满意”的，并确信“蒋介石也会满意的”，宋子文认为他“选择了军队中最适合担任这一职务的人”。④

史迪威来华之时，正值缅甸战场吃紧，英军节节败退，真可谓任重道远。此时蒋介石对史迪威持比较欢迎的态度，一方面希望史迪威能够带领联军部队改变缅甸战场的颓势，确保滇缅公路这条中国最后一条国际交通线的安全，同时也希望借史迪威之手从美方获取更多的物质援助以维持中国的抗战局面。

二、蒋史冲突

史迪威来华后不久即被蒋介石任命为中国战区参谋长。史迪

---

① 吴景平、林孝庭主编：《宋子文与外国人士往来函电稿（1940—1942）》，第 175 页。

② 《蒋介石日记》，1942 年 3 月 6 日。

③ 秦孝仪主编：《中华民国重要史料初编——对日抗战时期》第三编《战时外交》（三），第 567 页。

④ 〔美〕约瑟夫 · W. 史迪威：《史迪威日记》，黄加林等译，世界知识出版社 1992 年版，第 31 页。

威上任之前，蒋介石对其可谓寄予厚望，希望其能够一改缅甸战场的颓势。为配合史迪威，蒋介石曾向当时担任中国远征军副司令长官兼第五军军长的杜聿明强调其要绝对服从史迪威的指挥。[①] 3月6日，蒋介石在重庆向史迪威表示，准备将缅甸战场的指挥权交给他，这也给史迪威吃了颗定心丸。[②]

然而，双方在缅甸战场上作战理念的差异导致蒋史分歧的出现。当时蒋介石主张在缅甸战场采取防守战略。在史迪威赴缅前夕，蒋介石向史迪威阐明对缅甸战场的看法："我军此次入缅作战能胜不能败"，"苟遭失败，不但在缅甸无反攻之望，即在中国全线再发动反攻，滇省与长江流域后备不坚，亦将势不可能"[③]。史迪威日记记载："蒋大谈中国人的气质和他们所受到的局限，他们不能去进攻的理由。他们将做什么，除非接到撤出的命令，否则他们不会这样做。但是在缅甸失败对于士气将是灾难性的一击。第五军和第六军是军队的精华，必须慎重。"[④] 史迪威主张收复仰光，认为仰光是美国援华物资的转运站，一旦失去仰光，这条生命线将被切断。蒋介石认为中国军队不具备收复仰光的条件，他主张战略重点是保卫曼德勒，待日军深入之后再行反攻。二人之间展开了激烈的争论。据史迪威在日记中记载："我们进行了激烈的争论，他每提出一个论点我便加以反驳。我们就这样不断纠缠。"[⑤] 蒋介石也在当天的日记中表达了他的愤怒，批评史迪威"无作战经验，徒尚情感"，"不顾基本与原则"[⑥]。3月19日，蒋史二人再次磋商，蒋介石指出"目前应取守势，切勿轻进以求侥幸"，提出一折中的方案："如果不发生意外，也许在一个月里我们就能发动攻势。"蒋介石同时提出："决不要让第五军和第六军

---

① 杜聿明：《中国远征军入缅对日作战述略》，见《中华文史资料文库·政治军事编》第四卷，文史资料出版社1996年版，第871页。

② 〔美〕约瑟夫·W. 史迪威：《史迪威日记》，第50页。

③ 秦孝仪主编：《中华民国重要史料初编——对日抗战时期》第二编《作战经过》（三），第238页。

④ 〔美〕约瑟夫·W. 史迪威：《史迪威日记》，第54页。

⑤ 〔美〕约瑟夫·W. 史迪威：《史迪威日记》，第60页。

⑥ 《蒋介石日记》，1942年3月18日。

吃败仗。”史迪威明确表态，让蒋介石另外找一个能保证这一点的人来，因为他无法保证做到这一点。史迪威对这次谈话极为不满，在日记中怒斥蒋介石为“顽固的家伙”①。

为了确保曼德勒这一滇缅公路交通枢纽的安全，中国远征军第五军第200师戴安澜部在同古与日军血战。这期间，史迪威与中国远征军副司令长官杜聿明对缅甸战场局势的认识发生分歧，史迪威仍然坚持其主张进攻的立场，杜聿明则认为不具备进攻的条件，反对进攻。双方激烈争论，互不相让，史迪威严令杜聿明服从命令，杜聿明认为军力不足，贸然进攻的后果将是灾难性的，主张“应在予敌一定打击之后及时转移，以保存战力”②。第200师苦战12天后，奉命撤退。此举令史迪威大为恼火，他把同古会战未能如期进行的责任归咎于中方的消极态度以及蒋介石对其指挥权的干预，并于4月1日愤而向蒋介石提出免其职务的要求。他在当天的日记中写道：“由于愚蠢、恐惧和态度消极，我们失去了一个在东吁（同古）打退敌人的绝好机会，根本原因在于蒋介石的插手。”“他身处距前线1600英里的地方，写下一道接一道的指令，要我们去做这做那，其根据是零散不全的情报和一种荒谬的战术概念。他自认为懂得心理，事实上，他自认懂得一切，他反复无常，随着行动中的每一个微小变化而不断改变主意。”“其结果是使我本来就很小的权威消失得无影无踪。我没有军队，没有警卫，没有枪毙任何人的权力。”③

杜聿明的观点得到了蒋介石的认同。蒋介石在日记中批评史迪威：“以为应在同古全力决战，此不知敌军心理与战地实情之谈也。”④ 史迪威这种类似要挟的举措令蒋介石极为不快，蒋介石在日记中写道：“史迪威以我军师长不听其进攻同古敌军之命令，怄气回渝辞职，殊出意外。我出国作战，对敌对友，对当地民心，

① 〔美〕约瑟夫·W. 史迪威：《史迪威日记》，第61页。

② 杜聿明：《中国远征军入缅对日作战述略》，见《中华文史资料文库·政治军事编》第四卷，第875页。

③ 〔美〕约瑟夫·W. 史迪威：《史迪威日记》，第72—73页。

④ 《蒋介石日记》，1942年3月31日。

皆多困难。客卿指挥我军，又不熟悉各方内情，皆须面面顾到，较之国内作战之单纯者，其难易相去有天壤之别，殊为可虑。而史氏受英方宣传与运动，更可顾虑。于缅战英军无力，而必欲掌握指挥权，图保其虚名，殊为可羞。明知我虽牺牲而无益，而为全局与美国关系计，又不能不撑持到底。惟有照预定方针进行以待时局之推移而已。”①

尽管此时蒋介石对史迪威的不满已经有所流露，但蒋介石仍然极力忍耐。为了安抚史迪威，蒋介石任命罗卓英担任中国远征军司令长官，并要求其要在史迪威的统帅下指挥作战，同时亲自陪同史迪威返缅。② 4 月 7 日，蒋介石告诫驻缅高级军官，史迪威“有提升、撤职、惩罚中国远征军中任何一名军官的权力”，“他们应无条件地服从命令”③。蒋介石的一系列举措暂时缓解了与史迪威的矛盾，但是此后不久，因为缅甸战场的溃败，双方的矛盾开始激化，并且达到第一次高潮。

缅甸战场的失利很大程度上是由蒋介石和史迪威在战略方针上的不同以及中英两国军队缺少协同作战的精神导致的。4 月 24 日，蒋介石对缅甸战场作出如下指示：“国军今后在缅甸之作战指导，应以不离开缅境，而又不与敌主力决战为原则。依此原则，以机动作战，极力阻止并迟滞敌之发展。”④ 但史迪威主张进行曼德勒会战。蒋史战略上的分歧带来的直接后果就是缅甸战场的失利。5 月 5 日，中国远征军的归国通路被日军切断，6 日，史迪威命令中国远征军向印度撤退。蒋介石对史迪威未经请示就擅自决

---

① 《蒋介石日记》，1942 年 4 月 1 日。

② 蒋介石在 1942 年 4 月 4 日的日记中记录了此举的原因：“（一）对缅战事，思虑异甚。既忧部下在国外过于牺牲，补充为难。又忧失败时丧失国威与军誉。（二）史迪威乃动气请辞，此乃于中美邦交有关。故决定约之同回缅甸，予以全权，表示对彼诚意，使之勿加怀疑也。”见《蒋介石日记》，1942 年 4 月 4 日。

③ 〔美〕约瑟夫·W. 史迪威：《史迪威日记》，第 77 页。

④ 秦孝仪主编：《中华民国重要史料初编——对日抗战时期》第二编《作战经过》（三），第 299 页。

定极为不满，并转告史迪威中国军队无意撤往印度。[1] 至此中国远征军一部随史迪威撤往印度，一部在杜聿明率领下克服重重困难返回中国，第一次入缅作战以失败告终。

对于入缅作战的失败，史迪威认为主要原因在于中方将领素质低下，缺乏军人的气魄与胆略，并且不听从指挥，同时也认为蒋介石是个“无知、顽固、专横”的家伙。[2] 但是蒋介石认为失利主要是由史迪威指挥无方导致：“我军在缅如此重大牺牲，其责任全在史氏之指挥无方，而彼乃毫不自承过失，反诋毁我高级将领至此。当失败之初，彼乃手足无措，只顾向印度逃命，而置我军于不顾，以致我第五军至今尚未脱险。呜呼！史迪威诚不知耻者也。”为此，蒋介石甚至产生“军法审判”史迪威的念头。[3] 双方积怨越积越深，史迪威的《备忘录》终于引燃了蒋介石中途换马的想法。

1942 年 7 月 2 日，蒋介石打算从美国拨给中国航空公司的飞机中转拨两架运输机给中国空军，遭到了美方有关官员的拒绝。为此史迪威以《备忘录》致函蒋介石，一方面答应了蒋介石的要求，同时也向蒋介石阐明了他的权限和职能：“本人负责监督与控制租借物资，并有权决定转让其所有权的时间与地点。所有权转让后，委员长仍然有权支配此项物资……在此类事务中，我的身份是总统的代表，根据法律，在租借物资交付之前他有权在任何时候将其收回。”[4] 史迪威呈递此份《备忘录》其用意是向蒋介石

---

① 蒋介石在日记中写道：“（史迪威）擅自令我华军赴印度而彼且离开队伍，先自赴印，并无一电请示。此种军人，殊非预想所及。然此乃余考察无能与信人大过之罪，而于人何咎！”见《蒋介石日记》，1942 年 5 月 9 日。5 月 18 日，蒋介石委托美国驻华军事代表团团长马格鲁德转告史迪威：“中国军队无退入印度之意。”见秦孝仪主编：《中华民国重要史料初编——对日抗战时期》第三编《战时外交》（三），第 146 页。

② 〔美〕约瑟夫·W. 史迪威：《史迪威日记》，第 105 页。

③ 蒋介石在日记中写道：“（史迪威）推诿责任，掩埋罪过，故不得不毁坏他人名誉，诬蔑我国将领。此应提议开军法审判，使美国政府能知史之不法与无礼也！”见《蒋介石日记》，1942 年 6 月 16 日。

④ Charles F., *Romanus and Riley Sunderland*: *Stilwell's Mission to China*. Washington, 1953, p. 173.

表明自己首先是总统代表，其次才是中国战区参谋长，他可以不接受蒋介石的命令，美国租借物资的支配权掌握在他的手里，蒋介石要想使用必须征得他的同意。

接二连三的事件，尤其是《备忘录》，令蒋介石无法忍受，认为是奇耻大辱。他多次拒绝史迪威的求见，对于史迪威呈递的建议也不予答复，并屡次电告在美的宋子文，宣泄心中的不满。宋子文得知相关情况之后，遂致电蒋介石表示对其的支持，并建议撤换史迪威。

为了缓和中美关系，罗斯福决定派遣居里访问中国，协调蒋史矛盾。居里与蒋介石进行了多次会谈，向蒋介石详细解释了相关问题，强调撤换史迪威的不利之处，希望双方能够继续合作。在居里的调解下，蒋史矛盾暂时缓解，双方在军队指挥、援华物资调配等方面的问题得到了初步解决，第一次蒋史危机得以平息。但是由于双方在缅甸战场上战略方针的不同以及性格上的差异等问题的存在，再次冲突不可避免。蒋史第二次冲突就是由双方在缅甸战场上战略方针的不同引发的。

太平洋战争初期，美国对中国战场极为重视，认为中国战场的胜负与美军在太平洋作战息息相关。充足的援华物资是中国战场取胜的重要因素，滇缅公路的重要性尤为凸显，打通滇缅公路成为美方的首要选择。

然而，在反攻缅甸问题上，中、美、英三国态度不尽统一。英国只关心其在印度的利益，对缅甸战场持消极态度，总是以种种理由加以阻挠。美国心有余而力不足。蒋介石则热衷于陈纳德[①]的空战计划。相互之间的分歧使反攻缅甸的计划一改再改。然而史迪威仍然在精心准备着反攻缅甸的作战计划。为使计划得以实现，他主张对中国军队进行整编，反对陈纳德的空战计划，蒋史矛盾再次激化。

为了收复缅甸，1942 年 7 月 19 日，史迪威向蒋介石提供了一

---

① 陈纳德，美国空军中将，是第二次世界大战期间美国著名的空中英雄。他率领的中国空军美国志愿队痛击日寇，屡立战功，以“飞虎队”的美名著称于世。

份以“南北缅水路同时夹击”为核心的《反攻缅甸计划》。蒋介石对这一计划表示支持，但提出了两个条件：一是英军从陆路和海路参战；二是派遣适当规模的空军部队，提供有效的支持。① 1942年2月7日，双方在商谈1943年的战略部署过程中，② 史迪威的不敬令蒋介石极为恼火，但蒋介石尚能忍而不发，只是在8日打电话给宋子文，指责史迪威会议上的“不敬”，要宋子文转告史迪威，令其以后“戒慎”，限史迪威切实设法，达成蒋介石在会上所提条件，以赎过失。③ 当史迪威从宋子文处得知蒋介石的反应时，却在日记中写道：“见他的鬼吧！”④

关于陈纳德的空战计划，蒋介石和史迪威表现出了不同的观点。陈纳德“认为只要有足够的空中力量，就可以在大约半年内，至多不超过一年的时间摧毁日本空军，完成日本的瓦解”⑤。史迪威则认为中国军队战斗力低下，装备低劣，根本胜任不了保卫机场的重任，如果空军没有足够的地面部队保卫，难以发挥大的作用。陈纳德的计划得到了蒋介石的认可，陈纳德当时担任美国驻华空军司令，拥有在华空军的指挥权，但是其要在史迪威统帅之下行使职权，而且在援华物资分配以及空军的军事行动中必须得到史迪威的同意。这无疑加深了陈纳德与史迪威之间的矛盾，同时也对蒋史之间的关系产生了较大影响。

关于缅甸战场，史迪威主张“有限度地进攻北缅”，但遭到蒋

---

① 〔美〕巴巴拉·W. 塔奇曼：《逆风沙——史迪威与美国在华经验（1911—1945）》，第416—417页。

② 1943年2月7日，美国陆军航空军司令阿诺尔、空军补给司令萨默维尔、英国联合参谋代表团团长迪尔到重庆向蒋介石汇报相关会议精神并商讨1943年战略。在会谈中蒋介石对美英的方案表示支持，但要求美英增加对中国的空运力度以支持中国，并提出了每月1万吨、飞机500架的标准。史迪威对这一要求极为不满，当即向蒋介石提出质问。对此蒋介石极为忍耐，并以温和的语气要求阿诺尔转告罗斯福与丘吉尔：“余当尽其所能，不惜牺牲一切，以期不辜负友邦之期望。”见《蒋介石日记》，1943年2月7日。

③ 《蒋介石日记》，1943年2月8日。

④ 〔美〕约瑟夫·W. 史迪威：《史迪威日记》，第175页。

⑤ Charles F. , *Romanus and Riley Sunderland*：*Stilwell's Mission to China*. pp. 1953，250—254.

介石的反对。蒋介石认为，日军在北缅占据着交通优势，这对中国极为不利，他希望英美调集足够的海空优势，截断日军的补给线，占领仰光，进而收复整个缅甸。为了准备进攻缅甸，蒋介石从第六战区抽调大量部队入滇①，结果导致鄂西空虚。1943 年 5 月，日军发动鄂西战役，攻占三峡地区，重庆受到很大威胁。而缅甸战场由于英方的消极态度，反攻日期始终悬而未决，这令蒋介石气愤异常，觉得被史迪威所骗。其在给宋子文的电文中表露了这一观点：

> 史迪威始则强催我军集中攻缅，今乃因抽调部队，而使重庆门户大受威胁，而结果则谓可以取消打通仰光与滇缅路计划，则我军上下对美国用意与作为，岂啻视为儿戏，直认为有意陷中国于灭亡之境，不啻协助日本完成其大东亚之新秩序，岂不令人惶栗不已！②

5 月 17 日，宋子文应邀出席联合参谋长会议并转述了蒋介石的态度，反对放弃攻缅和史迪威的仅进攻北缅的计划。宋子文在会上还驳斥了史迪威对蒋介石遇事犹豫、无战略见解的批评。③ 蒋介石得知这一事件之后，在日记中写道：“英人毫无进攻缅甸之意，史迪威之言词对我军污蔑轻侮，忧戚之至！”④

一系列事件使蒋介石对史迪威的印象降到了冰点，在日记中写道：“此人之无常识、无人格，实难令人想象者。”又云：“史之愚拙、顽劣、卑陋，实世所罕有。美国有此军官，而其长官马歇尔且视为一等人才，岂不怪哉！”⑤ 同样，史迪威也在日记中表达了他对蒋介石的看法：“这个小人令人厌恶……这个伟大的独裁

---

① 当时第六战区的部队主要驻扎在长江两岸，拱卫陪都重庆的安全。

② 秦孝仪主编：《中华民国重要史料初编——对日抗战时期》第三编《战时外交》（三），第 230 页。

③ 吴景平：《宋子文政治生涯编年》，第 420 页。

④ 《蒋介石日记》，1943 年 5 月 18 日。

⑤ 《蒋介石日记》，1943 年 6 月 28 日。

者。他让他的部队忍饥挨饿，是世界上最大的傻瓜。”[①] 随后的几件事情更是加剧了蒋史之间的矛盾，[②] 驱逐史迪威的活动再次上演。宋子文秉承蒋介石旨意，在美国积极活动，游说美国军政要员，阐述撤换史迪威的必要性。宋子文的努力取得了成效，倒史活动即将大功告成。然而在最后时刻蒋介石关于史迪威去留问题的立场却发生了改变，宋子文所有努力付之东流，并由此引发蒋宋之间的激烈冲突，第二次驱逐史迪威以戏剧性的结尾收场。

蒋史第二次危机平息之后，双方关系经过了一段相对稳定的平静期。然而围绕着史迪威的军事指挥权问题，蒋史关系出现了第三次危机。

经过长时间的准备与各方协商，联军反攻缅甸的战争于 1944 年春夏之交从东西两线开始，中国远征军驻印部队进行多次战斗，于 1944 年 8 月攻占密支那，11 月中旬攻占八莫，1945 年春先后攻占南坎、腊戍等地。为策应驻印军作战，中国远征军滇西部队于 1944 年 5 月渡过怒江，向日军第五十六师团发起攻击。9 月先后攻占松山、腾冲，11 月初占领龙陵，中旬攻占芒市，1945 年 1 月中旬攻占畹町，27 日，驻印军与远征军滇西部队在芒友会师，中印公路完全打通，缅北反攻战胜利结束，史迪威终于洗雪了上次败北的耻辱。

然而，与中国远征军的节节胜利形成鲜明对比的是中国军队在豫湘桂战场上的大溃败。为了打通大陆交通线，摧毁美军在中国的空军基地，1944 年 4 月，日军发动“一号作战”攻势。国民党军队作战不力，节节败退。大批国土沦陷，军队损失惨重，桂林、柳州等机场纷纷告急。为了确保美在华空军基地的安全，蒋介石两次电召史迪威回重庆商量将成都所存燃油、配件及飞机全部交陈纳德使用以加强空军的力量，史迪威均不予理会，蒋介石

---

① 〔美〕约瑟夫·W. 史迪威：《史迪威日记》，第 187 页。

② 这几件事情是指：（一）史迪威未经请示蒋介石，擅自撤委中国军官；（二）史迪威给蒋介石的报告、备忘录所署职衔均为“美国陆军中将”，而不是“中国战区参谋长”，且有不逊之言，令蒋介石无法忍受；（三）史迪威对中共的亲和态度也为蒋介石所不能接受。

极为气愤，在日记中批评史迪威“诚非以情义所能感”①。史迪威认为华南战场的糟糕战局就是蒋介石过于相信陈纳德的空军而忽视陆军的力量导致的，对此结果他认为极其正常。他在日记中写道：“中国的局势相当糟糕。我相信‘花生米’（蒋介石）将要为他的愚蠢迟钝付出重大代价。这个傻瓜蛋，救世军主动来拯救他，而他却不接受。现在一切都太晚了，他却大叫了起来。”② 对于蒋介石的要求史迪威拒不答应。为了扭转中国战场的严峻形势，1944 年 7 月 7 日，罗斯福致电蒋介石“应责任一人，授以调节盟国在华资力之全权，并包括共产军在内”，这人即为史迪威，并告于蒋介石“置彼于阁下直属之下，以统率全部华军及美军，并予以全部责任与权力，以调节与指挥作战”。③ 罗斯福此举实际上就是仿效艾森豪威尔将军成功地统率欧洲战场盟军的方式，任命史迪威指挥亚洲战场的联军部队以挽救中国战场的危局。因此，围绕着史迪威的军事指挥权，蒋史之间出现了第三次危机。

图 3-6　1944 年 11 月 1 日，蒋介石、宋子文与接替史迪威的魏德迈将军和美国驻华大使赫尔利合影④

① 《蒋介石日记》，1944 年 6 月 1 日。

② 〔美〕约瑟夫·W. 史迪威：《史迪威日记》，第 262 页。

③ 秦孝仪主编：《中华民国重要史料初编——对日抗战时期》第三编《战时外交》（三），第 634—635 页。

④ 王东方、聂茂等：《图说宋氏家族》，团结出版社 2005 年版，第 301 页。

罗斯福7月7日语气强硬的来电，蒋介石无论如何也不能接受，但又难以硬抗。7月8日，蒋介石复电罗斯福，表示对罗斯福的建议原则上接受，但针对中国军队的特殊情况，实施这一建议“必须有一准备时期”，并要求罗斯福派“私人完全信任之有力的全权代表”来华与他合作，以调整他与史迪威之间的关系。[①] 蒋介石的用意很明显，就是采用拖延策略。但是罗斯福却步步紧逼，15日致电蒋介石，希望“有一迅速之处置”，尽早向史迪威交权。蒋介石在日记中大骂：“抗战局势，至今受美国如此之威胁，实为梦想所不及。而美帝国主义之凶横，竟有如此之甚者，更为意料所不及。彼既不允我有一犹豫之时间，必欲强派史迪威为中国战区之统帅，以统制我国。此何等事，如余不从其意，则将断绝我接济，或撤退其空军与驻华之总部，不惟使我孤立，而且诱敌深入，以图中国之速亡，其计甚毒。”[②] 8月10日，罗斯福再次致电蒋介石，表示由于中国战场的严峻形势，授予史迪威全部指挥权一事“必须立即行动”，并决定派赫尔利来华调整蒋史关系。9月6日，赫尔利来华，协调蒋史关系。在协调过程中，蒋介石冒着与美决裂的风险，称已对史迪威“失去最后一分之希望与信心”，要求美国另派他人来华以接替史迪威的职务。这样蒋史之间不可调和的矛盾就转化为美国政府的人事安排问题。经过一番慎重考虑之后，10月19日，罗斯福致电蒋介石，同意召回史迪威，任命魏德迈接任史迪威在华职务。在这场矛盾的解决过程中，蒋介石成为最终的赢家。

三、宋子文与史迪威事件

史迪威来华，宋子文功不可没，因此，蒋史矛盾不可避免地把宋子文推进了冲突的旋涡。

在第一次蒋史冲突中，宋子文的角色非常微妙。宋子文当时

---

① 秦孝仪主编：《中华民国重要史料初编——对日抗战时期》第三编《战时外交》（三），第636—637页。

② 《蒋介石日记》，1944年7月16日。

的身份是国民政府外交部部长兼蒋介石的驻美“私人代表”，主要从事对美外交。这种特殊的身份决定了他的双重使命：既要维持中美之间的同盟友谊，又要遵从蒋介石的指示，为抗战争取更多的美援。

宋子文对史迪威印象很好，从其给蒋介石的电文中对史迪威的褒奖可见一斑。5 月 6 日，史迪威率部撤往印度，途中拒绝乘坐飞机而与士兵一起徒步行军，为此宋子文致电蒋介石，称赞史迪威“不失军人本色”①。但是由《备忘录》激化的蒋史矛盾却导致了宋史关系的变化。缅甸战场的失利使蒋介石觉得史迪威赴华之前宋子文对其赞美之词是言过其实，宋子文对此极为忧虑，担心受到蒋介石的指责。“丢车保帅”是宋子文的首要选择。在得知《备忘录》事件之后，宋立即致电蒋介石支持蒋介石对史迪威《备忘录》的态度，并提出撤换史迪威问题：“史迪威态度殊属离奇。阅其原函，强词夺理，谬解职权，非神经错乱，不能狂妄至此。文日内即进谒当局，谅能加以纠正。但文亟欲知者，重新明确规定参谋长职权后，钧座是否仍拟留其在华供职，抑或乘机更换，另选他员？请即确示，以便相机进行。”② 蒋介石于 7 月 9 日复电宋子文表示：“关于史迪威用舍之态度，我方暂不表示为宜，先看美国政府对史之来函如何处理，最好能由其自动召回也。”③

宋子文最初的想法是撤换史迪威以彻底解决这一问题，为此他积极与美方交涉，游说美国政府撤换史迪威。但是结果却令其大失所望，尤其是美国军方立场强硬，明确表示美国不会召回史迪威，即使换人，也将负同样的任务，并对租借物资有同样的控制权。7 月 23 日，美国陆军部将罗斯福关于史迪威职权的意见转达给宋子文，指出：史迪威作为中国战区参谋长，当然听命于蒋介石；同时作为美国驻华租借法案代表及参加国际军事会议之美

① 吴景平、郭岱君编：《宋子文驻美时期电报选（1940—1943）》，第 154 页。

② 吴景平、郭岱君编：《宋子文驻美时期电报选（1940—1943）》，第 172 页。

③ 秦孝仪主编：《中华民国重要史料初编——对日抗战时期》第三编《战时外交》（三），第 611 页。

国代表，当然听命于美方。蒋介石如以为不便，可将史迪威职权划分，由两人分别担任，但希望中方继续任用史迪威。[①] 宋子文深知如果将此件转达给蒋介石，必将损坏中美关系，于是宋子文决定先与罗斯福商议，希望罗斯福从中美两国关系和蒋介石的立场考虑，罗斯福最终接受了宋子文的建议，答应取消这份电文。在这种情况下宋子文在给蒋介石的电文中只是阐明了对史迪威职权的解释，对于美方的强硬立场则轻描淡写地指出："美国干练适当之军官甚少，另觅妥员，确有相当困难。"[②] 这样，宋子文由召回史迪威的建议者开始转变为史迪威的支持者。宋子文的转变一方面是由于美国军方的强硬立场，另一方面，宋子文担心如因此事中美关系受损，势必对中国的抗战事业极为不利，因此他便由最初的蒋介石的支持者变为协调者。他支持美方，平息蒋史矛盾，努力促使蒋史合作。这既是宋子文以民族利益为重的具体体现，也彰显了其灵活的外交策略。宋子文对于争取美国对华的援助，改善抗战期间的艰难困境，提高中国的国际地位作出了较大的贡献。

与第一次蒋史冲突不同，在第二次蒋史冲突中，宋子文坚定地站在蒋介石一边，并在美国积极活动，为倒史进行不懈的努力，但蒋介石临阵变卦，宋子文的努力化为泡影，并由此引发蒋宋之间的激烈冲突。

1943 年 5 月中旬的联合参谋长会议之后，鉴于蒋史之间的积怨越来越深，宋子文的倒史活动愈演愈烈。1943 年 9 月，考虑到英美联军对进攻缅甸态度的变化，宋子文认为有调整与联军关系的必要，为此，宋子文向蒋介石建议：第一，华府之联合参谋团及军械支配委员会，均应有中国代表参加；而供给中国之军械物资应由中国直接申请，无须史迪威或其他驻华美国军官过问；第二，即行撤换史迪威，必要时改组中国战区，由蒋介石担任最高

① 吴景平：《宋子文政治生涯编年》，第 397 页。

② 秦孝仪主编：《中华民国重要史料初编——对日抗战时期》第三编《战时外交》（三），第 612 页。

统帅，以美国将领充任副统帅，中国将领为参谋长，美国将领为副参谋长，统帅部各处长、副处长由中美军官分任之。[①] 宋子文还并强调："以上调整原则，关系我国家前途至巨。"[②] 在征得蒋介石同意之后，宋子文委托霍普金斯将此方案转呈罗斯福，并说明了撤换史迪威的理由："目下此人（史迪威）系中国战区参谋长，又系中印缅区美国空军总司令，兼中印空运补给司令，又兼蓝伽中国驻印军统带官，亦参与中国远征军之指挥，更握有美军部授予而未经中国同意之对华租借物资控制权；以如此错杂之任务，施诸五花八门之区域，将于未来战事深感危险。"[③]

在与霍普金斯的会谈中，宋子文得知倒史易如反掌，因为史汀生虽然支持史迪威，但是其所能发挥的作用甚小，而马歇尔也不像以前那样绝对维护史迪威。[④] 9 月 29 日，宋子文向蒋介石汇报其与罗斯福会谈的相关内容，指出美国方面同意撤换史迪威，调整中国战区。[⑤] 就在宋子文认为倒史活动即将大功告成之际，事情却发生了戏剧性的变化，蒋介石改变了主意，决定暂缓撤换史迪威。宋子文的努力付之东流，第二次蒋史危机暂告平息。

蒋介石在史迪威去留问题上立场的变化，是基于几方面的考虑：

首先，蒋介石是从中美战略合作问题上考虑的。蒋介石认为："美国人员中无人适合出任东南亚战区副统帅，也无人能出任驻华美军主任。美国参谋总长马歇尔非常袒护史迪威，美国政府未必决心将其撤换。"[⑥] 考虑到这些因素，蒋介石的决心动摇了。

其次，蒋介石对宋子文力主驱史的动机有所不满。

1943 年 10 月，宋子文陪同蒙巴顿到重庆，向蒋介石报告国

---

① 吴景平、郭岱君编：《宋子文驻美时期电报选（1940—1943）》，第 214 页。

② 吴景平：《宋子文政治生涯编年》，第 430—431 页。

③ 梁敬錞：《史迪威事件》，商务印书馆 1973 年版，第 166 页。

④ 吴景平、郭岱君主编：《风云际会——宋子文与外国人士会谈记录（1940—1949）》，复旦大学出版社 2010 年版，第 135 页。

⑤ 吴景平、郭岱君编：《宋子文驻美时期电报选（1940—1943）》，第 214 页。

⑥ 《蒋介石日记》，1943 年 10 月 15 日。

际形势，并就蒋介石与罗斯福、丘吉尔会谈问题进行商谈，与其同行的还有美方预定接替史迪威职位的美国后勤部部长萨默维尔。16 日至 17 日，蒋介石与萨默维尔就史迪威问题进行两次会谈，会谈由宋子文担任翻译。蒋介石在谈话中透露出改变与史迪威关系的想法，但是宋子文在翻译过程中却没有表达此意。会谈之后，蒋介石正式决定“允宥其过，再予以共事最后之机会”①。对于宋子文的行为，蒋介石极为不满，其在日记中写道：“史迪威去留问题为本星期最重要之一事，子文力主去史，以快其私意。余之既定方针，几为其所摇惑，最后卒能自动补救，允史悔改，重加利用。此乃中美国际关系与战局影响一大转机，乃知安危祸福全在最后五分钟几微之间也。”宋子文给他的印象就是“自私与卑劣至此，实不能再为赦宥。如不速去，则党国之祸患将不堪设想矣”②。所以说蒋介石对宋子文的不满也是其决定留史的原因之一。

图 3-7 蒙巴顿抵达重庆，与蒋介石等人合影（前排自左至右：何应钦、索姆威尔中将、蒋介石、蒙巴顿、宋美龄、史迪威）③

① 《蒋介石日记》，1943 年 10 月 17 日。

② 《蒋介石日记》，1943 年 10 月 17 日。

③ 《新中华》1943 年复 1 第 11 期，第 10 页。

最后，宋美龄与宋霭龄对蒋史矛盾的调解，促使蒋介石放弃了驱史的决定。

宋子文在维护蒋介石的声誉和威望的同时，对蒋介石亦有颇多不满之处。宋氏姊妹担心史迪威一旦被撤换，原来由史迪威掌握的租借物资控制权会落到宋子文手中，她们不愿看到宋子文过分坐大，从而危及其丈夫甚至自己的地位和利益[①]，因此也主动参与到斡旋蒋史矛盾的行列中。史迪威在日记中记载，他与宋氏姊妹“订了攻守同盟。不管原因何在，她们是很认真的，也许我们能取得一些进展”。[②] 宋霭龄告诉史迪威“仍有个转败为胜的机会”，史迪威表示“不愿介入，平静地对她们说”自己“不想待在不受欢迎的地方”。宋霭龄与宋美龄便向史迪威“谈起‘中国’和责任等来”，希望其“大度一些，坚持一下”。宋霭龄向史迪威表示：“如果我们闯过了这件事，我的地位就会比从前更为稳固。‘你的星正在升起。’”宋氏姊妹表示愿意代表史迪威去见蒋介石，向蒋介石表明史迪威只有一个目标即中国的利益，假如他犯了错误，那也是由于误解而非有意，他准备好了要充分合作。在宋氏姊妹的坚持下，史迪威“最终点了头”。于是宋美龄表示“马上就去做”。史迪威向蒋介石承认了错误，并声明今后绝对服从蒋介石的领导，蒋介石也打消了驱史的想法。史迪威在日记中说，蒋介石“改变了立场，演起了戏，竭力显得态度和解。他说了两点：1. 我应明白总司令和参谋长的指（职）责。2. 我应避免任何优越感。蒋介石说，在此条件下我们可以和谐地再次继续工作”[③]。宋霭龄向史迪威解释说，“她只能在‘她的血肉’（宋子文）和中国的利益之间作出选择”，并说“我们已经完全控制了‘花生米’（蒋介石），并让他来了个 180 度的大转弯”。宋霭龄向史迪威保证

---

① 〔美〕巴巴拉·W. 塔奇曼：《逆风沙——史迪威与美国在华经验（1911—1945）》，第 511—518 页。

② 〔美〕约瑟夫·W. 史迪威：《史迪威日记》，第 199 页。（据史迪威自述，他曾经向宋霭龄、宋美龄谈论过当时中国军队的真相，使她们非常震惊；也曾经研究过改革的办法——让宋美龄代替何应钦，出任军政部部长。）

③ 〔美〕巴巴拉·W. 塔奇曼：《史迪威日记》，第 205—206 页。

他的地位“得到了很大的加强，将来不会再有进一步的进攻”[①]。所以说宋氏姊妹的积极斡旋也是使蒋史矛盾得以缓解的重要因素。

蒋介石的突然转变令宋子文猝不及防，直接导致双方的激烈冲突。宋子文愤而表示将不再与蒋介石共事，蒋介石极为愤怒，据其日记记载：“愤怒难禁，严厉斥责，令其急速滚蛋。”[②] 这种状况在唐纵的日记中亦有类似的记载：“宋部长不知因何使委座见气，委座摔破饭碗，大怒不已，近年来罕睹之事。”[③] 此时的宋子文在蒋介石的印象中可谓坏到极点，蒋介石在日记中写道：“余自十三年起，受其财政之控制与妨碍，甚至其愿受鲍尔廷之驱使，共同打击余，不知凡几。二十年后复以其财政问题各种要胁（挟），以致不能不拘胡，而致党国遭受空前之祸患。今复欲以其个人私见而欲党国外交政策以为其个人作牺牲，恶乎可！此诚一恶劣小人，不能变化其气质也。”[④] 之后蒋介石拒绝与宋见面，蒋宋关系降至冰点。在此后的一段时间，宋子文基本在政治舞台上消失了，作为外交部部长的他不但没有出席开罗会议，而且蛰居重庆，靠阅读其孩子们的书籍来打发日子，甚为苦闷、沮丧。[⑤]

为打破这种僵局，宋子文不得不亲自出面。1943 年 12 月 23 日，宋子文致信蒋介石，就自己的言行进行反省。函称：“此诚文之粗缪，必赖钧座之督教振发，而后始足以化其顽钝，亦即文于奉教之后，所以猛省痛悔、愈感钧座琢磨之厚。今文以待罪之身，诚不敢妄有任何渎请，一切进退行藏、均惟钧命是听。伏乞俯鉴愚诚、赐以明示，俾能择善自处，稍解钧座烦忧，则文此身虽蒙严谴，此心转可略安而曲予宽容。文无论处何地位，所以图报钧

---

① 〔美〕巴巴拉·W. 塔奇曼：《史迪威日记》，第 207 页。

② 《蒋介石日记》，1943 年 10 月 18 日。

③ 公安部档案馆编注：《在蒋介石身边八年——侍从室高级幕僚唐纵日记》，群众出版社 1991 年版，第 386 页。

④ 《蒋介石日记》，1943 年 10 月 18 日。

⑤ 吴景平：《宋子文评传》，第 374 页。

座之志始终不渝，尤必与青天白日，同其贞恒。”[①] 宋子文的努力换来了蒋介石的谅解，蒋介石遂答应与宋子文见面，双方矛盾得以缓和。

在随后爆发的第三次蒋史冲突中，蒋宋再次合作。7月7日，蒋介石收到罗斯福电报要求史迪威全权指挥中国军队，宋子文立即致电霍普金斯表示反对：“今天华盛顿又作出了一项错误的决定，陆军部要强迫蒋接受史迪威将军……我个人可以无保留地向你担保，蒋委员长在这个问题上决不会而且也不能屈服。”[②] 赫尔利来华之后，宋子文在参与谈判的过程中，坚定地站在蒋介石的一边，明确表示必须由中国政府控制租借物资。9月18日，罗斯福致电指责蒋介石“延搁委任史迪威将军指挥中国所有之军队，致损失中国东部之重要土地，其影响之大殊非吾人所能臆测”，明确要求蒋介石“立即委任史迪威将军授以全权指挥所有中国之军队”，否则，“阁下必须准备接受必然之结果及负完全之责任”[③]。当19日史迪威将此电交于蒋介石时，蒋介石内心极为愤怒，其在日记中写道：“实为余平生最大之污点，亦为最近之国耻。”“今年七七接美罗侮辱我国之电以后，余再三忍辱茹痛，至今已有三四次之多，然而尚可忍也。今日接其九一八来电，其态度与精神之恶劣及措辞之荒谬，可谓极矣。”[④] 20日，蒋介石向美方代表表示“中国军民恐不能长期忍受美史等侮辱，殊为合作之障碍也”[⑤]。接到此电之后，蒋介石立即与熟悉美国政情的宋子文进行商议，宋子文凭着多年对美外交的经验认为，罗斯福和美国不会抛弃蒋介石。于是他建议蒋介石，取消史迪威军事指挥权。9月24日，蒋

① 杨天石：《找寻真实的蒋介石——蒋介石日记解读》（下），山西人民出版社2008年版，第384页。

② 〔美〕巴巴拉·W. 塔奇曼：《逆风沙——史迪威与美国在华经验（1911—1945）》，第622页。

③ 秦孝仪主编：《中华民国重要史料初编——对日抗战时期》第三编《战时外交》（三），第658—659页。

④ 《蒋介石日记》，1944年9月19日。

⑤ 《蒋介石日记》，1944年9月20日。

介石在与赫尔利的会谈中明确指出“军队乃国家命脉，而军队之指挥权，乃操国家生死存亡之大事”，必须慎重处理。蒋介石委托赫尔利转告罗斯福：“有三点不能稍事迁就：1. 三民主义不能有所动摇，故不能任共产主义之赤化中国。2. 国家主权与尊严不能有所损失。3. 国家与个人人格不能侮辱，即不能接受强制式之合作也。”[①] 25 日，宋子文按照蒋介石的指示起草致赫尔利的备忘录，正式提出召回史迪威，另派一名美国将军担任中国战区参谋长。10 月 19 日，罗斯福复电蒋介石同意召回史迪威，21 日，史迪威悄然回国。

纵观整个史迪威事件，宋子文的角色可谓十分重要而且极为特殊。宋子文特殊的教育背景使其具有深厚的美国人脉，其与罗斯福、霍普金斯等人保持着良好的友谊，这种友谊在促使史迪威来华过程中发挥着重要作用。然而，当蒋史之间发生冲突时，宋子文一方面从中美关系的大局考虑，极力协调蒋史关系，尤其是在蒋史的第一次冲突中；另一方面，宋子文的身份是国民政府外交部部长兼任蒋介石驻美的“私人代表”，因此，服从蒋介石的命令、维护国民政府的利益是其必然的选择。所以在蒋史的第二、三次冲突中，尽管与蒋介石在个性上有很大差别，在许多方面对蒋介石也极为不满，但出于维护民族和国民政府的利益，宋子文坚定地站在蒋介石一边，出谋划策，为驱史不遗余力，迫使美方让步。可谓“成也萧何，败也萧何”[②]。

第四节 蒋介石与宋子文分歧中的宋美龄

在南京国民政府中，蒋介石与宋子文的关系是双重的，双方既有工作中的上下级关系，又是郎舅之亲。从 1927 年蒋介石建立

---

① 秦孝仪主编：《中华民国重要史料初编——对日抗战时期》第三编，《战时外交》（三），第 674—675 页。

② 陈永祥：《蒋介石、史迪威矛盾中的宋子文》，《抗日战争研究》2001 年第 2 期。

南京国民政府到1949年兵败大陆的二十多年时间里，宋子文担任过国民政府的财政部部长、外交部部长、行政院院长等职务，可以说宋子文是蒋介石政治舞台上的得力助手，被人称为蒋介石的“输血机器”。但由于蒋宋两人出身、经历以及性格上的差异，蒋宋之间时常政见相左，分歧不断，这些矛盾主要集中于财经与抗日等问题上。本节将以这两个方面为切入点，探讨在蒋宋之间的矛盾与冲突中，处在夹缝中的宋美龄如何应对这一棘手问题。

一、中日危机的处置

20世纪上半期，中日之间危机不断，矛盾重重。南京国民政府成立之后，中日关系也进入多事之秋，济南惨案、九一八事变、华北事变、抗日战争构成了中国对外关系的主旋律，如何处理中日关系也成了政府对外工作的重点。在中日一系列危机的处置过程中，蒋介石与宋子文之间既有默契，也有分歧。在这一事关国家民族利益的问题上，宋美龄又将如何面对？

（一）济南惨案的处置

第一次世界大战期间，日本趁欧美列强无暇东顾的机会，加紧了对中国的侵略。1914年，日本借口对德宣战，攻占青岛和胶济铁路全线，控制了山东省，夺取德国在山东强占的各种权益。巴黎和会上，列强决定把德国在山东的一切权益无偿转让给日本，引起了国人的极大愤怒。1922年，日本虽然将山东交还中国，但仍然在山东享有较大的权利。

南京国民政府成立之后，为消灭张作霖部，实现统一全国的愿望，蒋介石继续挥师北伐。北伐的必经之地山东是日本的势力范围，蒋介石极为担心日军出面干涉。1928年3月6日，蒋介石举行招待日本记者的晚餐会，介绍北伐的相关政策，呼吁不要阻止北伐。

然而，日本政府为维护其在中国的利益，实现扩张的目标，不可能容忍北伐军的行为，日本内阁决定以胶济线将被切断为借口出兵山东，并于4月20日开进济南，这样中日冲突在所难免。

日本的进兵令蒋介石极为气恼，他感叹道：“天下有强权无公理若是。”面对这一危局，蒋介石决定“忍辱负重，苦干硬干到底，至于成败利钝，听之而已”[①]。从中可以看出，蒋介石已经确立了处理与日军冲突的基本方针，那就是“忍”。

蒋介石的忍让政策并没有换来日军的理解与克制，得到的回报却是野蛮的屠杀。5月3日，日军制造事端，屠杀中国军民五千余人，外交特派员蔡公时被挖去双眼，割去舌头、鼻子后枪杀。这一骇人听闻的惨案，给蒋介石以极大的震撼：“如有一毫人心，其能忘此耻辱乎！何以雪之，在自强而已。”“有雪耻之志，而不能暂时容忍，是匹夫之勇也，必不能达雪耻之任务；余今且暂忍为人所不能忍者耳！”[②]

为完成北伐任务，蒋介石采取了暂时忍侮避让的态度，命令部队绕道北上，然而济南惨案使蒋介石感受到奇耻大辱，他的内心也萌发了抗日雪耻的思想：“吾躬逢其惨，不能不为我部属痛耳。”“余自定日课——以后每日六时起床，必作国耻纪念一次，勿间断，以至国耻洗雪净后为止。”[③]

与蒋介石解决济南惨案的立场相似，宋子文在整个事件中的角色是个典型的“温和派”。

惨案发生之后，5月9日，宋子文在上海对美国记者发表谈话，指出日军的行为公然违反了国际法。但是宋子文并没有对日军的行为进行猛烈抨击，而是以一种第三者的口吻对事件加以评论。他说：“日下此最不幸事件既已实现，吾人时时察阅关于此事双方之报告，莫不采取欧战时最巧妙方法，互诋其暴行。在吾人对被戕害之蔡交涉员与其所属全体职员及数百之兵民，固应极其痛悼；即果如所称，我兵对于无抵抗力日侨之暴行，姑不必究其虚实与否，吾人亦应表同情之哀悼，且甚惭愧。或平心而论，当时冲动狂热之际，任何方面，不能保其必无过失之举动也。”他主

① 《蒋介石日记》，1928年4月20日。
② 《蒋介石日记》，1928年5月9日。
③ 《蒋介石日记》，1928年5月10日。

张用和平的方法解决冲突，建议双方停止武力，通过谈判的方式解决彼此之间的分歧。他说："余意以为中日两国有识之士，应本其良心之主张促成冲突范围之缩小，不待诉之武力，而获得和平。欧战之发难，谁为戎首，至今尚难证明；而谁为实际之胜利者，亦尚难判定。南京东京两政府，应即日同时下令，制止一切举动，并容纳公平之仲裁。无论为华人、为日人，应考查其事实，以不偏不倚之裁判，治犯者以相当之处分。至于穷兵黩武之主义及其他各项宣传，应一律扫除净尽。"① 宋子文认为，日本出兵山东很明显是对中国的侵略，但是他从当时北伐的大局出发，主张用谈判的方式解决，以防止事态的扩大。他的主张与蒋介石的观点不谋而合。

1928 年 12 月底，张学良东北"易帜"，国民政府完成了国家的统一，与各国关税条约的签订，也大大提高了中国的国际地位，再加上济南惨案之后，中国人抵制日货的运动使日商遭到很大损失，遂纷纷向其政府提出抗议。在这种状况下，日本对华态度渐渐有了转变。1929 年 1 月 24 日，南京国民政府外交部部长王正廷与日本驻华公使芳泽谦吉进行了首次会谈，双方约定先从解决济南惨案入手，经过多次商谈，最后于 3 月 28 日以换文声明书及议定书之方式解决，由"两国共同声明'济案'为最不幸的事件，彼此捐弃旧怨以期增睦邦交，中国方面担任保护日侨，日本则允于两月内撤退在鲁日军，至两国在济变之损失，则俟两国组织共同委员会调查之后，再估定必要之赔偿"②。在谈判的过程中，宋子文结识了日本驻上海领事重光葵，并建立了良好的友谊。宋子文通过谈判解决问题的主张在南京政府中得以实现。与当时国民政府中的对日强硬派相比，在此事的处理过程中，宋子文充当了一个"温和派"的角色。这也与蒋介石当时的主张基本保持一致，也从侧面体现了当时蒋宋在政治上的同舟共济。

---

① 《申报》1928 年 5 月 10 日。

② 沈云龙主编：《近代中国史料丛刊续编》第九辑《抗战十年前之中国（1927—1936）》，台北：文海出版社 1974 年版，第 36 页。

（二）中日关系处置中分歧的出现

1931年，日本关东军悍然发动九一八事变，开始了对中国大规模的武装侵略，短短四个多月时间内，东三省失陷。为配合“满洲国”的建立，转移国际舆论的视线，1932年1月28日，日军在上海发动了一·二八事变，随后又发动了旨在让华北成为第二个东北的一系列事件，合称为华北事变。1937年7月7日，日军发动卢沟桥事变，开始了对中国的全面进攻。一系列的事件把中华民族推到了亡国灭种的边缘。在国家民族处于危难之时，作为南京国民政府首脑的蒋介石与担任财政部部长的宋子文在对日政策上却出现了分歧。

九一八事变发生之时，蒋介石正在赶赴江西，对此突然事件，蒋介石明显感觉到事态的严重性。9月21日下午，蒋介石中止赴江西事宜，返回南京，立即召开党政军干部开会，商讨对策。蒋介石作了如下指示：

> 余主张以日本侵占东三省事实先行提出国际联盟与签约非战公约诸国，此时唯有诉之于公理，以求公理之战胜，一面则团结国内，共赴国难，忍耐之相当程度，以出自卫最后之行动。①

蒋介石当时寄希望于国联出面主持公道，以督促日本退兵。9月19日，中华民国驻国际联盟代表施肇基遵照外交部训令将日本进攻沈阳一事通告国联秘书处，要求国联采取适当措施制止日军之行为。21日，施肇基照会国联秘书长，正式向国际联盟提出申诉，要求国联采取有效措施，制止日本的侵略。22日，国联通过决议，中日两国停止军事行动，双方军队退回事变之前的驻地，等候国联派遣人员调查真相。蒋介石寄希望于国联的仲裁解决中日冲突，但是日本对国联的决议置若罔闻。针对国联将派员调查

---

① 《蒋介石日记》，1931年9月21日。

事变真相，24日日本表示坚决拒绝，指出这是中日之间的纠纷，主张中日之间直接解决，不容许他国干涉。得知这一消息，蒋介石极为愤慨，产生了用武力解决冲突的想法："如果直接交涉或地方交涉，则必无良果。我不能任其枭（嚣）张，决与之死战，以定最后之存亡。与其不战而亡，不如战而亡，以存我中华民族之人格。"准备迁都西北，集中主力与陇海路。[①] 并于28日立下遗嘱，准备与日决一死战："持此复仇之志，毋暴雪耻之气。兄弟阋墙，外侮其御。愿我同胞团结一致，在中国国民党领导指挥之下，坚忍刻苦，生聚教训，严守秩序，服从纪律，期于十年之内，湔雪今日无上之耻辱，完成国民革命之大业。"[②]

蒋介石虽然痛恨日本的侵略，也时常表达抗日的意愿，但所有这一切仅仅停留在口头上，并没有实际的行动措施，始终下不了最后的决心，对日作战总是心存胆怯。究其原因，一方面是中日双方在经济与军事上的差距，另一方面蒋介石尚未做好对日作战的准备，国内尚且一盘散沙，诸种因素的结合使蒋介石断然不会轻易地作出决定。当时国共两党武装对峙，粤方势力蠢蠢欲动。诚如其在日记中所写："天灾频仍，'匪祸'纠缠，国家元气衰敝已极，虽欲强起御侮，其如力不足何！"[③]"国民固有之勇气、之决心，早已丧失，徒凭一时之奋兴，不惟于国无益，而且徒速其亡，故无可恃也。"[④]

正因如此，蒋介石主要还是想通过外交手段解决中日纠纷，他想利用国联的力量迫使日本就范。

为应对九一八事变之后的外交形势，10月3日，蒋介石组织特种外交委员会，任命施肇基为外交部长，处理与日本的外交事宜。随后蒋介石任命顾维钧为驻国联代表，派颜惠庆与各国公使接触，了解各国对事变的态度与立场。10月15日，蒋介石发表

① 《蒋介石日记》，1931年9月26日。
② 《蒋介石日记》，1931年9月28日。
③ 《蒋介石日记》，1931年9月19日。
④ 《蒋介石日记》，1931年10月7日。

《东亚和平基本大纲》，与日方所谓的《中日和平基本大纲》针锋相对，明确指出东三省是中国领土，但实行“门户开放，机会均等”政策。[①] 蒋介石试图利用西方国家之间的矛盾，吸引西方国家反对日本，屡次召见各国驻华公使，表达中国抗战的坚定决心，阐明中国的得失与西方利益相关，希望西方国家对日施压，解决危机。

在中国的坚决要求下，国联就九一八事变进行了多次讨论，几经曲折。1931 年 10 月 24 日，国联通过决议，“希望日军于 11 月 16 日行政院下次开会以前撤尽，俟撤兵完成后，再由中日直接交涉，日方仍表示反对并提出对案，要求俟中日两国交涉之基本原则决定后，再开始撤兵。二十四会议表决日对案否决，百里安之议决草案则以十三对一通过，但既非一致通过，故在法律上不生效力”[②]。这是中国在外交上取得的胜利。正如日本代表芳泽所言：“今日为余有生以来最痛苦之一日。”[③] 蒋介石也在 25 日的日记中写道：“昨日国联合会决议，倭寇虽未承认，但公道与正理已经表现。百里安之才能究为可佩，以决议方式甚为得体也。”[④]

然而由于日本的反对，决议成了一纸空文，不具备任何法律约束力，仅仅具备一种道义上的力量。[⑤] 蒋介石想以外交手段作为解决事变的方法也并非无可取之处，这样可以在道义上争取国际力量对中国的支持与同情，最大限度地孤立日本，但是这一切并不能阻止日本人的进攻，在日军的武力面前，国联的作用是微乎其微的，蒋介石利用国联制止日本侵略的计划以失败告终。

九一八事变之后，宋子文在外交舞台上极其活跃，受蒋介石

---

① 《蒋介石日记》，1931 年 10 月 15 日。

② 沈云龙主编：《近代中国史料丛刊续编》第九辑《抗战十年前之中国（1927—1936）》，第 41 页。

③ 王芸生编著：《六十年来中国与日本》第八卷，生活·读书·新知三联书店 1982 年版，第 268 页。

④ 《蒋介石日记》，1931 年 10 月 25 日。

⑤ 国联盟约规定：国联一切决议必须全体代表一致通过，方为有效。

的委托，宋子文担任了中央政治会议特种外交委员会副会长，负责处理对日外交。顾维钧在回忆录中记载："蒋委员长和宋博士有非常密切的关系，在外交方面几乎让他放手行动。"[①] 宋子文当时的对日外交方针与蒋介石基本一致，都是寄希望于国联来谋求对事变的解决，而不主张用武力的方式。他曾多次与美国驻华外交官接洽，希望美国出面主持公道。然而事实证明，这一切都是不切实际的空想。

随着日军的侵略势力向关内步步紧逼，宋子文对日方的行为与事变之初相比有了更进一步的认识。11 月 29 日，宋子文与顾维钧联名致电张学良，指出："日方倘再派员至尊处接洽，乞饬所属子接见时慎勿与之讨论，一面即电陈政府及尊处请示办理，如日方无理可喻，率队来攻，仍请兄当机立断，即以实力防御。"[②] 对于日军的步步紧逼，宋子文向张学良指出："日方用意既在迫我一切军队退入关内，以完成其东省另建独立政权之阴谋，吾若抽调一部后退，仍不能阻其进攻，不如坚守原防，以贯彻行政院双方各守现驻地点之主张，而免引起国内纠纷。"[③] 为了在具体问题上给予张学良以援助，宋子文告知张学良可以将财政部所属的税警团交由张学良指挥以对抗日军的进攻。[④] 顾维钧在给张学良的电报中指出："至军事方面，据子文兄云，中央可抽调劲师归兄指挥，即财部税警团亦能拨三团约计五六千人，名虽警团，以论训练与器械，实与军队无异。无论整个施用，或令插各师，悉可由兄酌夺办理。"至于财政上的援助，宋子文称"正力筹办法，俟有端绪，当为接济"。[⑤]

---

① 中国社会科学院近代史研究所译：《顾维钧回忆录》第一分册，中华书局 1983 年版，第 417—418 页。

② 《宋子文、顾维钧致张学良电（1931 年 12 月 2 日）》，《民国档案》1985 年第 2 期。

③ 《宋子文、顾维钧致张学良电（1931 年 12 月 8 日）》，《民国档案》1985 年第 2 期。

④ 税警团是宋子文以查缉走私漏税为名建立起来的武装，归宋子文控制，隶属于财政部，下设六个分团，向美国购买武器，重要军官大部为留美学生，1937 年八一三事变后，蒋介石以统一军队指挥为名，将税警团改编为国民党第八军第四十师。

⑤ 《顾维钧致张学良电（1931 年 12 月 2 日）》，《民国档案》1985 年第 2 期。

九一八事变之后，宋子文从全国人民要求抗日的呼声中感受到中日之间的战争不可避免，也产生了以武力对抗日本侵略的思想，并屡次为处在抗日前线的张学良加油鼓劲，甚至在军事上、经济上也向张作出一定程度的承诺，但总体上宋子文并没有明确坚决的主张，也从未把抵抗日本的紧逼与全国抗战联系起来，总是想把中日之间的冲突作为局部问题加以解决，宋子文的这种思想在一·二八事变之后慢慢发生了改变。

1931 年 12 月 15 日，由于国民党内部矛盾的激化，蒋介石宣布辞去国民政府主席和行政院院长之职。宋子文也随之辞去行政院副院长和财政部部长的职务。随后建立起来的孙科内阁无法改变内外交困的局面，一月之后不得不宣布辞职。蒋介石与汪精卫在权力分配上达成一致之后，蒋介石复出并执掌最高权力，汪精卫担任行政院院长，随后宋子文也恢复了原先的职务。

图 3-8　1931 年担任财政部部长的宋子文①

蒋介石和宋子文复出之际正值日本发动一·二八事变，面对日益严重的民族危机，宋子文对日态度渐趋强硬。事变爆发之际，南京国民政府便宣布迁都洛阳。为此，宋子文对各国驻华使节发表谈话指出："中国的迁都行动旨在向日本和世界表明，中国不会在日本的武力威胁下屈服，即使日本占领了中国所有的港口城市，中国仍将坚持下去，日本逼迫愈紧，中国抵抗愈甚。国民政府迁都洛阳，足以表现政府对于保护国家领土之坚强决心，尺土寸草，不使轻失；又足以

① 《光华日报二十周年纪念刊》，1931 年纪念刊卷，第 5 页。

表示政府为担负其神圣之责任，实不畏避任何牺牲。”[①] 宋子文对第十九路军和第五军在淞沪战场上的积极抵抗也给予了高度赞扬，并进一步指出：“如果中国要作为一个独立的国家而生存，她就必须证明自己的力量，她必须英勇善战！她必须把国防力量置于公共教育、商业、工业、民主原则和公民权等其他一切事情之上。事实上，生存是自然界的第一法则，应高于其他一切考虑之上。”[②]

通过宋子文一系列的言论可以看出，面对日本的进攻，宋子文已经充分认识到军事抵抗的必要性。宋子文对日态度的巨大变化与全国的经济中心和金融中心上海受到日本攻击有很大关系。这时宋子文对日的强硬立场不仅仅表现在言论上，他曾经主动把隶属于财政部的税警团以第五军八十七师独立旅的名义调往前线，直接对日作战。[③]

随着日本侵华步伐的加快，宋子文的对日立场也日趋强硬。1933 年年初，热河情况危急，宋子文亲自赴热河视察，屡次发表措辞强硬的讲话，强烈谴责日本的侵略行径，表明中国抵抗的坚定决心。他指出：“到现在我们全国人都彻底地晓得强盗临门，唯一的生路就是武力自卫，置之死地而后生，我们拼死才是唯一的生路。”[④] 2 月 18 日，宋子文出席各界欢迎会并发表演说，表示：“本人代表中央政府向诸君担保，吾人决不放弃东北，吾人决不放弃热河，纵令地方占我首都，亦决无人肯作城下之盟。”[⑤] 宋子文以行政院副院长的身份赴热河，筹措军费，参与军事部署，鼓舞民心士气，足以显示其对日强硬立场。同时，他还屡次向蒋介石建议调中央军和财政部所辖的税警团北上以加强对热河的防守。

---

① 《申报》，1932 年 2 月 1 日。

② 宋子文：《淞沪战争的意义》，《民众论坛》（英文版）新刊第 2 卷第 4 期，第 83—83 页。

③ 宋子文将税警团以第五军八十七师独立旅的名义调往前线是为了瞒过八国银行，继续取得盐余拨款，因为税警团是以查缉走私漏税为名建立起来的武装，所需经费从八国银行控制的盐税中支付。

④ 《大公报》1933 年 2 月 18 日。

⑤ 《大公报》1933 年 2 月 20 日。

面对日本的步步紧逼，宋子文对日态度发生较大变化，而作为南京国民政府首脑的蒋介石在国难当头之时，其抗日热情并没有随着民族危机的加剧而递增；相反，“攘外必先安内”却成为其对外方针政策的出发点。

蒋介石复出后所面临的主要问题就是处理一·二八事变，由于十九路军对日军的坚决抵抗，抗日运动风起云涌。蒋介石发表讲话，宣布中央党部和国民政府迁都洛阳，并召开军事会议，制订防卫计划。在蒋介石的允许下，“军政部长何应钦立即调动散驻京沪、京杭两线上的第八十七、八十八两师合编为第五军，任张治中为军长，率部参战”①。但是在“一面抵抗，一面交涉”的方针指引下，国民政府并非要全面抵抗日本的侵略，只是给十九路军有限的支持。何应钦按照蒋介石的指示通令各部队：“各军将士非得军政部命令而自由行动者，虽意出爱国，亦须受抗命处分。”②

1932年3月1日，“满洲国”宣告成立，日军在达到发动事变的目标之后，遂于3月14日接受英国公使兰普森的斡旋，中日双方停战，并于24日开始谈判。1932年5月5日，中日双方签订了《上海停战协定》。协议规定，中国军队只能留驻在苏州、昆山一带，不能进驻上海。此外还有三项谅解：（一）中国取缔抗日；（二）十九路军换防；（三）浦东及苏州河南岸中国不得驻兵。

《上海停战协定》激起了全国人民的愤怒，《时事新报》发表评论指出：“敌军入寇，未能逐出国门，停止战争，犹待妥协条件。彼虽曲，我虽直，而彼则驻兵有地，撤军无期，我则人民徒遭绝大蹂躏，军警俱有明文束缚，如此协定，谓未屈服不可得也，谓未辱国丧权不可得也。”“误国祸国，政府尤为罪魁。”③ 宋美龄对中国军队撤退一事也痛不欲生，“愿亲赴前线与倭寇一拼”，并

---

① 李勇、张仲田编著：《蒋介石年谱》，中共党史出版社1995年版，第203页。

② 中国人民政治协商会议全国委员会文史资料委员会《文史资料选辑》编辑部编：《文史资料选辑》第37辑，中国文史出版社1993年版，第12页。

③ 《时事新报》1932年5月6、7日。

对蒋介石告诫说："上海我军撤退，反动派造谣更甚，军民恐更将归怨于夫子，夫子将成为怨府，为国家为夫子将何以为计？"蒋答称："夫人爱国以爱余，诚可感，即其他责难之切，亦皆由其属望之殷而来……余受深冤更无从表白。亦祇有置之使其自明而已。"[①]连日来，经过蒋介石频频灌输，宋美龄"悲愤之虑亦少解焉"[②]。

热河失陷之后，对日妥协退让成为国民党对日政策的基本原则。按照这一原则精神，蒋介石、汪精卫授权何应钦，派遣熊斌与日方代表冈村宁次于1933年5月31日签订了《塘沽协定》，中国在华北的主权进一步沦丧，平津已成为日本的囊中之物。

1934年12月，蒋介石用徐道邻为笔名，在《外交评论》上发表《敌乎？友乎？——中日关系的检讨》一文，文章指出："日本人终究不能作我们的敌人，我们中国亦究竟须有与日本携手之必要。"他建议中日两国政府对双方关系作出检讨，打开僵局，避免走上绝境导致同归于尽。他指出中国方面的错误在于自信过度，依赖其他国家，做不到能屈能伸；而日本的错误就在于"以为非打倒中国国民党，则中日问题无法解决，日本不能安枕"的观点。日本应该"明悉窥伺于中国国民党之后者为何种势力，此种势力之抬头与东亚将生如何之影响"。假如"国民党的统治不胜外力之压迫而崩溃，日本亦不难想象其结果如何"。又正告日本，"国民党力量所在之地，不能无代价的放弃，日本欲以唾手而得沈阳为先例，应用到全中国，到底为不可能"，"日本若再欲以武力威胁中国而得到屈服的结果，可说是不能达到目的"，希望日本当局"不要为感情而牺牲理智"[③]。这篇文章既流露出了蒋介石的对日妥协思想，同时也向日方表明了中国的态度，不要欺人太甚。日本对这篇文章也翻译转载，中日之间一时弥漫着和谈的空气，蒋介石对此也颇为满意。他在日记中写道："对日外交方针与态度，国民已有谅解，并多赞成，一月之间外交形势大变，欧美亦受影响，

---

① 王宇高编：《蒋中正"总统"档案事略稿本》(13)，第338、339页。

② 王宇高编：《蒋中正"总统"档案事略稿本》(13)，第343页。

③ 《外交评论》第3卷第5期，1934年12月出版。

自信所谋不误。”①

以蒋介石为首的国民政府急于向日本寻求妥协，主要有两点原因：一是如前文所说，中国尚未做好全面对日作战的准备；二是要腾出手来对付中国共产党领导的红军。1932 年 4 月 18 日，蒋介石在庐山召开湖北、湖南、河南、江西及安徽五省“剿匪”会议。在会上提出了“三分政治，七分军事”的方针，并确定了第四次“围剿”计划先从肃清鄂豫皖三省红军入手；5 月 21 日，蒋介石就任鄂豫皖三省“剿匪”总司令，赴汉口策划对江西中央苏区红军第四次“围剿”；6 月 15 日蒋介石又在庐山召开江西、湖北、湖南、安徽、河南五省军事会议，磋商第四次对中央苏区的“围剿”作战计划。② 蒋介石的一系列军事部署无疑就是要实现他所强调的“攘外必先安内，统一方能御侮”的策略。③ 为了避免陷入两线作战的困境，蒋介石不得不寻求与日本的妥协以便集中精力对付共产党。在对日问题上，蒋介石的妥协政策与宋子文的日趋强硬不可避免地把二人推进了冲突的旋涡。

蒋宋之间的第一次分歧出现在蒋宋复出后不久。《淞沪停战协定》签订后，蒋介石命令十九路军撤离上海，前往福建“剿共”。蒋介石用这种方式处置这支已成为抗日象征的部队，这引起了宋子文的不满，蒋宋之间发生激烈争论。1932 年 6 月 5 日，宋子文致电汪精卫，称：“因近日来筹划金融，精神身体极为疲惫，请准予辞去本兼各职。”蒋介石、汪精卫劝宋子文应以国家大局为重，继续负责维持，向宋子文提出挽留，宋子文则以“财政当局已陷入山穷水尽之境，本人能力薄弱，实不能再为维持”为借口，坚决辞职。6 月 17 日，汪精卫亲自赴沪，劝慰宋子文，再次挽留。7 月 7 日，蒋介石答应宋子文将军费由每月 500 万减为 150 万，在这

① 《蒋介石日记》，1935 年 3 月 1 日。

② 李勇、张仲田编著：《蒋介石年谱》，第 206—207 页。

③ 1931 年 11 月 30 日，蒋介石主持顾维钧就职外长宣誓典礼，并发表讲话，声称：“外交上无形之战争，其成败胜负之价值，则超于任何一切战争之上。”强调：“攘外必先安内，统一方能御侮，未有国不能统一而能取胜于外者。”见李勇、张仲田编著：《蒋介石年谱》，第 199 页。

种情况下，宋子文进京复职。[①] 蒋宋之间的第一次冲突得到解决。

1933 年 4 月，南京国民政府应美国总统罗斯福的邀请，决定派遣宋子文出席华盛顿会议，磋商复兴世界经济计划。访美期间，宋子文成功地与美国达成 5000 万美元的棉麦借款，随后又出席了在伦敦召开的世界经济会议，四个月之后，宋子文出访归来，不久蒋宋之间再次出现分歧。

宋子文这次出访，加深了与欧美之间的联系，也使得宋子文在对日问题上态度更加强硬。[②] 宋子文的对日态度已经与南京政府的对日妥协思想相悖。宋子文也屡次劝说蒋介石停止内战，削减军费，导致蒋宋之间的矛盾再次尖锐。1933 年 10 月 28 日，宋子文再次向国民政府提出辞呈："敬呈者，窃子文自一·二八事变，重长（掌）财政，艰难维持，心力交瘁；在此盘根错节之会，益觉心绌力薄，长此以往，诚恐贻误党国大计，敬恳准予辞去财政部长本兼各职，无任屏营感祷之至。"[③] 10 月 29 日，国民党中央政治会议召开临时会议，同意宋子文辞去行政院副院长和财政部部长一职，决定由孔祥熙继任。[④]

---

① 吴景平：《宋子文政治生涯编年》，第 222—223 页。

② 宋子文回国途经日本时，日本政府邀请他顺便登岸访问，宋子文予以拒绝，仅在船上接受日本记者的摄影，没有发表任何谈话，引起日本朝野的愤怒，这也反映了宋子文对日本当局的态度。

③ 《国闻周报》第 10 卷第 44 期，1933 年 11 月 6 日。

④ 关于宋子文此次辞职的原因，美国公使詹森在致国务卿的电文中作了如下分析：（1）蒋介石对宋子文不满，蒋介石坚持 2000 万元的"剿共"经费，虽然政府每月赤字达 1000 万元；蒋介石曾允诺，在宋子文回国之前外交部不会发生大的变化，但在宋回国的两天之前，罗文干却因反对与日本妥协而去职。（2）宋子文反对屈服于日本压力的妥协政策，特别是通过黄郛（蒋介石义兄）来实行这一政策，据说最近宋子文与黄郛争吵过；另外还获知，日本驻华公使有吉明和驻国联代表芳吉都多次提出，蒋介石和汪精卫必须去除宋子文。（3）日本试图从宋子文那里得到对日本较有利的税率，宋的解职有助于加强对日妥协派的地位。（詹森致国务卿电 1933 年 10 月 31 日，关于宋子文的辞职，还有一种说法：宋子文回国之后，与蒋介石发生了一场激烈的争吵，主要是围绕"剿共"的军费问题，宋子文劝蒋介石停止内战，削减军费，遭到蒋介石的怒斥，蒋介石竟给宋子文一记重重的耳光。宋子文郁闷之极，决定辞职，又私下对胡汉民说："当财政部部长无异做蒋介石的走狗，从现在起我要做人，而不是做一条狗。"见王光远：《宋子文与蒋介石的恩恩怨怨》，《文史精华》1997 年第 11 期。

（三）蒋宋冲突中的宋美龄

在蒋宋冲突中，宋美龄总是坚定地站在蒋介石的一边，她在全心全意地支持丈夫事业的同时，也对兄妹之情有所眷顾。

1927年12月1日，蒋介石与宋美龄举行了世纪婚礼，婚后的宋美龄首先充当了贤内助的角色，精心照料丈夫的生活，诚如蒋介石在日记中所写："三妹爱余之心，无微不至。"[①] 在照顾蒋介石生活起居的同时，宋美龄在事业上也是丈夫的积极支持者。

1927年8月13日，蒋介石被迫下野，后在冯玉祥、何应钦、蔡元培等人的敦促下，南京国民政府请蒋介石即返南京复职，但蒋介石尚在观望。宋美龄力劝蒋介石，既然已决定复职，就不可耽搁，尽快完成北伐大业。蒋介石甚是感激，他在日记中写道："余与三妹于去年十二月一日结婚以来，浃月之中每言辄以党国为重，是古人所谓爱人以德不以故息者乎。如此情爱弥可敬也。"[②]

蒋介石复职之后，北伐战争业已完成，但革命军内部争斗不断。蒋桂战争、蒋冯战争、蒋唐战争先后爆发，令蒋介石心烦不已。为稳定蒋介石的情绪，宋美龄贤内助的角色进一步凸显，时时对蒋加以规劝，令蒋介石极为感动，其在日记中写道："消极虽非余之本性，实为余之病态，今日夫人言之，余心滋愧。余将何以自勉根除余之病态，健全余之精神以担负艰巨之重任哉？余亦雅存心养、性养专务于大者、远者而已。"[③] 6月19日，宋美龄再次劝勉蒋介石："大丈夫作事不可常常以悔愤而堕气，悔愤究非丈夫之气概。" 蒋认为夫人之言亦有理，"因与详究悔愤之原因曰：一则余以天下之安危为己任，责任心太重。二则见中国一切落伍欲挽救之心太急。三则党中诸友太不谅人。四则余之涵养功夫尚未到炉火纯青时。五则余本性淡泊急欲功成身退优游于山林泉石之间。有此五因故易悔愤。自兹以后当益加戒勉"[④]。在宋美龄的

---

① 《蒋介石日记》，1928年3月4日。
② 《蒋介石日记》，1928年1月2日。
③ 王宇高编：《蒋中正"总统"档案事略稿本》（3），第489、493页。
④ 王宇高编：《蒋中正"总统"档案事略稿本》（3），第534—536页。

劝勉下，蒋介石恢复了积极的心态，当晚蒋即电告各方，表示“已回宁照常办事”，并自省曰：“从明日起按时办事再不灰心堕气。”①

随着民族危机的进一步加剧，宋子文的对日态度日趋强硬，尤其是在热河危机爆发之后。宋子文不断公开发表演讲，痛斥日本侵华的罪行，揭露其占领中国的野心，表明中国政府坚守热河的决心，并同时表示在经济上给予华北抗日部队最大的支持。在此问题上，宋子文与蒋介石还存在着一些不同的观点，主要体现在是否调中央军北上参战的问题。宋子文曾致电蒋介石，向蒋介石提出，“政府应以全力对付热河，兄可否出二师为总预备队，以国际情势日人必不向其他区域攻击”，并建议蒋介石“热河发生战事时，兄务须放去一切②，北平一行”。但是蒋介石拒绝了宋子文的建议，理由是中央军北上会引起华北地方部队的不安：“中央部队如北上为预备队，恐友军多虑，以汉卿前嘱伯诚电中，如中央军不加入前不如不来之语。此果为何人之意，其电中并未详明，故未开战以前，中央军不如缓上，如有必要，则可先派税警队北进也。”③ 蒋介石的反应与他执行的“攘外必先安内”是一致的，从中我们可以看出，宋子文对热河抗战的重视程度远远超过蒋介石。

蒋介石与宋子文在对日态度上出现分歧之际，宋美龄坚定地站在蒋介石的一边，以实际行动支持丈夫的事业。蒋介石“攘外必先安内”的政策遭到舆论的普遍谴责，面对此种困境，蒋介石穷于应付，精神高度紧张，时而出现“语无伦次，心如愚磬，粗急异甚”的状况。宋美龄坚决支持蒋介石“剿共”战略，不仅常去江西行营慰问，每次蒋介石因军事空暇返回上海短暂休憩，宋美龄总是“盛装整案相候，敬礼如宾，欣慰快乐”，使忧患之际的

---

① 王宇高编：《蒋中正“总统”档案事略稿本》(3)，第534—536页。

② 宋子文所说的“一切”，应当包括蒋介石当时正在筹划的新的进攻红军的军事行动。

③ 秦孝仪主编：《中华民国重要史料初编——对日抗战时期》续编（三），第594—595页。

蒋介石感喟："所幸夫妻和睦，爱情益贤，家庭之乐聊以自慰也。"①

1933 年 11 月，蒋介石发动了对共产党中央根据地的第五次"围剿"。宋美龄跟随蒋介石到临川、吉安一带督战。为鼓舞士气，宋美龄亲自率领地方官员、士绅中的妇女到前线慰问伤员。她在给美国一位友人的信中写道："虽然生活很艰苦，同我们的军队一道进一步深入内地，但我还是感到很愉快，因为我身体健康，很有耐力，这样，我能和他（指蒋介石）在一起，并出些力。如果我在家里等到中国真正实现和平，那么我们要等待很久才能团聚，所以我总是决定和他在一起。"②

在民族危机日益严重的时刻，宋美龄把蒋介石的"剿共"战争看成是中国真正实现和平的前提，所以她对丈夫的行为总是给予极大的理解和支持："我只要就丈夫的需要，尽力帮助他，就是为国家尽了最大的责任。"③ 同时宋美龄对个人价值观的追求也不能离开蒋介石的军事行为而独立存在，蒋介石个人权威和合法地位的确立也离不开宋美龄的渲染和造势。夫唱妇随期间，宋美龄尽力发挥她的文学功力，用散文、书信的方式宣传她的政治热情、政治理念、督战经历，更不忘对丈夫蒋介石为"国家"戎马倥偬临危不惧形象的塑造，夫妻之间生死与共的患难之情清晰可见。

宋美龄对蒋介石全力支持的同时，对兄妹之情也有所眷顾。1933 年 10 月 29 日，宋子文因与蒋介石的矛盾激化愤而辞职。事后，蒋介石也感到自己的行动过于粗鲁，宋美龄对蒋介石如此对待宋子文也极为不满，对蒋介石不依不饶，要蒋介石对宋子文有所交代。为了安慰宋子文，蒋介石在中央会议上大讲特讲宋子文的能力和贡献，不久又任命宋为全国经济委员会主席，这场风波才算过去。④

---

① 《蒋介石日记》，1932 年 12 月 24 日。

② 寿韶峰：《宋美龄全纪录》（上），第 299 页。

③ 宋美龄：《我的宗教观》，见王亚权编纂：《蒋夫人言论集》上集，第 5 页。

④ 王光远：《宋子文与蒋介石的恩恩怨怨》，《文史精华》1997 年第 11 期。

二、财政纠纷与处置

南京国民政府成立之后，宋子文经过艰难的抉择之后，最终接受了蒋介石的邀请，担任财政部部长一职，这也为其提供了展示自己能力的理想舞台。宋子文主持财政工作期间，大力推行整顿财政的诸项措施：一方面为了战争的需要大力筹款，另一方面积极统一财政、确立预算制度、实行关税自主等一系列改革措施。抗战胜利前后，宋子文再度主持政府工作，面对日益严重的经济危机，宋子文最终无力回天，黄金风潮使其不得不离开了权力的顶峰。宋子文整理财政的各项措施，主要是为解决南京政府面临的严峻的财政局势，为战争筹措军费是其工作的中心。庞大的军费开支势必影响到政府的经济工作，蒋介石与宋子文之间产生矛盾不可避免。下面将以 1932 年公债整理和抗战之后的黄金风潮为切入点，展现蒋宋之间在财政问题上的分歧，探讨宋美龄在丈夫与兄长的矛盾旋涡中的处置与抉择。

（一）1932 年公债整理案

财政基础是政权稳定的前提，政府为了有效行使职能，必须拥有强大的、稳定的财政基础。南京国民政府成立之初，在财政问题上也是颇有建树，如统一财政、确立预算制度、实行关税自主等等。但是战争不止，军费开支庞大，再加上偿还债务，导致入不敷出。为了维持财政收支平衡，南京国民政府通过大量发行国内公债的形式以解决这些问题。从 1927 年 5 月到 1932 年 1 月的五年间，发行总额已达 100600 万元。① 这些债券都采取高利息、大折扣的方法推销，以致偿付内债本息的基金每年需 10900 万元。② 到 1931 年年底，日益沉重的债务负担以及种种天灾人祸，使得南京国民政府通过发行内债维持收支平衡的方式无法继续实行，不得不进行内债整理。

---

① 贾士毅：《民国续财政史》第四编，商务印书馆 1933 年版，第 307 页。

② 千家驹：《中国的内债》，北平社会调查所 1933 年 4 月印行，第 50 页。

南京政府建立之初，内战频繁，军费支出浩大。充足的军费保障是南京政府能否在军阀混战以及“剿共”战争中取得胜利的关键，在其他收入来源不能及时有效的情况下，发行公债是行之有效的唯一途径。为满足军需支出，1927 年 5 月 1 日，南京国民政府以江海关二五附加税为担保，发行国债 3000 万元。由于军费开支的不断增加，10 月 1 日，南京国民政府又发行国债 2400 万元。1928 年 1 月 7 日，蒋介石复职，宋子文继任为财政部部长。蒋介石复职之后继续北伐，军费开支直线上升。为应对这一状况，宋子文决定修改续发江海关二五附加税国库券条例并为此致电上海各团体：“总商会、银行公会、钱业公会钧鉴：续发二五库券条例，现拟略为修改，已将修改文件专人送沪，俾资接洽，并祈亮察。”[①] 1 月 10 日，宋子文致函上海总商会，告知财政部对条例的五条修改意见：总额由 2400 万元增为 4000 万元；月息由七厘增为八厘；期限由 1931 年 12 月底延长至 1933 年 4 月底；增加每月基金拨付额；如关税征收方法改变，财政部将令江海关监督在关税增收项下每月照数拨足。[②] 尽管如此仍不足以满足军费开支，3 月 29 日，宋子文呈文国民政府：“拟以卷烟统税收入为基金，发行 1500 万元公债，以充北伐饷糈。”[③] 1928 年 5 月 1 日和 6 月 1 日，国民政府以印花税为担保分两期发行军需公债 1000 万元，6 月 30 日又以煤油特税收入为担保发行 4000 万元“善后短期公债”，以解决北伐之后的善后事宜。从 1927 年 5 月 1 日到 1928 年 6 月 30 日的 14 个月中，国民政府合计发行了 13400 万元的内债。[④] 这些内债的发行确保了南京政府在军事上的胜利，巩固了政权。

南京国民政府这期间发行的内债认购情况较好，究其原因如下：首先，每次内债的发行都有税源作担保，税收的增加为债券

---

① 《上海钱业公会档案》，上海市档案馆藏，档号 Q174—2—60。

② 《申报》1928 年 1 月 11 日。

③ 中国第二历史档案馆编：《中华民国史档案资料汇编》第五辑第一编《财政经济》（二），江苏古籍出版社 1994 年版，第 359 页。

④ 金普森、王国华：《南京国民政府 1927—1931 年之内债》，《中国社会经济史研究》1991 年第 4 期。

的发行提供了切实可靠的保障。其次，认购条件优厚，具体表现在以下几个方面：（一）还本期限较短。南京国民政府这段时期发行的债券大都是库券的形式，因此还本期限较短。如十九年卷烟之仅为36个月；十九年关税之仅为58个月；其最长者如十八年编遣及二十年关税，亦仅为58个月。[①]（二）债券利息较高。当时南京国民政府建立不久，信誉尚未得到社会普遍认可，又因急于筹款，故不得不以提高利息的方式吸引民众认购。1928年10月6日，南京国民政府颁布《民国十七年金融短期公债条例》，称"为建设金融事业"，发行公债3000万元，年息八厘。[②]这些公债利息较高，同时又是以折扣出售，因此投资债券收益较高。按证券交易每月平均牌价来看，这些公债的年收益是：1928年1月，22.51%，1929年1月，12.44%，1930年1月，18.66%，1931年1月，15.88%，1931年9月，20.90%。[③]较高的收益使公债投资具有很大的吸引力。

从1927年5月到1932年1月不到五年的时间里，南京国民政府共发行公债100600万元。此数仅以南京政府财政部发行者为限，尚不包括交通部、铁道部和建设委员会所发的各种债券3900万元。[④]在总计100600万元的内债中，用于军政费之实际支出为86100万元，占债务总额的85.6%，而用于生产事业、赈灾和水利事业的，总计不过5000万元，仅占总额的5%弱。[⑤]大量内债用于与生产无关的军事领域，导致南京国民政府财政负担日益沉重。

南京国民政府发行的大量内债是以高利息和大折扣的方式进行推销的，这一方法确保了大量内债发行的顺利进行，但同时也使政府付出了巨大的代价，大大加重了财政负担。沉重的债务负

---

① 潘国琪：《国民政府1932年公债整理案述评》，《福建论坛（人文社会科学版）》2001年第4期。

② 中国第二历史档案馆编：《中华民国史档案资料汇编》第五辑第一篇《财政经济》（三），第48—49页。

③ 金普森、王国华：《南京国民政府1927—1931年之内债》，《中国社会经济史研究》1991年第4期。

④ 千家驹：《中国的内债》，第35页。

⑤ 千家驹：《中国的内债》，第44页。

担使政府财政状况陷入了恶性循环，恰如时人所评论的那样：“惟吾国近时财政，专以苟且补苴为事，但使有债可募，以应暂时之支销，即将以后数年或数十年之收入，尽数抵押，亦所不恤。及抵押已尽，犹欲巧立名目，以为继续募集之尝试。至目前有无抵押，将来能否偿还，与夫国家所受之亏折如何，金融界所受之压迫如何，均无暇顾及。此等举债政策，大背乎公债原则，无异饮鸩止渴，挖肉补疮，长此不改，不惟国家财政破产，社会金融亦必同陷于绝境。”①

1931 年对中国来说是祸不单行的一年。春夏之际长江淮河发生百年未遇的大水灾，长江中下游七省 4000 多万人受灾，造成了巨大的财产损失。为赈济灾民，1931 年 9 月 2 日，宋子文在南京出席国民党中央政治会议，会议决定由财政部分期发行赈灾公债 8000 万元。② 九一八事变的发生，对于财政上捉襟见肘的南京国民政府来说犹如雪上加霜。东北的沦陷不仅使南京国民政府面临着巨大的政治、军事压力，而且使南京政府失去了东北的巨额税收，东北的关盐统税全部丧失，仅关盐两税每年损失 5000 多万元，占全国收入的 1/10。公债基金动摇，加上各银行的大量抛售，债市发生危机，债市行情因之持续暴跌。中国银行 1931 年年度报告中，有下列一节：“水灾之后，证券狂跌，金融紧缩，东北事变发生，金融轮廓，局部断折。复以外患迫于眉睫，人人藏现戒备。银钱行号之力弱不胜者，纷纷搁浅受挤。银行洋厘，逾抬逾高，群疑金融风潮之不可苟免。”③ 1932 年 12 月 1 日，上海交易所的主要公债行情跌至票面价格的一半，12 月 23 日，公债跌至最低谷，公债市价小于票面值的 40%，只及 9 月 1 日时的一半左右。④ 随之而来

---

① 姜良芹：《南京国民政府 1932 年内债整理案述论》，《中国经济史研究》2002 年第 4 期。

② 《国闻周报》第 8 卷 35 期，1931 年 9 月 14 日。

③ 姜良芹：《南京国民政府 1932 年内债整理案述论》，《中国经济史研究》2002 年第 4 期。

④ 王国华：《1927—1937 年南京国民政府内债研究》，杭州大学出版社 1990 年版，第 25—26 页。

的一·二八事变给了公债市场致命的打击。上海的进出口贸易、工商金融全部瘫痪，而江海关的收入几占全国海关收入的一半，“暴日侵沪，关税惨跌”①。不断增加的债务规模以及种种天灾人祸的发生，使得国内财政、金融环境已不容许其内债政策继续实施下去，国民政府被迫进行内债整理。

1932年2月18日，宋子文在上海召开金融会议，上海银行公会、钱业公会、上海华商证券交易所、内国债权持票人会②、二五库券基金保管会等团体代表参加会议。会议主要讨论如何维持财政、保全债信，定出五条办法：（一）每月应付公债本息1600余万元减为860万元；（二）还本付息年限除十七年金融长期公债不变外，其余公债库券本金一律折半偿付，库券息金减为月息五厘，公债统改为年息六厘；（三）设立国债基金保管委员会，以替代以前的二五基金会。所有应付基金，应就原有之庚款及增加关税项下，由总税务司尽先照数直接拨交该会，由该会全权管理，如有不足，由政府于各项中央税收中，指定一种税收，按数补充之；（四）国民政府命令公布自此次减息展本之后，无论政府如何困难，不再牵动基金，及变更此次所定办法；（五）政府应彻底整理财政，在收入范围内，确定支出概算。③ 1932年2月24日，国民政府下令整理公债，命令云：

> 自辽变发生以来，各种债券价格因之暴跌，国家财政社会经济多受贫困。政府丁艰屯之会，对于还本付息，从未愆期。迨上海事变继起，债市骤失流通，金融亦陷停滞。政府与民众本是一体，休戚相关，安危与共。际滋国难当前，财政奇绌，与其使债市飘摇，无宁略减利息，稍延偿还日期，俾社会之金融得免枯竭，御侮之财

① 《财政公布2月份海关收支数》，《申报》1932年3月9日。

② 所谓“持票人会”，其主要成员是江浙金融财团和上海资本家。他们曾在宋子文为代表的国民政府所发债券中获得过巨额利润，而当宋氏在财政上遇到困难时，他们便又转过来支持这个给了他们好处的财政部部长。

③ 《国内要闻》，《银行周报》第16卷第8期。

力籍可稍纾。迭饬财政部与各团体从长讨论，就原颁之条例，重拟适当标准，并经决定每月由海关税划出八百六十万元，作为支配各项债务基金，其利息长年六厘，还本期限按财政部拟定程表办理。仰由行政院饬部转令拨发基金之征收官吏及总税务司每月按期将各项债券本息台数拨付，至本息还清之日为止，不得稍有延误。此乃政府与民众维持债信，调剂金融之最后决定，一经令行，永定为案，以后无论财政如何困难，不得将前项基金稍有动摇，并不得再有变更，以示大信。

财政部宣布：

1932 年 2 月份各项债券应付本息办法，其库券一项，原定还本一百元者，以四成为标准，并付给所余本金之息，按月以五厘计算，即凭各库券二月份本息票按照新定之数照付之，一面将债票收下，所短本金，归入统案计算，补给新本息票；公债一项，除十七年金融长短期外，统按周息六厘付息，其还本标准，除十七年金融长短期外，均与库券同。①

2 月 26 日，持票人会代表上海金融组织发表宣言，称：“自此次减息展本之后，无论政府财政如何困难，不再牵动基金及变更所定此次办法，政府应将财政彻底整理，财政委员会由各团体参加，取节缩主义，现在收入范围内确定预算，不得稍有逾越。”此外还要求今后“政府不再向各商业团体举债为内战政费之用”②。持票人会对南京政府整理债券举措的接受也说明内债整理获得成功。针对持票人会的宣言，宋子文也发表声明：“持券人恸外侮之侵凌，国势之颠危，愿损个人利益，以纾国家之危难，提出减轻

① 千家驹：《旧中国公债史资料》，第 212—214 页。
② 《申报》1932 年 2 月 27 日。

利息、延长还期、保障基金各项办法，与政府互相妥协，业经明令公布，不独于政府财力及持券人利益面面顾到，尤足以表现我民众爱护国家、一致团结之精神，本人深表赞同。政府与民众本属休戚相关，持票人既为国家牺牲，则政府对于债信之维持，责无旁贷，当尊重而履行之。此则堪为吾国人告慰者也。"①

但是宋子文的声明并不能得到南京国民政府的理解与支持。1932 年夏，中日关系趋于缓和，蒋介石即着手准备发动"围剿"红军的战争，要求宋子文将军费开支由每月 1300 万元增加到 1800 万元。蒋介石这一要求遭到了宋子文的拒绝，宋子文很清楚，筹款的唯一方式就是发行公债，这样势必会打破刚刚建立起来的收支平衡，同时这也违背了国民政府对持票人会的承诺，必将遭到持票人会的抵触。蒋宋双方争执不下，宋子文愤而辞职，并向新闻界表示："四月来政府始终刻苦自励，进行紧缩，未举一债，适合收支，各银行金融机关，因此亦得未贷款于政府而致瓦解。今沪事告一段落，余心力已瘁，不能再肩财政重任。以本人观察，将来财政，必甚于今，军政支出将有增无减，政费稍增尚不难筹……但当此灾后战后，事业凋敝，共祸滋蔓，何能再增税重苦吾民，在势惟有举债。然挖肉补疮，终将至无肉可挖，此中痛苦，已久饱尝，内疚于心。今后国府财政上，无论需要如何，决不再循此道……为大局及个人计，乃不得不辞。"② 从宋子文的谈话中我们可以发现，宋子文认识到通过举债来维持财政的收支平衡是"挖肉补疮"的行为，表示"不再循此道"，但是作为南京国民政府一名高级官员，他也不得不赞同蒋介石的"剿共"政策。

对于宋子文辞职一事，行政院院长汪精卫以"国难方殷、财政急需整理为由"出面挽留并亲赴上海劝慰。在汪精卫的斡旋下，6 月 12 日，宋子文在上海向新闻界发表谈话，表示："辞意可打消，惟以今后紧缩开支、收支相抵、不再举债为条件；前次与某方因争论'剿匪'军费不能增加以免打破收支现状，愤而求去；

① 千家驹：《旧中国公债史资料》，第 218 页。

② 《国闻周报》第 9 卷第 24 期，1932 年 6 月 20 日。

现关系方面亦已谅解，辞职已成过去。”[1] 6月14日，汪精卫就宋子文辞职一事向报界发表谈话：“财政现在困难达于极点，宋部长此次辞职，亦纯为财政困难，数年来政府几纯藉发公债渡难关，总计已达一亿六千万之巨，此种挖肉补疮之办法，非整理财政之根本方案，故宋不愿再发公债；至宋部长复职与否，不成问题，现在困难已如此严重，今日之问题，乃整个之政策问题，绝非个人之进退问题；余赴沪晤宋时，宋亦绝未计及个人之去留，而仅注意于今日之财政难关能否打破，苟财政商得办法，宋自可回京。”[2] 6月17日，宋子文决定复职。

宋子文复职之后，立即着手解决军费问题。7月7日，宋子文离沪赴南京复职，离沪前夕对报界称：“此次返京复职，完全因国难当前。重以各方挽劝，不得不牺牲个人。至中央财政开源办法，尚在磋商中。‘剿匪’军费，原定每月五百万，在沪迭与何应钦部长商洽，业已筹妥一百五十万元。以后每月即照此数拨付。”[3] 7月25日，宋子文致函国债基金管理委员会，计划从作为第二担保的基金中提取200万元以缓解军费急需：“近来财政支出，上下交困，而政府积极‘剿匪’，饷需孔急，刻不容缓……现在各项内债基金，悉数由总税务司按月照拨，已无不足之虞。此项基金以外之第二担保，不妨酌量减少。拟请贵会将此项基金余款项下所存十九年关税公债票，代为处分，凑足银贰百万元拨交本部，以资挹注。”[4] 在蒋介石的压力下，宋子文维持债信的努力很快化为泡影，其所确定的财政预算方案也无法实现，财政赤字进一步扩大，为维持收支平衡，除借债别无选择。尽管1932年南京政府并未发行新的公债，但是从1933年起，又开始大举借债。迫于财政上还本付息的压力，南京国民政府不得不于1936年再次进行公债整理。

---

① 《大公报》1932年6月13日。

② 《国闻周报》第9卷第24期，1932年6月20日。

③ 《申报》1932年7月8日。

④ 《宋子文致国债委员会函》（1932年7月26日），中国第二历史档案馆藏，档号4928。

宋子文想通过建立一种稳定的预算制度，把经济的发展状况纳入到可控的轨道上。他说："考各国预算制度恒经过立法、司法、行政三层程序，由行政机关编制预算，由立法机关决定预算，由审计机关考核预算。今以党治国，在此训政时期，立法院未成立以前，暂由国民政府组织预算委员会，以当此决定预算之重任。就行政系统言之，国府应有整个的施政方针之必要，且预算确定，则事前既有审查，事后尤严考核，于吾党造成廉洁政府之主旨，尤为相合，财政上之组织，尤似非此不能健全也。"① 预算制度的建立对南京国民政府的最高决策层多少有些制约，但是随着蒋介石地位的日趋巩固，大权独揽的倾向日益明显，宋子文所要坚持的"非经预算委员会核准，不能支付；非经审计院核准，不能支销"的制度势必与蒋介石发生更多的冲突，这种冲突也是导致宋子文 1933 年下台的原因之一。

（二）黄金风潮

1947 年的黄金风潮，是国民政府在抗战胜利之后实行金融开放政策遭到的一次重大挫折。这次风潮所造成的影响是巨大的。经济上造成物价暴涨，国民政府在抗战胜利之后所拥有的数量可观的黄金储备也大为减少；政治上，引发了国民党内部的矛盾斗争，极大地损害了国民党的公众形象。宋子文成了矛盾的焦点，不得不引咎辞职。但是诚如宋美龄所说，宋子文在这次风潮中充当的却是"替罪羊"的角色，可以说这也是蒋介石与宋子文之间矛盾分歧的一个反映。

1945 年 6 月，宋子文正式出任国民政府行政院院长，不久，日本宣布投降，此时的中国可谓百废待兴。为了更好地促进经济的恢复与发展，宋子文决定开放金融市场，这样有利于经济的交流："对外贸易畅通，各项物资尤可随人民的需要而增加，游资之流入投机市场，以助长物价之波动者，亦可纳入商业正轨，国外

---

① 宋子文：《统一财政确定预算整理税收并实行经济政策财政政策以树立财政基础而利民生建议案》，见吴景平：《宋子文评传》，第 101 页。

原料及机构，也可因对外贸易之恢复，源源进口，来配合国内工业之发展，足以使增加生产，并收平定物价的效果，所以开放对外贸易，在国内可以安定人心，在国外可以导引投资，予我国经济建设以重要的助力。”① 可以说，宋子文当时采取这种策略，的确可以收到双重效果，既可以通过开放外汇市场的方式刺激对外贸易，也可以开放黄金市场，回收法币，平抑物价，抑制通货膨胀，这两点对国民经济的恢复与发展都是极为重要的。

1946 年 2 月 25 日，宋子文出席在重庆召开的国防最高委员会会议。宋子文在会上提出开放外汇市场案并获得通过。该案规定：“将进口物品分为三类，一类为工业及民生需要物品，可自由进口，二类为烟草、汽油、汽车、纺织品等，可经许可进口，三类为奢侈品，禁止进口；中央银行指定若干银行买卖外汇，现行官价外汇汇率废止。中央银行应察酌市面情形，并依照供求实况，随时供给或收买外汇，以资调节，而防止过度波动。对外币钞票及黄金之买卖，亦依同样原则办理……拨美金 5 亿元为法币准备金，并由中央银行于现有外汇中划出一相当数量为基金，作随时平准市场之用，并指定专员负指挥运用之责。”②

1946 年 3 月 4 日，中央银行正式开放外汇市场，以法币 2020 元兑换 1 美元的价格买卖美元。8 日，中央银行开始买卖黄金，每条（10 两）售价 165 万元。前两个月买卖之间大体平衡，但从 6 月份开始，这种状况开始发生变化，卖多买少，平衡被打破，这表明人们对未来经济形势的不乐观以及对法币的不信任。美元买卖的状况与黄金买卖状况大体一致，也是卖多买少。这种局面没有引发大规模的经济动荡，主要是因为中央银行通过抛售黄金美

① 《中国国民党第六届二中全会辑要》，转引自汪朝光：《简论 1947 年的黄金风潮》，《中国经济史研究》1999 年第 4 期。

② 《申报》1946 年 2 月 26 日。

元维持了外汇价格的基本稳定。①

外汇市场的开放，便利了外国商品的大量进口，尤其是美国商品潮水般地涌入中国，导致外贸严重入超，不得不动用大批外汇储备予以维持。这样外汇市场售汇压力与日俱增，由于法币的疲软，导致市场上抛售法币以换取黄金美元的现象愈演愈烈。为了维持进出口平衡，宋子文决定采取两项措施：第一，自 8 月 17 日起，取消出口税，鼓励出口，限制进口，以减少入超和增加外汇储备；第二，提高外汇汇率以缓解外汇市场压力。8 月 18 日，宋子文向新闻界发表书面声明，称："今日中央银行奉准调整外汇汇率，政府并于本月十七日决定取消出口税，其目的在求输出入贸易之趋于平衡及生产事业之活泼发展，今后且将继续运用黄金准备以稳定国内币值。今国币对外购买力既已超出国内之币值，故此次外汇率之变动，可使国内外币值得到合理的调和，所望全国人士共喻此旨，尤盼全国生产事业特别以民生主要物品为对象者，悉能体会政府施政之意义为整个国计民生所关，乃至整个生产前途安危所系，一致通力合作，务使物价由此益臻于稳定。"②宋子文希望通过与工商界的合作以稳定外汇市场，同时想通过扩大出口、限制进口的方式扭转贸易形势。然而宋子文的努力并没有换来预期的效果，到了 11 月份，上海的美钞黑市价格已达到 1 美元兑换 4532 元。针对这种情况，宋子文于 11 月 17 日宣布实行修正了的《进出口贸易暂行办法》，指出："所有进口物品，按其性质分类，凡属国内生产事业所需要之必需物品及原料，以及其他具有正当用途之物资，得予以优先进口，又对于各项机械器材之输入，应予以便利。但非需要品之输入，将不予鼓励。此项修正进口贸易暂行办法，本日业已基本核准公布施行，足以扶助国

① 抗战胜利以后，国民政府接受了大量的日伪物资和美军在华剩余物资，总价值达 100 亿美元以上。1945 年年底，中央银行的黄金外汇储备达到其历史的最高峰，为 85805 万美元，其中黄金 568 万盎司。见秦孝仪主编：《中华民国重要史料初编——对日抗战时期》第七编《战后中国》(一)，第 339 页。

② 《大公报》1946 年 8 月 19 日。

内生产事业，及促进经济建设。虽属临时措施，但在我国经济建设过程中，为极重要之步骤。”①

然而宋子文的努力对于稳定外汇市场并没有产生明显的效果。随着战争的进一步扩大，和平前景日趋渺茫，人们对国民政府稳定经济的能力渐渐失去了信心。为了扭转这一状况，12 月 10 日，宋子文在上海中国银行大楼召开经济会议，商讨协助生产事业发展、促进经济复兴事宜。宋子文在致辞中指出：“政府对于生产事业向极关切，期于最短期内解决困难，希望主管机关和工商领袖相助相成，并具体提出三点：1. 国家行局及商业行庄，对于正当生产事业资金之贷助，固求迅速简便，积极协助，但对于不急要或不正当之放款，则应自动切实限制；2. 生产事业本身，应积极改革管理，改良技术，提高效能，减轻成本，以谋自力之生存与发展，不宜单赖贷款及物资之协助；3. 经济及行政主管机关，应切实督促所属事业，改进业务，共谋策进，有营运不当、违背国策者，应即严格纠正。”② 然而黄金与美元价格并没有因为经济会议中宋子文的表态而放慢增长的势头，12 月 12 日，上海黄金价格突破 300 万元大关，美元与法币的汇率竟然达到 1 比 5650，黄金与美元的价格进入急速增长阶段，几乎达到了一日一涨甚至一日数涨的地步。面对此种困境，宋子文在督促生产事业单位资助之外，还通过大量抛售黄金以压制黄金与美元价格的上涨。12 月 24 日，金价突破 400 万之后，央行在两天之内即抛售金条 16000 根，甚至在 1947 年 1 月 30 日一天就抛售金条 19000 根，但是黄金与美元并没有放缓增长的势头。2 月 4 日，上海黄金价格上涨到 480 万元，美元与法币汇率比达到 1 比 8500。2 月 5 日，国防最高委员会决定从 2 月 6 日起实施奖励出口补助办法以挽救法币的颓势③，声称该办法实施之后，“可使输出贸易趋于活泼，对于促进对外贸易

① 《申报》1946 年 11 月 18 日。

② 《申报》1946 年 12 月 11 日。

③ 具体办法是自 1947 年 2 月 6 日起，为奖励出口，除东北与台湾之外，均实行出口补助，补助额相当于货价的 100%；另外对进口货物（规定的数种粮、棉、煤、机器等生产资料除外）征收 50% 的附加税。

及复苏内地经济，实属当前必要之措施也”[①]。可是随之而来的却是黄金价格近乎疯狂的上涨，上海黄金价格在6日一天竟然五次上涨，达到550万，法币与美元的汇率突破1万大关，由此引发了投机抢购的狂潮。在这种状况下，央行已无招架能力，不得不于2月15日决定停止抛售黄金。16日，国防最高委员会讨论通过蒋介石提议的《经济紧急措施方案》，具体内容如下：“1. 平衡预算，本年度政府支出，除非迫切需要者，均应缓发；严格征收税收，加辟新税源，加紧标售敌伪产业和剩余物资，国营事业除重工业及特殊者外，应公开出售民营；2. 取缔投机买卖，安定金融市场，即日起禁止黄金买卖；禁止国外币券在境内流通；加强金融业务管制；3. 发展贸易，法币与美元比价调为12000比1；废除出口补助与进口附加税办法；推广出口；修正进口许可制度；4. 严格管制物价；一切日用必需品，按评议物价实施办法，严格议定价格；职工薪金以1月为最高指数，粮、布、燃料亦按1月平均零售价，定量配给于职工；5. 政府对主要日用必需品以定价供应公教人员，先在京、沪两地试办，并在各重要地区分期推进。”同时公布的有《取缔黄金投机买卖办法》《禁止外币流通办法》《加强金融业务管制办法》《评议物价实施办法》等，对于有关金融物价事项作出了严格规定，如禁止黄金外币买卖、流通，持有者必须按公布价在指定行局兑换成法币，违者处五年以下徒刑；各行局应严控放款，5000万元以上放款必须经四联总处核定，多余款项一律存放中央银行，机关单位用款一律使用支票，一律不准新设银行钱庄，在全国重要地点设立物价评议会，评议主要民生日用必需品售价，协助检举违反议价行为。[②] 宋子文开放外汇市场的政策至此宣告彻底失败。

从1946年3月4日开放外汇市场到1947年2月15日停止抛售黄金，在不到一年的时间里，南京政府抛售了大量黄金和外汇

① 《申报》1947年2月6日。

② 《中央日报》（南京），1947年2月17日。

储备以维持外汇市场的平衡。宋子文向美国大使司徒雷登提交的书面备忘录中显示："中央银行1946年3月4日有黄金储备580万盎司，至1947年1月31日只有240万盎司，11个月售出黄金达340万盎司，外汇储备仅剩余2.82亿美元。"①

上海黄金风潮标志着宋子文的开放外汇市场稳定金融方针的失败，宋子文成为众矢之的。2月14日，立法院会议向宋子文发起猛烈攻击，要求宋子文辞职以谢国人。2月15日，傅斯年发表《这个样子的宋子文非走开不可》一文，抨击宋子文的黄金政策、工业政策、官商不分、公私不分等"最荒谬之点"，提出为了"中国将来之命运"，必须"请走宋子文"，因为"国家吃不消他了，人民吃不消他了，他真该走了，不走一切垮了"。随后不久，傅斯年又发表了《宋子文的失败》和《论豪门资本之必须铲除》两篇文章。② 2月17日，国民参政会驻会委员一致决议："此项黄金风潮，行政院长及有关机关当局未能预为防止，贻误国计民生至剧，应请国防最高委员会查明责任所属，认真处分；建议政府由参政会与立法监察两院共同组织调查团，彻查以下事项：此项黄金风潮及京沪两地金融情况；官僚资本之垄断情事。"③ 随后不久，监察院、审计部等有关部门会同中央银行监事会、中央银行稽核处对黄金风潮进行调查。监察院的调查结果显示，宋子文在黄金风潮中是要承担相应的责任的。"黄金政策及其业务之执行者为宋子文、贝祖诒、林凤苞、杨安仁④等四人，宋、贝为政策之决定，而林、杨则为业务之实施。至其运用及买卖真相，在本年一月前为央行主管机关之财政部竟未得任何报告，惟贝等每日对宋以详细报告而已。黄金政策目的在紧缩通货，吸收法币之通货，而黄金

---

① 《美国对外关系文件》1947年第7卷，第1053—1055页。见吴景平：《宋子文政治生涯编年》，第521页。

② 《这个样子的宋子文非走开不可》发表于《世纪评论》第1卷第7期，1947年2月15日；《宋子文的失败》发表于《世纪评论》第1卷第8期，1947年2月22日；《论豪门资本之必须铲除》发表于《观察》周刊第2卷第1期，1947年3月1日。

③ 《大公报》1947年2月18日。

④ 贝祖诒当时担任中央银行总裁，林凤苞、杨安仁时任中央银行业务局正副局长。

为货品，为商品，非货币也。今则黄金已为交易营利对象，已为实际之货币，黄金早已失其为黄金政策之重心，向以黄金换取法币，今则以法币换取黄金，黄金愈少，法币愈多，政府已不能再以少量黄金控制大量法币，而法币乃至泛滥，永无回笼之望。宋子文不预为计停止黄金政策，是黄金脱离货币关系，回复原为货品之地位，乃至演成今日经济危机，使投机者获利，而国家人民皆蒙其害，此金价波动之责任为宋子文所应负者一也。”①

面对强烈的“倒宋”风潮，宋子文深知只有辞职才能减轻人们的愤怒。3 月 1 日，在南京国民政府立法院临时会议上，宋子文在通报财政金融情况时也做了一番表白：“本人也是一个普通的人，自然亦不会毫无过失，所谓人非圣贤，孰能无过。所以本人决不敢说所做的每件事，都是确当而有效的，不过都是为一个共同的真实目标，绝对无私人利益的打算……本人自从担任行政院长的职务以来，一切尽心尽力而为之，政策方面，可能有错误的地方，而在良心方面，在离开行政院的时候，觉得绝对对得起国家民族。”宋子文以其辞职申请业已获准为由，拒绝答复各立法委员所提各项质询：“以后问题自有新院长答复，本人任职行政院后，连经济还办不好，哪有余力弄政治；关于黄金外汇之问题，俞部长及贝总裁均知道很清楚，辞职的人不应该讲话。”② 另据《申报》报道，宋子文当时“情绪至为激动，但对各立委质询多淡然处之，然其一言一动，处处表露其内心之真性。迨退出会场登车时，步履艰迟，由左右扶登车厢，面部疲惫之态，一若大病初愈”③。同日下午，国防最高委员会会议正式批准宋子文辞去行政院院长职位的请求，决定由蒋介石兼任行政院院长。

宋子文的此次辞职，可谓众说纷纭。3 月 2 日，《申报》发表社论《政局的新动向》，指出：“这次行政院长宋子文氏的辞职，虽是政治舞台上的常事，但无论如何，我们总觉得感触多端。回

① 《大公报》1947 年 3 月 7 日。
② 《大公报》1947 年 3 月 2 日。
③ 《申报》1947 年 3 月 2 日。

想宋氏海外归来，上台执政的时候，全国上下莫不寄予无穷的希望。但今日宋氏因金钞风潮，引起各方的责难，终于挂冠而去，表面看来，似成为众矢之的，这一悬殊的对照，固为宋氏的不幸，实亦为国家的不幸。平心而论，宋氏为人，自信甚强，其为政亦颇具毅力，在中国敷衍搪塞相习成风的官场中，固不失为别具风格。惟其自信过强，故不易兼听，惟其有毅力，故往往流于执拗；加以平时所接触的范围，又只限于经济金融之若干人士，而未能默察社会舆情与人民心理的归趋，以致其所采取之政策，未必即能对症发药。宋氏的经济政策，在今日我们固不愿以成败论人，但他对于'民无信不立'这句最重要的政治格言，缺乏深切的了解，而轻易损毁了人民对于政府的信心，实在是根本症结所在。"① 另据张嘉璈（当时接替贝祖诒担任中央银行总裁）的年谱记载：2月28日下午，蒋介石约宋子文谈话，告诉他明天立法院会议将对其大加攻击，是否不必出席。宋答以如不出席，必须辞职。蒋名为关心其声誉，实际暗示宋自动辞职，但宋并不明确表示，谈话没有结果。当晚，蒋再约宋谈，告以不必出席为宜，宋谓只好辞职，蒋允之。由此观之，宋尚有恋栈之心，他的下台实为蒋逼迫的结果。②

宋子文很清楚最终迫使其下台的还是蒋介石本人，他在辞职的当天（3月1日）下午与来进行礼节性访问的美国驻华使馆参赞巴特沃思举行会谈。宋子文告诉巴特沃思，由于通货膨胀严重以及他试图通过控制预算来加以遏制，他感到自己的地位日趋不稳，已于昨晚（2月28日）提出了辞呈并获批准。他决定辞职的原因，在于国民参政会、立法院和新闻界对他的攻击日益猛烈，这使他

---

① 《申报》1947年3月2日。

② 姚崧龄：《张公权先生年谱初稿》，台北：传记文学出版社1982年版，第801页。宋子文下台的原因，除了黄金潮引发的经济政治危机之外还与宋的个人经历及个性有关。宋较具西方经济理念，主张经济货币政策的规范化，不能如蒋所愿任意动支。美国驻华大使司徒雷登认为，蒋介石为提高军队士气而要求增加军队的薪水和供应，以此导致军费的增加，而宋自感无法满足，是宋子文下台的原因之一。见〔美〕肯尼斯·雷、约翰·布鲁尔编：《被遗忘的大使》，尤存、牛军译，江苏人民出版社1990年版，第57、64页。

明白，委员长迟早要让他下台。①

诚然，宋子文下台的直接原因是他在短短一年的时间内消耗掉了国民政府大量的黄金和外汇储备，蒋介石十分愤怒。然而，更深层次的原因还在于蒋宋之间的矛盾与分歧。宋子文特殊的教育背景，特别是留学海外的经历，使其对蒋介石充满更多的不屑，蒋介石很难轻松自如地驾驭宋子文。1946 年 6 月之后，军费问题再次困扰着蒋介石，蒋介石多次派陈诚向宋子文催要，但是经常遭到宋子文的冷遇和拒绝。宋子文当时力图以开放外汇市场和抛售黄金来控制通货膨胀，但是宋子文的努力却由于军费的不断增加而付之东流，宋子文对这种状况公然表示不满，为此蒋宋之间冲突不断。从宋子文于 1947 年 3 月 1 日向立法院所做的财政报告中可以看出其中的大概。他说：

> 从前本人在财政部的时候，从消极方面，对于国库负有忠实看守之任务，凡一切不必要的支出，必断然予以拒绝，现在虽改任行政院的职务，因事实上关系，不幸对于各方面不断的要求增加用途，仍然是阻遏的要冲，前后相较，如出一辙。
>
> 现今抗战已成过去，在经过长期痛苦之后，都希望得到精神上及物质上的宽驰安慰。此种心情，极可同情，但无情之事实俱在，不容忽视。当财政部无法筹得的款，每一件巨额支出，需要支付，即对我本人成为一次坚强的争执。
>
> 政府对于收入方面极为有限，但为应付各方开支要求起见，不能不仰仗增加发行。本人深悉此种途径，足以引起可能之严重局势，因此本人和同僚们，日夜为这个问题担心，但是各方面总以为本人是在一味拂逆他们

① 《美国对外关系文件》1947 年第 7 卷，第 47—48 页。见吴景平：《宋子文政治生涯编年》，第 524 页。

> 的意志。如此忍受各方的责备，几乎只可认为命运所致支配。
>
> 直到今天，本人仍坚决反对国库支出不必要的增加，因此本人已经好像是公众的仇敌。每当物价暴涨，本人即被人唾骂，当本人鉴于费用过于庞大，要求重加考虑的时候，报纸上即有文章，说是别人都已赞成，独有行政院长加以阻碍。①

关于宋子文的辞职，宋子文的好友，著名外交家顾维钧曾经作过这样的分析：

> 宋子文的辞职，除了经济方面的近因，后面还有委员长与宋子文长期以来个性冲突的近因。从公务共事上看，二人之间关系不睦，不像是两人都身居要职，两家之间又有亲戚关系。事实上，宋与委员长二人性格迥异，无法有效地合作。他们之间存在着一种互相排斥的力量。两人的个性都很强，似乎双方都感到难以同对方顺利合作，之间的分歧是冰冻三尺非一日之寒。②

所以说，宋子文在黄金风潮中财政金融方面的政策所招来的攻击，只是促使他下台的表象，真正的原因还是在于其与蒋介石之间的分歧以及二人之间个性上的差异，对此宋美龄曾与美国驻华大使司徒雷登说："他们把我哥哥当作替罪羊了。"③

虽然黄金风潮令蒋介石极为恼火，但是他很清楚不能把所有罪责归于宋子文一人身上，没有宋子文的张罗，蒋介石赖以发动

---

① 万仁元、方庆秋主编：《中华民国史史料长编》第70册，南京大学出版社1993年版，第52—53页。

② 中国社会科学院近代史研究所译：《顾维钧回忆录》第六分册，中华书局1988年版，第71页。

③ 《美国对外关系文件》，1947年第7卷，第50页。见吴景平：《宋子文政治生涯编年》，第506页。

战争的巨额经费根本无处着落。引发黄金抢购风潮的主要原因是日益加剧的通货膨胀。法币的急剧贬值是南京政府为了弥补巨额的财政赤字滥发货币导致，所以纵使宋子文有通天的本领，也是回天乏术。正因为如此，在监察院“彻查”黄金风潮案过程中，宋子文就把责任推给了蒋介石。他声称：“停售黄金是奉主席的口头指示，我不过是奉令行事。在停售黄金的前两三个月以前，我看到事态严重，向主席请示过，并且表示工作困难，我干不下去。当时主席表示：‘因为时局紧张，前方百万大军的饷给重要，职是不准辞，办法由你想，黄金能用到哪一天用完再说。’……主席为国家元首，所以由他决定行事。”当监察院向蒋介石询问此事时，蒋介石的回电令监察院官员哭笑不得：“并无此事。事到如今，有何办法！”[①] 很明显，蒋介石既不想对此事承担责任，也不能将所有罪责都推给宋子文，唯一的办法就是以宋子文辞职为代价，让此事不了了之，这样也算给国人一个交代。

1932 年的整理公债案和 1947 年的黄金风潮案是蒋介石与宋子文之间在财政上产生分歧的具体体现。事情的起因都是为了整顿财政金融秩序，宋子文在具体实施的过程中扭转财政状况的举措与蒋介石无休止扩大军费的支出产生了不可调和的矛盾，进而导致蒋宋关系紧张，矛盾的最终解决都是以宋子文的辞职而告终。虽然宋美龄自始至终没有直接参与这两个事件，但是在蒋宋矛盾冲突中她始终是蒋介石的拥护者。在蒋介石发动“围剿”红军、挑起全面战争等事件中，宋美龄以自己的实际行动表达了对丈夫的支持，而这两件事情也是促使财政金融状况恶化的主要因素。可以说蒋介石从政治与军事的角度考虑国民政府的安全，而宋子文则是从经济的角度思考同一个问题，双方并没有本质上的区别。宋美龄的立场则是从维护和巩固丈夫的地位出发，维护自己的既得利益。在宋氏兄妹中，宋美龄与宋霭龄关系最为融洽，而与宋子文却较多龃龉，这一方面与宋美龄与蒋介石结婚时宋子文的态

---

① 何汉文：《记上海黄金风潮案》。见吴景平：《宋子文评传》，第 511 页。

度有一定的关系，但是最主要的还是蒋介石与宋子文之间分歧不断所致。但是，宋美龄并没有完全关闭兄妹亲情的大门，在黄金风潮案中，我们可以从宋美龄“他们把我哥哥当作替罪羊了”一句耐人寻味的话语中，看出宋美龄对哥哥境遇的同情，“剪不断、理还乱”的家国亲情于此可见一斑。

第四章　宋美龄与孔氏家族：以孔祥熙为中心

图 4-1　孔祥熙①

自孔祥熙于 1914 年迎娶宋霭龄后，孔氏家族便与宋氏家族结下了不解之缘。特别是宋美龄与孔氏家族之间的关系，民国以来一直众说纷纭。关于宋美龄与孔祥熙之间的关系，蒋介石的侄孙，曾任侍从室侍卫官、蒋介石副官的蒋孝镇，曾说过这样两句颇有深意的话："委座之病，唯夫人可医。夫人之病，唯孔可医。孔之病则无人可医。"② 学界大都认为此话简明而淋漓尽致地概括出了蒋、宋、孔之间关系的本质。历史的真相果真是这样吗？

第一节　孔祥熙与宋氏家族的渊源

一、孔氏起家：亦学亦商

孔祥熙，字庸之，英文名字 H. H. Kong，1880 年 9 月 11 日生

① 《首都建设》1929 年第 1 期，第 12 页。

② 唐纵：《唐纵失落在大陆的日记》，台北：传记文学出版社 1998 年版，第 82 页。

于山西省太谷县程家庄。他为孔子的第75代裔孙，祖籍山东曲阜小孔村。明万历年间，孔子第62代裔孙孔宏开以进士之身任职山西。孔宏开死后，遗孀和两子便落籍山西，是为山西孔门之始。①

位于晋中盆地中部的山西太谷县，明清时期以经营票号、典当、茶叶、绸缎、药材等大宗生意闻名遐迩，有“中国的华尔街”之誉。自孔祥熙曾祖辈起，孔家开始经营商业，由其家族创立的“志诚信票号”是太谷三家规模最大的票号之一。孔祥熙的祖父孔庆麟是一位精明能干的事业家，在他的苦心经营下，不仅志诚信票号的生意越做越大，孔家在太谷还有“义盛源票号”“三晋源”，在北京有“志一堂镖局”“会通盛”“会通远”“义合昌”，广州有“广茂兴”，沈阳有“源泉溥”等金融和商业机构。旗下大都设有分支机构，“远者如外蒙古之库伦，新疆之迪化，乃至安南之西贡，皆有分支行号”，尤其是“义合昌”在日本之支店，“独家经营中日间汇兑业务，为日本许可外商设立分号的第一家”。“至此，太谷孔家成为山西巨富，孔庆麟更是全国性的金融领袖”②。

孔祥熙的童年正值近代银行业兴起、票号生意开始衰落的时期，家道日趋中落。孔祥熙7岁时，母亲庞氏早逝，父亲孔繁慈思妻不已，因担心“触景生情，倍增伤感”，便在太谷县城西南十五里的南张村，开办一所私塾，勉强维持生计。孔祥熙也自此开始接受私塾教育，他“在私塾里，并不以塾师的爱子而受丝毫优待，背书、习字、开讲，一切按照塾中规定，七岁至十岁，很着实的打下国学基础”③。

自1890年起，孔祥熙先后在美国基督教公理会在太谷县城创

① 郭荣生编著：《民国孔庸之先生祥熙年谱》，台北商务印书馆1981年版，第1—7页。有学者对孔祥熙系孔子后裔说提出怀疑。因他的这段家世是在1930年世袭衍圣公孔德成修全国孔氏族谱时才补续上去的。孔祥熙并为此出资2000元在曲阜纸坊村建立了家庙。见赵荣达：《关于孔祥熙的出身——兼论反面历史人物评价中的一些问题》，《晋阳学刊》1981年第6期。

② 郭荣生编著：《民国孔庸之先生祥熙年谱》，第2页。有学者考证指出太谷“志诚信票号”系员志诚所创，与孔家没有直接关系。见赵荣达：《关于孔祥熙的出身——兼论反面历史人物评价中的一些问题》，《晋阳学刊》1981年第6期。

③ 郭荣生编著：《民国孔庸之先生祥熙年谱》，第7—8页。

办的华美公学、北京通州创办的潞河书院接受了长达 10 年的教会学校教育，并在临毕业时，因协办山西教案有功，获潞河书院资助赴美欧柏林大学（Oberlin College）留学。

自 1901 年秋至 1905 年夏，孔祥熙在位于美国俄亥俄州的欧柏林大学学习了四年，获文科学士学位。“前两年主修理化，后两年兼习社会科学。起先立志建设实业，使国家富强。后又想从改革社会入手，使人民生活安乐。当时两种不同心情，矛盾交战，势成颉颃，难分高下。”① 孔祥熙这种矛盾的心态代表了当时中国留学生的一般状态。

1905 年夏，孔祥熙又考入康涅狄格州纽黑文市蜚声国际的耶鲁大学研究院专攻矿物学。“期望将来开发中国地下宝藏，以救中国之贫穷。”② 其间，他邂逅了正在美国宣传革命和募集捐款的孙中山。当时留学欧美的热血青年都以亲聆革命领袖孙中山的演讲与教诲而倍感荣幸。当孔祥熙闻听孙中山正途经俄亥俄州的克利夫兰（Cleveland）时，立即赶赴孙中山寄寓的旅馆拜见：

> 先生满怀虔敬，恭聆中山先生阐扬革命宗旨，民族大义。随后，国父问先生未来抱负，先生不假思索，脱口说出：“提倡教育，振兴实业。”接着，国父告诫他说：“不论兴办任何事业，都得从大处着眼，小处着手。尤须持之以恒，方可有所成就。至于革命工作，尤应自启迪民智开始。西北各省，距离海口很远，风气开通较晚，启迪民智为革命基础，必须及早建立。”
>
> 先生听了国父训示，顿时有拨云雾而见青天的感觉，多年来横亘胸中的一大矛盾，至此迎刃而解。寥寥数语，使他敬佩万分。当即提出追随革命，加盟兴中会的要求，承蒙国父不弃，欣然应允。先生自此下定决心：从事革

---

① 郭荣生编著：《民国孔庸之先生祥熙年谱》，第 29 页。
② 郭荣生编著：《民国孔庸之先生祥熙年谱》，第 30 页。

命工作，应自启迪民智，到西北一带兴办教育始。①

应该说，这次与孙中山在美国的邂逅，对于孔祥熙自美学成归国后回乡办学的决定影响深远。

1907 年夏，孔祥熙从耶鲁大学研究院毕业，获理化硕士学位。归国前，他得到欧柏林大学的一笔捐款，为其返国兴办教育提供了基金。② 孔祥熙返回家乡后，很快创办了“铭贤学堂”（Oberlin Sansi Memorial School）。之所以取名“铭贤”，是“为了纪念他所崇敬的宗教家欧柏林（John Frederick Oberlin），所以英文校名则用 Oberlin Sansi Memorial School”③。该校的最高管理机关是设在美国欧柏林大学内的铭贤托事部，是欧柏林山西纪念社的权力执行机构，负责铭贤学校的重大方针、经济、人事等事务。国内成立理事部专管校务，孔祥熙担任校长并负责校务，1929 年起该理事部改为董事会，会址设于南京。1915 年以后，由于孔祥熙经常外出，校务先后实行科长制、副校长制、行政委员会制、代理校长制，而校长之衔孔祥熙始终未卸。铭贤学校的固定经费主要来源于美国。办学初期，欧柏林大学学生会每年以其会费收入的一半捐助给铭贤学校，连同其他各项捐款，每年经费近 1 万美元。1926 年孔祥熙再度赴美募得基金 75 万美元，系由欧柏林大学从霍尔基金中拨付。这样，每年的基金利息与各种固定捐款，使铭贤学校每年的办学经费在很长时间内经常保持在 4 万美元左右，直至抗战前夕。④

---

① 郭荣生编著：《民国孔庸之先生祥熙年谱》，第 30—31 页。

② 1907 年夏孔祥熙返国前夕，欧柏林大学中华团有人建议托其带一笔捐款，为庚子山西殉难教士建立一所纪念堂。孔则建议“创设纪念学府于山西”，使“欧柏林大学之主义之精神”传播于中国。他的建议很快被采纳，学校也立即成立“欧柏林山西纪念社”（Oberlin Shansi Memorial Association）募集办学经费。见郭荣生编著：《民国孔庸之先生祥熙年谱》，第 31—32 页；铭贤二十周年纪念委员会编：《铭贤二十周年纪念册・铭贤史略》，中华书局 1929 年版，第 1—2 页。

③ 台北“国史馆”藏孔祥熙个人史料，档案号：1280005710001A。

④ 山西农大校史编审委员会编：《山西农业大学校史》，中国农业出版社 1997 年版。

就孔祥熙的一生看，办学是其事业的起点。当年，他抱着“启迪民智”的理想，在太谷创办铭贤学校，该校的许多学生日后成为孔祥熙从政后的重要班底。步入政坛后的孔祥熙始终不忘教育事业，他不仅一直担任铭贤学校的校长，而且还兼任基督教公理会主办的齐鲁大学、燕京大学的董事长，特别是在抗战时期，在财政非常艰难的情况下，他依然尽力拨付教育经费。对此，抗战时期曾任教育部部长的陈立夫有这样的回忆：

> 孔先生一生以“提倡教育、振兴实业”八字为志愿，时时以此抱负告人。战时教育之种种措施，需费极巨，而在抗战时财政收入减少，军需浩繁，一般人或以教育文化较为不急之务，但当时之孔院长兼财政部长同意余之见解，认为抗战与建国应双管齐下，教育青年乃为建国预备人才，与抗战军事同一重要。所以孔先生对于教育部之迁移学校，增设学校，以及战区青年之救济，中等以上学生之贷金，各种费用之总额，仅次于军费，当时行政院及财政部主管单位多不赞同，而孔先生特准由国库支给，使余在战时教育行政能有所施展，全赖孔先生之慷慨支持。①

抗战胜利后，孔祥熙还追随宋美龄，参与创办抗战遗族学校。

孔祥熙在办学期间还兼营商业和金融业。1912 年，他发现火油生意大有可为，于是设立“祥记公司”，交付英商亚细亚火油公司保证金 25000 英镑，按当时汇价 16 银元兑换 1 英镑，共付出银元 40 万元，取得山西省亚细亚壳牌火油总代理权，专销煤油、蜡烛、肥皂、火柴等洋货。该公司一直经营至 1937 年抗战爆发止，此一独占性营业，使孔祥熙获得庞大的盈利。② 1915 年，孔祥熙又重振祖业，在太谷开始筹办裕华商业储蓄银行，后改为裕华银行，

---

① 郭荣生编著：《民国孔庸之先生祥熙年谱》，陈立夫先生序。

② 郭荣生编著：《民国孔庸之先生祥熙年谱》，第 42 页。

并在太原、天津等地设立分支机构。1921 年，裕华银行天津分行改为总行，太谷改为分行。1928 年在上海设分行。1939 年抗战初期，该行总行随国民政府前往重庆，并陆续开办了成都、西安、兰州、昆明等分行，银行业务进一步扩大。[①]

二、迎娶霭龄，跻身政界

1911 年 10 月，辛亥革命爆发。孔祥熙“为改革社会，实行民主，铲除思想上的革命阻力，联合英美传教士”，在太谷成立“中美同盟会”，这是个以宗教及外国人为掩护的革命组织。[②] 1913 年 7 月，“二次革命”失败后，孔祥熙追随孙中山逃亡日本。在日期间，孔祥熙协助孙中山整理党务，兼管经费捐募，并处理文书函电，因而与时任孙中山英文秘书的宋霭龄往来频繁。宗教信仰、价值观念、生活习惯、学识学历等诸多方面的相似，使他俩很快走到了一起。1914 年，孔祥熙与宋霭龄在东京结为夫妻。孔祥熙之前曾有过一段短暂的婚姻，他的第一任妻子韩玉梅因病于两年前去世。[③] 这次再婚对他此后大半生的命运，以及宋氏三姊妹与蒋介石的人生道路都有着深远的影响。

图 4-2　孔祥熙与宋霭龄早年合照

为了扩大革命势力在北方的影响，1915 年秋，孔祥熙夫妇受孙中山委派

---

① 李运英：《孔祥熙私办山西裕华银行始末》，《金融经济》2011 年第 1 期。
② 郭荣生编著：《民国孔庸之先生祥熙年谱》，第 42 页。
③ 郭荣生编著：《民国孔庸之先生祥熙年谱》，第 41 页。

返回山西太谷从事秘密活动。次年元月，袁世凯在北京实行帝制，并下令让孔子第76代嫡孙孔令贻袭封衍圣公并加郡王衔。孔祥熙对此非常愤慨，写就一篇《上袁世凯书》在报上公开发表，其中有曰：

吾公将谁欺？欺天乎？他人数吾公以十大罪状，或八大罪状，熙不再深责，即以称帝而言，已属罪在不赦，何况其它。尝思吾公之称帝，不是不智，即为不仁。不仁不智，两者必居其一。然一再思索，二者竟兼而有之，此吾公所以为国人所弃绝而势不两立也！

吾公不图报效（国人之爱戴），不图尽责（国人之期望），乃欲推翻共和，自立称帝，丧心病狂，一至如此，尚何言哉！惟事已至此，熙为吾公计，为吾公子孙计，亟应悬崖勒马，幡然改图，通电自责，退栖山林。且将吾公承认之二十一条，宣布取消。如此尚不失为勇于改过之英雄。国人亦必能见谅，而与以自新之余地。否则，若执迷不悟，冒天下之大不韪，以断送吾黄帝子孙之大好河山，则身败名裂，在指顾间耳，何暇作皇帝迷梦焉。①

该文发表后备受世人瞩目，孔祥熙在北方的政治影响渐次扩大。

此后，孔祥熙与北方的实力派人物如阎锡山、张作霖、吴佩孚、冯玉祥等都建立了联系，并受孙中山秘密指示多次“往来东北，与张作霖、张学良父子多所交往”，促使他们加强与南京革命政府的合作。1924年1月，中国国民党改组后，南方革命出现了从未有过的大好形势。孔祥熙携孙中山手撰《建国大纲》，赴北方宣传孙中山的革命思想。孔祥熙将《建国大纲》印成30000册，

① 郭荣生编著：《民国孔庸之先生祥熙年谱》，第45—46页。

分发北方各地。其中值得一提的是他的宣传活动对冯玉祥转变思想、转向革命产生了重大影响。这一过程曾在中国国民党党史编纂委员会的记录中有所记述：

> 先生（指孔祥熙——引者注）说：往昔总理研究救国之道，时时询及管见，祥熙曾建议，应将救国方法，提纲挈领，整个写成一种书面文件，指导大家，使大家有规范可循。当时总理颇以为然，到了民国十三年，我又到粤，总理就将已经写好的建国大纲拿出来给我看。等我看完之后，他就问我，你看怎样？我说很好。他说恐怕还有些人不大赞成。我说：我看来是一套很好的救国方法。随后我又说，把这东西给我吧。总理答应道，好的。你拿去仔细看看吧。于是我就暂时收存起来。后来我又对总理说，应该把建国大纲宣传一下。现在国家情形如此黑暗，大家都嚷着没有办法。我想把总理的建国大纲，拿到各处去宣传，让大家知道，救国治国已经有了整个办法，岂不好吗？第一，我回到上海时，把它印做宣传品，分送各方。第二我想拿去给冯焕章（冯玉祥字焕章）先生看看，因为要想革命成功，非全国一致努力不可。
>
> 北方人士历年受种种压迫，革命思想不及南方发达，对总理三民主义救国办法，更认识不甚清楚。我受总理命令，在北方秘密工作，这几年来，很注意北方军人中有革命思想的人。冯先生要算一位，他既是我的好朋友，又在北方，他的军队纪律好、战力也强。不过他对革命虽具热心，但是他常说没有好办法拿出来。我拿去跟他研究研究，也许能够得到他的同情，不就可以增进他的奋斗精神吗？总理一听，很高兴的说，你就送给他吧！
>
> 于是我就拿了这本总理手写的建国大纲，从广州到了上海，在中华书局印了三万本，花了五千余元的印刷

费。后来我北上，就把手写本带去看冯先生。冯先生邀我到南苑吃饭，旧雨重逢，彼此感情自然是异常浓厚，那时，我就问他，你在北方怎么样？

冯先生表示，对北方政治很不满意，就说："我不说，你还不明白吗？"我说："你有没有办法？"他说："在这样局势之下，如何能有好办法呢！"我说："你没有办法，我这里却有很好的办法。"于是我就把建国大纲拿出来送给他。他约略看了一遍，赞不绝口。我说，这是总理亲笔写了送给你的。请你特别研究研究。于是就把它留在冯先生那里了。以后，冯先生把所部改成国民军，班师回京，举行首都革命，欢迎总理北上，在北方树立了惊天动地的革命事业，就是受了建国大纲的影响。①

孔祥熙的北京之行，对冯玉祥日后发动北京政变邀请孙中山北上共商国是，起到了极大的促进作用。对此，冯玉祥亦曾回忆道："总理亲笔写的建国大纲，是十三年一月，由孔庸之先生奉总理之命来看我，就带来送给我。那时我在北平南苑。孔先生问我对建国大纲的意见怎样？我拜读之后，非常感动，马上找胡笠僧（胡景翼字笠僧）、孙禹行（孙岳字禹行）两位同志来商量。我们一致赞同，并商量如何实现。经多次讨论，决定实行首都革命。"②

1924 年 11 月，北京政变后，孙中山应冯玉祥等之邀请，决定到北京"共筹统一建设之方略"。孙中山在北京期间，孔祥熙一直跟随在他身边，对外联络，对内协调，做了大量工作。孙中山逝世后，广州国民党中央任命孔祥熙为"总理治丧处主任"，全权主办丧葬事宜，将葬礼办得隆重而圆满。此后，因负护灵，孔祥熙在北京又停留了一年余。中国国民党党史资料中记述如下：

民国十三年，华北军民，一致欢迎总理北上，主持国

① 郭荣生编著：《民国孔庸之先生祥熙年谱》，第 54—56 页。

② 郭荣生编著：《民国孔庸之先生祥熙年谱》，第 56 页。

> 事。不幸积劳成疾，卧病古都，孔同志左右护持，无间晨夕。民国十四年总理逝世，孔同志亲承遗命，签字遗嘱，并主持治丧事宜，同志并畀以护灵之责。留平任中俄会议督办公署坐办，借以佑护同志。留平年余，见北方政治日益乖方，革命无从实现，乃赴美宣传总理学说，冀博国际信仰，鼓励侨胞勇气。①

从1905年第一次见面到1925年孙中山逝世，在长达20年的时间里，孔祥熙始终追随孙中山，为民主革命事业尽力工作，成为孙中山的得力助手。

1926年年底，孔祥熙夫妇从海外返回，出任国民党中央政治会议广东分会委员，兼广东省财政厅厅长，并代理财政部部长等要职。孔祥熙从此进入国民政府，逐渐成为显赫一时的重要人物。

三、促成蒋宋联姻

蒋介石与宋美龄的婚姻，可以说是20世纪中国人的婚姻史中最轰动中外的一个。早在1927年12月婚礼前夕，当时的媒体如《申报》等，即对这场婚姻进行了连续多日的报道，可以说是连篇累牍、不厌其烦。12月1日，蒋介石与宋美龄在上海结婚。婚礼分两次举行：一次是在宋家举行基督教婚礼仪式，另一次是在豪华的大华饭店举行中式婚礼。在大华饭店举行的仪式，被时人认为是社交界最精彩的场面。明星公司与大中国影片公司还将这场婚礼拍成纪录片，“自宋宅宣誓祝福起，至大华饭店行结婚礼及回家止，局段摄入，无一或缺”。而且婚礼后第三天即在上海云南路的中央大戏院与明星公司新完成的武侠片《马永贞》同时上映。②由此还给《马永贞》带来火爆票房。

对于蒋宋联姻，中外学界多年来多持否定观点，并将之称为政治婚姻。陈洁如在其回忆录中即提出这一说法。她曾叙述说，

---

① 郭荣生编著：《民国孔庸之先生祥熙年谱》，第57—58页。

② 《申报》1927年12月2日、4日，本埠增刊。

在蒋介石率军北伐抵达九江时，曾为解决财力困难约请宋霭龄会谈。在谈话中，宋霭龄提出这样的条件：

> 我愿与你谈一笔交易，那就是我不但将影响我的弟弟子文，令其如你所愿的脱离汉口政府，并将更进一步尽量联合上海的大银行家以金钱作你北伐的后盾，供应你必需的经费和购买军火，我们有一切关系。你自己明白，汉口政府再不会以金钱支持你，至于你这方面要做的是，你须同意和我的妹妹美龄结婚，并答应在南京政府成立时任我的丈夫孔祥熙为行政院长，我的弟弟子文作财政部长。①

蒋介石将这一情况转述给了陈洁如，并对她说："我现在已无路可走，她这笔交易的价码很高，但她说的都是实情。我不能再指望汉口政府会给我金钱、军火和军需供应，因此，如果我要实行我统一中国的计划，她的条件是唯一的解决办法。现在我要请你帮助我，求你务必答应。而且，真正的爱情是要以一个人愿意牺牲的程度来衡量的！"②

与宋氏三姐妹关系稔熟的美国作家项美丽在《宋氏家族——父女·婚姻·家庭》一书里评价蒋宋联姻时也说道："如果说美龄嫁给总司令是出于一种义务感，那是不公平的，因为她绝不是一个书生气十足的人。不过她确实期待着能够协助蒋介石统一中国，这无疑也是她与蒋介石结合的原因之一。美龄绝不愿意因为结婚，而失去

① 陈洁如：《陈洁如回忆录》，中国友谊出版公司 1993 年版，第 139—140 页。关于《陈洁如回忆录》内容的真实性，学界曾有所质疑，其中以唐华的《〈陈洁如回忆录〉质疑》（《民国档案》1993 年第 4 期）最具代表性。正如唐德刚所言："它蕴藏着很多外界不知的第一手史料。但是本书似非作者亲笔，它是经由执笔人'艺增'（艺术加工）过的。执笔人所着重的是它的'艺术价值'、'新闻价值'或'历史价值'，则其取材的选择和落笔的轻重之间，就有很大的出入了。"（唐德刚：《私情的感念和职业的道义》，《传记文学》第 60 卷第 6 期）笔者以为，该回忆录的史料价值还是值得肯定的。

② 陈洁如：《陈洁如回忆录》，第 140 页。

从事建设性工作的机会。她曾经拒绝过为数甚多的追求者，她宁愿不结婚，也不愿意过当时中国上流社会妇女所过的那种自私生活。”①

与上述观点不同的是，与宋美龄同为卫斯理学院校友的冰心在1947年接受日本杂志专访时曾盛赞这场婚姻是“基于爱和理解的婚姻”，说他们“举行了一个优美、华丽、堪称辉煌的婚礼”。“一方是浙江财阀，名门出身，在中国家喻户晓的宋家的漂亮女儿，在美国接受过最高等的教育，集美丽、教养、财力这三者人所能得到的最高幸福于一身，在漂亮的宋家三姐妹中尤显美丽，在社交界内外的话题中频频出现的宋美龄。一方是孙文先生心爱的弟子，当时以极快的速度显示其骏足的蒋介石。并且由于两人的婚姻是在爱与理解中成长起来的完美的婚姻，所以他们的结合引出了众多的话题，十分有名。我从心底里感到：他们互相关爱，互相理解。在世界数亿的男女中，毫无疑问，他们是一对相互间找到了自己真实一半的幸运男女。因为他们的爱与理解经过二十年直到今天依然延绵持续。并且这爱与理解与中国的成长同步共行。”②

近来有学者亦认为蒋宋奢华的婚礼是一个亮丽的政治亮相。就当时的双方当事人而论：蒋的权势尚不稳固，宋家也称不上是中国首富。冰心以及《申报》等当时的主流媒体对于蒋宋联姻的追捧与肯定，应该受孙中山与宋庆龄婚姻的影响——后者可能比前者更加惊世骇俗，而就革命英雄加摩登美女的搭配而言，蒋宋联姻实在是对孙宋联姻的发扬光大。③ 也有论者指出蒋介石最初对宋美龄有一种难以克制的敬爱之情，因敬而生爱之背后，蒋感到某种不自由之苦；九一八事变后，在内忧外患的历练下，蒋宋之间的感情不断成长，历久而弥笃。④

---

① 〔美〕埃米莉·哈恩：《宋氏家族——父女·婚姻·家庭》，第151页。

② 该文以《最近的宋美龄女士》为题发表于日本杂志《妇人公论》（1947年9月号），系冰心与日本《淑女》杂志记者的谈话记录。见虞萍译：《我眼中的宋美龄女士》，《中国现代文学研究丛刊》2006年第6期。

③ 陈雁：《蒋宋联姻：私人记忆与大众历史》，《蒋介石与世界国际学术研讨会论文集》，台北：“中国文化大学”史研所史学系2010年版。

④ 罗敏：《“家事难言”：蒋介石笔下之情爱世界》，《南京大学学报》2010年第5期。

我们且不论蒋宋联姻的性质为何，但就联姻的过程来看，宋霭龄、孔祥熙夫妇在其中的撮合确是起到关键作用的。

蔣介石與宋美齡女士合影

（M.La Voy 攝 中國攝影學會新聞部丹子贈）

图 4-3　1926 年蒋介石和宋美龄合影于上海孔祥熙寓所庭院①

1922 年 12 月初，蒋介石在上海莫里哀路孙中山寓所邂逅宋美龄并一见倾心。② 但当时的宋并没有对蒋留下太深刻的印象。③ 从

① 《良友画报》1927 年第 20 期，第 3 页。

② 我们以往对于蒋介石追求宋美龄经过的了解多来自项美丽的《宋氏家族——父女·婚姻·家庭》一书，该书绘声绘色地描述了蒋介石如何在上海的孙中山寓所邂逅宋美龄并一见钟情，向孙中山“提起了这门婚事”，但遭到宋庆龄的断然拒绝，说“她宁可看到妹妹死，也不愿意让她嫁给一个在广州城内至少有一两个情妇的男人，虽然他名义上还没有结婚”。见〔美〕埃米莉·哈恩：《宋氏家族——父女·婚姻·家庭》，第 131 页。也有记载称蒋介石 1927 年 9 月 26 日接受《字林西报》采访时谈及：“五年前，余在广州，寓于孙总理处，以是获见宋女士。以为欲求伴侣，当在是人矣。其时宋女士尚漠然。”以此推断 1922 年陈炯明叛乱期间蒋介石是在广州结识的宋美龄。见杨树标、杨菁：《百年宋美龄》，第 12 页。

③ 1927 年 10 月 14 日《交通日报》所发对宋美龄的专访有如下记述。记者问：“蒋先生谓初见女士时，已认为女士为其理想的伴侣，但不知当时女士，作何感想？”宋美龄答曰：“此乃五年前事，当时余未注意及之。”记者再问：“结婚问题，起于何时？”宋称：“半年前，然最近始有成协。”见章微寒：《蒋宋联姻资料辑录》，浙江省政协文史资料委员会编：《浙江文史资料选辑》第 38 辑，浙江人民出版社 1988 年版，第 164 页。

1926 年起，蒋介石对宋美龄的感情已是“我的眼里只有你”。蒋介石日记里最早出现宋美龄是在 1926 年 1 月 17 日，记曰：“十时后行第三期学生毕业典礼，孙夫人与其妹亦到。”① 1926 年 7 月 2 日蒋又记道：“美龄将回沪，心甚依依。”此时的蒋介石不仅担任黄埔军校校长一职，还是国民革命军总司令，并被推选为国民党中央执行委员会常务委员、国民政府委员，已是一位大权在握的军政强人。对这一切，孔祥熙夫妇都看在眼里。

随着北伐的顺利推进，1927 年 1 月，国民政府正式前往武汉办公，并任命孔祥熙为实业部部长。孔祥熙在广州宣誓就职后，没有北上武汉，却于 3 月底为促使蒋汪合作而赶赴上海。

> 四月一日，汪精卫由俄回国，先生由粤驰赴上海，与夫人宋霭龄女士设宴于私邸，请蒋总司令与汪晤面，商谈合作，致力北伐。四月四日，汪在上海通电，谓与蒋总司令，张静江及各军领袖曾举行重要会议，决定一致合作，并主张在南京召集中央执行委员会全体会议，解决党内纠纷。但汪抵汉口后，又于四月十六日通电，诋毁中央执监委员在南京之行动，致宁汉分裂之局，又无法化解。
>
> 党国顿呈杌陧，兄弟且将阋墙，北伐军事陷于停顿，两方同志忧心如焚，不仅疏解无由，且感空言无补。
>
> 幸赖先生冒炎暑，历艰险，秘密奔走于宁豫晋之间，费时数月，联络忠实同志，苦心疏导，竭力协调。最后转往郑州（冯玉祥于六月一日克复郑州），留驻月余，挽冯玉祥协力斡旋，及酝酿成熟，乃在郑州与冯玉祥联名发出通电，正式呼吁精诚团结，共同合作。各地将领群起响应，纷纷电请蒋总司令复行视事，继续领导北伐。②

在孔祥熙积极联络北方实力派支持蒋介石的同时，宋霭龄也

① 《蒋介石日记》，1926 年 1 月 17 日。

② 郭荣生编著：《民国孔庸之先生祥熙年谱》，第 60 页。

全力协助蒋介石拉拢宋子文。1927 年 3 月，在宋霭龄的极力斡旋下，时任武汉国民政府财政部部长的宋子文向蒋介石拨款 200 万元，解了蒋介石的燃眉之急。对此，《蒋中正“总统”档案事略稿本》中记载道：“行军之事。饷需先也。日前宋太夫人与孔宋夫人来游浔庐。闻总司令部军饷拮据。武汉财部为共产党阻挠不敢发给。宋太夫人与孔宋夫人乃由浔回汉。力催宋部长筹发二百万元。秘密运浔。因此军饷无虑，公乃乘舰东下，亲自督战京沪，得以如期克服，厥功为不尠焉。”①

1927 年年初，蒋介石开始对宋美龄展开了追求攻势。蒋并请宋霭龄从中撮合。陈洁如在其回忆录中，曾收录了 3 月 19 日蒋介石分别写给宋霭龄、宋美龄的信。在致宋霭龄的函中，蒋介石这样写道：

亲爱的姊姊：

请伴令堂宋夫人、三妹（美龄）、令郎大卫（孔令侃）和令媛（孔令仪）等来牯岭小住，切勿留在汉口，我今晚离开九江，明日将抵安庆。我知道以前美龄为何不来牯岭的原因（因避免我妻）。

返汉口请探听三妹（美龄）之意。若有信件，希以专差送安庆。为防遗失，每周可由专差送信，不知尊意如何？

中正②

在致宋美龄的函中，蒋介石亦直接询问她是否中意于他：

亲爱的美龄：

令姊谅已传达我的专函。今晚我将离九江出发，将在安庆小留数日等候你的复信，俟接信后便赴前线。

① 王正华编：《蒋中正“总统”档案事略稿本》（1），第 130—131 页。

② 陈洁如：《陈洁如回忆录》，第 144 页。

你意如何？请详细告我。能否寄我近照一张？俾能日夜看到你，我意以为令堂宋夫人、孔夫人暨孩子及你，均应立即离汉口迁居牯岭为佳，我在江西时，你觉得不便（因我妻在）前来看我。现我已离赣，不必再顾虑受窘。

中正①

其时，蒋介石早已坠入情网不能自拔，在此后的日记中，宋美龄成了当仁不让的第一女主角。其3月21日日记记曰“今日思念美妹不已”，而这一天，正是蒋介石所领导的国民革命军攻克上海的日子，蒋氏虽忙于军事战略部署，对宋美龄的爱情和追求却非常炙热；5月，蒋介石率领国民革命军继续北伐时，仍然经常在日记中记道“终日想念默林不置”“终日想念默林”②。《爱记》的编者也记录道：“公近数月来，常与宋美龄女士通书，其情爱益日增云。”

尽管蒋介石对宋美龄是朝思暮想、心向往之，但两人在经历、年龄、个性、宗教信仰等方面存在巨大的差异，更何况当时蒋介石还有三房妻妾，再加上宋太夫人和宋子文的反对，这些不能不使宋美龄顾虑重重。这样，宋霭龄、孔祥熙夫妇在两人交往中的穿针引线作用便显得尤为重要。1927年3月26日，蒋介石率北伐军抵达上海，宋霭龄特意出面邀请蒋介石出席宋家的家宴。当晚，蒋介石与宋美龄单独密谈良久。由于宋霭龄的牵线搭桥，倾心于嫁给时代英雄的宋美龄开始对蒋动心，与蒋的通信也变得频繁。此后蒋介石日记中多次记录了与宋美龄的通信情况，如6月5日，“上午接三弟信”。6月7日，“六时起床写三弟信”。6月14日，“发三弟信”。6月25日，“接复三弟函”。7月10日，“接三弟大函婉复之”。7月22日，“复三弟信”。9月8日，“上午译三弟电”。处于热恋中的蒋介石在日记中还记述了宋霭龄对自己的劝诫，谓：“琳姊评余欠准备功夫，全凭临时应付，此诚道着矣。”③

① 陈洁如：《陈洁如回忆录》，第144页。
② 《蒋介石日记》，1927年3月21日、5月28日、5月30日。
③ 《蒋介石日记》，1927年6月13日。

同时，蒋宋感情日益密切，蒋介石7月5日的日记中曰："晚宴上海商界后，与三弟乘游，一时回寓睡。"9月23日又记："六时起床，七时船抵上海，即访三弟。……晚与三弟叙谈，情绪绵绵，相怜相爱，惟此稍得人生之乐也。"

从程序上讲，直到1927年10月蒋介石赴日拜访宋太夫人，两人的婚事才算获得恩准。但在事实上，早在9月26日，两人已经私订终身，"下午往访纬国与廖夫人、三弟后，嘉伦来会，谈二小时。晚与三弟谈往事。人生之乐以订婚之时为最也"①。9月27日下午，蒋介石与宋美龄在孔祥熙家拍摄了订婚照片。② 这与宋霭龄的从中做主不无关系。蒋宋订婚后，孔寓更成为他们约会的场所，两人多次共赴孔祥熙家宴，并叙谈至深夜。③

1927年12月1日，蒋介石与宋美龄在上海结婚。下午一时蒋介石先至孔祥熙寓所换礼服。三时到宋宅行教会婚礼。四时到大华饭店礼堂举行结婚礼。宋美龄"姗姗而出，如云飘霞落"，使蒋顿觉"平生未有之爱情，于此一时间并现，不知余身置于何处矣"！④ 婚礼前一日，蒋介石手撰《我们的今日》一文，并登载在12月1日的《申报》上：

> 余今日得与最敬最爱之宋美龄女士结婚，实为余有生以来最光荣之一日。自亦为有生以来最愉快之一日。余奔走革命以来，常于积极进行之中，忽萌消极退隐之意，昔日前辈领袖问余，汝何日始能专心致志革命？其他厚爱余之同志，亦常讨论如何而能使介石安心革命之责任。凡此疑问，本易解答，惟当时不能明言，至今日乃有圆满之答案。余确信余自今日与宋女士结婚后，余之革命工作，必有进步。余能安心尽革命之责任，即自今日始也。余平日

① 《蒋介石日记》，1927年9月26日。
② 《蒋介石日记》，1927年9月27日。
③ 周美华编：《蒋中正"总统"档案事略稿本》（2），第146页。
④ 《蒋介石日记》，1927年12月1日。

> 研究人生哲学与社会问题，深信人生无美满之婚姻，本无从进步，为革命事业者，若不注意于社会之改革，必非真正之革命，其革命必不能彻底。家庭为社会之基础，欲改造中国之社会，必先改造中国之家庭，余与宋女士讨论中国革命问题，对于此点实有同一之信心。余二人此次结婚，倘能于旧社会有若何之影响，新社会有若何之贡献，实所大愿。余二人今日不仅自庆个人婚姻之美满，且愿促进中国社会之改造。余必本此志愿，努力不懈，务完成中国之革命而后已。故余二人今日之结婚，实为建筑余二人革命事业之基础。余第一次遇见宋女士时，即发生此为余理想中之佳偶之感想。而宋女士亦尝矢言，非得蒋某为夫，宁终身不嫁。余二人神圣之结合，实非寻常可比。今日之日，诚足使余二人欣喜莫名，认为毕一最有价值之纪念日，故亲友之祝贺，亦敬受而不敢辞也。①

宋美龄在1934年时也曾这样记述她与蒋介石的婚姻："我极度的热心与爱国，也就是渴欲替国家做些事情。我的机会很好，我与丈夫合作，就不难对国家有所贡献了。"② 婚后不久，宋美龄便随蒋介石移居南京。当时的南京是座古老而又残破的城市，居住和交通条件都不理想，所以，许多政府官员的夫人都选择住在上海，而不愿随丈夫到南京。宋美龄却毫无怨言地在南京住了下来，从此襄助蒋介石，成为其得力的贤内助。值得一提的是，孔祥熙夫妇不仅促成了蒋宋联姻，蒋宋夫妇对婚礼中孔祥熙夫妇赠送的中华书局刊行之四部备要婚庆礼品也是喜爱备至。③ 吴国桢亦曾回忆道：

> 是孔夫人策划并安排了那桩婚事……必须指出的是，

① 周美华编：《蒋中正"总统"档案事略稿本》（2），第155—158页。
② 宋美龄：《我的宗教观》，见王亚权编纂：《蒋夫人言论集》上集，第4页。
③ 周美华编：《蒋中正"总统"档案事略稿本》（2），第158、159页。

> 蒋夫人是一位富有吸引力和魅力的女人，于是蒋介石向美龄求婚，孔夫人马上对这种结合的想法感兴趣，宋子文则反对这桩婚事。但最后，在蒋获得最高军事指挥权后，他们结婚了。正是由于此事，蒋一直感到孔家要好于宋子文。①

孔氏夫妇的行动拉近了蒋孔家族的关系，更为孔祥熙此后仕途上的平步青云创造了无人能够比拟的条件。

第二节　孔宋事业相辅相成

一、抗战前的财政金融改革

从 1927 年南京国民政府建立到 1937 年全面抗战爆发前十年间，是个变动的时代。内忧外患接踵而至，就中国内部而言，南京国民政府虽然在名义上实现了对全国的统一，但地方实力派、国民党内部各派势力以及国共之间的争斗一直没有停止；就外部环境而论，从 1931 年在中国东北发动九一八事变，以及其后的华北事变，无不体现了日本企图吞并中国的野心。而从另一角度看，这十年又是个前进的时代。国家虽在内忧外患交相侵逼的困难情景下，却能大力推动各项建设。② 是以，国际人士如卜凯（John L. Buck）、杨格（Arthur N. Young）等都对中华民族这艰苦建国的十年给予很高的评价，魏德迈（Albert C. Wedemeyer）则曾向美国国会指出："一九二七年至一九三七年之间，是许多在华很久的英美和其他各国侨民公认的黄金十年（Golden Decade）。"③

众所周知，孔祥熙作为南京国民政府时期显赫一时的重要人物，曾长期执掌国民政府财政经济命脉，实施一系列的财政经济

---

① 〔美〕裴斐、韦慕庭访问整理：《从上海市长到"台湾省主席"（1946—1953年）——吴国桢口述回忆》，第 235 页。

② 蒋廷黻：《百年来的外交》，《新经济半月刊》第 1 卷第 4 期，1939 年 1 月1 日。

③ 李云汉：《中国近代史》，台北：三民书局 2005 年版，第 405 页。

政策，对战前中国经济的发展、国民党政权的巩固等方面都产生了积极的影响。孔祥熙开始执掌国民政府财经工作，是从他担任工商部部长和实业部部长开始的，其在国民政府的任职，除了自身条件具备外，也是与宋美龄对他的提携分不开的。

在 1927 年 4 月南京国民政府成立之时，与位列国民政府委员（共 26 人）、常委委员（共 7 人）的宋子文相比，年长 4 岁的孔祥熙在政治地位和社会影响方面显处于下风。

1927 年 8 月，蒋介石下野时，孔祥熙为示与蒋共进退，亦向国民政府请辞实业部部长等职。11 月 21 日，国民政府指令："实业部长孔祥熙，呈悉，实业部暂缓设置，所请辞去本兼各职，应予照准。"①

蒋宋联姻后不久，1928 年 1 月 4 日，蒋介石复行视事，宋美龄便随他移居南京。1 月 15 日，宋美龄抱病来到南京，蒋介石赶往下关迎接，"到后知其皮肤病甚剧，精神亦衰弱，心甚不安"②，对其爱慕之情日甚。在与蒋介石柔情蜜意之际，宋美龄不忘提携孔祥熙，她先谓，吴稚晖先生亦病于沪上，蒋遂致电张静江嘱为吴老访觅良医，妥加诊治。宋又说："孔祥熙尚留沪。"蒋介石心领神会再电促孔氏来京并谓："近日各方形势紧张，而进行务须迅捷。乃挑拨之徒，密谋从中离间。对于阎冯两方，离间尤剧。吾人应为革命大业计不必以私亲避嫌，兄素爱国，当摒弃一切，为公为私皆应来京助我。有兄一人分劳，则弟可得而从容应付各方矣。"宋见蒋氏"作事公私兼顾，情理两方，各如其量，心甚喜悦，病为大痊"③。

1928 年 2 月 28 日，国民政府特派孔祥熙为工商部部长，并被任为国民政府委员。上任伊始，孔祥熙便内衡国情，外察世变，草拟发表了工商行政宣言，向中外人士强调"以修养生息为第一步，以积极力图发展为第二步"，"以全民福利为主旨，以中外合

---

① 郭荣生编著：《民国孔庸之先生祥熙年谱》，第 61 页。
② 《蒋介石日记》，1928 年 1 月 15 日。
③ 周美华编：《蒋中正"总统"档案事略稿本》（2），第 258—259 页。

作为方术”，“力谋开发国家富源，改善人民生计”。[①] 在这份宣言中，孔祥熙提出了16条经济建设方略，对工业、商业和劳工等几个方面进行了具体规划，对国民政府工商实业的发展，擘画颇多。1930年11月20日，国民政府改组，将农矿及工商两部合并为实业部，负责全国的农、工、商、矿、林牧、渔业、水利等一切经济建设事宜，并任命孔祥熙继任实业部部长。

从1928年2月至1931年12月蒋介石第二次下野、孔祥熙为了表示和蒋介石共进退请辞实业部部长止，他先后任国民政府工商部部长、实业部部长，担负起整个国家经济建设和发展的重任。在孔祥熙的主持和领导下，工商部和实业部相继制定了众多的发展经济的政策和方案，推动了中国经济的现代化，对中国经济社会的稳定和发展均起到了积极的效果。这些成绩的取得，除了孔祥熙在美国读书时接受了西方先进的经济理念，也与他重视人才、注重人际交往有着很大的关系。

图4-4　孔祥熙与宋霭龄水晶婚纪念并五秩双庆亲友恭祝留影[②]

孔祥熙对人才的重视，主要体现在对人才的职务任用上。1928年孔祥熙刚上任工商部部长不久，便提议“以郑洪年为工商部政务次长，穆湘玥署常任次长”[③]。郑洪年在调任政府部门之前，在华侨教育方面贡献巨大，曾任暨南学堂的首任堂长，学识可见一斑。后陆续担任广州国民政府财政次长、国民政府财政次长等职。孔祥熙提议任用郑洪年，体现了孔对延揽人才的重视程度。穆湘玥即穆藕初，是中国近现代著名的实业家，曾创办了德大纱

① 刘振东编：《孔庸之先生演讲集》下册，第418页。

② 《良友画报》1929年第40期，第9页。

③ 穆家修、柳和城主编：《穆藕初先生年谱》，上海古籍出版社2006年版，第428页。

厂、厚丰纱厂等，可谓轰动一时。1928 年正是穆藕初实业经营不景气之时，孔祥熙便诚邀穆担任工商部常务次长。[①] 另外在实业部下设的秘书处中，孔祥熙也对用人格外重视。“秘书处的十二个秘书，有七人是湖南人，皆知名之士，如李傥，系北大教授，后曾为财次；成嶙，代理过湖南建设厅厅长；刘异，是王湘绮的高足，国学湛深；廖夔，曾为湖南省议会副议长；蔡湘，曾为湖南省教育会长；谭光，是谭院长的胞侄；黄涛，做过县长。”[②] 从以上所述不难看出，孔氏在其事业的初始阶段，在用人方面，并不是其他人所描述的任人唯亲、“用人唯晋”。

孔祥熙深知，办好工商和实业，经费来源至关重要。在他担任工商和实业部长期间，也格外重视和发展与政府相关部门特别是财政部的关系，与时任财政部长的宋子文之间关系较为融洽。两人也能够在涉及两部的问题上持合作的态度，如孔祥熙从振兴实业出发，多次提案或公开呼吁倡行国货。宋子文则从税收政策入手，再三主张给国产机制工业品相应的优惠待遇。[③] 另外两人在裁撤厘金和开征统税等方面，均持一致态度。这为顺利实施工商实业政策提供很多便利，也为政策所取得的效果起到了不可忽视的作用。

透过蒋介石日记的相关记述来看，这一时期，宋美龄、蒋介石与孔家的交往非常频繁。特别是自 1929 年 8 月，宋美龄因流产大病一场[④]后，无后之忧便成为蒋宋婚姻生活中一个挥之不去的阴影。在宋霭龄的刻意经营下，孔之家人逐渐将蒋宋夫妇包围，成为其家庭生活的一部分。类似宋霭龄携儿带女陪同蒋氏夫妇游乐嬉戏的情景，在 20 世纪 30 年代蒋介石的日记中时常可见。如 1930 年 11 月 5 日，蒋介石在日记中写道：“大姐诸甥与子良皆甚

---

① 沈祖炜、杜恂诚主编：《国难中的中国企业家》，上海社会科学出版社 1996 年版，第 130 页。

② 郭廷以、李毓澍、张玉法：《孔祥熙与我——李毓万先生访问记录》，台北：“中央研究院”近代史研究所 1989 年印行。

③ 柯灵主编：《20 世纪中国纪实文学文库》第五辑（1949—1999）《往事与钩沉（民国卷）》，文汇出版社 1999 年版，第 5161 页。

④ 1929 年 8 月 25 日，蒋在日记中写道：“在家陪妻养病。妻病小产，其状痛苦不堪。”

欢乐，为自生以来所未有。余夫妇当亦甚乐。”① 1931 年 3 月 8 日，蒋在日记中又记述道：“下午与大姊三妹诸甥、哲生等在陵园管理会屋后野餐，自行烹调乐也”，“近日郁积之气，为之一伸”②。孔家诸甥的陪伴与谈笑欢乐，让蒋感受到家庭生活之愉悦，“妻甥唱和”，令蒋“聊以自解”，“颇有家庭之乐”。蒋不禁感慨：“仅夫妻二人，虽无子女，亦甚乐也。”③ 由于宋霭龄和宋美龄两姊妹的精心营造，蒋孔关系日益密切。此一时期宋子文力图仿行西方现代财政体制和中央银行制度统一财政，与以满足政府需求为最高原则的蒋介石之间的矛盾愈演愈烈，加之宋霭龄不失时机的进言④，由孔祥熙取而代之，就成为蒋介石的最佳选择。

1933 年 4 月，孔祥熙接替宋子文担任中央银行总裁，并于同年 11 月接替宋子文的财政部部长之职。此后，孔祥熙执掌国民政府财政金融大权长达 11 年之久。其间曾对中国财政金融进行了全面改革，取得了不少成就，其中 1933 年 4 月—1937 年 7 月抗战爆发前这四年的财政金融改革，进行比较顺利，取得成就较大。

图 4-5　1933 年，孔祥熙就任中央银行总裁一职⑤

① 《蒋介石日记》，1930 年 11 月 5 日。

② 《蒋介石日记》，1931 年 3 月 8 日。

③ 《蒋介石日记》，1932 年 10 月 14 日、4 月 23 日，1931 年 10 月 26 日。

④ 据董巽观回忆：宋霭龄在闻悉蒋介石与宋子文交恶后，急忙从上海赶赴南京见蒋。蒋见到宋霭龄即发怒，说宋子文搞武力。宋等蒋话毕，即说：“子文究竟是自己人，我想事情实在不实在，要防一着，人家离间计要留神。我看叫子文下来也很好，换哪个要慎重一点，万一不听你的话，军费发生问题，后悔也来不及了。”蒋一听宋霭龄的话，态度有些犹豫，气也平下去不少，就问：“庸之为什么不来？”宋霭龄趁势说：“明天来。”蒋说：“庸之来了，请他来谈谈。”见董巽观：《宋霭龄向蒋介石进言》，寿充一编：《孔祥熙其人其事》，中国文史出版社 1987 年版，第 211 页。

⑤ 《良友画报》1933 年第 76 期，第 9 页。

首先，确立了“四行二局”的国家金融体系。孔祥熙上任之时，国民政府财政十分困难，亟待中央银行辅助其渡过财政难关。为使中央银行能具有领导一般银行的能力和地位，孔氏借口解救金融危机，于1934年4月，发行了1亿元金融公债，将中央银行的资本由国币2000万元增至1亿元，使它在资金方面一跃成为全国银行之冠。同时，又强令中、交两行资本扩充，注入官股，使中国银行资本由2000万元增至4000万元，将交通银行的资本由1200万元增为2000万元。在增加官股的同时，又对三行的人事进行调整和改组：一是调中国银行总经理张嘉璈担任中央银行副总裁；二是派宋子文担任中国银行董事长，由宋汉章任中国银行总经理；三是派蒋介石的亲信胡金江担任交通银行董事长，唐寿民任总经理。这样，既加强了中央银行的实力，又强化了孔宋在金融方面的垄断地位。三行增资改组后，1935年4月，中国农民银行由鄂、豫、皖、赣四省农民银行改组而正式成立，由徐继庄任总经理，徐的父亲徐青甫与蒋介石私交甚厚。同年7月，邮政储金汇业局成立；8月，中央信托局成立。以上就是孔氏精心策划确立的南京政府的“四行二局”，它是国家金融体系的核心，是控制和支配全国货币金融的总枢纽。它标志着中国现代化银行制度已健全起来，为法币改革货币统一创造了有利条件，是中国金融发展史划时代的进步。不过，从另一方面看，“四行二局”金融体系的建立是国民政府经济统制的必要手段和途径。正如中央银行副总裁陈行所言：“本行之立场及营业方针，以适合国家政令，应付政府需要为唯一之主旨也。”①

其次，实施法币政策。实施法币政策，是我国财政金融史上的最大革命。孙中山说过：“用硬币制度，受金银供给制限制，不能自由伸缩，以适应社会经济之需要，其弊害在于无以灵活金融之运用，容易造成经济恐慌，币值不能安定，财政困难无由解决，故应实施一种管理纸币政策。此种政策，近年来各国行之均收宏效。且在战时之重要性，尤属显而易见。”②

---

① 陈行：《孔总裁领导下十年来之中央银行》，《经济汇报》第7卷第8期。

② 瑜亮：《孔祥熙传》，香港现代出版公司1970年版，第60页。

为早日摆脱世界经济危机的影响，美国于 1934 年开始实施白银国有政策，世界银价骤然提高，中国白银因此大量外流（详见表 4-1）。白银在别国为货物，而在中国则为货币，造成国内银根紧缩，经济凋敝。针对这一经济现象，身为国民政府财政部部长的孔祥熙于 1934 年 10 月 25 日明令征收白银出口税及平衡税，以阻止白银之外流，维持金融的安定。对于孔祥熙的这一应对举措，蒋介石给予充分肯定。白银出口税征收令颁布次日，蒋介石即致电孔祥熙，称："白银出口税应坚持到底，此为经济政策初步试办之一种。如果因反对而中止，致半途而废，则后事更难为继。故任何牺牲亦所不惜也。"①

表 4-1 1934 年 8 月上海中国现银流出情况

<table>
<tr><th>日期</th><th>类型</th><th>数目</th><th>运往地点</th></tr>
<tr><td rowspan="7">1934 年 8 月 6—11 日</td><td>银条</td><td>值国币 278000 元</td><td>纽约</td></tr>
<tr><td>宝银</td><td>值国币 702754. 64 元</td><td>纽约</td></tr>
<tr><td>银元</td><td>10000 元</td><td>旧金山</td></tr>
<tr><td>银条</td><td>值国币 500000 元</td><td>伦敦</td></tr>
<tr><td>宝银</td><td>值国币 1356072. 68 元</td><td>伦敦</td></tr>
<tr><td>银元</td><td>4405000 元</td><td>伦敦</td></tr>
<tr><td>银元</td><td>22000 元（港币）</td><td>香港</td></tr>
<tr><td rowspan="11">1934 年 8 月 13—18 日</td><td>银条</td><td>值国币 6847. 50 元</td><td>新加坡</td></tr>
<tr><td>宝银</td><td>值国币 64891. 94 元</td><td>孟买</td></tr>
<tr><td>银元</td><td>10000 元</td><td>纽约</td></tr>
<tr><td>银条</td><td>值国币 1897000 元</td><td>伦敦</td></tr>
<tr><td>宝银</td><td>值国币 8482720. 07 元</td><td>伦敦</td></tr>
<tr><td>银元</td><td>22070000 元</td><td>伦敦</td></tr>
<tr><td>银条</td><td>值国币 1000 元</td><td>纽约</td></tr>
<tr><td>宝银</td><td>值国币 335399. 10 元</td><td>日本</td></tr>
<tr><td>银元</td><td>39000 元（港币）</td><td>香港</td></tr>
<tr><td>银条</td><td>值国币 480000 元</td><td>香港</td></tr>
<tr><td>宝银</td><td>值国币 565978 元</td><td>纽约</td></tr>
</table>

资料来源：《申报》1934 年 8 月 22 日。

① 《蒋介石指示白银出口税征收应坚持到底电》（1934 年 10 月 26 日），见中国第二历史档案馆编：《中华民国史档案资料汇编》第五辑第一编《财政经济》（四），第 175 页。

然而，征收白银出口税并非积极的禁银出口，而是消极的限银出口，不久即发生“私运白银出口情事”。此外，“白银问题甚为复杂，举凡国际贸易、国外汇兑、财政实业、币制金融等等，均有关系”①，世界白银价格的上下波动，造成中国货币价值的不断变动，从而给中国经济带来深远的不利影响。对此，宋美龄也非常关注，1935 年 7 月 4 日，她致电孔祥熙：

孔部长勋鉴：

浚密。介兄闻银价已跌，是否确实，是何原因，盼即电复。

妹美　支酉

7 月 11 日，孔祥熙回复如下：

蒋夫人惠鉴：

浚密。支酉电顷始奉悉。月来银价确曾逐渐跌落，系因谣传美国将停止购银，投机家趁机脱手或抛空，及印度以巨量白银出卖，美国压价承受所致。但日内市价已略趋平定矣。特复。并祈转达介兄为幸。

祥②

为了从根本上解决中国货币金融受制于外人之事实，1935 年 11 月 3 日，国民政府正式实施币制改革。《财政部布告》明确规定：

一、自本年十一月四日起，以中央、中国、交通三

① 《农村复兴委员会关于应付白银及入超等问题说帖》（1935 年 2 月 28 日），见中国第二历史档案馆编：《中华民国史档案资料汇编》第五辑第一编《财政经济》（四），第 177 页。

② 《宋美龄询问银价跌落原因与孔祥熙来往电》（1935 年 7 月），见中国第二历史档案馆编：《中华民国史档案资料汇编》第五辑第一编《财政经济》（四），第 210 页。

银行所发行之钞票定为法币，所有完粮、纳税及一切公私款项之收付，概以法币为限，不得行使现金，违者全数没收，以防白银之偷漏。如有故存隐匿，意图偷漏者，应准照危害民国紧急治罪法处治。

二、中央、中国、交通三银行以外，曾经财政部核准发行之银行钞票，现在流通者，准其照常行使，其发行数额以截至十一月三日止流通之总额为限，不得增发，由财政部酌定限期，逐渐以中央钞票换回，并将流通总额之法定准备金，连同已印未发之新钞及已发收回之旧钞，悉数交由发行准备管理委员会保管。其核准印制中之新钞，并俟印就时一并照交保管。

三、法币准备金之保管及其发行收换事宜，设发行准备管理委员会办理，以昭确实并固信用。其委员会章程另案公布。

四、凡银、钱行号、商店及其他公私机关或个人，持有银本位币或其他银币、生银等银类者，应自十一月四日起，交由发行准备管理委员会或其指定之银行兑换法币。除银本位币按照面额兑换法币外，其余银类各依其实含纯银数量兑换。

五、旧有以银币单位订立之契约，应各照原定数额，于到期日概以法币结算收付之。

六、为使法币对外汇价按照目前价格稳定起见，应由中央、中国、交通三银行无限制买卖外汇。①

法币方案的筹备计划是在极端秘密的状况下进行的，对于实施办法六项，除宋子文外，甚至事前未送立法院审议，事后乃送请追认。故宣布之后，日本大起恐慌，视为外交上一大失败。日本曾经责问美英政府，“据报币制改革实行之际，南京政府事前似

① 《财政部关于施行法币布告》（1935年11月3日），见中国第二历史档案馆编：《中华民国史档案资料汇编》第五辑第一编《财政经济》（四），第314—315页。

得美国方面之谅解。外传最近美国关于对华借款有要求日本协力之说，谨以一千万英镑之借款，实不足救中国之窘境，将来必须有第二、第三次借款，在此场合，中国民众之利益被其蹂躏，结果势必进至中国国际共管之境，以上自然的招来与日本之对立，远东安定力之日本断难承服”，仍思阻挠，亦已不及。[①] 法币改革不仅是我国财金史上的一大成功，亦是外交上的一大胜利。

法币改革的实现，使中国杂乱无章的货币走向统一，促进了中国财政、经济、政治的统一，并为对日作战做了准备。日本人曾说：“如无 1935 年之法币，则无 1937 年之抗战。”法币关系抗战之重要，足可证明。[②] 蒋介石对法币改革也倍加赞赏，说“几十年来大家都认为非常困难而不能做到的事，也是过去任何财政家所不敢做的”，而孔氏“能够依照政府的决策”和总理“钱币革命的原则”，努力奋斗把它彻底实现了。这对“抗战八年国本不生动摇”，“各种经济建设发展，有一日千里之势”，“都是法币改革奠定下来的基础”。[③]

最后，继续实施并深化财政改革。宋子文任财政部部长时，已初步划分了国、地两种税收系统，将田赋交给地方，废除厘金；将关税、盐税、统税三税收归中央，基本上收回了国家关税自主权等等，成就是不小的。但因国民政府连年战争，军用浩繁，尽管宋氏尽力开辟财源，增加税收，也无法平衡财政预算，国库仍是入不敷出，只是靠借债度日。孔祥熙接任时，国库里黄金、外币，点滴俱无，仅存 300 万元现金和 2700 万元公债库券，即使这些库券能发行出去，也只能维持三个月的开支。宋认为：“三个月以后国民政府的财政，就要垮得一塌糊涂，不可收拾了。”就在这种困境下，蒋介石“换马”，由孔祥熙代替宋子文担任中央银行总裁兼财政部部长。

---

① 《外交部情报司译呈日报关于日本对于中国币制改革及借款态度等新闻函》（1935 年 11 月 13 日），见中国第二历史档案馆编：《中华民国史档案资料汇编》第五辑第一编《财政经济》（四），第 342 页。

② 李毓万：《为国尽瘁之孔祥熙先生》，《传记文学》第 32 卷第 2 期，第42 页。

③ 瑜亮：《孔祥熙传》，第 64 页。

孔上任后，在对货币金融制度进行改革的同时，在财政税收方面也进行了前所未有的改革，主要有以下几方面。

一是推行直接税。近代世界先进国家，租税制度已渐由间接税改为直接税。因直接税转嫁机会少，合乎税收公平负担原则。南京政府成立后，曾于 1929 年冬天，聘请美国财政专家甘末尔来华做顾问，协助实行直接税制，而他却认为，我国状况不宜采用而搁置。孔任财政部长后，决定创办并以开征所得税为始，指定由赋税司长高秉坊负责策划。于 1936 年 7 月呈准国民政府，公布了《所得税暂行条例》，并于 1936 年 10 月开征。首先开征的是，公务人员的薪给报酬和公债存款利息之所得。其余各项均自 1937 年 1 月起征。除此之外，还有五种消费品糖、盐、火柴、卷烟、烟叶等，亦属于直接税的范围。这种征税法，既不增加人民负担，又剔除了中饱的弊病，而且国库收入增加显著。如 1936 年开征时只有 600 多万元，以后逐年增加，到 1943 年年度，已增为 4 亿元以上了，七年增加 70 倍。真是一箭三雕！

为了办好直接税各项事宜，财政部又将中央直接税筹备处改组为事务处，并在各省、市分设办事处，从事开征工作。为了提高征税人员的素质和工作能力，又创办了《直接税税务人员训练班》，培养专门人材。由于孔氏精心策划，直接税征收推行顺利，不仅增加政府财政收入，而且为抗战时期扩大推行创造了条件。

二是整理内外旧债，提高国家信用。近代世界各国处理财政，莫不依赖发行公债，以为挹注，平时如此，战时更是如此。我国的北洋政府，对内滥发公债，对外大借国债，而且拖延不还，致使国家债信丧失。南京政府成立后，为维持政府信誉，对北洋政府积欠的内外旧债和清政府积欠的对外赔款，一概承认下来。宋子文任财政部部长时，又发行公债 11.82 亿元，借美国外债两笔计 2600 万美元。[①] 孔在 1934 年召开的第二次全国财政会议上提出了《整理内外债务设法济偿以恤民难而昭国信案》，计划执行。

---

① 董长芝、李帆：《中国现代经济史》，东北师范大学出版社 1988 年版，第 59、61 页。

1. 关于内债问题

孔接任后，在1934年又发行内债4.54亿元，再加北洋政府的6亿多元，宋子文任下的11亿多元，共达22亿元之多。而且这些公债，种类繁杂，还本付息时间，利息各不相同，非常混乱。为此，孔对这些旧内债，进行了精心的整理，于1936年2月发行了统一公债，分为甲、乙、丙、丁、戊共五种，将过去发行的、久欠未还的33种旧公债，一律照原订偿还期限之长短，先行调换为统一公债，然后再按统一公债的办法，一一清偿。这样做，既使债权人得到了政府新发行的统一公债，肯定了他们过去购买公债的事实和还本付息的期限与数量，以恤民难，又延长了各种债券还本付息的时间，减少了息金，使政府减轻了负担，可为政府腾出基金，发行新的公债，以救急需。如1936年除发行统一公债外，又发行复兴公债3.4亿元，以后又陆续发行第二期、第三期铁路建设公债，四川善后公债，整理广东金融公债等。总计新债发行额高达6.2亿元。通过对旧债的整理，新债的发行，稳定了国家的财政金融，为国防和交通建设提供了资金，为抗战做了一定的准备。

2. 关于外债问题

孔采取以整理清偿旧外债为重点的外债政策，整理清偿的办法是：

第一，对北洋政府积欠的旧外债，属于债额小又无问题的，分别向当事国磋商，在1935年以前，已陆续地免息清偿。

第二，对十余种数目较大的公债，如《津浦铁路原续借款》《陇海铁路借款》《大陆商业银行借款》等等，由财政部向各国商定整理清偿原则有三种：一是免去债息；二是延长期限；三是减少债额。这些债权国，对中国经济有所发展表示支持，对中国能正确解决外债问题，表示钦佩，故欣然接受了中国三点建议，愿与中国合作。这样，到1937年中国已将旧外债清偿完毕。孔在1936年10月10日“双十节”时，曾宣称：“惟近年来政府对于维持债信，不惟国际市场对于我国债券较前增加信任，即国家地位声誉亦因此大为提高。”① 的确，经过这番努力，中国政府的“信用”在国际上大有提高，为抗战期间获得大量国际贷款创造了条件。否则，旧债未还，新债难挨，抗战困难不堪设想。

综上可见，孔祥熙的财政金融改革，不仅使我国的财政金融走向统一，而且现代资本主义货币金融制度已初步建立起来，现代财政税收制度已初步走上轨道，这是中国社会历史性的进步。中国财政不仅没有破产，反而富裕起来，国库从无到有，到 1937 年 7 月已积累 2 亿美元的存款。中国的经济、国防、交通建设，都取得了很大发展，直接为抗战做了准备。孔不仅得到了国内人士的赞扬，而且得到了国外官员的称赞。如孔在 1937 年 5 月，以中国特使身份在伦敦参加庆祝英国国王乔治六世加冕典礼，英国外交大臣艾登在向英国国王介绍时，就曾称赞孔是“统一中国财政，整理中国税制，改革中国通货，恢复中国实际信誉，平衡中国政府预算”的“伟大理财家”③。

图 4-6　1937 年孔祥熙参加英国国王加冕典礼②

此外，孔祥熙 1932 年的欧美之行奠定了中国航空事业的基础。1932 年 3 月，为充实中国军事实力，孔祥熙奉派为“中华民国考

① 刘振东：《孔庸之先生讲演录》第一册，台北：文海出版社 1960 年版，第 79 页。

② 《良友画报》1937 年第 128 期，第 3 页。

③ 郭荣生编著：《民国孔庸之先生祥熙年谱》，第 124 页。

察欧美各国实业特使”名义前赴欧美，寻求军事援助。此次出访，孔祥熙在欧洲前后待了一年的时间，他特别留心意大利和德国。当时，意大利的空军相当发达，德国的轻重兵器之精进及军事训练的条理，更是值得学习。孔祥熙此次欧美之行收获颇丰，不仅通过德国国家银行总裁沙赫特与克虏伯军火企业家族建立了密切的联系，而且还受到时任意大利总理的墨索里尼的亲自接见。墨氏还向孔祥熙建议：“贵国建国，应从空军着手。空军发展起来较快，所需军费，较海军为少。且将来战争之胜负，取决于空军。日本为海军先进国家，贵国欲赶上日本，非仓促可办。空军三五年内可见成效。”因此，孔氏回国后，即倡议设立航空学校、发展中国空军，此议得到蒋介石的首肯，遂在杭州笕桥设立中央航空学校。①

1934 年 5 月，军政部航空署改为航空委员会，直隶于军事委员会，由蒋介石担任委员长，宋美龄任秘书长，开始筹建空军。孔祥熙亦任委员，负对外接洽之责。

1934 年宋美龄西北行时，孔祥熙亦多次陪同。特别是该年 10—11 月先后视察了豫、陕、甘、宁、冀、察、绥、晋以及北平、济南、青岛等地后，宋美龄、蒋介石夫妇并在孔祥熙夫妇的陪同下赴太谷孔府，参观铭贤学校，“当晚夫妇宿孔宅”②。宋美龄前往华北、西北各地视察一月有余，行致数千里，巡视了十一个省份，增加了蒋介石在边远地区的控制力，扩大了政治影响，宋美龄在宣传推动“新生活运动”中通过与外国教会的合作加深了与英美西方国家的关系，扩大了“第一夫人”的政治地位和影响，也增强了宋美龄参与中枢决策的自信力和欲望。

---

① 谭光：《孔祥熙与国民政府的军火贸易》，见寿充一编：《孔祥熙其人其事》，第 139 页。

② 《蒋委员长出席各界欢迎会》，《申报》1934 年 11 月 11 日。

图 4-7（1）

图 4-7（2）

图 4-7（3） 三张照片都是 1934 年孔祥熙陪同蒋介石、宋美龄视察铭贤学校①

① 孔祥云编著：《孔氏家族私密生活相册》，华文出版社 2005 年，第 61—62 页。

二、助宋和平解决西安事变

西安事变发生当日，时任南京国民政府行政院副院长兼财政部部长的孔祥熙正“抱疾于上海私寓”，下午4时，收到军政部部长何应钦发自南京的紧急电报：“西安临潼有极密枪声。委座昨晚在临潼，今日驻节何处尚未查明，已派机前往侦察。”① 晚8时，又接到何应钦的长途电话，“谓西安城门严闭，时有枪声，临潼道上，军运频繁，而华清池附近则阒焉无人，似蒋公已入危地，嘱余就近通知蒋夫人”。就在孔祥熙因“蒋夫人微恙，倘无重大非常之事，不便深夜造次”而犹豫是否将此不确切消息告知宋美龄之时，又得南京中央党部秘书处电话，告之南京收到张学良、杨虎城电报，中谓已“对介公作最后之诤谏，保其安全，促其反省”，并提出八项“救国主张”②。

张、杨在通电中央的同时，张学良并有私人电报致孔祥熙，曰：

> 孔部长庸之我兄勋鉴：
>
> 弟对国事主张，曾经商讨，区区苦衷，谅蒙鉴及。不意介公违反众论，一意孤行，举整个国家之人力财力，消耗于内战。吾兄职掌财政，当能洞悉。绥东战起，举国振奋，乃介公莅临西北，对于抗日，只字不提，而对于青年救国运动，则摧残备至，弟陈辞再再，置若罔闻！伏思中华民国，非一人之国家，万不忍以一人而断送整个国家于万劫不复之地。弟爱护介公，八年如一日，今不敢因私害公，暂请介公留住西安，促其反省，决不妄加危害。我兄与弟至厚，当能谅其无他，披沥奉闻，并

① 中国第二历史档案馆等编：《西安事变档案史料选编》，第5页。

② 孔祥熙：《西安事变回忆录》，见秦孝仪主编：《革命文献》第94辑，第114—115页。

> 乞明示。此间一切主张，并以丑文电奉陈。张学良叩震印。①

从中，一方面可以看出张、孔交情的深厚，另一方面亦可看出张学良认为孔在西安事变处理中具有举足轻重的地位。孔祥熙接张电，在明确得知张对此事的态度是“暂请介公留住西安，促其反省，决不妄加危害”的承诺后，立即以个人名义复电张学良，曰：“弟意或兄痛心于失地之久未收复，及袍泽之环伺吁请，爱国之切，必有不得已之苦衷，尚须格外审慎，国家前途，实利赖之。”②

孔祥熙在复电抚慰、稳住张学良的同时，并于当夜偕宋美龄赶赴南京。

此时的南京，笼罩在一片紧张而又混乱的气氛中。③ 国民党中央常务委员会和中央政治委员会即于12日夜12时于何应钦官邸召开紧急会议。王子壮对这一过程曾记述道：

> 十一时余已陆续到齐，面面相觑，愁容苦面，略无表情。由丁先生主席开会。首由何部长报告今日所得之各种侦查，除与以前所闻相同外，并谓张学良有电来禀，保证蒋先生之绝对安全，暂留西安以冀其接纳其主张等语。经叶戴各委之详细发言，最后决定中央之根本态度不能变更，应严申纪律褫夺张学良本兼各职，再用私人各方面之关系，在维护中央根本态度之下，去挽救蒋先生。讨论至深夜四时始散，并将张学良之褫职令即晚公

① 孔祥熙：《西安事变回忆录》，见秦孝仪主编：《革命文献》第94辑，第116页。

② 孔祥熙：《西安事变回忆录》，见秦孝仪主编：《革命文献》第94辑，第117页。

③ 时任国民党中央党部秘书长的王子壮曾记曰：“消息得来真如晴天霹雳，神魂为之不宁。”见王子壮：《王子壮日记》第四册，台北：“中央研究院”近代史研究所2001年版，第347页。

> 布。余等以办理稿件故彻夜未眠。因心悸国家之将来将蒙重大之影响，甚且亡国败家立现目前，虽卧亦不得安也。①

13日晨，孔、宋抵达南京后，军政部部长何应钦即向其报告了会议的详细情形。以戴季陶为首的"讨伐派"认为："中央既不能曲从其狂悖，陷国家于沦胥；尤不能过于瞻顾蒋公之安全，置国家纲纪于不顾。"其他人则以为："张、杨此举，如真只以抗日为范围，则在国策上，只有时间上之出入，而非性质上之枘凿，此中已饶有说服余地。况张氏既有保证蒋公安全之电报，自须先探蒋公之虚实，再定万全之决策。如即张挞伐，无论内战蔓延，舆情先背，而坐弱国力，益以外患，国将不国，遑论纲纪?"最后两派调和的结果，中央作出决议：（一）在蒋介石滞留陕西期间，军事方面由军事委员会副委员长冯玉祥及常务委员负责，军队统帅权由军政部部长何应钦执掌；行政方面则由行政院副院长孔祥熙代理院长。（二）褫夺张学良本兼各职，交军事委员会处分。②

国民党中央的上述决议激起宋美龄强烈反对，她在事后撰写的《西安事变回忆录》中写道："时政府中人深受事变的刺激，情态异常紧张。中央常务委员会及中央政治委员会已于星期六深夜开会，决定办法，立付执行，并将叛变首领张学良明令免去军事委员会委员及'西北剿匪副司令'职，交军事委员会严办。命令措词，异常严峻。京中已于是日晨接到西安发来之通电，署名者除张学良杨虎城及其重要部将外，复有在西安之中央官吏多人。电中列举非难中央之事状，皆是令人发指者，并称彼等曾'涕泣诤谏，屡遭重斥'，故不得不'对介公为最后之诤谏，保其安全，促其反省'。最后提出自命为'救国主张'之八项要求，希望南京当局'府顺舆情，开诚秉纳，为国家将来开一线之生机'。"宋美

① 王子壮：《王子壮日记》第四册，第348—349页。

② 孔祥熙：《西安事变回忆录》，见秦孝仪主编：《革命文献》第94辑，第117—118页。

龄认为："中央诸要人，于真相未全明了之前，遽于数小时内决定给张学良之处罚，余殊觉其措置太骤；而军事方面复于此时，以立即动员军队讨伐西安，毫无考虑余地，认为其不容诿卸之责任，余更不能不臆断其为非健全之行动。军事上或有取此步骤之必要，委员长或亦悬盼此步骤之实现，然余个人实未敢苟同。因此立下决心，愿竭我全力，以求不流血的和平与迅速之解决。"①

孔祥熙了解情况后，决定"先采政治方法，恩威并施，万不得已，再用武力"②。为了达成政治解决的目的，他在政治、外交、军事、经济等方面采取了一系列措施，并认为"此四方面之运用，既须同时并举，尤应出以机密神速。倘能乘张、杨意旨未能一致之际，萃此四方面之压力，乱其心、孤其势，怵之以力，动之以情，或可收兵不血刃即迅速敉平之效果"③。

首先，在政治上孤立张、杨。孔祥熙对张、杨的通电进行了认真的剖析，他认为，"张、杨所谓救国八项主张，既以通电出之，是必对于各省疆吏与民间团体之反应，或有预期。我方对策，即宜首对此点入手，将中央决策要旨，昭示全国，以孤张、杨之势"④。因此，12 月 13 日夜，孔祥熙即发出致各省市通电，申述中央的立场和决心：

> 查中央同人，对于抗敌御侮，素具决心。深信当此内忧外患交迫之际，救国之策，必须力谋主权之完整；而欲达此目的，首须国内完成统一，集中力量，庶足以巩固国家之地位。蒋院长赤忱报国，主政中枢，秉此主张，艰苦奋斗，努力迈进，成效显然。讵料绥边前线，血战方殷，而西安后方，忽生变化，当此国家存亡绝续

① 宋美龄：《西安事变回忆录》，第 54—55 页。

② 郭荣生编著：《民国孔庸之先生祥熙年谱》，第 114 页。

③ 孔祥熙：《西安事变回忆录》，见秦孝仪主编：《革命文献》第 94 辑，第 120 页。

④ 孔祥熙：《西安事变回忆录》，见秦孝仪主编：《革命文献》第 94 辑，第 119 页。

之际，乃竟有此纠纷，关系我中国国家之前途，至深且巨！深信我全国民众，素明大义，爱国心长，必能一致拥护中央既定之国策，完成国家之统一。各地方长官翊赞中枢，忠诚夙着，当亦必能益励忠勇，一本中央之意旨，为一致之进行。祥熙及我政院同人，值此危时，自当力肩重任，宏济艰难，一切政务，照常进行，遵照蒋院长既定方针，以最大之努力，与全国上下共策国家之安全，此则祥熙等之所自誓而愿我全国官民之相与共勉者也。①

与此同时，国民党中央“讨伐派”强调“张、杨此举必有背景，且必有助力”，“如山东之韩复榘，广西之李济深，甚至如河北之宋哲元，四川之刘湘，皆可引为同路”② 的言论也引起了孔祥熙的重视，他以行政院副院长代院长，坐镇中枢，在短短两三天以内，发出十余通电报分致阎锡山、宋哲元、韩复榘、李宗仁、白崇禧、刘湘、龙云、陈仪、沈鸿烈、商震、于学忠等疆吏将领，促使他们表示立场，与张、杨划清界限，收到孤立张、杨“叛军”，很好的“政战”效果。

驻守北平的宋哲元，在 1932 年喜峰口战役结束后，其所率领的二十九军曾因经费武器等补充困难商求于孔祥熙，在孔的帮助下而得以保存、壮大。③ 孔祥熙此次在去函中要求他：“冀察密迩强邻，为国屏藩，影响所及，首当其冲，吾兄坐镇其间，安危所关，尤为国人所仰望，尚冀主持正义，共挽危机，使全国团结一致之精神，昭示内外，庶不致为敌人所轻视。”④ 宋哲元也不忘旧情，投桃报李，在复电中称：“张汉卿被‘共匪’利用，构煽异动，举国痛心，应请中央迅速戡定变乱，营救委座，贯彻‘剿匪’

① 《孔祥熙致各省市电》，见秦孝仪主编：《革命文献》第 94 辑，第 120—121 页。

② 孔祥熙：《西安事变回忆录》，见秦孝仪主编：《革命文献》第 94 辑，第 117 页。

③ 郭荣生编著：《民国孔庸之先生祥熙年谱》，第 81—82 页。

④ 《孔祥熙致北平宋哲元电》，见秦孝仪主编：《革命文献》第 94 辑，第 121 页。

主张，以维国本。哲元谨率所属，待命边疆，苟利国家，义无反顾。尚祈随时颁示，俾资遵循为祷。”① 对于没有太多私交的韩复榘，孔祥熙则尽量进行拉拢，在去电中先告知“接汉卿电称：介公在陕，绝对保卫安全”以坚其信，然后述及“吾兄坐镇东鲁，负北方之重望，为中枢之屈藩，弥乱安邦，定多伟划，筹划所及，尚望随时赐示。汉卿素日为人，弟所深知，此次操切之举，或激于一时情感，或迫于部下挟持”，并提出“尤望专电劝释，祛除误解，免以阋墙之争，致招覆卵之祸，是所至盼”。②

对于与张学良或东北军关系密切的商震、沈鸿烈和于学忠，孔祥熙在给他们的电报中，不仅表明中央立场，且请求他们设法转寰。在致商震电中，他讲道：“查汉卿之警备旅长刘多荃，与兄关系最深，务请速派妥员，前往设法婉劝汉卿，使之觉悟，泯大难于俄顷，惟兄是赖。并盼将接洽情形，火速见示为荷。”③ 沈鸿烈、于学忠皆东北旧人，与张有旧谊，孔致函沈鸿烈曰：“吾兄与汉卿等久相共事，对于介公夙所爱戴，尚希飞电汉卿兄等，动以情感，晓以大义，泯大难于俄顷，挽国家于万劫，极赖荩筹，幸速图之。”④ 于学忠坐镇兰州，其之向背关系全局至大，孔对他是恩威并施：“此次汉卿兄及西北将领，或激于情感，或出自热忱，对于国事主张，原不妨开诚相商，苟利国家，介公亦无不乐于采纳。倘必出以兵谏，别生枝节，不徒不为亲者所痛，仇者所快；亦恐授敌以隙，自速危亡！吾兄与汉卿兄相处最久，情谊尤孚，且吾兄坐镇西北，中央更深倚畀，尚乞痛陈利害，解释误会，俾当前事变，立予消除，国家前途，实利赖之！”⑤

其次，在外交上探明各方态度。孔祥熙注意到，“张、杨通

---

① 《北平宋哲元寒日来电》，见秦孝仪主编：《革命文献》第 94 辑，第 146 页。

② 《孔祥熙致济南韩复榘电》，见秦孝仪主编：《革命文献》第 94 辑，第 121—122 页。

③ 《孔祥熙致开封商震电》，见秦孝仪主编：《革命文献》第 94 辑，第 122 页。

④ 《孔祥熙致青岛沈鸿烈电》，见秦孝仪主编：《革命文献》第 94 辑，第 123 页。

⑤ 《孔祥熙致兰州于学忠电》，见秦孝仪主编：《革命文献》第 94 辑，第 124—125 页。

电，虽以抗日为理由，而八项之救国主张，则未有一项涉及抗日，至其所谓容纳各党各派，停止内战，开放爱国运动等等，皆已走入共产党之路线。究竟其与中共之关系如何？与苏联之关系又如何？皆必须先究其内幕。其时日苏关系兀隍不安，究竟日政府对此事件将有何种反应？亦须设法探明”①。时任上海《密勒氏评论报》主笔鲍惠尔（John B. Powell）也曾分析道：“关切西安事变的国家，除中国外，就是苏俄与日本。”② 因此，孔祥熙 13 日返京后，立即以行政院院长的名义通知国民政府驻外使馆中央的决策，并要求其密切探询各驻在国对西安事变的态度以及各国舆论的反应等。孔祥熙还于 13 日下午分别召见了苏日驻华外交使节。因苏联驻华大使鲍格莫洛夫在西安事变前已回国述职，在与苏联驻华大使馆秘书鄂山荫会谈时，孔祥熙直截了当地告诉他，外间传闻西安事变与共党有关，并指出：“如蒋公安全发生危险，则全国之愤恨，将由中共而推及苏联，将迫使我与日本共同抗苏。故促其速告苏联政府，并转知第三国际注意。”在与日本驻南京总领事须磨弥吉郎的谈话中，孔“告以日本政府应约束在华浪人，勿在此时再酿是非，使抗日情绪愈张，致启两国之兵戎”③。

12 月 16 日、17 日两天的时间里，孔祥熙分别收到国民政府驻日大使许世英的五封电报和驻苏大使蒋廷黻的四封来电，探明了日苏对西安事变的基本态度。就日本而言，“许大使之电报，虽不足据以断定日本侵略政策之根本改变，但日本不致乘我领袖蒙难之机，加紧扰乱，或酿造其他事变，则余前向驻华日使馆要求之旨趣，显已收有效果”④。通过蒋廷黻的来电，孔祥熙了解到，苏联政府不但不支持张、杨的行动，反而认为“张学良之反动，足

① 孔祥熙：《西安事变回忆录》，见秦孝仪主编：《革命文献》第 94 辑，第 119 页。

② 《西安事变的国际情势——上海密勒氏评论报主持人鲍惠尔回忆录之廿四》，见秦孝仪主编：《革命文献》第 95 辑，第 390 页。

③ 孔祥熙：《西安事变回忆录》，见秦孝仪主编：《革命文献》第 94 辑，第 126 页。

④ 孔祥熙：《西安事变回忆录》，见秦孝仪主编：《革命文献》第 94 辑，第 128 页。

以破坏中国反日力量之团结，不独为南京政府之危险，抑且威胁全中国，虽假借反日口号，适以便利日本帝国主义。夫反日人民阵线，仍系与南京合作之阵线，毛泽东于其发表密勒周报之文字中已直言其事”。[①] 孔据此以为，“苏联虽亲毛泽东而实疏张、杨，则张、杨虽欲借延安代表以博取第三国际与苏联之支援，亦将必无成就。”[②] 这使孔祥熙对和平解决西安事变开始充满信心。

再次，在军事上对张、杨施压，并积极争取拉拢杨虎城所部，以分化张、杨势力。为了迫使张、杨早日就范，孔祥熙在军事上决定采用强硬政策。12 月 16 日，国民党中央政治委员会决议，任命何应钦为“讨逆军”总司令，讨伐张学良。同日，中央军空军轰炸西安周围城市渭南、富平等。17 日，孔祥熙又发表公开演讲，他指出：“彼等以为劫持领袖，可以要挟中央，殊不知我们现在的国家是有主义的，现在的政府组织健全，是有一贯的国策，决在中央指导之下，执行中央决定的政策，不能因一时的事变而有所迁就。况蒋院长许身革命，垂三十年，身经百战，经过无数险阻艰难，素抱大无畏的精神，早置生死于度外，彼等欲袭军阀时代骄兵悍将的故智，借此推翻政府，适见其心劳日拙而已。现在称兵抗命，事实既已昭然，国民政府为迅速弭平事变起见，不得不出断然的处置，已于昨日俯顺舆情，下令讨伐。”他还强调“今日向全国广播，予敢向同胞保证，无论如何中央必能于最短时间消弭陕变，望我全国同胞，一致奋起，声罪致讨，拥护政府，拨乱反正，迅速削平叛乱”[③]，以此向张、杨施加军事压力。

孔祥熙还对张、杨之间的关系进行了分析，“杨虎城军队驻陕有年，张学良之东北部队则属空军。主客之间，对此事变，是否一致，其间有无分化可能，为余首所注意者”。西安事变发生后，

① 《蒋廷黻大使密报》，见秦孝仪主编：《革命文献》第 94 辑，第 130 页。

② 孔祥熙：《西安事变回忆录》，见秦孝仪主编：《革命文献》第 94 辑，第 131 页。

③ 孔祥熙：《西安事变时广播词》，见刘振东编：《孔庸之先生演讲集》上册，第 16 页。

时任第十七路军第四十二师师长的冯钦哉所部，为杨虎城部队之主力，驻同州，拒绝杨虎城“进驻潼关，防堵中央军”的命令，致使潼关防线不攻自破。他认为，“杨部冯钦哉之第四十二师方驻同州，是否可与东北军合作到底？是否完全盲从张、杨？似有下手余地”。为了“孤张、杨之势，使奉军陕军自启疑惧，借不战而脱蒋公于危难”，孔祥熙于 13、14 日连续致电冯，强调蒋介石的抗敌之心，认为张、杨实误会蒋介石，希望他们能设法疏解，以尽快平息混乱、危险之事态，“我兄与介公久同袍泽，夙共患难，尚望设法疏解，祛除误会，俾勿为仇者所快，亲者所痛。倘能转危为安，益足征相关之切，相契之深。又此次之变，道远未能尽悉，究竟有何原因？我兄或知其详，并有如何解决善法，统希荩筹，详为见示，无任感祷”①。冯于 15 日复电孔祥熙愿效驰驱：“吾兄爱党忧国，溢于言表，钦哉何人？宁敢落后？只希惠我南针，当即勉效驰驱。”② 孔接电后，即与何应钦商定，予冯钦哉“以渭北‘剿匪’总司令名义，并将该部军饷，由中央直接接济”。③ 张、杨军队受分化之影响，内部军心开始呈现涣散之势，张学良不得不于 18 日致电南京：“委座南归，尚待商榷。在此时期，最好避免军事行动，弟部初未前进，而贵部已西入潼关，肆意轰炸，果谁动干戈耶？谁起内战耶？兄部如尽撤潼关以东，弟部自可停止移动。否则彼此军人，谁有不明此中关键也哉？”④ 恳求避免军事冲突，这就为和平解决西安事变铺平了道路。

最后，在情感上极力拉拢张学良，并规劝、慰问受困中的蒋介石。孔祥熙在 12 月 12 日晚接张学良致其私电后，立即以个人名义复电张学良：

---

① 《孔祥熙致杨虎城部下师长冯钦哉电》，见秦孝仪主编：《革命文献》第 94 辑，第 124 页。

② 《冯钦哉致孔祥熙电》，见秦孝仪主编：《革命文献》第 94 辑，第 137 页。

③ 孔祥熙：《西安事变回忆录》，见秦孝仪主编：《革命文献》第 94 辑，第 139 页。

④ 《张学良致何应钦电》，见秦孝仪主编：《革命文献》第 94 辑，第 140 页。

急！

西安张副司令汉卿吾兄勋鉴：

密。倾由京中电话告知，我兄致第一电，虽未读全文，而大体业已得悉。保护介公，绝无危险，足征吾兄爱友爱国，至为佩慰，国势至此，必须举国一致，方可救亡图存。吾兄主张，总宜委婉相商，苟能有利于国家，介公患难久共，必能开诚接受，如骤以兵谏，苟引起意外枝节，国家前途，更不堪设想，反为仇者所快！辱承契好，久共艰危，此次之事，弟意或兄痛心于失地之久未收复，及袍泽之环伺吁请，爱国之切，必有不得已之苦衷，尚须格外审慎，国家前途，实利赖之。尊意如有需弟转达之处，即乞见示。先复布意，伫候明教。弟孔祥熙叩文亥沪寓印。①

13日，孔祥熙返回南京后，又托张学良转函蒋介石：

张副司令汉卿我兄勋鉴，密请译呈介公钧鉴。日昨在沪据报西安兵变，深用悬情，急于晚车回京，今晨抵京，获读汉兄公私两电，始悉其详。查抗日御侮，国人皆同次心，中枢同人，初无二致，吾兄以一身希天下之安危，言行动关国际，自不得不周详审慎，而轻有所主张，在诸袍泽，痛乡邦之沦亡，激一时之情感，主张或近操切，当亦由于爱国之热心，衡之事势，实殊途而同归，并非有何异趣。兄与汉兄患难相依，久要契好，中枢之措置，汉兄素所谂知，此次之事，当出迫不得已，别有苦衷，弟意任何主张，苟利国家，皆无不可从长计议。当此大敌当前，倘使别生枝节，既损前方之士气，转授敌人以乘我之机，瞻念前途，实深忧惧，望即洽商

① 孔祥熙：《西安事变回忆录》，见秦孝仪主编：《革命文献》第94辑，第117页。

汉兄，早弥变乱，以纾国难为荷。弟孔祥熙叩。[①]

希望以此规劝张学良、蒋介石两人都不要一时冲动，而是能够冷静面对、处理事变。特别是对于张学良，孔认为“学良既于通电之外，独对余另发震电，是已明示尚有转寰余地，益以蒋公安全，在其掌握，尤不能遽闭谈判之门”[②]。

而对于和孔祥熙、张学良都私交甚好的阎锡山，孔给予特别重视。他在12月13日晚的电文中先是恭维阎锡山“我公公忠体国，雄镇边陲，登高一呼，众流响应。尚祈主张正义，领导群伦，俾纾国难……汉卿于公，夙致推仰”，希望他致电张学良“责以大义，动以私情，挽已倒之狂澜，拯国家于万劫，悬崖勒马，共济艰危，无任企盼”[③]。15日，孔祥熙又致电阎锡山，将斡旋之重任托付于他，“我公年德俱尊，众流仰望，汉卿对公向亦推诚”，“弟意请公即电汉卿，促其反省，即日陪同介公南来，一切弟当保其安全，倘渠因南来或恐不为各方所谅，则请公电劝其暂移晋省，并保证其绝对安全，即希迅速密加运用，或派妥员即往尤佳”。[④]紧接着，孔再追加一电，告知阎锡山，为防止夜长梦多，“务迄我公切电汉卿，促其亲送介公赴并，弟即邀中央负责同人前往晤商，则一切问题，有我公居间保证，当不难迎刃而解。临电急切，无任盼祷”[⑤]。

在多方斡旋之下，张学良通过端纳发来邀请，希望孔祥熙赴西安商讨解决事变的办法。孔祥熙接报后，本拟飞往西安，但国民党中央政治会议此时召开紧急会议，认为“在目前情形下，负军事责任的蒋委员长已经被扣西安，先生现负全国行政责任，万

① 《孔祥熙致蒋介石函》，台北“国史馆”藏，卷宗号：002000000351A。

② 孔祥熙：《西安事变回忆录》，见秦孝仪主编：《革命文献》第94辑，第116—117页。

③ 《孔祥熙致山西阎锡山等电》，见秦孝仪主编：《革命文献》第94辑，第123页。

④ 《孔祥熙致阎锡山寒电》，见秦孝仪主编：《革命文献》第94辑，第153页。

⑤ 《孔祥熙致阎锡山咸电》，见秦孝仪主编：《革命文献》第94辑，第153页。

不能轻入虎穴”①。孔祥熙为了不关闭谈判的大门，力主改派宋子文飞赴西安。在征得张学良的同意后，19 日，宋子文飞赴西安。借宋子文赴陕之际，孔祥熙赶紧购置衣物数件，连同致蒋介石函，托宋一并带去。

> 介兄钧鉴：在沪闻事变消息，焦虑异常，当即扶病同三妹来京。本拟即同三妹赴陕省视，嗣闻尊意不愿三妹前去，而弟则以中央决议在吾兄未回京以前暂代院务，因致未果，无任怅恨。遂商三妹派端纳飞陕奉候吾兄，继据自洛报告吾兄起居安适，于焦急之余，始较安慰。此间军政暂由敬之兄负责，而政院事务由弟处理，一切自应秉承吾兄既定方策照常进行，尚幸不吝指教，俾有遵循。念吾兄致力革命，备尝险阻，大仁大勇，薄海同钦，此次之事，正天所以磨砺英雄，以吾兄之困心衡虑，必能处之泰然。弟等日日为吾兄祈祷心身安定，得以早日返京主持中枢大计，以慰全国殷殷之望。三妹在此，有大姐及弟等陪伴，幸为释念。闻吾兄衣服多已遗失，至以为系。兹因子文弟赴陕之便，特购制数袭，附机奉上，即祈察纳，诸希为国珍重，不尽欲言。专此，敬颂钧祺。弟孔祥熙手启。②

在电文中，孔祥熙不仅表达了他和宋美龄对蒋介石的牵挂之情，更向蒋介石汇报了南京的局势，使蒋介石做到心中有数。

12 月 21 日，宋子文、端纳返回南京，下机后即赴孔祥熙寓所与孔祥熙、宋美龄叙谈。决定第二天由宋美龄、宋子文再赴西安，协商解决西安事变。两宋临行前，孔祥熙又修函一封致蒋：

---

① 郭荣生编著：《民国孔庸之先生祥熙年谱》，第 118 页。

② 《孔祥熙致蒋介石函》，台北“国史馆”藏，卷宗号：002000000351A。

介兄钧鉴：子文弟回京，敬悉起居安适，此间政务暂由弟及中枢同人一秉吾兄既定方针负责处理，请释廑注。闻吾兄现患背痛，急宜就近请医诊治，俾早告健全。三妹准明晨乘机飞陕，前来省视。附奉书籍数种，藉备客中浏览，尚祈詧收为荷，匆匆不尽。敬颂钧绥。弟祥熙。①

孔祥熙在张学良、蒋介石之间的穿针引线工作，虽不如飞赴西安的宋子文那样直接，但他以其在中央的重要地位和与蒋介石之间的亲密关系，对于协助宋美龄和平解决西安事变起到了特殊的作用。对此，国民党党史中曾有如下记述：

民国二十五年冬，西安事变，中外震惊，全国悲愤，孔同志于闻变之日，舆疾入都，坐镇中枢，稳定全局，使国家政令及中外金融，一切皆照常进行，并于中央会议中，极力主张镇静，恩威并用，先用政治手腕，以和平方式处理，俟不得已时，再用武力，当时虽受多人讥议，均置之不顾，乃一面迭电张、杨，责以大义，晓以利害，动以情感，一面密派端纳黄仁霖先赴西安，侦察真象（相），复商请宋子文同志，冒险前往，劝诫张、杨，慰问总裁，卒使张、杨悔悟，问题解决，张且护送总裁回京，此固由于总裁伟大之人格，刚正之精神所感召，然孔同志权摄枢政，力持镇静，料敌应变，悉契机宜，所谓老成谋国，实足令人惊感。②

宋美龄在《西安事变回忆录》中对孔祥熙在和平解决西安事变中的作用也有这样的描述：

---

① 《孔祥熙致蒋介石函》，台北“国史馆”藏，卷宗号：002000000351A。

② 郭荣生编著：《民国孔庸之先生祥熙年谱》，第120—121页。

当余精神肉体忧劳交迫之时，孔部长及余两姊孔夫人、孙夫人与其他戚友，掬诚慰藉，爱护之情，至足铭感。然西安真相仍笼罩于消息沉寂之中，悲剧之阴影，紧依彼等心头，则其慰藉之辞，亦黯淡甚矣。最可感者，孔部长兼代理行政院长之职，既代委员长为一国行政之首领，所处地位倍感困难；然彼于谨奉职守之余，仍能充分同情余所坚持之主张。

……余竭全力求赴西安，孔部长与余之诸姊弟皆愿伴余同往，尤足感人。①

据陈布雷于12月19日日记所记："十二时偕沧波、佛海、养甫同往北极阁访子文，略谈数语即出。……归寓，闻蒋夫人将飞洛阳，即往孔宅访之。旋至机场，则蒋夫人临时中止西行，由子文先飞陕。遂送子文上机，郑重握手而别。二时三十分归寓。……蒋夫人约往谈，多愤慨语，极力解慰之，并与庸之先生略谈。"②

此外，孔祥熙在西安事变的善后工作中也发挥了重要的作用。1936年12月31日，张学良被高等军事法庭判处有期徒刑十年，褫夺公权五年。蒋介石在当天日记中称："昨午后送夫人赴沪养病，以其刺激太深，此次操急，实非常人所能担负也。③ 这其中的意思可谓一语双关，一方面指宋美龄在和平解决西安事变的过程中努力甚多，另一方面也指为避免对张学良的军事审判，给一向主张宽大处理张学良的宋美龄以太大刺激。当然，碍于自身的地位与尊严，蒋介石虽然告知宋美龄，他对于张学良的处理意见是"依法办理，并特予宽大"，而实质上蒋介石在12月29日考虑处置张学良问题的日记中已认定："此问题欲求一公私两全之法不可得也。乃惟有决心不准其再回西北，以保全其生命……并应缓撤西北及潼关部队以备叛军抗命。若复放张学良回任，不惟后患无

① 王亚权编纂：《蒋夫人言论集》上集，第62、63页。

② 陈布雷：《陈布雷先生从政日记稿样》，第180页。

③ 高素兰编辑：《蒋中正"总统"档案事略稿本》(39)，第663页。

穷，而政府之地位立即动摇，以彼回西北以后，不仅为所欲为，且可借口前所要求者，有一件未行，彼即可叛变也。盖彼所要求者，为中央在西北部队一律撤退，此乃其唯一之要求，是等于放弃西北，任其赤化矣。果尔则不惟国防失一根据，而且中华民国发祥之地，陷于永不劫复矣。不宁惟是，如西北动摇，则统一之局全隳。”① 作为行政院副院长的孔祥熙，也赞同蒋介石的这一决定，他在致国民政府主席林森的密电中称：“大赦为国府之特权，祥本不敢妄参末议。惟西安事变发生后，祥奉命代院，职责所在，除中央意旨整饬纪纲迅谋敉平外，并因事变之日，张学良致电祥，决负责保护蒋委员长安全，当以私人资格，迭复函电，责以大义，晓以利害，并许其如能迅速护送蒋公回京，中央当可宽其既往，对其个人安全，愿为保证。继据往还人员声述，均谓其表示始终拥护、绝无危害之意，短期内当可亲送蒋委员长回京。今果践其言，并上书请罪，证以事实，确能相符，是其爱国之心未泯，守法之念犹存。虽因一时受人蛊惑，意气冲动，行为实甚狂谬，而悔悟及时，诚信尚有可取，倘能予以自新，或可责其自效。其间经过，祥始终其事，见闻较详，用敢不避越位之嫌，为法外施仁之请。敬恳钧府俯纳蒋委员长所请，准予赦宥，以示宽大。”② 孔祥熙以行政院副院长身份发出的这份长函，对于免除张学良的牢狱之灾应该发挥了一定的作用。

三、战时理财建树颇多

第一次世界大战时担任德国兴登堡元帅的参谋长的鲁登道夫将军曾说过：“战争第一是钱，第二是钱，第三还是钱。”全面抗战爆发后，国民政府为集中全国人力、物力、财力抗战，将工业大规模内迁，并初步确立了战时经济体制。孔祥熙对战时财政的重要性有着清醒的认识，他对此有着确切的说明：“财政为庶政之

---

① 高素兰编辑：《蒋中正“总统”档案事略稿本》(39)，第649页。

② 《孔祥熙副院长呈林森主席等恳请国府俯纳蒋委员长所请密电稿》，见秦孝仪主编：《革命文献》第95辑，第120—121页。

母。所有国家政治、经济、军事、外交各种设施，皆赖有健全之财政政策为之策动，国家整个政策之能否推行，全恃财政情形以为转移……至于战时财政，尤关重要。战时一切军需调度、物资接济、兵员补充、伤兵难民之救护，在在均需巨款，财政关系尤为重大。战事相持愈久，消耗财力愈多，故持久战亦可谓之财政战。"① 为发展抗战大后方经济、筹措抗战经费，孔祥熙主要采取了以下举措。

一是改订财政收支系统。南京国民政府建立后，为改变中国近代以来财政收支混乱的局面，将整理全国财政作为当务之急。到全面抗战爆发前，基本实现了国地财政的明确划分。一方面，使中央财政由割裂渐趋统一，从而有助于中央财政力量强化，更好地发挥政府的职能作用。另一方面，使地方财政从混乱无序状态渐向规范有序状态发展，并为地方财政收支结构的确定奠定基础，"地方财政之规模，因以具备"②。全面抗战开始后，"国家财政所负担之责任，日益重大，今后军事、政治、经济愈形开展，无论战时消耗或战后建设，需款均极庞巨"，特别是在"抗建并进之下，尤须集中财力，以增强持久之力量，而谋全国事业之均衡发展"③。1941 年 6 月，孔祥熙于重庆召开第三次全国财政会议，讨论并制定了《改订财政收支系统实施纲要》，将全国财政分为国家财政、自治财政两大系统，所有中央与省两部分财政统为国家财政系统，自治财政系统则以县市为单位，包括县以下各级地方自治组织。财政收支系统经此次改订，"以县单位之自治财政系统自是以确立其基础，而省级财政之归并，增强战时国家之统筹力量，贡献殊多，诚为我国财政制度划时代之

---

① 孔祥熙：《战时财政与金融》《全国财务人员训练所开学典礼训词》，见刘振东编：《孔庸之先生演讲集》上册，第 239、353 页。

② 《财政年鉴》第 12 篇，第 1 页。

③ 《财政部编送之战时三年计划财政金融部分》，见中国第二历史档案馆编：《中华民国史档案资料汇编》第五辑第二编《财政经济》（一），江苏古籍出版社 1997 年版，第 149 页。

重大改进”①。

二是田赋收归中央并征收实物。南京国民政府建立后，曾将田赋划归省税。抗战军兴，粮价日涨，而田赋仍旧，与其他各税税率相比，田赋负担日益严重，“且战时军粮需要殷切，随时征购，不惟匮乏甚虞，而粮价支出，亦为国库重大负担”，孔祥熙于是决定“在战时将田赋收归中央接管，改征实物，使军粮民食可以调剂，民众负担，亦获公允”。该项措施自 1941 年始至 1945 年抗战胜利止，共计征收粮食达 2 亿石以上，“于解决军粮民食，节省国库支出，以及稳定粮价、物价、工价，均大裨益，而农民对于抗战贡献之大，亦予以表现”②。

三是举借内外债以平衡财政金融。国民政府战前财政收入，向以关、盐、统三税为主。抗战爆发后，因东南沿海海关、盐场、工矿企业相继被日军占领、破坏或内迁，关、盐、统三税及其他收入锐减。孔祥熙认为：“战时弥补国用办法，虽不止一端，而以发行公债为最普通之政策。”③ 财政部于 1937 年 9 月首发“救国公债”5 亿元，“凡个人团体以现金或有价物品，缴充救国之用者，按照其所缴数额，以本公债给予之”④。据统计，抗战期间国民政府发行公债 17 次（短期国库券除外），共发行法币公债 151.92 亿元，关金 1 亿元，英金 2000 万镑，美金 2.1 亿元。其中用于平衡预算、稳定物价、健全金融、吸收游资的有七种，共合法币 149.92 亿元，约占战时公债总数（228.22 亿元）的 65.7%；用于充实抗战救国军费的有五种，共合法币 40 亿元，约占战时公债总数的 17.5%；用于战时建设与救济经费的有五种，共合法币 38.3

① 《抗战期中之财政》，见中国第二历史档案馆编：《中华民国史档案资料汇编》第五辑第二编《财政经济》（一），第 477 页。

② 《抗战期中之财政》，见中国第二历史档案馆编：《中华民国史档案资料汇编》第五辑第二编《财政经济》（一），第 459—460 页。

③ 孔祥熙：《国民党五届六中全会财政部财政报告》，《民国档案》1986 年第 4 期。

④ 《救国公债条例》，见千家驹：《旧中国公债史资料》，第 275 页。

亿元，约占战时公债总数的16.8%。[①] 与此同时，由于内债的发行受到国民经济落后状况的严重制约，国民政府也重视了外债的争取。孔祥熙曾说过："抗战与开发资源，需费日繁，而战区益广，民力负担，不宜过重，不得不力谋利用外资。"[②] 抗战期间，中国共借外债32笔。从形式上看主要有两种：一是易货方式。如苏联的三次易货借款，美国的桐油借款、华锡借款、钨砂借款等，所借款项用于购买债权国的工业品、农业品等，以我国运售的农矿产品偿还。二是直接向我国借款。如中英、中美平准基金借款，中英、中美财政援助借款等。此外，美国还在租借法案的名义下，供应国民政府大批军火，援助中国抗战。这些外债，除一部分以现金还本付息外，大都采用易货方式。这一方面使中国从国外获得大批军工产品和建设器材，直接支持了中国的抗战和后方建设；另一方面刺激了国内土特产品的生产，发展了经济。孔祥熙曾评价为"借友邦之协助，利用外资，发展经济，增强抗战力量，亦我国战时财政之措置，可引为自慰者也"[③]。

四是健全金融机构，统一货币发行。战时金融，一面须集中力量，以求产业资金之融通，一面又须运用得当，以防助长囤积刺激物价之恶果。淞沪抗战开始不久，国民政府即令中、中、交、农组织四行联合办事总处（简称四联总处）于上海，并于全国各重要城市成立办事分处，"俾充分发挥其效能，成为全国金融总枢纽，积极推行国家金融政策"[④]。国民政府迁都重庆后，四联总处亦随迁重庆办公。四联总处采用理事会制度，蒋介石以中国农民银行董事长名义出任四联总处主席，孔祥熙以中央银行总裁任副主席，其他中交两行各推总经理或董事长一人、财政部代表一人

---

① 杨斌：《抗战时期国民政府发行公债政策述评》，《江西社会科学》2001年第1期。

② 孔祥熙：《我国财政金融之过去与现在》，《财政评论》第1卷第6期，1939年6月。

③ 孔祥熙：《三十年来我国财政》，《财政评论》第5卷第2期，1941年2月。

④ 《抗战期中之财政》，见中国第二历史档案馆编：《中华民国史档案资料汇编》第五辑第二编《财政经济》（一），第473页。

为常务理事，协助主席执行一切事务，实际工作由孔主持。从此，凡战时金融设施，以及经济筹划均由四联总处总揽决定。为提高中央银行地位，并加强四行专业化，四联总处理事会于 1942 年 5 月 28 日通过“统一发行办法”，规定自 7 月 1 日起，所有法币发行统由中央银行集中办理，同时通过中、中、交、农四行业务划分及考核办法，将发钞特权及各银行法定应缴之存款准备金集中于中央银行。四行业务要点划分如下：

> 甲、中央银行之主要任务：1. 集中钞券发行；2. 统筹外汇支付；3. 代理国库；4. 汇解军政款项；5. 调剂金融市场。
>
> 乙、中国银行之主要业务：1. 受中央银行之委托，经理政府国外款项之收付。2. 发展与扶助国际贸易有关事业之贷款与投资。3. 受中央银行之委托，筹办进出口外汇及侨汇业务。4. 办理国内商业汇款。5. 办理储蓄信托业务。
>
> 丙、交通银行之主要业务：1. 办理工矿交通及生产事业之贷款与投资。2. 办理工商业汇款。3. 公司债及公司股票之承受。4. 办理仓库及运输业务。5. 办理储蓄信托业务。
>
> 丁、中国农民银行之主要业务：1. 办理农业生产贷款及投资。2. 办理土地金融业务。3. 办理合作事业放款。4. 办理农业仓库信托及农业保险业务。5. 吸收储蓄存款。①

自上述规定实施后，中央银行即独占全国货币发行权，中央银行的地位大为增强。嗣后，国民政府主要依赖发行钞券来弥补财政赤字。孔祥熙在 1939 年时曾说：“国库支出益增，亏短之数

① 《抗战期中之财政》，见中国第二历史档案馆编：《中华民国史档案资料汇编》第五辑第二编《财政经济》（一），第 473—474 页。

亦益巨，大半须恃银行借垫之款，以资维持。而银行复赖增加发行，以供支应。”① 1937年7月抗战前夕，法币发行额为14.1亿万元，此后，法币发行额逐年增加，特别是1942年集中发行后，（如表4-2所示）法币增发额成倍增加。如果没有法币政策的实施和中央银行的集中发行，国民政府的财政要支持抗战八年之久，是不可想象的。

表4-2　1937—1944年法币增发额占国家银行借款的百分比

财政年度	法币增发额（亿元）	国家银行借款（亿元）	前者占后者的百分比
1937—1938年	3	12	25.0
1938年下半年	6	9	66.6
小计	9	21	42.8
1939年	20	23	86.9
1940年	36	38	94.7
1941年	72	94	76.6
1942年	193	201	96.0
1943年	410	409	100.2
1944年	1141	1401	81.4
小计	1872	2166	86.4

资料来源：杨荫溥：《民国财政史》，中国财政经济出版社1985年版，第163页。（1943年的百分比经重新计算，与该书中的数据略有不同）

注：从1939年起，国民政府的财政年度由“跨年制”（当年7月至次年6月）改为“沥年制”（当年1—12月），所以1938年财政年度只包括下半年。

孔祥熙曾说过：“一种制度之树立，系于政策的决定，而政策决定的取舍，又要适应国家的政治环境和经济环境的情形。”② 抗战爆发后，国家的一切行动，都要配合战争的需要，战争形势瞬息万变，前方将士的浴血奋战要以后方资源的源源供给为前提。孔祥熙上述各项财经政策的制定与实施，都是为了适应战时环境

① 《孔祥熙检陈1937年7月—1939年6月财政实况秘密报告》，见中国第二历史档案馆编：《中华民国史档案资料汇编》第五辑第二编《财政经济》（一），第375页。

② 孔祥熙：《各种专卖条例要旨讲述》，见《专卖政策及其条例要旨》，中国财政学会1942年印行，第15页。

的需要，以求增强抗战的实力。他的各项理财措施虽然造成了大后方的物价持续高涨、国民经济不断衰退，但却为坚持抗战和夺取抗战的最终胜利提供了必要的经费保障。孔祥熙也因抗战理财有方而使自己在中国近代史上留下值得记载的一笔。对此，何应钦在抗战后期曾评论道：

> 抗战迄今已达六年零四个月，战争开始时，敌人根据我国当时经济与武力情况，估量我们最多只能支持一年半载，不料后来在财政方面意外坚强。财政部在孔兼部长策划下，对长期抗战之所需，均能供应无缺，不虞匮乏，而使我们的军事形势稳定下来。现代战争为消耗战，经济较武力尤为重要。战争所需之粮秣弹药，无一不赖财政维持，战争之胜负，全视财政有无办法，中国抗战能转弱为强，转败为胜，表面看来是前方将士浴血牺牲的结果，殊不知财政实为重要因素，目前敌人在我国，深陷泥淖的陆军有一百多万，被牵制的空军有五分之一，这庞大数字的敌军，随时在被消灭中。这种功绩，就是因为财政上有办法，能强力支持军事的结果。也是孔兼部长苦心孤诣大力维持的功勋。[1]

深谙理财之道的宋子文亦曾评价道："本人以往曾一度担任财政工作，深知抗战财政，有一般人想象不到的困难。因为平时财政办理不善，其失败仅是负财政责任者个人。战时财政办理不当，那就不仅是个人的失败，或政府的失败，而是全民族国家的灭亡。因此在抗战六七年当中，孔兼部长担当艰巨，为国家辛勤奋斗，卒能克服一切困难，使抗战经济，能平稳发展，不但军事需要，不虞匮乏，就是经济建设，也能齐头并进，这种成就，实在是对国家民族的伟大贡献，为历史上显著功绩。"[2] 此番话语虽有奉承

---

① 郭荣生编著：《民国孔庸之先生祥熙年谱》，第178—179页。

② 郭荣生编著：《民国孔庸之先生祥熙年谱》，第177页。

之嫌，却也道出了中国战时财政状况之困难与孔祥熙所面临的压力之大。孔祥熙主持下的战时财政，并未如外界所预料的那样被战争拖垮，而是支持抗战达八年之久，这与孔祥熙的努力是分不开的。

抗日战争时期，宋美龄以其在中国航空事业上的突出贡献与外交舞台上的迷人风姿，达到她一生中政治事业的高峰。而所有这些成绩的取得，离不开以孔祥熙为财长的国民政府财政部的大力支持。

宋美龄担任航空委员会委员则长达 10 年之久，其间曾担任航空委员会秘书长一职，是委员中最为关心中国空军建设的人，对空军建军发展贡献良多。宋美龄对于中国空军发展事业可谓全身心投入，即使身体不适，亦不会懈怠。对此，蒋介石曾在日记中有所记述："晚因妻病甚忧，而彼对空军之整理，不愿因病稍缓，爱国心切，实此罕见。惟鉴（愿）上帝护佑，祝其痊愈也。"①1937 年 3 月 12 日，宋美龄发表《航空与统一》一文，重点强调发展航空事业的重要性，并介绍了中国航委会成立以来所做的工作概况及其展望，认为"一切促进中国统一的新发明，或许要推飞机的功绩，最为伟大。飞机消除距离的能力，和促进边省与各省间，或边省与中央间的密接而消除其误会猜疑，恰好成为正比例"。"中国不久以前，既没有飞机场，又没有飞机"，"如今于航空总场以外，凡是全国各城市，虽短距离间，也都筑有临时机场，必要时可随处降落，以策飞行的安全，日后并将随时增辟，原有的机场也将改良扩大……将来各大城市必定有精良的机场和航空交通的设施，到那时，中国在世界航空发达的诸国之间，也将获得相当的地位了"。②

全面抗战爆发后，中国军备远不及日本，空军更为重要。因此，宋美龄在空军建设上投注了更多的心血，蒋介石在日记中更多次提及："余妻筹备空军，协力谋国之尽诚，世无其匹也。""妻

① 《蒋介石日记》，1936 年 10 月 13 日。

② 王亚权编纂：《蒋夫人言论集》上集，第 90—93 页。

对空军筹备尤苦，吾人若不任劳怨，则何人能任也。”“妻主持空军之劳，如将来胜利，则其功实不能没也。”“妻于空军之准备，诚所谓竭其心力，深信上帝必不负吾夫妻之苦心也！”“妻冒险巡视句容等机场，代余慰劳空军将士，可感也！”①

航空委员会成立时，所注册的飞机共500架，实际能用于战斗的仅91架。为了加紧建设扩充空军，宋美龄多方筹措资金。此时，孔祥熙全力支持宋的航空事业，借贷外债，增加税收。从1937年到1944年，中国为购买汽车火车、购买工业用品、购买材料及机器、建筑铁路等，多次向国外借款，其中就有专供宋美龄购买飞机用的“中美飞机公司借款”1500万美元。与此同时，宋美龄还亲自写信给美国退役飞行员陈纳德（Claire L. Chennault）来华协助空军建设，条件是月薪1000美元，外加津贴、汽车、司机、译员，并有权驾驶中国任何飞机。② 抗战期间，陈纳德率领的美军空军志愿队“飞虎队”，在对日作战中发挥了重要的作用。1942年3月3日，宋美龄巡视“飞虎队”时，允诺每击落日军一架则另外发放奖金500美元，给予飞虎队很大的奖励与鼓舞。陈纳德回忆称：当初订合同时并未包括击落敌机一架要发美金五百元奖金之事，后来果然击落敌机，甚至于击毁地面敌机，都发同数目的奖金。③“飞虎队”在中国服役期间缔造了辉煌战绩，据统计：击落与击毁日机268架，击伤40架。④

就中国空军的筹建而言，宋美龄是重要的指挥者，由此其被称为“中国空军之母”。孔祥熙也因襄助有功，在1943年9月10日获国民政府颁发“一等空军复兴荣誉勋章”一枚。⑤

中国抗战的胜利与国际社会的支持和援助是分不开的。由于

---

① 《蒋介石日记》，1937年7月24日、7月31日、8月9日、8月10日、8月17日。

② 〔美〕陈纳德：《陈纳德将军与中国》，陈香梅译，台北：传记文学出版社1978年版，第30—31页。

③ 〔美〕陈纳德：《陈纳德将军与中国》，第96页。

④ 《空军抗日战史》第九册，台北“空军总部”1983年编印，第385页。

⑤ 郭荣生编著：《民国孔庸之先生祥熙年谱》，第174页。

图 4-8　蒋介石、宋美龄与陈纳德合影①

宋美龄自幼负笈美国，熟稔美国文化，抗战时期，她不仅撰写了大量的战事新闻通讯和文章，向全世界宣传中国的抗战，还跨出国门，开展一系列“夫人外交”活动。这不仅唤起了国际社会对中国抗战的重视、支持和援助，特别是在争取美国支持方面起到了重要的作用。宋美龄 1942—1943 年的美国之行，与此前威尔基的访华有着密切的关系。1942 年 9 月底至 10 月初，威尔基作为美国总统罗斯福的私人特使，对中国进行访问。威尔基访华期间，在一次与行政院副院长孔祥熙的会谈中，受孔氏启发，他意识到让美国人民“了解亚洲问题和亚洲人的思考方式”是十分紧要之事，因此“一位来自世界这一地区具有聪明才智的人访问美国，协助我们认识中国及其人民，是件重要的事。蒋夫人就是最好的大使”②。可以说，孔氏和威尔基之间的谈话，对于促成宋美龄的美国之行，发挥了一定的作用。不仅如此，宋美龄访美期间，孔氏还派他的大儿子孔令侃和大女儿孔令仪全程陪同，负责宋氏的生活与行程安排，对于宋美龄访美的成功发挥了重要作用。

① 《航空建设》1942 年第 2 期，封 4 页。

② 刘巨才：《政治女强人：一代风流宋美龄》，台北：风云时代 1994 年版，第 212 页。

四、追随宋美龄建遗族学校

1928 年 10 月 14 日，北伐战争胜利后，时任国民党中央执委的蒋介石，以国民革命军很多为扫除军阀、为国而牺牲的阵亡军士遗族子女大都缺乏教养为由，向国民党中央执行委员会提案设立“筹办遗族学校委员会”，以期在南京建设学校，用以培养教育阵亡将士后代。

“本届五中全会何香凝同志提议设校教养先烈及革命军人后裔，以追念功勋，而慰遗族，由大会议交中正与中央执行委员、常务委员核办。窃查此项遗孤军人后裔为多，调查甄别须由熟悉之军人办理；设校教养，俾先烈遗孤得受良好之教育，养成社会健全之人才，则有赖于教育专家之规划，拟请孙宋庆龄、廖何香凝、李德全、王文湘、蔡元培、何应钦、叶楚伧、蒋宋美龄、江恒源、刘纪文、傅焕光为筹备遗族学校委员会委员，会同中正从建筹办，以慰忠魂。所推诸委或为革命先进，或为军事当局，或为专门人才，集思协商，当有成效。是否有当，祈请公决此上。”①

该提案经中国国民党中央执行委员会第 176 次常委会磋商后，推定委员 11 人，即谭延闿、蒋介石、蔡元培、胡汉民、戴季陶、何香凝、何应钦、叶楚伧、王文湘、宋庆龄、宋美龄等，命名该校为“国民革命军遗族学校”。②

遗族学校初创时期，系由筹备委员会负责筹划创校，并任命宋庆龄担任该校校长。但宋庆龄于 1929 年 6 月 1 日孙中山陵寝奉安大典后不久便出国了，两年后她返国即长住上海，“极少来校或过问，实际由校董宋美龄全面管理”③。时任国民政府主席的谭延闿也曾对

---

① 《蒋总司令向中央提筹办遗族学校案》，台北中国国民党党史馆档案：一般档案，140/2。

② 《中国国民党中央执行委员会第 176 次常会记录》，台北中国国民党党史馆档案：会议记录，2. 3/92。

③ 俞允尧：《蒋妈妈一生中最满意的事》，《遗校校友通讯》第 59 期，第 6 页。见阎沁恒：《蒋夫人与国军遗族教育》，见秦孝仪主编：《蒋夫人宋美龄女士与近代中国学术讨论会》，第 456 页。

宋美龄说："完全请你负责，来筹备本校。"[①] 至1931年男女分校后，遂改筹备委员会制为校董会制，国民革命军遗族学校筹备委员会改组为"该校及国民革命军遗族女子学校校董会"，国民革命军遗族学校校长由蒋介石担任，女校仍由宋庆龄任校长，而两校校董会的会议主席则由宋美龄担任，负责实际校务管理工作。[②]

学校创办初期，有许多的困难，但在美国受过良好教育的宋美龄，以她坚毅的精神，一一克服。用她自己的话来说："兴办任何一种事业，困难是不免发生的，只要我们努力去做，不断的改正，必可完成我们的计划。"[③]

创设学校，先决问题就是经费。遗族学校筹建之初，只有陇海铁路东段的附加税拨作该校的经费。[④] 为了尽快将学校建成，宋美龄等在海内外多方筹措，特别是向海外华侨积极募捐，"竟于七个月之内，我们替学校筹足了五十万元基金"[⑤]。这笔基金，不仅解决了遗族学校的筹建问题，还曾为1929年南京市自来水工程建设资金短缺解了燃眉之急。[⑥]

遗族学校于1929年9月正式开办，开始招生，分小学部、中学部和农科部，"当初我们将遗族入学请求书，分送到各省军队，再由他们转到阵亡先烈的家族"。但初开办时，由于校方规定，"儿童入学以后，直到毕业为止，完全要由学校管理，寒暑假期也要补习功

---

① 宋美龄：《国民革命军遗族学校和女校建校的经过》，见《蒋夫人言论汇编》编辑委员会编：《蒋夫人言论汇编·函电、谈话》卷四，台北：正中书局1956年版，第197页。

② 《请聘孙宋庆龄等为革命军遗族学校校董案》，台北中国国民党党史馆档案：会议记录，4.3/21.11。

③ 宋美龄：《国民革命军遗族学校和女校建校的经过》，见《蒋夫人言论汇编》编辑委员会编：《蒋夫人言论汇编·函电、谈话》卷四，第197页。

④ 1929年10月起，才由财政部每月拨给经常费6000元。1931年2月以后，因学生增加，财政部将学校经常费增加为每月12000元。

⑤ 宋美龄：《国民革命军遗族学校和女校建校的经过》，见《蒋夫人言论汇编》编辑委员会编：《蒋夫人言论汇编·函电、谈话》卷四，第198页。

⑥ 《遗族学校购买市政公债五十万元案》，台北中国国民党党史馆档案：会议记录，3.3/55.20.1。在该案中，中国国民党中央执行委员会常务会议议决"由遗族学校基金购买市政公债五十万元"，"俾市政府立得巨款早日开办，使首都地方之自来水能速完成"。

课，或作其他的运动，除亲丧外，无论远近，都是不能回家的”，到1930年4月1日在大仓园临时校舍开学时，入读的学生只有60人。遗族家庭慢慢地意识到这种规定对儿童的学业修养是大有裨益的，请求入学者非常踊跃[①]，学生来源遍及全国，西至川滇，南至湘粤，北至察绥，甚至东三省、新疆皆有遗族来校求学。至新校舍落成后第一届入学的学生已达300余人。“除了革命先烈的家族，其他人士，也情愿缴纳学费，要求将子女送来求学”，但却不被获准。“后来学生一天一天的增加，我们感觉着男女儿童应有不同的训练，让他们各展所长”，于是借用南京市内羊皮巷一号为临时校址，建起“国民革命军遗族女子学校”。1934年，女校新校舍在卫岗落成，男女两校从此毗邻而居，对于两校的校务推展、生活辅导与教学工作都有易于统合与相辅相成的便利。[②]

宋美龄全身心地投入到学校管理事业中，“我对于遗族男女两校，既然负着责任，总要希望把它们办成中国的模范学校。无论哪种事业，如果不是亲自去参加，只把一个计划交付别人办理，不去闻问，是不中用的”。她所主持的“校务讨论委员会”[③] 每月召开常会一次，开会地点在两校轮流举行。对教师的要求是：她不赞成政治与教育掺和在一起，所以对任何人的推荐，在聘请之前，必须考查才能资格，且要经过亲自会谈，合格者先试用一学期，服务成绩优良者，逐年加俸。教师终年在校无寒暑假，每日授课之外，还要负训育之责任。[④] 以师资而论，由于学校性质特殊以及教学环境的优越，教师们多来自京、沪一带很有名的学校，

---

① 关于遗族子女踊跃申请入学的情况，见台北“国史馆”藏国民政府档案：001000003856A（革命先烈褒恤案），001000004041A（革命先进身故抚恤案（六））等卷宗。

② 宋美龄：《国民革命军遗族学校和女校建校的经过》，见《蒋夫人言论汇编》编辑委员会编：《蒋夫人言论汇编·函电、谈话》卷四，第198—199页。

③ 该会由宋美龄、校董傅焕光、校董会秘书、监事与两校的校务主任组织而成，每次开会时，与会议讨论事项有关系的各位教职员，可以随时通知列席参加，相当于校行政会议。宋美龄不在南京时，该会讨论形成的各项议决案或请示事项等，必须由其回京后再改正或核定实施。见宋美龄：《国民革命军遗族学校和女校建校的经过》，《蒋夫人言论汇编》编辑委员会编：《蒋夫人言论汇编·函电、谈话》卷四，第205—206页。

④ 宋美龄《国民革命军遗族学校和女校建校的经过》，见《蒋夫人言论汇编》编辑委员会编：《蒋夫人言论汇编·函电、谈话》卷四，第200—201页。

在高中部甚至有大学教授级的教师请去授课。

遗族学校成立以后，教学目标上完全遵照教育部中小学课程的规定，施予一般学校要求的教学内容。同时，它还有自己的办学特色。

首先，宋美龄对学生的生活照顾可以说是无微不至。“我们的学校，既然负着教养责任，所以对于入学的遗族儿女，不但免缴学费，并且供给一切生活用品和课业用品。对于儿童健康，更是注意，入学时先要检查身体，有病的儿童，留在学校医院调养，或送到中央医院诊治；平日外界如有流行疾病，随时注射预防药剂。”学校采取宿舍制，每一宿舍，有专门的训导员，带领三四十个学生，同住一室，训育他们。饭厅上每桌也都有教师领导，“指示吃饭的体态，养成儿童良好的习惯”。对于学校和个人的整洁也非常注意，每天朝会15分钟，指导一切，并检查各处整洁两次。“所以儿童对学校，完全像家庭一样”。她还要求教师“感觉着他们是代表遗族儿女父母的职务，都应领会这种精神，才能尽教育遗族的责任”。[①] 因环境安适，生活无虞，“除了少数年纪小的同学有时会调皮捣蛋或未能专心向学之外，大部分同学都能养成勤勉好学的良好习惯”[②]。

其次，依照孙中山的“知难行易”学说和“双手万能，手脑并用”的提示，宋美龄对遗校学生的训育方针是“养成他们刻苦耐劳的精神和能力”，使他们彻底了解生活的价值。校内雇用的校工较多，但教室、寝室和校园的清洁与整理工作都轮流由学生去做。学校不但规定农科学生修毕高中课程后，须有一年之实习服务，如学业成绩与实习成绩均能及格，方得为正式毕业生。而一般学生也须接受农业课程的教育并且安排到农场和牧场实际做一些实务操作的工作。

对于这样的教育模式，宋美龄有她自己独特的见解：

---

① 宋美龄：《国民革命军遗族学校和女校建校的经过》，见《蒋夫人言论汇编》编辑委员会编：《蒋夫人言论汇编·函电、谈话》卷四，第200页。

② 阎沁恒：《蒋夫人与国军遗族教育》，见秦孝仪主编：《蒋夫人宋美龄女士与近代中国学术讨论会》，第457页。

> 我向来主张教育不但是只重精神的训练，而手足的活动，与一般的生活，也要同样的注意。……因为他们大半来自田间，不可使他们受过学校的教育就忘掉了他们家乡的生活。他们正应该将来回到乡间，负起改良社会的责任，不可使他们只知道有学校的生活。我希望他们能够具有中国旧道德和现代新知识，发展蓬勃的精神、高尚的志趣，为建造新中国的柱石。我常和他们反复地说："……还有几千百倍遗族的子女，都没有机会来进这个学校，你们仅是少数的幸运者，得到政府的优待，你们应该对社会国家，有些贡献，来报答政府培植的厚意。不要变成只会享受不能服务的寄生虫，才不辜负受过遗族教育的光荣呢！"①

宋美龄对教育遗族学校的学生用尽心血。遗族学校每周举行周会，周末邀请牧师在礼拜堂讲道，全体学生都必须参加。学生最感兴奋的是可以被派去陵园官邸的教堂礼拜。另外，宋美龄会经常到学校视察，在校园里看到学生，总是嘘寒问暖或者摸摸头，若发现学生不懂礼貌、不守规矩、服装不整、不讲卫生或随意践踏花草，她也会毫无保留地立刻予以劝导，但语气和蔼可亲，使学生不觉得是受责备。②

图 4-9 宋美龄带领遗族女校学生野餐③

---

① 宋美龄：《国民革命军遗族学校和女校建校的经过》，见《蒋夫人言论汇编》编辑委员会编：《蒋夫人言论汇编 · 函电、谈话》卷四，第 201 页。

② 阎沁恒：《蒋夫人与国军遗族教育》，见秦孝仪主编：《蒋夫人宋美龄女士与近代中国学术讨论会》，第 459 页。

③ 《遗族校刊》1936 年第 4 卷第 1 期，第 5 页。

宋美龄后来接受美联社记者采访时说："我一生中最感满意的是办遗族学校的成功，昔日培养的学生回校接替工作，做得很好，后人胜过前人。"① 创办遗族学校，可说是她以后主持和领导妇女与儿童工作的开始，这一段经历开启了她的智慧及爱心的源泉。她在《我的宗教观》一文中曾经这样说道："个人的安全，我是从不放在心上的。但我时时关怀着我所手创的国民革命军遗族学校，如何把学生们训练成良好的公民，使他们将来对社会对国家都有宝贵的贡献；而如何改良同胞的生活，也是我所最关切的问题。"②

漫长的八年抗战，造成了巨大的人员伤亡。很多的孤儿寡母，家中失去了顶梁柱，失去了经济来源，可以想象，有多少遗族家庭过着水深火热的日子。父母没有人照顾抚养，很多孩子都还没有成年，为了生存被迫卖儿卖女。为了国家、为了人民牺牲的烈士的遗族过着如此艰难的生活。甚至曾经是高级将领的妻子儿女都只能过着流亡的生活，更不要说子女的教育问题了。长期以往，军人的士气必然低落，所以很有必要对遗族进行收养，妥善地安置，否则必将向心力不足。《中央日报》曾经发表过抗战阵亡遗族给编辑的信，信中说："我们是一群抗战阵亡将士的遗族……在抗战时期，我们过的是那种不如人的生活……总相信国家决不会辜负我们这群可怜者，故一心盼望胜利，可是现在胜利了，我们的待遇，非但无改善，且比以前更悲苦恶劣。"他们在要求改善遗族待遇的同时，还要求设立遗族学校以教养遗族子女。③

为了更好地安置抗战烈士遗孤，南京国民政府除令南京国民革命军遗族男校复校外，还决定创办抗战遗族学校。"主席六秩华诞发动创办抗战遗族学校专收抗战之贫乏者以生产教育专业训练

---

① 汤鹤松：《难忘的回忆》，《遗族学校校友通讯》第 56 期，第 2 页。见阎沁恒：《蒋夫人与国军遗族教育》，秦孝仪主编：《蒋夫人宋美龄女士与近代中国学术讨论会》，第 461 页。

② 宋美龄：《我的宗教观》，见王亚权编纂：《蒋夫人言论集》上集，第 1 页。

③ 《抗战阵亡将士遗族要求改善待遇》，《中央日报》1947 年 8 月 6 日。

而为国家社会培植生产建设人才并以资奉祝”[①]，此号召得到了各界人士的支持，在孔祥熙等人努力之下，抗战遗族学校的创办终于拉开帷幕。

1946 年 10 月 29 日，抗战遗族学校第一次筹备会议在上海中正北一路新生活俱乐部召开，出席的人有孔祥熙、杜月笙、霍宝树、钟道赞、胡公冕、朱绍良、杨虎、曹勤余和潘承禹。此次会议确定主任委员为孔祥熙，副主任委员为杜月笙和钱永铭，常务委员为朱绍良和杨虎，总干事为胡公冕，副总干事为祝世康，秘书为曹勤余，文书股为谢拱辰，事务股为潘承禹；并正式确定学校的名称为“抗战子弟遗族学校”[②]；暂定筹备费法币 15000000 元，确定孔祥熙、杜月笙、王晓籁、钱永铭、朱绍良、杨虎、顾祝同、熊式辉、汤恩伯、胡文虎、司徒美堂、潘公展、徐寄庼、荣鸿元、黄金荣、祝绍周、张治中、胡宗南、马志超、竺鸣涛、顾竹轩、马鸿达、俞左廷、王耀武、戴愧生、王延松和马步芳等为基金筹募委员，并组织基金筹募会进行筹募基金工作。

1947 年 5 月 19 日，第一次校董事会议在上海新生活俱乐部召开，学校的名称也更正为“抗战遗族学校”[③]。

经过多方努力，1947 年秋季抗战遗族学校正式开学了，校本部位于苏州，并以苏州金门口前敌内河船公司的房屋作为校舍。

针对遗族学校未来的发展，还制定了五年办学计划，总的计划是：观念上提倡艰苦节约；在五年内办理职业学校；设立牧场以便学生进行实习；设立纺织染厂、铁工厂、农场合作社等生产事业来平衡预算，并确定了相应的建设规划；提倡每个县设立遗族小学；在校务的处理上，除了引导学生形成健全的品德之外，也注重从小培养学生的职业道德和创新精神；每年的寒暑假都给

① 《国民党革命军遗族学校招生简章等》，江苏省档案馆藏，全宗号 1006，乙，案卷号 490。

② 《国民党革命军遗族学校招生简章等》，江苏省档案馆藏，全宗号 1006，乙，案卷号 490。

③ 《国民党革命军遗族学校招生简章等》，江苏省档案馆藏，全宗号 1006，乙，案卷号 490。

学生安排实习的机会，去江苏和上海的特约工厂实习的学生，住宿和吃饭也是由该厂负责；经费方面，本校基金保管委员会负责基金的保管和动用；对于学校工作人员的任用按照既定条例进行办理，并看中其服务道德。①

图 4-10 1948 年宋美龄陪伴雷诺参观遗族学校②

遗族学校的创立从根本上说来也是军人抚恤制度的一部分，对于烈士的遗族进行了适当的安置才能够更好地稳定军心。对于该校的创建目的，宋美龄曾经说过："自从国民政府在南京建设首都以后，蒋总司令觉得要有一种设施来纪念国民革命历年为主义奋斗和为党国牺牲的将士先烈，安慰他们在天之灵。及至民国十七年，统一告成，政府决定对阵亡诸将士，为之建筑公墓，开辟公园，以志纪念；给发恤金，抚慰寡孤，以慰英灵。但是，遗族子女大都缺乏教养，亟应设立学校，造就他们成为健全的公民，才算是尽了抚慰遗族的责任。民国十七年十月蒋总司令向中央执

① 《国民党革命军遗族学校招生简章等》，江苏省档案馆藏，全宗号 1006，乙，案卷号 490。

② 《南京中央日报周刊》1948 年第 3 卷第 3 期，封 3 页。

行委员会提议设立‘遗族学校筹备委员会’，当时就推定委员 11 人。”① 它的设立，使得大批流离失所的孤儿得到了良好的教育，遗族学生不但能够自立，而且能为社会服务，这对于稳定军心、鼓舞军人士气起到了很重要的作用，使得军队更具战斗力，一定程度上减少了社会不稳定因素，有利于政权的巩固。但是遗族学校规模有限，绝大多数烈士遗孤还在四处漂泊。另外，战争是残酷的，这一切对于烈士遗孤心理所造成是影响是永远磨灭不掉的。

第三节　宋美龄与成为众矢之的的孔祥熙

孔祥熙虽然和宋子文一样曾留学美国名校，受到西方文化熏陶，但孔祥熙出身山西票号商人之家，深谙商人精明算计、注重利益之道，在其行政任内却公不忘私，在处理国家事务中没有放弃家族的敛财活动，这不仅使其成为众矢之的，甚至成为持不同政见者攻击国民政府的替罪羊。对此，即使宋美龄对他维护备至，最终也是爱莫能助，孔氏难逃黯然离任的命运。

一、利用内幕消息在债券市场投机

孔祥熙早年商业起家，即使后来担任政府公职，但中国传统商人投机与钻营的劣根性却伴随其终生。1928 年他就任国民政府工商部部长伊始，孔氏即以权谋私。1928 年 3 月 26 日，胡适在日记中写道：“宋子文与孔祥熙、李承翼、陈（松江运副）等组织团体，会议在孔宅，专做卖缺的事。他们并雇人去做税缺，每月领款二百元，余利归‘公司’。”②

在 1930 年之前，孔祥熙和宋霭龄主要从事商业投资活动，自孔祥熙于 1933 年年底就任财政部部长后，宋霭龄开始在债券市场

① 宋美龄：《国民革命军遗族学校和女校建校的经过》，见《蒋夫人言论汇编》编辑委员会编：《蒋夫人言论汇编 · 函电、谈话》第四卷，第 197 页。

② 胡适：《胡适的日记》（手稿本）第八册，台北：远流出版事业股份有限公司 1990 年版，第 6 册。

做投机买卖，并被许多人指责利用内幕消息决定投资取向。

1936年2月，南京国民政府以整理内债为名，决定发行统一公债14.6亿元，换偿其历年发行及以前北京政府所发行共33种国债券；同时，又以统一公债换偿后的腾出部分基金为担保，发行复兴公债3.4亿元，用以“完成法币政策、健全金融组织、扶助生产建设、平衡国库收支及拨存平准债市基金”[①]，是为1936年内债整理。它是继1932年内债整理之后南京国民政府的第二次内债整理，影响财政、金融关系至深。

公债整理是指政府将原发行的同类型的、条件不一的各种公债，统一归并成一种还本付息条件相同的公债，以便加强债务管理，维持国家信誉。发行公债，因时间先后的不同，以致出现公债的种类、利率高低、偿还期限长短、付息和还本方法的混乱现象，此乃公债整理的一般原因。[②] 南京国民政府1936年内债整理案的发生，除上述一般原因外，财政的不堪重负和关税的短收为其主要原因。

1932年内债整理使南京国民政府的内债偿还负担有所减轻。据统计，仅从1932年3月至12月的12个月中，财政部的国库支出就减少了将近一亿元。“经此次整理后，债市乃转活泼，财政亦赖以稍苏。”[③] 然而，这种良性发展不过是昙花一现。上海战事停止后，蒋介石马上采取“攘外必先安内”政策，在1933年和1934年春以更大规模的军事力量数度“围剿”中共根据地。与此同时，日军的侵略活动继续在热河、长城一带进行。军费支出因此猛增。1932年度每月军费平均2670万元，到1933年度时财政预算中军费每月已迅增至平均3540万元。军费的猛增打破了宋子文平衡预

---

① 《财政部抄送复兴公债条例请查照办理致国债基金委员会公函》（1936年2月29日），见中国第二历史档案馆编：《中华民国史档案资料汇编》第五辑第一编《财政经济》（三），第217页。

② 夏锦良：《公债经济学》，中国财政经济出版社1991年版，第41—42页。

③ 邬志陶：《民元来我国之公债政策》，见朱斯煌主编：《民国经济史》，河南人民出版社2016年版，第203页。

算的计划，1933 年度政府赤字每月高达 1200 万元。[①] 不发行新债，政府将无法支持。孔祥熙继任财政部部长后，从 1933 年 11 月到 1935 年底止，在不到三年的时间里，孔祥熙发行内债额计达 7.2 亿元。[②] 巨额的债券发行，使得政府财政收入中借贷收入所占比例从 1933 年度的 16.8%上升到 1935 年度的 23.3%；[③] 内债还本额也由 1932 年的 66220530.74 元增加到 1935 年的 142398557.89 元，短短四年时间增长了 1.15 倍（见表 4-3）。

表 4-3　南京国民政府历年内债发行概况（1931—1935 年）

单位：元

年份	发行额	本年偿还额	年末负债滚存	比上年增减数
1931	416000000	114685127.23	917915893.56	+301314872.77
1932	—	66220530.74	851695362.82	-66220530.74
1933	124000000	65947210.56	909748152.26	+58052789.44
1934	156000000	93979561.84	971778590.42	+62020428.16
1935	440000000	142398557.89	1269370032.53	+297601446.11

资料来源：王宗培：《一月来之内国公债》，《银行周报》第 20 卷第 3 期，1936 年 1 月。

庞大的债务支出本已使财政不堪重负，而作为债务主要担保的关税收入的减少更使财政雪上加霜。1929 年关税自主后，关税收入迅速增长，超过财政收入（非债务收入）的一半以上。1932 年以后，一方面是因为其他税项收入增加，另一方面更主要是因为日本的入侵并在华北大搞走私活动，加之世界经济恐慌与美国白银政策的影响，关税所得逐年递减。特别是自 1935 年 7 月以后，"关税逐月多属短收，除拨付外债及赔款外，内债本息基金平均每月短少约 400 万元，悉由政府临时筹垫足额"[④]，照此下去，政府

① 《中央财政报告》（1934 年 1 月），中国国民党四届四中全会记录。

② 王宗培：《一月来之内国公债》，《银行周报》第 20 卷第 3 期，1936 年1 月。

③ 《中央财政报告》（1932—1935 年），见秦孝仪主编：《革命文献》第 73 辑，台北：中国国民党中央委员会党史委员会 1977 年版。

④ 《国债统一换偿案》，《申报年鉴》（1936 年），第 526 页。

必至无法再按期偿付内债本息。（见表 4-4）。

表 4-4　南京国民政府历年关税收入概况（1928—1935 年）

单位：元

年份	关税收入	年度税项总收入	关税占税项总收入的比重（%）
1928	179141917	434440712	41.2
1929	275545215	438063208	62.9
1930	312986653	497753803	62.9
1931	369742637	552976394	66.9
1932	325534850	559307213	58.2
1933	352398559	621658957	56.7
1934	353175774	744922042	47.4
1935	272448661	775335551	35.1

资料来源：1928—1935 年度中央财政报告，见秦孝仪主编：《革命文献》第 73 辑。

另外，更为严重的是，1935 年 6 月 21 日立法院通过 1935 年度国家普通收入支出总预算案，总额为 957154006 元，“不意财部再三筹划，能确定岁入之数额不过 7 亿余元”，与立法院通过之数额相比，“不敷达 2 亿余元”①，政府虽然决定厉行紧缩，裁汰骈枝机关，但是所亏甚巨，“念四年度国家预算，原预定须短少 2 亿元左右，现年度仅过半，而短收已达 1.5 亿元之巨，为平衡国库收支，自应亟图弥补”②。

财政前途，确是不容乐观。1935 年 11 月实施币制改革之后，尽管通货膨胀式的解决办法在技术上是行得通的，但是，考虑到法币制度实施时，“政府已明确表示坚决反对任何招致通货膨胀的行为”③，为了奠定法币的政策基础，通货膨胀式的理财暂时不宜采行。国民政府决定调整偿付债务的办法“将旧债还本期限延长，

① 马季廉：《中国财政的回顾与展望》，《国闻周报》第 13 卷第 1 期，1936 年 1 月。

② 难宾：《财政部发行统一公债及复兴公债》，《东方杂志》第 33 卷第 5 号，1936 年 3 月。

③ 《密勒氏评论报》1935 年第 6 期，第 336 页。

腾出财源，另发新债”[①]。也即1936年内债整理的出现。

南京国民政府之所以选择在1936年2月进行内债整理，除上述财政原因外，还有一层，即这一时期政府已通过前述对银行业的改组实现了金融垄断，不再需要以期短价优的债券为手段来寻求以江浙财团为中心的中国民族资本的经济与政治支持。国有银行可以在财政上款项不足时大量吸收政府公债或直接向政府借垫。因此，1936年2月1日，孔祥熙便在事前未同银行界商量的情况下，强行提出了他的内债整理方案，并毫无阻力地获得通过。当晚，孔祥熙在上海中央银行总部召集金融界、商界领袖及内国公债持票人公会代表杜月笙、张啸林、唐寿民、陈光甫等谈话。孔祥熙指出“近自新货币政策实行以后，市面颇为安定。上月关税方面破60年之例，竟成出超，税收短绌，财政亦感困难，各债券基金亦将受影响。为复兴经济，调剂金融，维持债券信用起见，亟应筹议妥善办法，以资救济”，并提出“发行统一公债、复兴公债，一以收换旧债券，一以健全金融组织、扶助生产建设”。[②] 据当时金融界代表周作民后来回忆，孔祥熙还指使青帮头子对债券持有者施加压力，要他们接受这一方案，“开会时由上海流氓头子张啸林出面，虚声恫吓一番，大家看到了张啸林在座，谁也不敢作声，这样便算通过了”[③]。4日，行政院会议决议通过。5日，复经中政会核准，唯将复兴公债的利率减为5厘，然后交立法院审议。7日，立法院举行会议，审议统一公债案时，各委员发生了激烈的辩论，有的主张统一公债换偿旧债，不仅期限延长，利息也应减低；有的主张“公债既不能按九八法价发行，不如增加利息，而照法价发行”；还有的主张延期再讨论。最后立法院院长孙科发言，他强调指出：“依立法院通过各种公债条例规定，公债系按票面九八发行，九八价乃系公债法价。然自国民政府建都南京以来，

① 难宾：《财政部发行统一公债及复兴公债》，《东方杂志》第33卷第5号，1936年3月。

② 《国债统一换偿案》，《申报年鉴》（1936年），第526页。

③ 千家驹：《旧中国发行公债史的研究》，《历史研究》1955年第2期。

历次所发公债几无一不系照价折卖，均在5—7折之间出抵……公债不能按法价发行，全由发行机关违法，致令国库损失，至延期讨论，则因交易所已因统一公债未发行而停市，如再延宕，深恐持券人发生政府赖债之误会，故当宣告辩论终止。”① 结果，将统一公债原案通过。

1936年2月17日，财政部以133号布告发布《民国二十五年统一公债条例》。其主要内容为：借口“本部历年发行或认可之内国公债、库券、凭证等，名称三十余种，期限长短不一，而库券凭证等，按月领取本息，数目奇零，持票人常感不便”，发行统一公债总额14.6亿元，年息6厘，把旧有内债分为甲、乙、丙、丁、戊五种，按1∶1的比例换偿。甲种债票定额1.5亿元，期限12年，用以换偿二十二年爱国库券、短期国库证、十八年关税库券、二十二年华北战区公债、治安债券、十九年关税库券；乙种债票定额1.5亿元，期限15年，用以换偿十九年善后库券、二四库券、二十四年整理四川金融库券、二十三年关税库券、二十年卷烟税库券；丙种债票定额3.5亿元，期限18年，用以换偿十八年编遣库券、二十年统税库券、二十年金融短期公债、二十年盐税库券、二十年江浙丝业公债、十八年赈灾公债、军需公债、十八年裁兵公债、二十年关税库券；丁种债票定额5.5亿元，期限21年，用以换偿十九年关税公债、七年六厘公债、二十年赈灾公债、意庚款凭证、二十四年金融公债、二十三年关税公债、俄款凭证、统税凭证；戊种债票定额2.6亿元，期限24年，用以换偿二十二年关税库券、二十四年水灾工赈公债、整理七厘公债、整理六厘公债、十五年春节库券。“惟善后短期公债，本年3月底即届期满，剩余之数无多；十七年金融长期公债，原定利率颇低，期限本长；海河公债，系另指附税为基金”，故各照原案办理，未加入整理案

① 难宾：《财政部发行统一公债及复兴公债》，《东方杂志》第33卷第5号，1936年3月。

之内。[1] 经此整理，不仅政府财政负担减轻，而且由于旧债还本付息条例的变更还能腾出部分内债基金，使国民政府有了继续发行新债的可能。继统一公债之后，2月29日，复以“国民政府为完成法币政策，健全金融组织，扶助生产建设，平衡国库收支及拨存平准债市基金”为由，由财政部发行复兴公债3.4亿元，期限24年，利率定为年息6厘。[2] 而其主要目的，仍为弥补财政预算之不足。

另外，在这次整理案实施过程中，以江浙财团为中心的持票人会的态度也反映了这一点。孔祥熙的公债整理案刚一提出，持票人会立即表示拥护：“政府于此财政万分困难之中，苦心支撑，洵足感佩，而持票人于此力顾债信之下，实已受惠独多。……吾人分属国民，凛匹夫有责之义，亟应一德一心，上下合作，……援助政府平衡收支，俾有资力从事于建设之大计，以保我民族之生存，使游资复归于生产事业，减少入超，解决全民之痛苦，以达利国福民之目的。况国难严重，人民尤应竭力扶助政府。政府多有一分之力量，即人民减少一分负担，加强一分国计生存之效率，其理至明，吾人所宜共为猛省者也。”[3] 在1932年公债整理过程中，江浙财团在支持整理的同时，还曾郑重声明“持票人既因困难牺牲个人利益，竭诚拥护国家，自此次减息展本之后，无论政府财政如何困难”，都应保证今后不再挪用偿还内债基金及不再变更偿债条件，并要求财政公开、财政监督及今后“政府不再向各商业团体举债为内战及政费之用”[4]，充分显示了江浙资产阶级

---

① 《财政部关于颁发布告民国二十五年统一公债条例及持票人会宣言的训令》（1936年2月17日），见中国第二历史档案馆编：《中华民国史档案资料汇编》第五辑第一编《财政经济》（三），第204—206页。

② 《财政部抄送复兴公债条例请查照办理致国债基金委员会公函》（1936年2月29日），见中国第二历史档案馆编：《中华民国史档案资料汇编》第五辑第一编《财政经济》（三），第217页。

③ 《持票人会宣言》（1936年2月17日），见中国第二历史档案馆编：《中华民国史档案资料汇编》第五辑第一编《财政经济》（三），第208页。

④ 《持票人会关于内债的宣言》（1932年），见中国第二历史档案馆编：《中华民国史档案资料汇编》第五辑第一编《财政经济》（三），第108—109页。

在政治上的抗衡力量。到此次公债整理案时，江浙资产阶级与南京国民政府的关系，已从1927年的支持、1932年的抗衡而即沦为附庸了。这也正是此次整理案与1932年内债整理的最大不同之处。

从理论上讲，按照公债整理的一般原理，公债整理实施之前，必须保守秘密；一旦决定整理，就该在尽可能短的时间里实施，以避免引起投机行为的发生。然而在南京国民政府1936年2月内债整理案宣布实施前两个月，上海公债市场上已是谣言四起：有的说公债将延长还本期限10年，停止付息；有的说即令不停止付息，亦将减息为2厘。[①] 1932年内债整理后政府公债信用本已有所下降，受此影响，持票人特别是一些散户纷纷抛售手中债券，债价因此遽落。1935年12月19日，曾由李馥荪、陈光甫、张嘉璈联名致电财政部长孔祥熙，希望其对各种谣传予以澄清，[②] 然未被理会。进入1936年1月，减低债息换发新票以及延长还本期限的种种传说更甚于前。有鉴于此，上海市商会于1月15日电南京国民政府行政院及财政部呈请保障债信。电文指出，“吾国自九一八、一·二八以来，外受强敌胁迫，内感灾祲频仍。数载以还，遭遇空前未有之经济困难。号称第一商埠之上海，亦因首受世界不景气浪潮之袭击，陷入百业崩溃，不可终日。……举凡金融企业之资本，公私机关之基金，慈善公益团体之收益使用，靡不依藉于购置之债券本息。乃连日以来，减低债息、延期还本之说，甚嚣塵（尘）上。报章胜载，莫衷一是，举市喧传，相惊伯有。近今社会经济，已濒山穷水尽之境地”，并以1932年国民政府内债整理时所下保证“以后无论财政如何困难，不得将前项基金（指公债基金）稍有动摇，并不得再有变更，以示大信”相质问，要求“（蒋、孔）切实声明，并无减付债券本息之拟议”[③]。然而，

① 许念晖：《官僚资本在“证交”的巧取豪夺》，见寿充一编：《孔祥熙其人其事》，第163页。

② 《李铭、陈光甫、张嘉璈致孔祥熙电》（1935年12月19日），见中国历史第二历史档案馆藏，中国银行档案三九七，9966。

③ 《上海市商会电请保障债信》（1936年1月15日），《银行周报》第20卷第2期，1936年1月。

财政部接电后，批复颇为含糊其词，仅提及“政府极力巩固债信，早为举世所共知”等语，对减息延本等谣言，并无切实表示，并托词说“沪上投机之风素炽，每以个人之利益为着眼，淆乱黑白，已成惯技。若动辄请求政府表示，不惟不胜其烦，实为投机者所利用。值此人心不定之时，更不应为图一时一己之私利者所诱惑，自相惊忧也”。[①] 此后，市场更为怀疑，卖风加甚，跌风更烈，从1月4日到18日，几种重要政府债券平均跌落5.37元，有些公债竟跌至停板。(见表4-5)。

表4-5　1936年1月4日、18日重要政府债券上海交易所行情

债券名称	1月4日红盘	1月18日最低价	跌落数
编遣库券	37.35	32.35	5.10
裁兵公债	76.05	68.35	7.70
十九年关税库券	35.05	31.65	3.40
十九年善后库券	41.90	35.70	6.20
二十年金融短期公债	75.40	67.90	7.50
二十二年关税库券	49.35	55.20	4.15
二十三年关税库券	58.90	55.35	3.55
平均			5.37

资料来源：子明：《债券本息应予维持之必要》，《银行周报》第20卷第3期，1936年1月。

其实，此次谣言的制造者并非别人，乃为国民政府政要孔祥熙及其手下。他们为了获得私利，不惜损害持票人及国家的利益[②]，以孔祥熙为后台，由财政部次长徐堪、中央银行副总裁陈行、中国国货银行董事长宋子良组织了一个秘密的投机公司[③]在证券市场活动，同时由财政部放出整理内债的空气。受谣言蛊惑，

---

① 《政府决极力巩固债信——财部复批沪商会电》，《银行周报》第20卷第3期，1936年1月。

② 债权人在整理案实施前将大量政府债券出售，势必加大对资金的需求量而造成利率上升，增加公债整理的难度。

③ 当时上海的工商界称之为“三不公司”。所谓“三不”，是徐堪的“不堪”、陈行的“不行”、宋子良的“不良”，用来表示对官僚资本的切齿痛恨。见祝世康：《孔祥熙与“三不公司”》，寿充一编：《孔祥熙其人其事》，第151—152页。

在散户纷纷抛售时，银行界许多自命消息灵通的人士通过对行情的判断得出适合“做空头”的决定。特别是上海大陆银行储蓄部大量卖出，经理沈季宣本人卖出更多，宋子良等却乘机大量收进。隔了几天他们又利用中央银行的雄厚资金，压倒一切小户，在市场上哄抬，使公债行情又重新暴涨。同时，宋子良还利用职权关系，由财政部于1月26日在一月期期货行将交割之际命令上海华商证券交易所，“所有一月份公债买卖交割，应一律以现品提交，不得掉期”①。此项严格措施，在上海华商证券交易所是没有前例的。上海大陆银行储蓄部等因此损失惨重，孔祥熙等却从中大赚一笔。据当时任中央储蓄会代经理、中央信托局储蓄处经理、中央银行经济研究处专门委员的祝世康估计，徐堪等共赚得3000多万元②，而孔祥熙则获利数百万元。③

财政部人员操纵公债，在1936年1月已成为公开的秘密。这时，国内银行界和政界中开始有人趁机策划倒孔，特别针对孔在内债整理中的舞弊谋利。1月20日，上海《字林西报》发表一篇社论，标题是《赌博乎？银行乎？》，矛头直指孔祥熙，认为此次公债投机事件的发生是由财政部人员操纵造出来的，或者是政府人员泄露了财政机密造成的。在舆论的压力下，孔祥熙不得不做出出面调查的假象。29日，孔祥熙命令财政部特派员、银行稽核专家、上海交易所监理员许之枢、朱璇章、梁平、傅严、王季森、柳希卢等六人，“彻查证券交易所及经纪号帐目，监视办理一月份债券交割，不许经纪人在场外自行交割”，并令“2月份债券交易，自即日起，无论新旧交易，凡卖出者，均应如数提供现品，由交易所监理员、证券交易所理事会代表暨该所经纪人公会代表，会同中央信托局点验封妥，交由中央信托局库房负责保管”④。2月1日，统一、复兴两公债发行计划公布后，这场公债风潮也以“财

① 《财政部取缔公债投机》，《银行周报》第20卷第4期，1936年2月。

② 祝世康：《孔祥熙与“三不公司”》，见寿充一编：《孔祥熙其人其事》，第152页。

③ 许涤新：《官僚资本论》，香港南洋书店1947年版，第72页。

④ 《财政部取缔公债投机》，《银行周报》第20卷第4期，1936年2月。

政部派员逐日前往上海华商交易所及各经纪号，将近日买卖证券详查具报，结果确无公务人员及本部人员买空卖空操纵投机情事”① 几句轻描淡写的话，批复上海华商证券交易所而不了了之。对此，当时即有人一针见血地指出“一、查究的负责人，似欠审慎。财部人员、银行人员、交易所人员对于查究这件事，似应回避。二、查究的事实，似欠周到。公务员倘真要投机操纵，直接买空卖空，未免太笨。这里辗转方面之门实多。问题症结，或者还在泄露机密一点。这亦是法律所禁止的。查究的对象，从泄密着眼，或容易得到真相”②，可谓一语中的。事实上，公债风潮发生之初，蒋介石也曾派员调查。宋霭龄闻讯后，急忙赶往蒋氏官邸，利用她与宋美龄的特殊关系，对蒋施加影响，“任何时候，孔夫人只要动一下小指头，就能将她妹妹弄得团团转”③。最后，蒋介石得出的竟是“倒卖公债者系宋子文，而孔祥熙夫妇则甚可信”的结论。④ 1936 年 2 月 6 日，孔祥熙在召集财政部人员训示“属员自爱免遭投机家借口指为操纵”时，先是自我表白“本部长因所处地位关系，一举一动，为市场所注目，故自受任财政部长以来，从未投资债券，以免外界误会，藉为口实，引起投机影响市面”⑤，并进一步声称“有人谋攫财长，彼必奋斗”⑥。孔氏态度之嚣张，可见一斑。

二、宋美龄与“飞机抢运洋狗”事件的平息

全面抗战爆发前后，孔祥熙迎来了他一生事业的巅峰。1937 年 4 月，孔祥熙曾以国民政府特使的身份前往欧洲和美国。他的此次出访，前后历时 200 天，是国民政府成立后规格最高、时间最

---

① 《国内金融消息》，《金融周报》第 1 卷第 7 期，1936 年 2 月。

② 《彻查公债投机风潮》，《自由评论》第 11 期，1936 年 2 月。

③ 〔美〕裴斐、韦慕庭访问整理：《从上海市长到“台湾省主席”（1946—1953 年）——吴国桢口述回忆》，第 247 页。

④ 李学通等整理：《翁文灏日记》，中华书局 2010 年版，第 11 页。

⑤ 《国内金融消息》，《金融周报》第 1 卷第 7 期，1936 年 2 月。

⑥ 李学通等整理：《翁文灏日记》，第 11 页。

长、成绩也是最大的一次外交活动。孔祥熙此行先后访问了欧美各主要国家，介绍了中国的经济发展计划和对外政策，更与各国签订了多项援助与贷款协定，引起了外国财团投资中国的兴趣；实现了宋子文 1933 年欧美之行联合欧美抵御日本的设想，对于中国的经济建设，特别是抗战初期抵御日本的侵略，具有深远的影响。[①] 孔氏自欧美返国后，1938 年 1 月 1 日起就任行政院院长，同时兼任财政部部长和中央银行总裁，主持并制定战时全国财政经济政策，其地位可谓一人之下，万人之上。

随着孔祥熙政治地位的上升，个人私心进一步膨胀。淞沪抗战打响之际，孔祥熙尚在欧美访问。此时，以中央银行常务理事名义代孔氏处理中央银行事务的宋子文，在上海成立四联总处，关于金融方面的事务，完全由宋主持。孔氏回国后，即在汉口正式成立四联总处，并将原上海总处改为分处；孔以中央银行理事会主席兼总裁名义担任四联总处主席，但宋氏不与他合作，挟持中国、交通两行，处处与中央银行作对。孔不得已，只好抬出蒋介石以中国农民银行董事长名义，出任四联总处主席，孔任副主席，实际工作仍由孔主持。[②] 此后，凡战时金融设施，以及经济筹划均由四联总处决定。

为办理国家指定的信托业务，国民政府财政部曾于 1935 年成立中央信托局。开办时，由国库一次拨足资金 1000 万元，孔祥熙以中央银行总裁身份兼任理事长，张嘉璈以副总裁身份兼任局长。1937 年年底中央信托局总局迁到香港后，孔祥熙的大儿子孔令侃刚刚大学毕业，即以常务理事身份管理该局，掌握业务用人大权。在国际军火市场上，中介人收取佣金是通行的潜规则。战时中国军火主要是通过中央信托局暗中进行的，仅购买军火一项，孔氏家族就获利颇丰。

此外，身为孔祥熙夫人的宋霭龄，不仅利用孔氏提供的内幕

---

① 郑会欣：《争取西方的援助：评孔祥熙 1937 年的欧美之行》，《史学月刊》2011 年第 1 期。

② 李立侠：《孔祥熙与中央银行》，见寿充一编：《孔祥熙其人其事》，第 70 页。

消息大作投机生意，还不时干预政府人事任免。如1941年6月初，国民政府内部传出拟调中央信托局常务理事俞鸿钧到财政部任职的消息，时在美国的宋子文急电亲信古达程询问个中缘由："兄前电称孔夫人反对俞鸿钧任外次，今俞忽任财次，究竟内幕如何？"古回电报告说：

> 俞鸿钧在信托局极得孔夫人赏识，反对俞任外次，恐他人夺其干部，故力荐为财次，以便充分利用。该项命令于孔夫人抵渝之翌日即行发表，并以奉闻。①

宋霭龄在政府中没有任何职务，但从俞鸿钧的任命一事上即可看出她的势力有多大。

孔祥熙家族这种明目张胆的揽权敛财行径引起各界人士的极大不满，时任军事委员会参事室主任的王世杰曾在其1938年2月16日的日记中写道："近来中外人士对中央信托局（孔为董事长）购买军火指摘殊甚，谓有不少舞弊情事，宋子文似亦有电告知蒋委员长，孔氏在会议中力为辩护。"② 侍从室高级幕僚唐纵也指出："近来物价飞涨，人心浮动，咸谓非惩办囤积居奇者，不足以平抑市价。闻重庆囤户甚多，委座下令缉捕。缉捕后为孔祥熙所保释，闻者无不叹气！"③ 陈诚、白崇禧等军政要人"均对孔庸之极表不满，并深感财政前途之危机，将向蒋先生有所陈述"④。

事实上，蒋介石对于孔氏之贪腐并非毫无所知。然而，正如时任资源委员会副主任委员的钱昌照后来记述称："霭龄绝顶聪明，善于搞钱，搞到的钱有美龄一份，用不着美龄出面。"⑤ 因此，

---

① 美国斯坦福大学胡佛研究所藏宋子文档案，Box42，Folder 4. 见郑会欣：《宋子文的人际关系与战时重庆官场异动》，《史林》2009年第6期。

② 《王世杰日记》（手稿本）第一册，台北："中央研究院"近代史研究所1990年版，第180页。

③ 公安部档案馆编注：《在蒋介石身边八年——侍从室高级幕僚唐纵日记》，第147页。

④ 《王世杰日记》（手稿本）第二册，第132页。

⑤ 钱昌照：《钱昌照回忆录》，中国文史出版社1998年版，第121页。

尽管孔氏之作为多次遭到国民党高层人士的反对，但在宋美龄的干预、蒋介石的袒护下，总能处处化险为夷。时任国民党中央监察委员会秘书长的王子壮这样记述：

> 盖为恶作非之行，人必时自检点，防人之公开批评也。所虑者情面难除，私心隐讳，使善良之法，无甚推行进展之法耳。如孔之用人，据一般人批评确有若干之不当。以其辅及二十之长子，主持关系国家前途重大贸易信托局，少年得志，凌驾一切，外间且攻击其弊窦丛生，尚有若干事实举发于蒋先生，此事涉国家，且为彼之亲属，理宜从严彻查，纠正错误。但蒋先生于到重庆之初，举行纪念周训话之余，盛称孔之办理财政卓有成绩，至外间有若干之攻击，经调查结果，或无其事，或系低级人员之错误，轻轻一句，顿消前失。以蒋先生之聪明，当知派员调查一己亲属之不易，负此调查之责者，岂有不尽力弥缝之理，重情节者诿诸小职员，余则悉予以粉饰。果有此情节，应予重罚，今亦信之，淡焉不理，实非善处事理，振奋人心之道。于此情势之下，果有一二被处罚者，亦将自怨其非当局之至亲而已。处此乱世，信赏必罚，极端重要，蒋先生每屡言之，何行之不笃耶？①

侍从于蒋介石身边的唐纵对此观察得比较仔细，他多次记述称："委座尝于私人室内做疲劳的吁叹，其生活亦苦矣！""一国领袖，忧劳国事，不能获得家庭之安慰，不亦大苦乎？"② 对蒋氏因孔祥熙之事受制于宋美龄表达了由衷的同情。

然而，孔祥熙等豪门巧取豪夺、骄奢淫逸的恶劣行径终于引

---

① 王子壮：《王子壮日记》第五册，第 39 页。

② 公安部档案馆编注：《在蒋介石身边八年——侍从室高级幕僚唐纵日记》，第 172 页。

起大后方民众的愤怒。1940 年前后，在重庆等地相继爆发了声势浩大的倒孔运动。到 1942 年年初，倒孔运动达到高潮，其中最典型者即为“飞机抢运洋狗事件”。

1941 年 12 月太平洋战争爆发后，日军进攻香港，国民政府紧急派遣飞机去港，接运被困在港的若干知名人士。当时，香港是英国殖民地，不少民国要人，包括国民党中央委员在内的军政大员、银行家、文化人，如宋庆龄、何香凝、柳亚子、邹韬奋、茅盾、陈寅恪、陈济棠等都寄居于此。为了避免这些人成为日军俘虏，重庆国民政府应各方要求，加派航班，力争在日军占领香港之前将这些要人抢运到内地来。《大公报》总经理胡政之亦在此列。

12 月 10 日，从香港飞渝的最后一架飞机到达重庆机场，《大公报》编辑部派人到机场迎接胡政之，出人意料的是，不仅未见胡政之和其他要人的身影；相反，见到的却是孔祥熙的夫人宋霭龄、二女儿孔令伟、老妈子、大批箱笼和几条洋狗。

当时恰好国民党正在重庆召开五届九中全会，12 月 20 日，会议通过了《增进行政效能厉行法治制度以修明政治案》，其中提到“年来行政虽尚有进步，而仍不无疲玩迟滞之感”，推研其因，在于未能认真贯彻 1938 年《抗战建国纲领》中的“严惩贪官污吏并没收其财产”的有关条文，号召全党“修明政治”。

时任《大公报》总编辑的王芸生读到这份议案后，并联想到前些日子机场发生的一幕，随借题发挥，写成一篇社评《拥护修明政治案》，中称：

> 最要紧的一点，就是肃官箴，儆官邪。譬如最近太平洋战事爆发，逃难的飞机竟装来了箱笼、老妈与洋狗，而多少应该内渡的人尚危悬海外。善于持盈保泰者，本应该敛锋谦退，现竟这样不识大体。又如某部长在重庆已有几处住宅，最近竟用六十五万元公款买了一所公馆……现在九中全会既有修明政治之决议，我们舆论界

若再忍默不言，那是溺职；新闻管理当局若不准我们发表，更是违背中央励精图治之旨。[①]

文中提到的两个例子，一个指向当时的行政院副院长孔祥熙，一个指向当时的外交部部长郭泰祺。然而，其结果是，蒋介石只撤去郭泰祺的职务，改由宋子文接任，孔祥熙的职务则纹丝不动。

不仅如此，《大公报》社评发表的当日，蒋介石听说孔祥熙生病，还曾前往探视。[②] 同日，蒋介石严令交通部彻查真相，同时向《大公报》询问消息来源，要求报社负责查明内容，穷究虚实。

12 月 29 日，重庆国民政府交通部部长张嘉璈向报社寄来一封信，说明向中国航空公司调查结果。函称：

本年 12 月 22 日贵报社评《拥护修明政治案》文内，涉及此次香港来渝逃难飞机装载箱笼、老妈、洋狗，致多少应内渡之人尚危悬海外等语，当以此事为社会视听所系，经饬中国航空公司彻查具报，据称……是日香港与九龙间交通断绝，电话亦因轰炸不通，其未来公司接洽之乘客，无法通知。在起飞前，时已拂晓，因敌机来侦之故，不能再待，惟飞机尚有余位，故本公司留港人员因此亦有搭机回渝，并将在站之中央银行公物尽量装载填空，随即起飞，决无私人携带大量箱笼、老妈之事，亦无到站不能搭机之乘客。至美机师两人，因有空位，顺便将洋狗四只，计三十公斤，携带到渝，确有其事等情。查所称各节，确属实在情形，贵报社所述殊与事实不符，除美籍机师携带洋狗，殊属不合，已由本部严予申儆外，相应函请查照，即予更正，以正观听，是所至盼。

① （重庆）《大公报》社评，1941 年 12 月 22 日，第 2 版。

② 《蒋介石日记》，1941 年 12 月 22 日。

王芸生收到此信后，标上“交通部来函”五字，刊于12月30日《大公报》报末。

国民党、国民政府本来就缺乏公信力。此函刊出后，人们大都视之为文过饰非的官样文章，不予采信，有关消息继续流布。由是引发了昆明西南联大学生大规模的抗议运动。1946年1月6日下午，西南联大、云南大学、中法大学等约3000名学生上街游行，并于当天发表讨孔通电。1月中旬，内迁遵义的浙江大学学生继起讨孔，大后方开展了轰轰烈烈的学生运动。

虽然后来调查的事实证明，《大公报》关于“飞机抢运洋狗”的报道系误报，而且昆明的反孔学潮也和“飞机抢运洋狗”的不实报道有关①，但抗战期间孔祥熙确有种种劣迹，这是毋庸置疑的。这一点，蒋介石也有认识。他在日记中曾写道：“近日人多反对孔祥熙，应令孔辞职，而对反对者，应淡定处之，凡骄矜自满而不自知者，是乃政治家之大忌，且不能齐家，何能治国？人皆由于自侮而后人侮之也，可不戒乎！”“滇黔各校反对庸之夫妇之运动已酝酿普遍之风潮，此乃政客、官僚争夺政权之阴谋，可谓丧心极矣。然而平时之不加自检，骄矜无忌，亦为之主因也。”②这说明蒋介石不是没有看到孔祥熙家族，特别是孔祥熙本人的问题。但是，他并没有对孔祥熙和行政院采取任何措施，仍然怪罪于“国人”，特别是学生。其日记云：“国人与青年皆无辨别之智能，故任人煽惑，以致是非不彰，黑白颠倒，自古皆然。”③

其实，昆明学潮虽有幼稚、轻率的一面，但更多地反映出的却是学生们爱国热忱和疾恶如仇的积极一面。蒋介石的处置，实也有其无奈的一面。对此，唐纵有着较为清楚的观察。他先在日记中记道：“《大公报》去年做了一篇社评，拥护政治修明案，论及飞机载洋狗一事（孔祥熙二小姐令伟由飞机载运洋狗自港至渝

---

① 杨天石：《“飞机抢运洋狗”事件与打倒孔祥熙运动——一份不实报道引起的学潮》，《江淮文史》2012年第2期。

② 《蒋介石日记》，1942年1月10日、21日。

③ 《蒋介石日记》，1942年1月9日。

因而挤掉他人逃难机位），致昆明（西南联大）学生罢课示威，打倒孔祥熙，事情无法收拾，《大公报》又为文声明，洋狗系飞机师所为，希图平泄学生愤怒。解铃系铃，《大公报》甚感立言之苦。”[①] 继而，他对宋美龄在平息此事件中的作用亦评述道：

> 近来学潮愈闹愈广，委座对此甚为震怒，曾命康泽赴昆明调查，结果与国社党（罗隆基等）关系，委座怒不可遏。但今日报载，孔副院长病愈视事，这无异激动青年学生，增加委座之困难。也许孔故意为此，使委座不得不为之解脱，而彼得以一劳永逸也。然天下人无不叹息委座为之受过也。闻为此事，委座与夫人闹意气者多日。自古姻戚无不影响政治，委座不能例外，难矣哉！[②]

唐纵认为，“有效之方法，莫若孔氏表示辞职”。但陈布雷却说，“孔不但不辞职，而且要登报，表示病愈视事”，“孔氏对朋友对领袖对亲戚，均不宜有如此忍心害理之举”。[③]

然而，孔祥熙自恃有宋美龄这个保护伞，不但不吸取教训，反而变本加厉，气焰更为嚣张，竟发展至直接向蒋介石要官的程度。1939 年时，蒋介石为了减轻国民党内外对孔祥熙的攻击，蒋氏决定自兼行政院院长，孔改任行政院副院长。1943 年 8 月，蒋介石为集中精力于军事，遂有任命宋子文为行政院长之动议。孔氏问讯后，随即再次动用其撒手锏。唐纵日记中对此多有记述：

> 近来委座与夫人不洽，夫人坐在孔公馆不归，委座

① 公安部档案馆编注：《在蒋介石身边八年——侍从室高级幕僚唐纵日记》，第 252 页。

② 公安部档案馆编注：《在蒋介石身边八年——侍从室高级幕僚唐纵日记》，第 252—253 页。

③ 公安部档案馆编注：《在蒋介石身边八年——侍从室高级幕僚唐纵日记》，第 253 页。

几次去接，也不归。闻其原因，夫人私阅委座日记，有伤及孔家者。又行政院院长一席，委座欲由宋子文担任，夫人希望由孔担任，而反对宋，此事至今尚未解决。①

近来委座与夫人意见不和，夫人住新开市孔公馆，不归者数周。下午夫人归官邸与委座晚餐后，又同赴新开市，宿一夜。外间谣言甚多，谓委座任主席，行政院不让孔做，以是孔夫人诉于夫人，夫人与委座不洽。问于俞侍卫长，俞不否认，并谓与纬国亦有关系。②

而从后来蒋介石迟至 1945 年 6 月国民党六届一中全会期间，才和孔祥熙双双辞去行政院正副院长的职务，而由宋子文、翁文灏继任的史实观察，显然蒋氏这次又向宋美龄让步了。

三、美金公债案的发生与孔祥熙黯然离职

太平洋战争爆发后，为了稳住中国的抗战局面，使之牵制更多的日军，减轻美国在太平洋战场上的压力，1942 年 3 月，美国决定向中国政府提供 5 亿美元财政贷款。国民政府决定以 3 亿美元向美国购买黄金，1 亿美元作为发行美金储蓄券的准备，1 亿美元作为发行美金公债的准备。

1942 年 4 月 25 日，国民政府财政部正式公布《民国三十一年同盟胜利美金公债条例》，决定自 1942 年 5 月 1 日起，按照票面额十足发行美金公债 1 亿元，年息四厘，每六个月付息一次，自 1944 年起开始还本，十年还清。③

财政当局发行美金公债的初衷是希望通过美国的援助，以偿

---

① 公安部档案馆编注：《在蒋介石身边八年——侍从室高级幕僚唐纵日记》，第 373 页。

② 公安部档案馆编注：《在蒋介石身边八年——侍从室高级幕僚唐纵日记》，第 384 页。

③ 《民国三十一年同盟胜利美金公债条例》（1942 年 4 月 25 日），见中国第二历史档案馆编：《中华民国史档案资料汇编》第五辑第二编《财政经济》（二），第 471—472 页。

付美金的条件吸引民众踊跃认购，收回发行过度的法币，从而缓解通货膨胀的压力。也即所谓“平衡预算，稳定物价，健全金融，吸收游资”①，并认为“这是收回法币的最好办法，这是不被冻结的自由美金”②。

为了推销美金公债，国民政府成立了公债筹募委员会，孔祥熙亲自担任主任委员；各省亦设立筹募委员会分会，由各省政府协助推行。筹募的方式也一改之前的单一劝募，而采取派募与劝募两种，派募对象包括工商业者、土地房产管业人、自由职业之收入丰厚者；劝募的对象包括各界人民收入丰厚者、公私团体之基金存款或公积金、已经派募尚有余力购债者。③ 为了鼓励人民踊跃购买公债，财政部还特别制定“奖励办法”，规定“凡经募额达二千元以上者给奖金百分之一，十万元以上者给千分之五”；蒋介石亦发表《告各界书》，呼吁各省“此次发行之公债，必须于最短期间，全数募起，以显示我同胞自爱自强，愈久愈奋，确能善尽其职责”④。

然而美金公债发行的情形却与当局的设想大相径庭。当时一般人民由于饥寒交迫，大多无力购买。豪绅富贾虽握有大量游资，又多用于抢购物资，囤积居奇。“在兑换手续上，先发美券，后收国币，政府固不放心；但叫人民先缴国币，后领美券，人民同样存有戒备心理，认为多购不如少购，少购不如莫购。”⑤ 自 1942 年 5 月发行起到 1943 年秋，实际售出美金公债的数额，仅达半数，

---

① 《民国三十一年同盟胜利美金公债条例》（1942 年 4 月 25 日），见中国第二历史档案馆编：《中华民国史档案资料汇编》第五辑第二编《财政经济》（二），第 471 页。

② 《节储成绩优良》，（重庆）《大公报》1942 年 5 月 6 日，第 3 版。

③ 熊国清：《国人对于购买两种同盟胜利公债应有之认识》，《经济汇报》第 7 卷第 9 期，1943 年 5 月。

④ 《中外财政金融消息汇报：国内：筹募公债扩大宣传》，《财政评论》第 8 卷第 6 期，1942 年 12 月。

⑤ 陈赓雅：《孔祥熙鲸吞美金公债的内幕》，见寿充一编：《孔祥熙其人其事》，第 143—144 页。

即 5000 万美元。[1]

虽然美金公债发行之初成效不彰，发行额仅为总额的一半，但不久情况却发生了变化，特别是从 1943 年下半年开始，随着中日战事愈趋紧张，通货膨胀越来越严重，外汇官价与黑市价格之间的差距日益扩大，证券市场上美金公债的价格也急速上涨。有鉴于此，1943 年 10 月 9 日，孔祥熙向蒋介石秘密呈文，要求结束美金公债的销售：

> 自五亿元美金借款成立后，为利用此项借款以紧缩发行、收回法币、稳定币值、平抑物价、扶助工商起见，呈准发行美金公债一亿元。事前屡经交涉，始获美方同意，照额拨出基金。殊自开始发售以迄现在，历时已一年有余，而售出之数尚未及半，不仅发行之目的未达，而对外观感亦多不利，近来美方对此颇为注意，屡来询问。故觉如不筹维办法，将来再请援助恐有妨碍。反复思维，惟有宣布结束，以顾全政府之信誉。于宣布结束后，将未售之券交由中央银行承受，依照该行法之规定，有买卖有价证券之业务，如运用得法，对于调节发行、平抑物价、稳定外汇当有裨益，且符发行美债券之原意。熙当督促行局主管人员妥为办理，以期早日完成。除已密定十月十五日结束外，特将结束日期及今后运用办法，密为陈报钧鉴。[2]

按照孔祥熙上述呈文所示，美金公债未售出的部分，应由国库局收回后，全数转交业务局，缴存国库。然而，当中央银行各省分行将剩余的美金公债上交国库局后，国库局局长吕咸竟于

① 陈赓雅：《孔祥熙鲸吞美金公债的内幕》，见寿充一编：《孔祥熙其人其事》，第 144 页。

② 郑会欣：《美金公债舞弊案的发生及处理经过》，《历史研究》2009 年第 4 期。

1944 年 1 月拟就一纸签呈，称“查该项美券销售余额，为数不赀，拟请特准所属职员，按照官价购进，符合政府吸收游资原旨，并以调剂同人战时生活”，送请孔祥熙审批。孔氏竟批“可”，并盖上“中央银行总裁”的小官章。吕咸取得合法手续后，先后分两批购买美金公债：第一批购买 3504260 美元，照官价折合法币 70085200 元；第二批购买 7995740 美元，照官价折合法币 159914800 元，并按照孔祥熙七成、吕咸二成半、其他经办人员半成的比例进行分配。按当时重庆《国民公报》所载美金公债最低市价 1 美元折合法币 250 元计算，他们可以赚取的利润为：（250-20）×11500000=2645000000 元，即贪污了国币 26 亿多元。① 造成震惊大后方甚至引起美国朝野愤懑的美金公债舞弊案。②

这类豪门高官公然舞弊、中饱私囊的消息一旦不胫而走，在政争充斥的抗战大后方又引起新一轮的“倒孔风潮”。对此，孔氏的反应是以退为进：

> 孔副院长鉴于社会人士之责难，向主席提出辞呈。主席嘱布雷先生将原件退回并慰留。主席问布雷先生，究外间对孔之舆论如何？布云，普遍的批评，孔做生意。在北京政府时代买办与官僚结合，南京政府时代买办与官僚结合，尚有平津京沪之距离；今者官僚、资本家、买办都在重庆合而为一，党内的批评，孔不了解党的政策，违背政府政策行事。委座云，现在没有适当的人接替。……布公云，委座没有彻底改革决心！③

---

① 陈赓雅：《孔祥熙鲸吞美金公债的内幕》，见寿充一编：《孔祥熙其人其事》，第 144—148 页。

② 关于该案的发生及处理经过的详细研究，可参见郑会欣的《美金公债舞弊案的发生及处理经过》，《历史研究》2009 年第 4 期。本文主要叙述在该案的处理过程中，蒋介石心路历程的变化以及宋美龄的应对，并由此揭示蒋宋孔复杂而多变的三角关系。

③ 公安部档案馆编注：《在蒋介石身边八年——侍从室高级幕僚唐纵日记》，第 432 页。

这一结果，早在唐纵预料之中。1944 年 4 月 25 日，在与侍从室同僚讨论国民党十二中全会的目的时，唐纵即对孔氏之去留有过预判：

> 布雷先生问我，此次准备召集之十二中全会，总裁之意向如何？我答曰，时局如此严重，总裁召集各中委，应有所指示；对于政治与重要人事方向或有所改革，以餍服人心。芷町云，恐不可能，总裁能将孔罢免以大快人心否？我曰，孔在抗战期间，不会有何变动，且以夫人之关系，时机亦未成熟。①

事实上，美金公债舞弊案被正式披露前，蒋介石并非一无所知。早在 1944 年 6 月 22 日孔祥熙赴美前夕，他就曾于 6 月 17 日向蒋介石递交呈报，内称，要求将央行收回的七百多万美金债券以原价分配给各部会，再以市价售出，“其所获盈余用作贴补办公经费之用，如此则预算可望不必追加”②。对于孔氏的这一计划，蒋介石并未提出不同意见。6 月 17 日，蒋氏还特别致函罗斯福，介绍孔祥熙的即将到访：

> 兹特嘱孔祥熙博士前来访问贵国。孔博士曾任我国行政院院长多年，而最近数年以来则代余主持行政院之院务，此当为阁下所熟知。孔博士与余始终共事凡十六年于兹，对于中国政治经济及财政各方面之情形充分明了。关于我中国现时作战之情况，及余个人之见解，均请孔博士晋见阁下面述之。在彼旅美期间，余如有机密事项欲奉达于阁下者，亦特托其详陈。我中国此时需要孔博士留在国内，事实上彼实不能远离，故彼此时之前

① 公安部档案馆编注：《在蒋介石身边八年——侍从室高级幕僚唐纵日记》，第 425—426 页。

② 郑会欣：《美金公债舞弊案的发生及处理经过》，《历史研究》2009 年第4 期。

赴贵国访谒阁下，其使命至为重要，对于增强我中美两国以及余与阁下间之友谊合作，深信必有重大之成就。孔博士实为余最堪信任之代表，请阁下予以最大之信任，而与之开诚商讨。孔博士对我中国政府之政策最有深切之了解，余特授权于彼，负责代表商决一切。敬祈台察为幸。①

从中我们不难发现，孔祥熙的此次出访绝不只是参加在美国的布雷顿森林（Bretton Woods）召开的国际货币基金会议那么简单，而是有蒋氏私人代表的授权。在7月8日给美国副总统华莱士的函电中，蒋氏进一步明确了孔赴美的重要性，并再次表达了他对孔氏的绝对信任："甚望阁下返华府后，能商承罗斯福总统拟能两国合作具体实施之方案，并能由罗斯福总统派遣一私人完全信任之有力的全权代表来华，得以随时与余工作，并设计关于军事政治与经济各重要业务之处理，以实现吾人所期望如上述有力而彻底之合作。""关于余派遣全权代表常驻华（府）一节，自所心愿。惟宋子文博士一时未能来美。在宋博士未能来美之前，余决派孔祥熙博氏〔士〕充任此职。以孔博士实为余最信任之同僚，必能完全代表余个人，一切胜任裕如也，并请以此意代达罗斯福总统，予孔博士以彻底之信任与合作。"②

应该说，美国对国共两党的态度，特别是对蒋氏本人的态度，是这一时期蒋介石关注的头等大事。1944年5月20日，蒋介石记述道："美国今日发表其副总统华莱士起程来华，但未说明其任务，亦未明言访问我国之元首，其侮华可谓殊甚也。"③ 5月21日，针对华莱士的即将来访，蒋介石又记述道："罗斯福本日宣称派华莱士为本人在中国之使者，并称将来世界史上东亚将占一极重要地位，而不言及中国之地位。又称华莱士将访问余（罗）本人早

① 叶惠芬编辑：《蒋中正"总统"档案事略稿本》(57)，第272—273页。
② 叶惠芬编辑：《蒋中正"总统"档案事略稿本》(57)，第453—454页。
③ 叶惠芬编辑：《蒋中正"总统"档案事略稿本》(57)，第116页。

已希望一见之若干地方。此其必指延安而言，使余知之，以试探余之态度如何。彼竟想利用共党以牵制我政府，此乃美国幼稚之思想，余必坚拒其所请也。”① 尽管蒋介石信誓旦旦不受美国政策之影响，但第二天，他不但没有将华莱士即将来访之事抛在脑后，而是认真研究了“总统罗斯福及其副总统华莱士关于访华声明全文”，“今日见罗斯福及华莱士两人各声明全文，并不如余昨日所想象之恶劣。可知凡事非待其正确事实证明以后，切勿轻下判断。此乃余最近心理与精神不安之所致，应特加慎重，以挽救目前之危局也”。②

美国态度不时左右蒋介石的心情和决断。在 1944 年 5 月 27 日的本周反省录中，蒋氏这样记述：“本周时以河南战事与对美外交为忧。而对美副总统华莱士不知究赴莫斯科与否，其行踪暧昧不明，尤以美大使馆在渝接待‘共匪’代表林祖涵并与‘共匪’往来频繁，益令人为之不安。”③ 5 月 29 日，他在记述中再次强调：“半年以来因美国态度不佳之故，致心神不安……余与罗斯福私人之感情，或因此而丧失。”④ 1944 年 6 月 1 日是国民政府第一次全国行政会议闭幕的日子。蒋氏到会致闭幕词，吴鼎昌则代表会议致答辞。“达铨答辞中对孔副院长未提只字，而侧重于主席与兼院长之一人，殊令余感觉不安也。”⑤ 尽管此时蒋氏已经注意到孔祥熙在国内声誉不佳，却并未影响到他对孔的信任和重用。蒋介石认为，中美外交关系的改善非孔氏出马不可，且在孔赴美之前多次“与孔祥熙谈对美交涉及应行注意要点”⑥。

然而，孔祥熙的此次赴美之行并没有达到蒋介石预期的目的。相反，却给孔祥熙的个人仕途带来了不小的麻烦。太平洋战争爆发后，美军开始在成都、昆明等地建筑空军基地，工人工资由美方承

---

① 叶惠芬编辑：《蒋中正“总统”档案事略稿本》（57），第 119 页。
② 叶惠芬编辑：《蒋中正“总统”档案事略稿本》（57），第 122—123 页。
③ 叶惠芬编辑：《蒋中正“总统”档案事略稿本》（57），第 144 页。
④ 叶惠芬编辑：《蒋中正“总统”档案事略稿本》（57），第 160 页。
⑤ 叶惠芬编辑：《蒋中正“总统”档案事略稿本》（57），第 188 页。
⑥ 叶惠芬编辑：《蒋中正“总统”档案事略稿本》（57），第 245 页。

担。当时中美双方根据《反租借法案协定》的相关规定，先由中国政府供给法币现钞交美方使用，战后再行结算。至孔祥熙赴美时，此项欠款照法币对美元 40∶1 的汇率结算，已达 6 亿美元。为了缓解中国的财政困难，孔氏抵美后，即向罗斯福提出拨还欠款问题。美国财政部长摩根索在与孔氏接洽时，指出中国法币贬值的事实，不肯按照 40∶1 的汇率结算。孔祥熙认为其时黑市汇率虽高，但美方在华包括外交军事宗教教育人员均系按照 40 元法币换取美钞 1 元，收进付出不应有两种不同价格。美方只得答应先拨还一部分，其余战后再结算清偿，孔祥熙因而取得了一亿美元现钞。事后，摩根索认为吃了大亏，在美政府内对孔祥熙大肆攻击。罗斯福还通过宋子文转达撤换中国财政部部长的提议。① 此一时期，美国上下对蒋介石亦表达出了不满之意：

> 美国舆论，对我压迫日甚。委座极为焦急，曾谓布雷先生云，"美国是否有意迫本人下台？"布雷先生云非也！然而委座已不怡！愤然曰："我何爱乎四强。"②

美国政府的上述态度，促使蒋介石不得不开始考虑孔祥熙的撤换问题。1944 年 10 月 29 日，蒋介石让正在美国的宋美龄转给孔祥熙一电，第一次透露出要他辞职的意愿：

> 兄如此次在美必须乘时入院割治，不能即时回国，则对副院长与财政部长职务暂时辞卸，俾得专心疗疾；一面仍任弟驻美之代表，专与美政府接洽要务，如此则公私两皆有益，而尊体亦可复元增强也。兄意如何，请与大姊、三妹洽商详复。③

---

① 谭光：《我所知道的孔祥熙》，见寿充一编：《孔祥熙其人其事》，第 5—6 页。

② 公安部档案馆编注：《在蒋介石身边八年——侍从室高级幕僚唐纵日记》，第 459 页。

③ 郑会欣：《美金公债舞弊案的发生及处理经过》，《历史研究》2009 年第4 期。

为避免造成与孔祥熙关系的破裂，蒋介石又于11月4日再致一函，解释要孔祥熙辞职不得已的苦衷，并告知孔祥熙，辞职不过是做做样子，所谓换汤不换药。

> 此事在国内并未有与一人道及者，绝对秘密，请勿念。弟以为兄虽辞财部，而中央银行总裁仍由兄专任，则财政金融枢纽并未有所变更，如此兄于党国仍为弟负其责，而于个人可免除攻击之目标。现时情势□□公私两有益无逾于此也。惟财部继任人选，未知俞次长是否相宜，抑兄另有其他相当之人，亦请明告。总使其仍能听兄指导，以期财政与金融合作无间也。[①]

1944年11月20日孔祥熙被正式免去财政部部长一职，由孔祥熙的亲信、原政务次长俞鸿钧继任，而其行政院副院长、中央银行总裁职务并未更换。

1945年5月，国民党在重庆召开第六次全国代表大会，其中最重要的议程就是选举新一届中央委员。选举中，孔祥熙的得票很低。后在常委选举时孔祥熙竟至落选。蒋介石感叹道："此次大会选举中委，旧委当选者以庸之徐堪得票为最低，而全会选举常委，且皆落选，其信望堕落至此，犹不知余往日维持之艰难也。"[②]六届一中全会即于同月28日开幕，任务之一是解决行政院的改组问题。此时蒋介石不得不考虑孔祥熙的撤换。5月27日，蒋介石致电孔祥熙，请他主动辞去行政院副院长一职：

> 第六届一中全会已定明日开会，对于党政各务将有一番改革。弟拟辞去行政院长职务，如他人长院，兄当不愿蝉联副院长之职。是否弟提出辞呈时，兄亦同样请

---

① 郑会欣：《美金公债舞弊案的发生及处理经过》，《历史研究》2009年第4期。

② 王正华编辑：《蒋中正"总统"档案事略稿本》（60），第674页。

辞？盼酌复。中正。[①]

在得到孔祥熙的肯定答复后，蒋介石并没有觉得松了一口气，反而感到非常痛苦，“为庸之副院长职务亦甚烦恼，但为党国计，不能不以公忘私也。苦痛极矣”[②]。同时，他还不忘致电与孔祥熙同在美国的宋子文，请他设身处地，分解孔祥熙的失落：

> 本日中央全体会议，庸兄请辞副院长职，并推兄与咏霓为正副院长，全会已一致通过。请兄在美时，对庸兄应特加礼遇尊重，诸事并须与其切商，以增加我内亲之情感，与免除外人之猜测，此乃兄之责任所在也。并代请庸兄早日回国为盼。[③]

1945 年 7 月 8 日，赴美一年有余的孔祥熙终于回到重庆；就在同一天，第四届国民参政会第一次会议也在重庆开幕。蒋介石原想以孔祥熙辞去财政部和行政院的职务来减缓外界的压力，哪知国民参政员陈赓雅、傅斯年等人又掀起了新一轮倒孔的高潮。

蒋介石此时心情十分矛盾，这在他的日记中可以得到印证：“布雷来言，中央银行舞弊案已有人在参政会提出云。余乃召庸之，告以此案调查经过与事实及人证物证，属其好自为之，彼总不肯全部承认也，可叹！”[④] 蒋介石对于孔祥熙涉嫌美金公债舞弊一案虽然十分愤怒，但当听说陈赓雅、傅斯年等参政员准备在国民参政会上对此案提出质询时，他又想尽一切办法对孔祥熙加以保护。首先，是由国民参政会主席团主席、国民党中央宣传部部长王世杰出面，对陈赓雅说了一堆大道理：“此案提出，恐被人借为口实，攻击政府，影响抗战前途，使仇者快意，亲者痛心。”接

---

① 郑会欣：《美金公债舞弊案的发生及处理经过》，《历史研究》2009 年第4 期。

② 王正华编辑：《蒋中正“总统”档案事略稿本》（60），第 673 页。

③ 王正华编辑：《蒋中正“总统”档案事略稿本》（60），第 675 页。

④ 《蒋介石日记》，1945 年 7 月 11 日。

着又半带威胁地说，提案内容若与事实有出入，恐怕对联署人有所不利，要他将提案自动撤销。陈赓雅则坚持本案证据确凿，个人愿为此负责。其次，陈布雷又以新闻界前辈的身份前来劝说，他先是肯定陈赓雅等人收集资料用心良苦，也承认若在大会上提出一定有所价值，然后又向陈赓雅等人指出有个投鼠忌器的问题，就是这个提案一旦曝光，公诸社会，将会引起美国和英国等友邦人士的反感，因而不再继续支持我国的抗战，导致失道寡助的后果，这肯定也不是诸位发起提案的初衷。最后他建议，不如将提案改为书面检举，直接递交蒋介石，这样既可查明舞弊，又不致影响抗战。[①] 而当参政会秘书处正准备将这一提议排印分发，侍从室第二处突然将提案原件带回，说是蒋介石要亲自审阅。于是该提案就被取走，一直到大会闭幕时都没有退回，未能在会上进行讨论。会后该提案又立即被销去案号，所以没有在社会上公开。[②]

因为孔祥熙涉嫌美金公债案，蒋介石连觉都睡不好，他在22日曾写道："上午，以昨夜为庸之事不胜苦痛忧惶，未得安睡，故七时后方起床……下午，以布雷谈及庸之称，恐此美金公债或落于外人手中一语，更觉悲伤，因之午睡亦不成寐，痛愤极矣。"[③]这时蒋介石对孔祥熙可以说是痛恨异常了，但是如何处理，他还是拿不定主意。

1945年7月24日，蒋介石最终决定批准孔祥熙请辞中央银行总裁的折呈，并向孔祥熙下达手令，称：

> 据七月二十二日呈报美金公债追缴实情已悉，该行经办人员办事颟顸不实，本应严惩。姑念抗战以来，努力金融，苦心维持，不无微劳足录，兹既将其经办不合手续之款如数缴足归还国库，特予从宽议处。准将该行

---

① 陈赓雅：《孔祥熙鲸吞美金公债的内幕》，见寿充一编：《孔祥熙其人其事》，第147—148页。

② 谭光：《我所知道的孔祥熙》，见寿充一编：《孔祥熙其人其事》，第7页。

③ 王正华编辑：《蒋中正"总统"档案事略稿本》(61)，第588页。

> 国库局局长吕咸业务局局长郭锦坤免职，以示惩戒为要。[1]

解除了孔祥熙的中央银行总裁之职，惩戒了美金公债舞弊案的两个直接当事人后，蒋介石觉得对内对外都算是有了一个交代，也不由得暗暗松了一口气："免去庸之中央银行总裁之职，实为公私兼全与政治经济之成败一大关键也。"[2]

纵观美金公债舞弊案中蒋介石对孔祥熙的态度，我们可以看出，当党国利益与家族情谊纠缠在一起时，蒋介石的内心是异常矛盾的。这种矛盾的心理不仅在蒋介石的日记中处处可见，就连他的侍从对此亦感触极深，唐纵即在日记中多次记录了他所观察到的现象。然而最终，党国利益战胜了家族情谊，孔祥熙的黯然下台也就势所必然。1948 年 11 月，宋美龄第二次访美之前，外交部次长叶公超曾向驻美大使顾维钧传达了外交部部长王世杰的五点口头指示，并且说明这是经过蒋介石同意的，其中第四点明确指出："孔家的人，无论长幼，均不得参加她的活动；她的一切活动均须通过驻美大使馆并与之商议安排。"[3] 这说明当时宋美龄、蒋介石已经意识到孔氏家族在外界已成为一个贪腐的典型，为了党国的利益，宋美龄不惜暂时与其划清界限。

---

① 王正华编辑：《蒋中正"总统"档案事略稿本》(61)，第 600 页。

② 王正华编辑：《蒋中正"总统"档案事略稿本》(61)，第 644 页。

③ 中国社会科学院近代史研究所译：《顾维钧回忆录》第六分册，第 559—560 页。

第五章　宋美龄与孔氏家族：以孔令侃为中心

宋美龄偏袒外甥孔令侃和外甥女孔令伟，最遭后人诟病，被学界批为不顾国家利益、徇私枉法、维护孔宋家族利益的例证之一。聪明心细的宋美龄不可能认识不到这一点。那么，为什么明知这会有损于自己的名声，她还要知其不可为而为之呢？本章以宋美龄与孔令侃之间的关系为中心，以蒋经国上海打虎、宋美龄为孔令侃争官为主要事例来探讨这一问题。

第一节　少年得志的孔令侃

孔令侃是孔祥熙与宋霭龄的长子，出生于 1916 年 12 月 10 日。1932 年，孔令侃就读于上海圣约翰大学。四年后孔令侃大学毕业即担任国民政府财政部特务秘书，不久进入刚成立的中央信托局工作。抗日战争爆发后不久上海沦陷，中央信托局随即撤往香港，孔令侃被任命为常务理事，主持日常业务工作。1939 年因秘密电台风波，孔令侃被香港当局逐出香港，遂前往美国哈佛大学留学。1943 年宋美龄访美期间，孔令侃担任秘书。抗战结束后，孔令侃回到上海创办扬子公司。“扬子公司案”之后，孔令侃将资金转移到海外，本人定居美国，1992 年在纽约去世。

孔家坚实的政治经济基础决定了孔令侃的未来之路。孔祥熙与宋霭龄的目标就是要把孔令侃培养成他们事业的接班人，即政治、经济双丰收。为了实现这个目标，孔令侃很早就开始接受了

图5-1 1943年宋美龄访美时与外甥孔令侃（右一）、孔令俊（右三）、孔令杰（左一）合影

参政能力与经商才能的培养与锻炼，并在抗日战争之后组建了扬子公司。

第一，培养参政能力。这项培训自孔令侃就读于上海圣约翰大学时即已开始，包括练习批阅公文和组织政治团体。批阅公文是从政人员必备的专业素养，为提高自己的业务水平，大学课堂竟然成为孔令侃批阅财政部和中央银行的公文的场所，其批阅公文之熟练程度令杜月笙大为赞赏。① 组织政治团体是为从政培养人才基础，孔令侃把周围的一些同学组织起来，成立一个叫“南尖社”的小团体。成立初期人员并不多。孔令侃大学毕业之后，由于其在政府中任职，“南尖社”的成员不断增多，涉及政界、军界、商界、金融界、教育界等，这些成员唯孔令侃马首是瞻。

然而真正能够让孔令侃走进政界的并不是“南尖社”，而是孔家深厚的政治背景。孔令侃是宋氏三姐妹最早的子嗣，宋美龄、宋庆龄包括蒋介石都不免对他疼爱有加。这些政治资本使孔令侃大学毕业之后就成为南京国民政府财政部特务秘书并兼任信托局

① 杜月笙对此曾以开玩笑的口气说：“像你这样年纪轻轻的，已经会看公事，批得很老练，真是不容易啊！”见陈廷一：《孔祥熙与宋霭龄》，团结出版社2004年版，第266页。

常务理事。特务秘书一职是孔祥熙特意为其子设立的官职，目的是让他熟悉政务，职权没有确定，意味着孔令侃可以插手任何事。特务秘书的权力相当惊人，竟能在财政部里替部长当家做主，两位副部长以下没有一个敢违拗他的意志。①

为了进一步培养孔令侃的从政能力，孔祥熙和宋霭龄决定在上海孔府成立一个孔府办事处，让孔令侃以特务秘书的身份出任办事处主任。办事处下设机要、秘书、财务、总务四个组织。孔祥熙又派了个自己多年的亲信王梁甫当副主任，协助孔令侃。在孔祥熙的授权下，孔令侃可以处理财政部、中央银行、中央信托局等国家金融机构在上海的一切事务。孔令侃在上海办事处的时间前后不到一年，这段时期，他与财政部、中央银行、中央储蓄会、中央造币厂、中央信托局、交通银行和其他各机关的要人，以及当时所谓社会名流人物有了广泛的接触，这既使孔令侃积累了一定的政治资本和做生意的才能，同时也铸就了他飞扬跋扈、自命不凡、唯我独尊的个性。

第二，锻炼经商才能。孔令侃正式涉足商界的标志是就任中央信托局常务理事一职。中央信托局于 1935 年 10 月在上海成立，其主要业务包括：（一）为公务员、军人办理储蓄、保险事宜；（二）为公共财产以及政府的重要文件、契据办理保险；（三）办理相关单位债券、股票的募集与发行工作；（四）为公共机关、团体的各种证券、票据提供保管服务等。中央信托局除了经营一般信托、储蓄等业务外，还有一项很重要的工作，就是代表政府向国外购买飞机和军火。后来因该局经营购料以及以货易货的比重日益扩大，成为国民政府控制对外贸易、经办军火的重要机构。孔令侃就任常务理事之后，逐渐对国家机器有了初步了解，尤其是国家机器在财政方面的运作。② 抗日战争爆发后，中央信托局迁

---

① 谭光：《我所知道的孔祥熙》，见全国政协文史资料委员会编：《文史资料精华丛书——民国风云人物》（一），第 159 页。

② 王丰：《家春秋——民国蒋宋孔家族往事》（八），凤凰卫视中文台：《凤凰大视野》。

到香港，孔祥熙派孔令侃常驻香港，将中央银行和中央信托局的业务与人事大权牢牢掌控在其手中。

中央信托局除抢运已订军火外，还继续向德国秘密订购军事物资。这为孔令侃提供了一个千载难逢的发财良机，同时他还利用香港特殊的社会环境大做私人进口买卖，为他以后创办扬子公司积累了经验。当时中德之间的秘密军火交易都是由蒋介石直接下手令交给孔令侃办理。孔令侃打着奉蒋委员长手令办理民国二十八年度兵工储料事宜的招牌，在中央信托局内成立了一个兵工储料处，直接办理土产出口与军火进口事宜。兵工储料处尽管挂着中央信托局的招牌，却不在其编制之内，而是由孔令侃、宋霭龄亲自掌握。1938 年秋，广州沦陷，国民政府的对外交通只能依赖于西南几条公路维持。孔令侃看准时机又成立了运输科，打着二十八年度兵工储料专案和替中央银行运钞票及装运特种物资的旗号，为孔氏家族牟取私利。

仕途与财路一帆风顺的孔令侃却因秘密电台事件遭遇了小小的挫折。为了加强与重庆的联系，孔令侃在九龙弥敦道财政评论社楼上设立了一个秘密无线电台，每天与重庆孔院长官邸秘书处直接通报，报告香港及国外外汇、金银、公债证券、美国股票行情以及其他一些消息。由于拍发频率过于频繁，引起日本特务机关的注意，日本方面遂向香港当局施加压力。由于此电台的设立并未征得香港当局的同意，香港政府便以间谍电台的名义逮捕部分人员，这引起了孔令侃的高度紧张。港督极为重视此案，除没收电台外，还将孔令侃及其下属人员四五十人驱逐出境。香港当局此举，令宋霭龄、孔令侃深感意外，母子俩紧急商议对策，一方面托律师办理罚款与交保手续，另一方面向英国情报机关疏通，通过他们再向港警头目打招呼，以求大事化小。因此案涉及孔宋家族和中国政府机构，香港当局也较为谨慎，将全部案卷送交中国政府驻港代表俞鸿钧处，并明确表示孔令侃为不受欢迎的人，让其自由离港。①

此事传到重庆，引起了蒋介石的重视，蒋介石责令孔令侃回重庆当面澄清一切事务。宋霭龄很清楚，孔令侃一旦回重庆将成为众矢之的，孔氏家族以权谋私的行为也必将公布于众，这样一来孔家必将威信扫地，很难再起。于是宋霭龄想到了妹妹宋美龄，说服宋美龄让孔令侃去美国留学，从而平息了这场电台风波。

1939 年，孔令侃被香港当局逐出香港，在宋美龄等人的帮助下，赴美留学以暂避风头。然而塞翁失马，焉知非福，几年的留学生涯又为孔令侃积累了资本：一方面加强了与美国经济界头面人物的联系，积累了丰厚的人脉资源，为扬子公司的建立奠定了基础；另一方面也颇费周折地弄到了一张哈佛大学经济学硕士学位的文凭，进一步提高了其身份地位，更利于其在中国商界纵横驰骋，为孔氏家族赚取更多的利益。

孔令侃到美国后，把孔家在美国的一部分资金产业集中管理，在纽约设立办事处，雇佣不少美国律师，替他经营投资，并与美国许多大厂商纠缠在一起，大发战争财。②

1942 年 11 月，宋美龄应罗斯福夫妇的邀请赴美访问，这为孔令侃提供了一个千载难逢的发展机遇。孔令侃作为宋美龄的私人秘书，随同她在美国参观访问。孔令侃利用这个政治上的机会，同美国各大家族进行经济上的联系，并聘请了一些和美国大垄断公司有联系的人为孔氏家族服务，其中约翰逊上校最为他们所倚重。约翰逊是美国金融寡头驻华盛顿的代理人，也是宋美龄、孔令侃在美国的金融代理人。抗战胜利后，孔令侃回国，仍与约翰逊保持联系，凡是美国对华政治上和经济上有什么新的举动，约翰逊总能在事先将内幕通知孔令侃。在约翰逊的支持下，孔令侃签下很多大厂商在华总经销的合同。这为他建立扬子公司打下了

---

① 谭光：《我所知道的孔祥熙》，见全国政协文史资料委员会编：《文史资料精华丛书——民国风云人物》（一），第 159 页。

② 继山等著：《魂殇——国民党失势揭秘》，中国友谊出版公司 1994 年版，第 336 页。

基础。

第三，组建扬子公司。孔令侃回国之后，利用孔家的钱财、影响以及他在美国建立的广泛的人际关系脉络，迅速组建了扬子公司，开始了他一生最辉煌的时期。

图 5-2　1943 年宋美龄出访美国，孔令侃全程陪同①

扬子公司全名为扬子建业股份有限公司。该公司于 1945 年冬筹备，1946 年 1 月正式开业。由孔家与杜月笙、范绍增等人合办。孔家凭着雄厚的经济实力取得了对公司的掌控权。扬子公司总部位于上海市四川路嘉陵大楼，公司包括工业部、运输部、会计部等部门，同时，在上海经营汽车多年的利喊汽车公司也成了扬子公司的附属公司。为了赚取高额的汽车垄断利润，孔令侃不惜巨资购买利喊汽车公司 95% 的股权，从而成为该公司的实际老板，为孔家赚取了巨额利润。除此之外，在纽约、伦敦拥有分公司的中美洲航空公司也成为扬子公司的附属企业。孔令侃将扬子公司的触角伸向国民政府许多重要机关，甚至英、美、德等国的大财团也有其公司的耳目。强硬的后台、丰富的人脉资源、充足的财源保障使得扬子公司在中国乃至世界的经济舞台上，翻云覆雨，八面神通。在短短的几年里，就攫取了惊人的利润。难怪孔令侃

① 孔祥云编著：《孔氏家族私密生活相册》，第 293 页。

在公司初创时期颇为自得地对公司职员说："只要逐步扩大，我们集中精力，先把扬子公司办好，有了坚实的经济基础，就不难像华尔街富翁那样，也可以在中国政治舞台上一显身手。"①

扬子公司之所以能够盛极一时，其原因是多方面的。

首先，宋美龄对孔令侃的支持，是扬子公司盛极一时的重要原因。在宋氏家族成员中，宋霭龄一直对宋美龄照顾有加，在蒋宋联姻过程中，宋霭龄的作用是有目共睹的，宋美龄对大姐自小就有的钦佩感对姐妹的情谊起到了进一步的强化作用。对大姐的孩子宋美龄更是视为己出，尤其是对出道较早的孔令侃更是寄予厚望，希望将其培养为能在美国华尔街叱咤风云的金融巨头。所以，正是有了宋美龄这个坚强的后盾，孔令侃才能够为所欲为而毫无顾忌。

其次，孔家雄厚财力的保障以及孔令侃所拥有的特权，为扬子公司的发展提供了充足的保障。在进出口贸易市场，尤其是汽车贸易，孔令侃赚取了巨额利润。抗战胜利后，外国增加了对中国的贸易，各种货物源源不断运到中国。为了控制国际贸易市场，国民政府以"输出入委员会"的名义颁布了汽车等重要商品的进口限额的法令。对于普通商行，每一季度进口汽车限额为七辆。这使得市场上进口汽车供不应求，价格大涨。孔令侃凭借其特殊的关系了解到这一重要的经济情报之后，马上密令扬子公司在纽约和伦敦的分公司，抢在法令实施之前致电中国海关，申报已购大批英美汽车要求进口，结果仅此一项，就为扬子公司赚取了巨额利润。

最后，扬子公司获得了很多外国财团的支持。孔令侃通过各种渠道，极力拉拢和讨好美、英、德等西方国家的工商财团，借以保证和垄断进口货源。在扬子公司中，有一部分职位就是由外国人担任。为了进一步达到与外国厂商联络的目的，孔令侃竟然聘请几名纳粹战犯担任扬子公司高级管理职员，在这几名战犯的

---

① 陈廷一：《孔祥熙与宋霭龄》，第272页。

穿针引线下，扬子公司与德国颜料垄断资本集团取得了联系，大批德国颜料涌入并垄断了中国市场。同时，美国大资本家也想借孔宋家族势力控制中国市场，他们也不约而同地把这一重任寄托在孔令侃身上。

正是有了以上有利条件，扬子公司迅速发展壮大，孔令侃专横跋扈、为所欲为、目空一切的个性也随着公司业绩的增加而日益凸显。这也为蒋经国与孔令侃在“打虎运动”中的冲突埋下了伏笔。

第二节 宋美龄袒护孔令侃：以蒋经国上海“打虎”为例

1948 年 8 月，为了延续国民政府的统治，拯救即将崩溃的国统区金融体系，国民党决定实行“金圆券改革”，这是国民政府在大陆实行的第三次币制改革。为了改革的成功，国民政府也曾倾尽全力，蒋经国亲赴上海督导相关事宜，前期“打虎”行动曾取得若干成果，但最终以失败告终，此举失败也直接加速了国民党在大陆统治的崩溃。为何蒋经国苦心经营 70 余天的“打虎运动”在取得一定成绩之后却又迅速失败，孔令侃为何能成为最后的赢家？宋美龄的态度对事件的结果起到了重要作用，在处理这一事件的过程中，宋美龄继续扮演孔令侃坚定支持者的角色，在家族利益与国家利益发生冲突的时刻，宋美龄最终选择了前者。

解放战争爆发两年之后，战场局势对国民党日趋不利。与此同时，国统区也面临着严重的经济危机，物价飞涨，人民生活困苦。军事上的失利与经济危机互相影响，恶性循环，政治经济形势出现了全面崩溃的征兆。

巨额的军费开支导致国民政府财政入不敷出，物价飞涨，为应对日益严重的通货膨胀，国民政府所依赖的方式就是大量发行钞票，导致恶性循环。从 1946 年到 1948 年 8 月，法币的发行量达到 600 万亿元，是抗战前夕发行总量的 47 万倍。与此同时，物价飞涨，外汇黄金储备消耗殆尽。经济形势的恶化进一步加剧了国民党的统治危机。严峻的现实逼迫蒋介石不得不在经济政策上有所举措，为此他决定再次进行经济改革。正如《工商知识》载文谈道："今日政府面临通货膨胀的危机，人民深受通货膨胀的痛苦。改革币制，降低物价的呼声，遂甚嚣尘上。本月8日，全国经济委员会委员黄元彬先生宣称：美国援华，应以改革币制借款为第一要义。本月十二日，政府高级人员透露：我国改革币制，将采金汇兑本位……又新币将定三元兑换美元一元。由是可知，改革币制这个问题，已经成为政府急欲见诸实行的一项紧急计划方案了。"①

为挽救严峻的经济形势，1948年8月19日，国民党中央政治会议讨论经济改革问题，通过由行政院提出的金圆券改革方案，随即以蒋介石名义发布《财政经济紧急处分令》：发行金圆券；收兑黄金、白银和外币；将全国物价限制在1948年8月19日的水平，不得逾越。为了表明国民政府的决心，20日《中央日报》发表社论，阐述了改革的重要性："社会改革，就是为了多数人的利益，而抑制少数人的特权。我们切盼政府以坚毅的努力，制止少数人以过去借国库发行，以为囤积来博取暴利的手段，向金圆券头上打算。要知道改革币制就如同割去发炎的盲肠，割得好则身体从此康健，割得不好，则同归于尽。"②

蒋介石把这个割盲肠的重任交给了蒋经国，任命其为上海经济督导员。上海是中国最大的都市，也是全国经济中心，上海市经济管制能否成功将对全国经济管制的成败产生决定性的影响。正因如此，蒋介石决定让蒋经国担此重任。蒋经国也深知此行责任重大，困难重重，赴任之前曾对蒋介石说："上海金融投机机关无不与党政军要人有密切关系，且作后盾，故将来阻力必大，非

---

① 方铭竹：《中国币制改革之条件》，《工商知识》，1948年第4卷第5期，第2页。

② 《中央日报》1948年8月20日。

有破除情面、快刀斩乱麻之精神贯彻到底不可也。"[①] 蒋经国此行的主要任务就是贯彻执行财政经济管制条例，限制物价保持在 8 月 19 日紧急处分令颁布时的水平，不能突破"八一九防线"。

蒋经国曾在苏联长期留学，回国后在赣南任职，1944 年 1 月，蒋经国担任了三青团中央干部学校教育长，后担任青年军总政治部主任，其常年政治生活的磨炼也使民众对蒋经国的上海之行抱有一线希望。1948 年 8 月 20 日，踌躇满志的蒋经国抵达上海，担任上海经济管制督导员俞鸿钧的助理（名为助理，实际上负全责），负责上海的经济管制工作。蒋经国表示："必须确实负责，认真去完成应负的责任。"[②] 对于这次任务的艰巨性，蒋经国心知肚明，在被任命为经济管制委员会委员督导上海经济管制工作的当天，其在日记中写道："这件工作是非常困难，但是亦十分重要，无论如何必须尽心尽力干下去。"[③] 综合蒋经国在上海的"打虎运动"过程来看，可以将其行动归结为以下几点。

第一，利用及扩充自己的经管队伍，保证政策的强制实行。

蒋经国在中央银行设置经济管制督导员办公室，调来 1948 年成立的国防部戡乱建国总队作为基本干部，又在上海招募一万多名青年，成立"大上海青年服务总队"，由亲信王升少将指挥，总队在上海设 11 个"人民服务站"，主要责任是负责收集各界人士和平民百姓的举报线索。动员大会上，他要求队员"协助政府肃清上海的奸商"，声称："青年人大都很穷，在既无所有，亦无所求的环境中，才能真正同情穷人，而拿出勇气来拼命的干。"[④] 以戡乱建国大队为核心力量的"大上海青年服务总队"是蒋经国在上海"打虎"的中坚力量。大上海鱼龙混杂，地方势力分帮分派，任何一只"老虎"都不是简单晓之以理能够解决得了的。并且，

---

① 《蒋介石日记》，1948 年 7 月 2 日

② 蒋经国：《沪滨日记》，见蒋经国：《蒋经国自述》，湖南人民出版社 1985 年版，第 166 页。

③ 蒋经国：《沪滨日记》，见蒋经国：《蒋经国自述》，第 167 页。

④ 王章陵：《蒋经国上海打虎记》，台北：正中书局 1999 年版，第 20 页。

地方官员大多对币制改革以及经管工作报以观望、怀疑甚至是反对态度，蒋经国的指令下达后，不一定能保证百分之百地实施出来，因此“大上海青年服务总队”的力量对于确保蒋经国的指令在上海得到及时有效的实施起到非常重要的作用。

图 5-3　1948 年蒋经国对上海青年服务团团员演讲①

第二，蒋经国采用强制手段，加大对市场的监管力度，对于胆敢违抗财政经济管制条例的人，严惩不贷。

在“打虎”的实际行动中，他统一指挥市警察局、警备司令部稽查处、宪兵以及三个警察局数千名军警和管理局的管理、执勤人员分散到全市各处，突击检查市场、商店、工厂、公司、仓库、车站、码头等处，明令规定：对于违反经济管制措施的行为实行严厉制裁；任何人不得套购黄金、白银和外币；不得操纵股票市场；工厂、商店不得在因坚守“八一九防线”而造成物价偏低的情况下不供货、不售货；切实保证金圆券的币值；保证预定的总额 20 亿圆的金圆券发行量不被突破。②

为了彰显自己“打虎”的决心，蒋经国以铁腕手段打击囤积居奇、投机倒把、官商勾结等行为，打击了一些“老虎”的嚣张

① 《中美周报》1948 年第 308 期，第 1 页。

② 蒋经国：《蒋“总统”经国先生言论著述汇编》第 1 辑，台北：黎明文化事业有限公司 1981 年版，第 568 页。

气焰，逮捕了陶启明，枪决了张亚尼、戚再玉[①]，一些巨商大户被投进监狱，就连上海青帮首领杜月笙的儿子杜维屏也不例外。《新闻杂志》1948 年第 10 期以《蒋经国打虎纪实——这与杜月笙的神经战，牵涉了不少大员，蒋经国曾二次返京请示》为醒目标题对此进行大篇幅报道："蒋经国来沪后，的确是先向豪门开刀，九月三日被捕之一批大亨中，杜维屏是杜月笙的二公子，而且是杜月笙六个儿子中最能干的一个。万墨林是杜月笙十大弟子之一，而且是十大弟子中的首席（万是米业公会理事长，仅受警告，未被拘，但已颇失面子）。此外一度被拘留的永安纱厂总经理郭棣活，乃是宋子文的爪牙。"[②] 杜月笙的公子与宋子文的爪牙被抓的消息震惊了上海滩，国际舆论也给予蒋经国较高的评价。在蒋经国的铁腕政策下，那些发国难财的不法商人受到了一定程度的打击，市面上的物资供应均受最严格的检查登记，终于把物价勉强控制在"八一九"的水平上，这些破天荒的举措为蒋经国赢得了很多的喝彩声。

第三，蒋经国在经济管制上，进行广泛的舆论宣传，彰显经济改革决心，以争取全社会的支持。他公开宣称，自己这次来上海是专打"老虎"，不打"苍蝇"，是打"祸国的败类"，"宁使一家哭，不使一路哭"。每星期二、四下午在中央银行公开接见市民，回答市民的提问，更使他名声大振。

蒋经国的强制手段得到了蒋介石的支持与肯定。其在日记中写道："经儿将沪上最大纱商鸿元与杜月笙之子拿办，移交法庭，可谓雷厉风行，竭其全力以赴之。惟忌者亦必益甚，此为民之事，只有牺牲我父子，不能再有所顾忌，惟天父必能尽察也。"[③] 9 月 7 日，蒋介石在听取蒋经国的汇报之后，异常兴奋："经儿由上海来报告经济管制情形。往日所有黑市与囤积

---

① 陶启明当时担任财政部秘书；张亚尼担任上海警务部科长；戚再玉担任上海警备部第六稽查大队队长。

② 《新闻杂志》1948 年第 10 期，第 2 页。

③ 《蒋介石日记》，1948 年 9 月 4 日。

等弊多有我党政当局为首，言之痛心。但由此彻查，所有上海黑幕皆得发见，实堪欣幸。”[①] 蒋介石在表达自己兴奋心情的同时，也亲自向蒋经国面授机宜，告知其应该“多做实事，少发议论”，以免他人指责。[②]

初战告捷之后，蒋经国更加气势如虹，欲乘机扩大战果，然而真正的“老虎”却让这位“打虎”英雄前功尽弃。

图 5-4 1948 年蒋经国对上海青年服务团团员演讲[③]

杜维屏被扣押之后，杜月笙指出上海最大的“老虎”是孔令侃开设的扬子公司，该公司当时囤积了大量货物，据郭旭[④]在《扬子公司查而未抄的内幕》一文中揭露：在蒋经国召集的上海巨商会议上，杜月笙说：“我的小儿子囤积了 6000 多元的物资，违反国家的规定，是我的管教不好，我叫他把物资交出，而且把他交给蒋先生依法惩办。不过我有一个要求，也可以说是今天到会的各位大家的要求，就是请蒋先生派人到上海扬子公司的仓库去检查检查。扬子公司囤积的东西，尽人皆知是上海首屈一指的。今天我们的亲友的物资登记封存交给国家处理，也希望蒋先生一视

① 《蒋介石日记》，1948 年 9 月 7 日。
② 《蒋介石日记》，1948 年 9 月 14 日。
③ 《中美周报》1948 年第 308 期，第 1 页。
④ 郭旭当时兼任经济检查大队大队长，归蒋经国指挥，主要职责是调查各家公司的仓库状况。

同仁，把扬子公司所囤积的物资，同样予以查封处理，这样才服人心。我的身体有病，在这里不能多待，叫我的儿子维屏留在这里听候处理。”杜月笙讲完之后，即离座辞出。蒋经国听到杜的讲话后，连连说道：“我一定派人去扬子公司检查检查……”并送杜出了大门。[①] 9 月 30 日，蒋经国下令搜查扬子公司上海总部并查封该公司的所有仓库。

扬子公司被查封后，孔令侃连夜赶往南京向宋美龄求救，10 月 1 日上午，宋美龄乘美龄号专机抵达上海以调解蒋经国与孔令侃之间的矛盾。据贾亦斌[②]在回忆录中称：宋美龄到上海后，即乘中秋节之机召见蒋经国、孔令侃，企图调解这两个表兄弟之间的矛盾，蒋经国要孔令侃“顾全大局”，孔令侃则大吼：“什么！你把我的公司都查封了，还要我顾全大局！”两人大吵起来。蒋经国临走时表示：“我蒋某一定依法办事！”孔令侃则回答：“你不要逼人太甚，狗急了也要跳墙！假如你要搞我的扬子公司，我就把一切都掀出来，向新闻界公布我们两家包括宋家在美国的财产。”[③]

其实，蒋经国在查封扬子公司后，如何处理，令他非常头痛。如果不是孔令侃，他肯定一不做，二不休，审查、扣押、查办。10 月 2 日，蒋经国在日记中写道：“前天发现的××公司（指扬子公司，笔者注）仓库里面所囤积的货物，都非日用品，而外面则扩大其事，使得此事不易处理，真是头痛。”[④] 10 月 9 日的《反省录》中记载：“本星期的工作环境，是工作以来最困难的一段，希望这是一个转机。除了物价不易管制以外，再加上××公司的案子，弄得满城风雨。在法律上讲，××公司是站得住的。倘使此案发现在物资总登记以前，那我一定要将其移送特种刑庭。总之，我必

---

① 郭旭：《扬子公司查而未抄的内幕》，《纵横》1996 年第 9 期。

② 贾亦斌，1912 年出生，湖北省阳新县人，18 岁辍学从军，从国民党军队的士兵升至少将。抗日战争时期先后参加淞沪、徐州、武汉、鄂西、长沙等大战役。战后在青年军复员管理处与蒋经国共事，遂成至交。经蒋经国力荐，任国防部预备干部局副局长、代理局长。1949 年春领导了震惊东南的嘉兴起义。中华人民共和国成立后，历任民革中央副主席、名誉副主席，全国政协常委。

③ 贾亦斌：《贾亦斌回忆录》，中国文史出版社 2011 年版，第 163 页。

④ 蒋经国：《沪滨日记》，见蒋经国：《蒋经国自述》，第 184 页。

秉公办理，问心无愧。但是，四处所造成的空气，确实可怕。凡是不沉着的人，是挡不住的。”① 蒋经国的犹豫致使其亲信贾亦斌大为光火，《贾亦斌回忆录》记载，他问蒋经国：“孔令侃案办不办？”蒋经国装作没有听见，不回答。贾亦斌再问：“孔令侃案你准备办不办？”蒋经国便说：“塔斯社发表了一篇文章，评论上海‘打老虎’，说用政治手段去解决经济问题是危险的。”说完便不再吭声。贾亦斌当时对蒋经国仍怀有希望，过了几天，再到蒋经国的住处，对他提出：“你对孔令侃一案究竟办不办？如果不办，那岂不真像报纸上所说‘只拍苍蝇，不打老虎’了吗？”蒋经国本来情绪就不好，听了贾亦斌的话，便将沙哑的嗓门放得特别大，嚷道：“孔令侃又没犯法，你叫我怎么办？”这时，一种从未有过的失望和愤怒从贾亦斌胸中涌起，他一拳击在桌子上，大声反驳说：“孔令侃没有犯法，谁犯法？……你这个话不仅骗不了上海人民，首先就骗不了我！”②

由于蒋经国、孔令侃在宋美龄面前争执，大概是因为孔令侃太嚣张了，蒋经国才不相让，不过其言语气得宋美龄面色煞白，手脚发抖。③ 之后宋美龄要求蒋经国撤销扬子公司案，但蒋经国没有妥协，不过在宋美龄的要求下也没敢擅自处理，等蒋介石出面协调。此时正是国共东北决战的关键时期，正在北平前线主持军事会议的蒋介石被宋美龄急电召回。10 月 8 日下午，蒋介石飞抵上海。蒋介石在毫无计划的情况下亲自飞往上海是蒋经国与孔令侃矛盾激化的结果。

蒋介石抵达上海之后，当夜便与宋美龄商谈上海事宜。而此时的蒋经国正在无锡参加十一个县的经济管制会议，他受到民众的热烈欢迎，出席完便立即赶往上海。10 月 9 日清晨，蒋经国拜见父亲。蒋经国在日记中写道：“清晨拜见父亲，报告上海情况。

① 蒋经国：《沪滨日记》，见蒋经国：《蒋经国自述》，第 188 页。
② 贾亦斌：《贾亦斌回忆录》，第 161—162 页。
③ 贾亦斌：《贾亦斌回忆录》，第 163 页。

目前有许多问题，尚未解决，但亦不忍报告。盖不愿烦父之心也。”① 蒋介石日记中也有类似的记载：“经儿自锡来见，在美亭中叙谈，听取其上海经济管制经过之报告。经济本为复杂难理之事，而上海之难，更为全国一切万恶鬼诈荟萃之地，其处理不易，可想而知。”② 从当天两人的日记中，看不出蒋介石对扬子公司案的具体指示。然而，在蒋介石 10 月 10 日的日记中，偏袒孔令侃的倾向却异常明显：“对于孔令侃问题，反动派更借题发挥，强令为难，必欲陷其于罪，否则即谓经（国——本文作者注）之包蔽（庇），尤以宣铁吾机关报专事攻讦为甚。余声斥其妄，令其自动停刊。”③

扬子公司案件发生之后，引起了国民政府监察院的注意。10 月 7 日，监察院院长于右任指派检查委员熊在渭与金越光赴上海调查此案。熊、金二人对此案进行细致调查并询问蒋经国与孔令侃本人了解了实际情况。然而，10 月 18 日，蒋介石却致电上海市市长吴国桢，电文如下：

> 关于扬子公司事，闻监察委员要将其开办以来业务全部检查，中以为依法而论，殊不合理，以该公司为商营而非政府机关，该院不应对商营事业无理取闹。如果属实，可嘱令侃聘请律师进行法律解决，先详讨其监察委员此举是否合法，是否有权，一面由律师正式宣告其不法行动，拒绝其检查。并以此意约经国切商，勿使任何商民无辜受屈也。中正手启。④

监察院调查经济案件本是其分内之事，然而从这封电文中可以看出，蒋介石主张孔令侃通过聘请律师进行法律解决，以此方

① 蒋经国：《沪滨日记》，见蒋经国：《蒋经国自述》，第 188 页。

② 《蒋介石日记》，1948 年 10 月 9 日。

③ 《蒋介石日记》，1948 年 10 月 10 日。

④ 《蒋介石致吴国桢电》，《档案与史学》1989 年第 2 期。

式反对监察院的调查，包庇孔令侃的倾向就异常明显了。

由于蒋介石的阻止，扬子公司案子无法继续调查下去，导致其他事情自然难以推动，蒋经国在10月16日的《反省录》中承认："扬子公司的案子，未能彻底处理，因为限于法令，不能严办，引起外界的误会。同时自从此事发生之后，所有的工作，都不能如意的推动了，抵抗的力量亦甚大。"① 蒋经国的威信也日益下降，他在日记中承认："在前半个月我的话是不会打折扣的，而现在则不如前了。"②

因扬子公司案经济管制措施难以继续贯彻下去，面对此种境况，11月1日行政院宣布取消限价，粮食按市价交易，自由运销。蒋经国感叹："七十天的努力，已一笔勾销。"③ 11月2日，蒋经国发表《告上海市民书》，"承认自己未能尽责完成任务，在若干地方，增加了人民的痛苦，应向政府自请处分"④。11月5日，蒋经国正式发表消息，宣布辞去督导员职务，不再到中央银行办公。此时的蒋经国"心中实有无限的感慨，几欲流泪……望黄浦江上的晚景，觉得格外凄惨"⑤。11月15日，上海经济督导员办公室发表声明："关于扬子建业公司囤货事件，兹已将该案调查处理经过，连同警局检查报告及该公司囤货一并呈报行政院，督导处并规定该公司所囤工业原料及日用必需品由主管机关按照限价配给各厂家、商号，已转饬市府及主管当局办理。"⑥ 这份声明宣告了孔令侃和扬子公司无罪。轰轰烈烈的"打虎"行动以失败告终。

蒋经国的这一出也只不过是在日落西山的蒋家王朝的躯体上注入了一针强心剂，短期内的确能起到了一定成效，但终究摆脱不了失败的命运，究其原因，可归纳如下。

第一，国民党的腐败统治、四大家族休戚相关的命运，注定

---

① 蒋经国：《沪滨日记》，见蒋经国：《蒋经国自述》，第191页。
② 蒋经国：《沪滨日记》，见蒋经国：《蒋经国自述》，第195页。
③ 蒋经国：《沪滨日记》，见蒋经国：《蒋经国自述》，第198页。
④ 蒋经国：《沪滨日记》，见蒋经国：《蒋经国自述》，第198—199页。
⑤ 蒋经国：《沪滨日记》，见蒋经国：《蒋经国自述》，第200页。
⑥ 《中央日报》（上海），1948年11月16日。

“打虎运动”的必然失败。

1948 年的国民党政府已是千疮百孔，苟延残喘。政府的无能、官员的腐败、官商勾结、地方恶势力的强大无一不是阻挠改革前进的障碍。“事实足以说明，币制改革所赖以为支柱的暴力，从本质上来说是极为虚弱的，它根本无法救治已经病入膏肓的国民政府。这个根本的原因倒不在于蒋经国等人个人能力或权力的大小，而在于国民党统治集团此时已腐朽之极，对其中的大多数人来说，追逐私利的重要性远远超过了国家利益。而旨在维护其共同利益的币制改革，又不能不依靠这批人来实行。即使这批人中的个别分子还不那么腐朽，但他们既然属于这个集团，就不可能不受其制约及影响，就不可能不最终服从集团中大多数人的愿望，与他们同流合污，从而同归于尽。”① 在扬子公司案中，孔令侃以公布蒋介石、宋美龄海外账户作为要挟手段，逼迫蒋经国就范。国民政府的最高统治者尚且如此，其他官僚就不必说了。腐败无处不在，大厦将倾之势愈加明显，蒋经国在这样摇摇欲坠的舞台上表演，失败是不言而喻的。

在以蒋介石为首的国民政府中，四大家族地位显赫，他们的命运休戚相关，一损俱损，一荣俱荣。蒋经国“打虎”向孔、宋豪门开刀，无疑是把刀悄悄地架在了自己的脖子上，必然也会牵扯到蒋介石自己的家族。蒋介石同意宋美龄挫败“太子打虎”，根本上还是维护蒋氏政权。因此，蒋经国“打虎”失败是历史的必然。

第二，蒋经国“打虎”直接触动了“皇亲国戚”和“地头蛇”的利益。

“打虎运动”正是直接触动了孔令侃的利益，引来宋美龄的干涉，才直接导致失败。蒋经国经济管制失败的原因固然很多，但宋美龄在其中扮演了一个重要角色，正是她对孔令侃的袒护使得蒋经国无功而返。在“打虎运动”中，蒋经国一改以往在宋美龄

---

① 苏智良、朱华：《民国史上最丑恶的一章——金圆券币制改革与“打虎运动”》，《档案与历史》1986 年第 1 期。

面前毕恭毕敬的态度，与孔令侃争吵，而且扬言要依法办事，把宋美龄气得发抖；而且这件事也使宋美龄极为担心一旦蒋介石撒手人寰，她在蒋家的地位会受到强力挑战。为维护自己的地位，宋美龄迫切需要在侄辈中找出能与蒋经国相抗衡的势力。宋美龄对孔家的子女百般宠爱，而其中孔令侃又是她最喜欢的一个，她极力想把孔令侃培养成与蒋经国、蒋纬国相抗衡的一股力量。而蒋经国直到抗战前夕才从苏联回国，其早期的思想意识与信奉基督教和西方民主主义思想的宋美龄也是格格不入的。同时，蒋经国对自己的亲生母亲毛氏总是念念不忘，与继母宋美龄貌合神离，这让自尊心极强的宋美龄很是恼火，他们之间没有建立什么感情，所以当自己的侄子与继子水火不相容的时候，她毅然站在了孔令侃的一边，对于蒋经国事关国民政府切身利益的“打虎”行为则采取了不合作的态度，直接导致了“打虎运动”的失败。

关于宋美龄的干预导致蒋经国“打虎”失败的事，潘迪华（K. M. Panikkar）[①] 在其回忆录中记载：9 月 30 日扬子公司被查封的当晚，宋美龄正在南京官邸宴请宾客，突然接到一来自上海的紧急电话，宋美龄接完电话之后，神色至为不安，乃先行离市。翌晨（十月一日）飞沪，经过宋美龄从中干预，此一丑闻，喧嚣中外，不日，孔令侃飞美。[②] 另据曹聚仁的记载：“当宋美龄带着K（孔）公子去看蒋先生的时候，经国已经束手无策了。”[③] 退职记者曹聚仁在《哀江南书》里提到，孔令侃看姨夫的时间，是十月九日的上午，在经国拜见父亲，报告上海情况之后。参考各种可得史料，相互印证，“第一夫人”插手扬子案，使经国受挫，已成不争的事实。[④]

“打虎运动”也触动了地方上的豪强势力。查孔令侃就是在杜月笙的“将军”下进行的。其他“地头蛇”在“打虎运动”一开

① 潘迪华当时担任印度驻华大使。
② 江南：《蒋经国传》，中国友谊出版公司 1984 年版，第 176 页。
③ 江南：《蒋经国传》，第 176 页。
④ 曹聚仁：《蒋经国论》，人民出版社 2009 年版，第 108 页。

始，便要各种手段进行抵制，扰乱经济秩序，曹聚仁记录了这一现象："他（蒋经国）一用压力，他们（'地头蛇'）便放出法宝来，造成最严重的粮荒。米店没有米，肉店没有肉，菜场没有菜，开门七件事，件件都没有。这一恐慌心理，助成了家庭主妇的抢购狂潮。经国在新赣南那一套手法，一到了上海，完全失效了。有人从南昌坐车到南京，一路几十个大小车站，就找不到一点吃的东西。沪杭、京沪两路的大小城市，就像碰上了大瘟疫，人人不知怎么过活才好。"①

触动"皇亲国戚"和"地头蛇"的利益可能是"打虎运动"失败的关键因素。

第三，内部问题与外部环境也是蒋经国打虎失败的原因之一。

在"打虎"过程中，蒋经国采取恐怖手段，缺乏法治的合理性，缺少贯彻政策的彻底性，唯父命是从以及事先缺少周密策略等内部因素促成了"打虎"的失败。同时，外部因素对蒋经国"打虎"也较为不利。蒋介石集团内部对"打虎"态度不一、官商势力的反扑、地方势力的不合作等。所有这一切都促成了蒋经国"打虎"行动的失败。②

蒋介石派蒋经国到上海，本意在解决日趋严重的经济危机，但"打虎"的失败，却使上海乃至全国陷入更大的危机中。

首先，是经济上的危机。"限价"令取消后，上海物价扶摇直上，平民百姓受到更大的痛苦。11 月 8 日，蒋介石日记写道："自限价取消，经国辞去管制督导员后，上海物价已日渐实涨四五倍。"③

其次，是政治上的危机，导致国民政府丧失人心。蒋介石、宋美龄包庇孔令侃的事，在社会上迅速传开，社会舆论甚至国民政府内部都对蒋介石父子和宋美龄进行谴责，国民党和国民政府

---

① 曹聚仁：《蒋经国论》，第 106 页。

② 魏巍：《试析 1948 年蒋经国上海打虎行动失败的原因》，《当代学术论坛》，2010 年第 11 期。

③ 《蒋介石日记》，1948 年 11 月 8 日。

信誉尽失。当时守卫北平的将领傅作义就曾为此事对杜聿明说："蒋介石要美人不要江山，我们还给他干什么！"[①] 蒋经国的亲信贾亦斌也因此事对国民政府失望，"决心同蒋家王朝决裂，同蒋经国分道扬镳，去寻找新的道路"[②]，并于 1949 年 4 月，在浙江嘉兴起义，脱离国民党，加入共产党。

1948 年 11 月 4 日，《中央日报》发表社论，批判"豪门"贪财横行，"享有特权的人享有特权，人民莫可如何。靠着私人政治关系而发横财的豪门之辈，不是逍遥海外，即是依势豪强如故"[③]。

蒋介石对当时的舆论有很清楚的认识，其在日记中写道："党报社论，亦攻讦我父子，无所顾忌，此全为孔令侃父子所累，人心动摇，怨恨，未有如今日之甚者。""本日谣诼更甚，牵涉妻事。""为孔家事，全体党员皆起疑窦，牵累不少。""本日为孔庸之事及社会对宋、孔豪门资本之攻讦，几乎成为全国一致之目标。""今日谣诼繁兴，甚于卅三年之时，并对孔、宋攻讦，牵涉内人。"[④] 我们当然不能简单说宋美龄偏袒孔令侃直接导致国民政府丧失民心，但无疑，这一事件是火上浇油，使本已岌岌可危的国民政府陷入更严重的危机。

---

① 杜聿明：《辽沈战役概述》，见《辽沈战役亲历记》，中国文史出版社 1985 年版，第 17—18 页。

② 贾亦斌：《贾亦斌回忆录》，第 165 页。

③ 《中央日报》1948 年 11 月 4 日。

④ 《蒋介石日记》，1948 年 11 月 5 日、11 月 9 日、11 月 10 日、11 月 11 日、11 月 12 日。

参考文献

一、未刊档案资料

台北“国史馆”藏档案。

美国斯坦福大学胡佛档案馆藏《蒋介石日记》。

美国卫斯理大学档案馆藏宋美龄个人档案。

中国第二历史档案馆藏档案。

上海市档案馆藏档案。

江苏省档案馆藏档案。

二、报纸和杂志

《申报》《东方杂志》《财政评论》《银行周报》《金融周报》

三、文献著述

〔美〕埃米莉·哈恩:《宋氏家族——父女·婚姻·家庭》，李豫生等译，新华出版社1985年版。

〔美〕埃德加·斯诺:《为亚洲而战》，新华出版社1984年版。

〔美〕埃德加·斯诺:《复始之旅》，新华出版社1984年版。

〔美〕巴巴拉·W. 塔奇曼:《逆风沙——史迪威与美国在华经验（1911—1945)》，汪溪等译，重庆出版社1994年版。

曹聚仁:《蒋经国论》，人民出版社2009年版。

陈蓉:《宋霭龄——中国第一位女留学生》，《世纪桥》2009

年第 5 期。

陈真等编：《中国近代工业史资料》第四辑，生活·读书·新知三联书店 1961 年版。

陈永祥：《宋子文与美援外交》，世界知识出版社 2004 年版。

陈永祥：《蒋介石、史迪威矛盾中的宋子文》，《抗日战争研究》2001 年第 2 期。

陈廷一：《孔祥熙与宋霭龄》，团结出版社 2004 年版。

佟静：《宋美龄大传》（上、下册），团结出版社 2002 年版。

段炼：《宋耀如与林乐知》，《史林》2009 年第 5 期。

邓颖超：《向宋庆龄同志致崇高的敬礼》，见《宋庆龄纪念集》，人民出版社 1982 年版。

杜聿明：《中国远征军入缅对日作战述略》，见《中华文史资料文库·政治军事编》第四卷，文史资料出版社 1996 年版。

付启学：《国父孙中山先生传》，台北："中央文物供应社" 1983 年版。

〔美〕傅虹霖：《张学良的政治生涯》，王海晨、胥波译，辽宁大学出版社 1988 年版。

公安部档案馆编注：《在蒋介石身边八年》，群众出版社 1991 年版。

郭秀仪：《我与抗战时期的儿童保育会》，见《流金岁月——郭秀仪传》，中国文史出版社 1999 年版。

郭旭：《扬子公司查而未抄的内幕》，《纵横》1996 年第 9 期。

《顾维钧致张学良电（1931 年 12 月 2 日）》，《民国档案》，1985 年第 2 期。

何虎生、于泽俊编著：《宋美龄大传》，华文出版社 2002 年版。

胡兆才：《民国第一夫人》，上海人民出版社 2001 年版。

黄仁霖：《我做蒋介石"特勤总管"四十年》，团结出版社 2006 年版。

黄仁霖：《蒋介石特勤总管回忆录》，团结出版社 2009 年版。

黄仁宇：《从大历史的角度读蒋介石日记》，九州出版社 2008 年版。

〔美〕汉娜·帕库拉：《宋美龄新传》，林添贵译，台北：远流出版事业股份有限公司 2011 年版。

蒋介石：《西安半月记》，台北：正中书局 1937 年版。

蒋经国：《沪滨日记》，见蒋经国：《蒋经国自述》，湖南人民出版社 1985 年版。

继山等著：《魂殇——国民党失势揭秘》，中国友谊出版公司 1994 年版。

姜良芹：《南京国民政府 1932 年内债整理案述论》，《中国经济史研究》2002 年第 4 期。

贾亦斌：《贾亦斌回忆录》，中国文史出版社 2011 年版。

江南：《蒋经国传》，中国友谊出版公司 1984 年版。

孔祥熙：《西安事变回忆录》，见秦孝仪主编：《革命文献》第 94 辑，中国国民党中央委员会党史委员会 1983 年版。

刘毅政编著：《宋美龄评传》，华文出版社 2000 年版。

刘振东编：《孔庸之先生讲演集》上、下册，台北：文海出版社 1972 年版。

刘文彦：《宋子文在汉冶萍公司任职辨实》，《湖北档案》2001 年第 12 期。

林博文、师永刚编著：《宋美龄画传》，作家出版社 2003 年版。

梁敬錞：《史迪威事件》，商务印书馆 1973 年版。

林家有、李吉奎：《宋美龄传》，河南人民出版社 1995 年版。

李桓：《宋美龄传》，台北：天元图书有限公司 1985 年版。

李新、陈铁健总主编：《中国新民主革命通史》第 6 卷，上海人民出版社 2001 年版。

连若雪：《宋耀如简评》，《复旦大学学报（社会科学版）》1989 年第 2 期。

路易·艾黎研究室：《艾黎自传》，甘肃人民出版社 1987

年版。

卢广绵、齐福霖等编：《回忆中国工合运动》，中国文史出版社 1997 年版。

〔美〕罗比·尤恩森：《宋氏三姐妹——宋蔼龄、宋庆龄、宋美龄》，赵云侠译，世界知识出版社 1984 年版。

〔美〕罗伊·凯恩：《美国政治中的院外援华集团》，张晓贝等译，商务印书馆 1984 年版。

彭承福、山水：《论宋庆龄政治思想的转变》，《西南师范大学学报（哲学社会科学版）》1993 年第 1 期。

彭泽益：《中国近代手工业史资料 1840—1949》第四卷，中华书局 1962 年版。

潘国琪：《国民政府 1932 年公债整理案述评》，《福建论坛（人文社会科学版）》2001 年第 4 期。

〔美〕裴斐、韦慕庭访问整理：《从上海市长到“台湾省主席”（1946—1953 年）——吴国桢口述回忆》，吴修垣译，上海人民出版社 1999 年版。

秦孝仪：《蒋夫人宋美龄女士与近代中国学术讨论集》，台北：中正文教基金会 2003 年版。

秦孝仪主编：《中华民国重要史料初编——对日抗战时期》第二编《战时外交》（三），中国国民党中央委员会党史委员会 1981 年版。

尚明轩主编：《宋庆龄年谱长编》（上、下），社会科学文献出版社 2010 年版。

尚明轩等编著：《宋庆龄年谱》，中国社会科学出版社 1986 年版。

〔美〕约瑟夫·W. 史迪威：《史迪威日记》，黄加林等译，世界知识出版社 1992 年版。

〔美〕斯特林·西格雷夫：《宋家王朝》，内蒙古文化出版社 1998 年版。

宋庆龄：《我家和孙中山先生的关系》，《党的文献》1994 年第 5 期。

宋庆龄：《宋庆龄选集》，人民出版社 1966 年版。

宋美龄：《西安事变回忆录》，台北：正中书局 1937 年版。

宋子文：《宋子文西安事变日记》，张俊义译，载《百年潮》2004 年第 7 期。

《宋子文、顾维钧致张学良电（1931 年 12 月 2 日）》，《民国档案》1985 年第 2 期。

寿韶峰：《宋美龄全纪录》（上），华文出版社 2009 年版。

苏智良、朱华：《民国史上最丑恶的一章——金圆券币制改革与“打虎运动”》，《档案与历史》1986 年第 1 期。

孙中山：《孙中山全集》第 2、10 卷，中华书局 1982 年版。

孙中山：《建国方略》，辽宁人民出版社 1994 年版。

孙铭九：《临潼捉蒋》，见《西安事变亲历记》，中国文史出版社 1986 年版。

谭平山：《谭平山文集》，人民出版社 1986 年版。

谭光：《我所知道的孔祥熙》，安徽人民出版社 2000 年版。

宓熙等著：《在蒋介石宋美龄身边的日子》，团结出版社 2005 年版。

王国华：《1927—1937 年南京国民政府内债研究》，杭州大学出版社 1990 年版。

王丰：《美丽与哀愁——一个真实的宋美龄》，团结出版社 2005 年版。

王亚权编纂：《蒋夫人言论集》上集，台北：“中华妇女反共联合会”1977 年版。

王松：《宋子文传》，湖北人民出版社 2006 年版。

王章陵：《蒋经国上海打虎记》，台北：正中书局 1999 年版。

王光远：《宋子文和蒋介石的恩恩怨怨》，《文史精华》1997 年第 11 期。

王芸生编著：《六十年来中国与日本》第八卷，生活·读书·新知三联书店 1982 年版。

王菊人：《记西安事变前后的几件事》，见《西安事变亲历记》，中国文史出版社 1986 年版。

魏巍：《试析 1948 年蒋经国上海打虎行动失败的原因》，《当代学术论坛》2010 年第 11 期。

吴景平：《宋子文评传》，福建人民出版社 1992 年版。

吴景平：《宋子文政治生涯编年》，福建人民出版社 1998 年版。

吴景平、林孝庭主编：《宋子文与外国人士往来函电稿（1940—1942）》，复旦大学出版社 2009 年版。

吴景平、郭岱君主编：《风云际会——宋子文与外国人士会谈记录（1940—1949）》，复旦大学出版社 2010 年版。

辛慕轩等：《宋美龄写真》，档案出版社 1988 年版。

“新生活运动”促进总会编：《“新生活运动”汇编》第一集，“新生活运动”促进总会印行 1934 年版。

夏雨：《抗战时期宋庆龄在香港倡导的“一碗饭运动”》，《湖北档案》2010 年第 4 期。

杨树标、杨菁：《宋美龄传》，浙江大学出版社 2010 年版。

袁伟、王丽平选编：《宋美龄自述》，团结出版社 2007 年版。

伊斯雷尔·爱泼斯坦：《宋庆龄传——从孙中山到毛泽东的革命之路》（上卷），沈苏儒译，人民出版社 1983 年版。

杨天石：《蒋氏密档与蒋介石真相》，社会科学文献出版社 2002 年版。

杨天石：《找寻真实的蒋介石——蒋介石日记解读》（下），山西人民出版社 2008 年版。

曾景忠编著：《蒋介石家书日记文墨选录》，团结出版社 2010 年版。

邹英毅：《中华名人丛书——宋庆龄》，昆仑出版社 1999 年版。

张紫葛：《尘封的记忆：在宋美龄身边的日子》，团结出版社 2003 年版。

张培森等：《张闻天与西安事变》，《党的文献》1988 年第 3 期。

中国第二历史档案馆编：《五卅运动和省港罢工》，江苏古籍出版社 1985 年版。

中国第二历史档案馆编：《中华民国史档案资料汇编》第五辑第一编《财政经济》（四），江苏古籍出版社 1994 年版。

中央档案馆编：《中共中央文件选集》第 11 册，中共中央党校出版社 1991 年版。

《周恩来书信选集》，中央文献出版社 1988 年版。